市场营销专业　高等院校经济与管理核心课经典系列教材

现代市场调查与预测

（第六版）

XIANDAI SHICHANG DIAOCHA YU YUCE

刘华　马程程　马连福 ◎ 主编

首都经济贸易大学出版社
Capital University of Economics and Business Press
·北京·

图书在版编目(CIP)数据

现代市场调查与预测/刘华,马程程,马连福主编. --6 版. --北京：首都经济贸易大学出版社,2021.8
ISBN 978-7-5638-3248-4

Ⅰ.①现… Ⅱ.①刘… ②马… ③马… Ⅲ.①市场调查—高等学校—教材 ②市场预测—高等学校—教材 Ⅳ.①F713.52

中国版本图书馆 CIP 数据核字(2021)第 143484 号

现代市场调查与预测(第六版)
主编 刘 华 马程程 马连福

责任编辑	晓地
封面设计	砚祥志远·激光照排 TEL:010-65976003
出版发行	首都经济贸易大学出版社
地　　址	北京市朝阳区红庙(邮编 100026)
电　　话	(010)65976483　65065761　65071505(传真)
网　　址	http://www.sjmcb.com
E – mail	publish@ cueb.edu.cn
经　　销	全国新华书店
照　　排	北京砚祥志远激光照排技术有限公司
印　　刷	北京泰锐印刷有限责任公司
成品尺寸	170 毫米×240 毫米　1/16
字　　数	459 千字
印　　张	23.5
版　　次	2002 年 2 月第 1 版　2005 年 1 月第 2 版
2009 年 1 月第 3 版　2012 年 7 月第 4 版
2016 年 6 月第 5 版　**2021 年 8 月第 6 版**
2021 年 8 月总第 24 次印刷
书　　号	ISBN 978-7-5638-3248-4
定　　价	49.00 元

图书印装若有质量问题,本社负责调换
版权所有　侵权必究

第六版前言

《现代市场调查与预测》第六版修订之际,正是我国数字经济高速发展以及消费升级的时代,一系列变革加剧了市场竞争的强度,给企业的生存与发展带来了严峻的挑战;另一方面,中国巨大而多样化的市场以及移动互联网、大数据、智能化等技术又为企业成长提供了前所未有的机遇。市场环境的变化和企业发展的需求,推动着市场研究理论和方法的不断创新,也预示着"市场在资源配置中起决定作用"的时代已经到来,洞察市场、满足市场成为任何一个企业永远不可忽视的能力。无数成败案例再次证明:只有疲软的企业,没有疲软的市场。《现代市场调查与预测》第六版的修订,在保持原有结构的基础上,为每章增加了一张思维导图。将原来第十一章《市场信息系统》的内容替换为《大数据的分析与挖掘》。在案例方面进行了必要的补充和更新,在内容方面进行了一些微调。

第六版由刘华和马程程主持修订。在本书编写过程中得到了首都经济贸易大学出版社领导的鼎力支持与帮助,在此表示衷心的感谢。

限于作者水平,书中不足之处仍难避免,敬请读者批评斧正。

目 录

第一章　导论 ·· 1
　本章学习重点 ·· 1
　第一节　经典案例分析 ·· 1
　第二节　市场与企业 ·· 8
　第三节　市场调查与市场预测 ··· 16
　本章小结 ·· 19
　案例分析 ·· 19
　思考题 ··· 22

第二章　市场调查基本原理 ·· 23
　本章学习重点 ·· 23
　第一节　市场调查的产生与发展 ··· 24
　第二节　市场调查的含义、特征与作用 ·· 28
　第三节　市场调查的种类与内容 ··· 33
　第四节　市场调查的原则与程序 ··· 43
　本章小结 ·· 46
　案例分析 ·· 46
　思考题 ··· 49

第三章　市场调查策划 ·· 50
　本章学习重点 ·· 50
　第一节　市场调查组织 ·· 51
　第二节　市场调查策划程序 ··· 62
　第三节　如何撰写调查报告 ··· 67
　本章小结 ·· 69

案例分析 ·· 70
　　思考题 ·· 73
第四章　市场调查方法 ·· 74
　　本章学习重点 ·· 74
　　第一节　文案调查方法 ······································ 75
　　第二节　实地调查方法 ······································ 83
　　第三节　网络调查方法 ······································ 98
　　本章小结 ·· 110
　　案例分析 ·· 110
　　思考题 ·· 113
第五章　市场调查方式 ·· 114
　　本章学习重点 ·· 114
　　第一节　全面市场调查方式 ·································· 115
　　第二节　非全面市场调查方式 ································ 117
　　第三节　抽样市场调查方式 ·································· 120
　　本章小结 ·· 148
　　案例分析 ·· 149
　　思考题 ·· 152
第六章　市场调查表设计技术 ······································ 153
　　本章学习重点 ·· 153
　　第一节　市场调查表的结构 ·································· 154
　　第二节　市场调查表的设计方法 ······························ 157
　　第三节　市场调查表设计中应注意的问题 ······················ 171
　　本章小结 ·· 175
　　案例分析 ·· 175
　　思考题 ·· 180
第七章　市场调查资料整理、分析与使用 ···························· 182
　　本章学习重点 ·· 182
　　第一节　市场调查资料整理 ·································· 183
　　第二节　市场调查资料分析 ·································· 193

第三节　市场调查资料的使用 …………………………… 199
　　本章小结 …………………………………………………… 226
　　案例分析 …………………………………………………… 226
　　思考题 ……………………………………………………… 231

第八章　市场调查专题
　　本章学习重点 ……………………………………………… 233
　　第一节　广告调查 ………………………………………… 234
　　第二节　购买动机调查 …………………………………… 245
　　第三节　固定样本调查 …………………………………… 253
　　本章小结 …………………………………………………… 265
　　案例分析 …………………………………………………… 265
　　思考题 ……………………………………………………… 269

第九章　市场预测原理
　　本章学习重点 ……………………………………………… 270
　　第一节　市场预测概述 …………………………………… 271
　　第二节　市场预测的要求与原则 ………………………… 280
　　第三节　市场预测程序 …………………………………… 283
　　本章小结 …………………………………………………… 285
　　案例分析 …………………………………………………… 285
　　思考题 ……………………………………………………… 287

第十章　市场预测方法
　　本章学习重点 ……………………………………………… 288
　　第一节　定性预测方法 …………………………………… 289
　　第二节　定量预测方法：时间序列预测法 ……………… 296
　　第三节　定量预测方法：因果关系分析法 ……………… 317
　　本章小结 …………………………………………………… 324
　　案例分析 …………………………………………………… 325
　　思考题 ……………………………………………………… 326

第十一章　大数据的分析与挖掘
　　本章学习重点 ……………………………………………… 328

第一节　大数据及其技术体系 …………………………… 329
第二节　大数据分析与挖掘技术 ………………………… 336
第三节　大数据可视化 …………………………………… 344
本章小结 …………………………………………………… 357
案例分析 …………………………………………………… 357
思考题 ……………………………………………………… 359

附表 ……………………………………………………………… 360

参考书目 ………………………………………………………… 364

第一章

导 论

市场是企业营销的中心,也是企业研究的焦点。本章导论部分通过分析不同的案例,充分认识市场调查与预测的重要性;市场与企业的互动关系;市场调查与预测的联系与区别;本学科的显著特点。

通过本章的学习,在深刻理解市场经济条件下市场与企业之间关系的过程中,进一步认识市场和企业的互动关系,了解市场调查与预测的联系与区别;了解市场调查与预测同其他学科的关系。

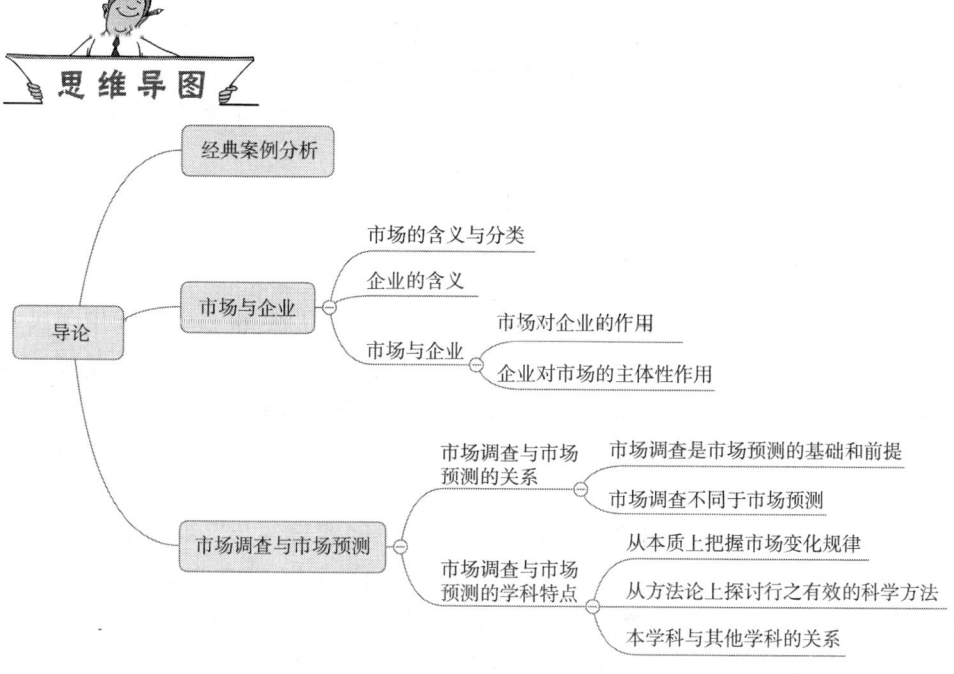

第一节 经典案例分析

在中国市场国际化和国内市场竞争白热化的背景下,不少企业都在苦苦探索赢得市场的秘诀,甚至花费不菲的代价邀请营销专家和营销策划高手帮助其提升竞争的能力。在营销大师菲利普·科特勒的眼里,中国营销界目前并不缺少优秀的营销人员和营销机构,缺的是企业对市场调研的重视和大量优秀的市场调研人员。他相信,中国市场在未来5年内至少需要5万名优秀的市场调研人员,每年至少需要1 000名营销学博士,这些人将是中国营销界的脊梁。无独有偶,在世界营销实战专家米尔顿·科特勒(菲利普·科特勒的弟弟)对中国市场考察之后,也提出了两点忠告:

忠告之一:拿出营业额的10%去做市场调研。中国营销界现在最缺的是市场调研,通常是为调研而调研。中国很多企业不愿意在培训和市场调研方面投入更多的资金,经常看到有一些公司请学生帮助做基础调研工作,这种低质量的调研会对公司的市场决策起到负面的影响。中国企业应该将销售额的10%左右投入到调研中去,因为真实、可靠的调研,会为公司提供科学的、有力的决策支持。最终的胜利者,将是那些最了解市场、最了解客户需求的公司。然而,中国的企业究竟用多少费用去做调研呢?恐怕少得可怜。

忠告之二:调研、调研、再调研,对顾客进行研究。对营销人员来说,最重要的就是调研能力。你的调研结果,必须清楚顾客想要什么,客户的行为模式和购买模式,以及如何与研究机构合作。营销人员面临的最大问题是,向企业决策者证明你是一个营销人员,而不是一个销售人员。而对于广告调研,不应该只是听从广告公司的意见,而是由公司营销部门对市场和客户进行调研,了解客户需求和市场需求,否则再美丽的画面也没有用。中国的企业强调的就是利润、利润、再利润,但不知道利润是如何更容易取得的。

由此看来,企业成也市场调研,败亦市场调研。

一、"润妍"昙花一现

润妍是宝洁旗下唯一针对中国市场原创的洗发水品牌,也是宝洁利用中国本土植物资源的唯一的系列产品。曾几何时,润妍被宝洁寄予厚望,认为它是宝洁全新的增长点;曾几何时,无数业内、外人士对它的广告与形象赞不绝口;曾几何时,我们以为又到了黑发飘飘的春天……但2002年,润妍已经全面停产,退出市场,润妍怎么了?

润妍上市前后的两三年里,中国洗发水市场是"漆黑一片":联合利华的黑芝麻系列产品从"夏士莲"衍生出来,成为对付宝洁的撒手锏;重庆奥妮则推出"新奥妮皂角洗发浸膏"强调纯天然价值,有"何首乌""黑芝麻""皂角"等传统中草药之精华;伊卡璐把其草本精华系列产品推向中国……市场上一度喊出终结"宝洁"的声音。

此时一个称为"贴身计划"的市场调查静悄悄地铺开。"润妍"品牌推广的十几个人分头到北京、大连、杭州、上海和广州等地选择符合条件的目标消费者,和他们48小时一起生活,进行"蛔虫"式调查。从被访者早上穿着睡衣睡眼蒙眬地走到洗手间,开始洗脸梳头,到晚上洗发卸妆,女士们生活起居、饮食、化妆、洗护发习惯尽收眼底。在调查中,宝洁发现消费者认为滋润又具有生命力的黑发最美。

宝洁还通过一二手资料的调查发现了以下的科学证明:将一根头发放在显微镜之下,你会发现头发是由很多细微的表皮组成的,这些称为毛小皮的物质直接影响头发的外观。健康头发的毛小皮排列整齐,而头发受损后,毛小皮则是翘起或断裂的,头发看上去又黄又暗。而润发露中的滋养成分能使毛小皮平整,并在头发上形成一层保护膜,有效防止水分的散失,补充头发的水分和养分,使头发平滑光亮,平且更有滋润。同时,润发露还能大大减少头发的断裂和摩擦,令秀发柔顺易疏。

宝洁公司专门做过相关的调查试验,发现使用不含润发露的洗发水,头发的断裂指数为1,含润发露的洗发水的指数为0.3,而使用洗发水后再独立使用专门的润发露,断裂指数就降低到0.1。

中国市场调查表明,即使在北京、上海等大城市也只有14%左右的消费者会在使用洗发水后单独使用专门的润发产品,全国平均还不到10%。而在欧美、日本、中国香港等发达市场,约80%的消费者都会在使用洗发水后单独使用专门的润发产品。这说明国内大多数消费者还没有认识到专门润发的必要性。因此,宝洁推出润妍一方面是借黑发概念打造属于自己的一个新品牌,另外就是把润发概念迅速普及。

根据消费者的普遍需求,宝洁的日本技术中心随即研制出了冲洗型和免洗型两款"润妍"润发产品。产品研制出来后并没有马上投放市场,而是继续请消费者做使用测试,并根据消费者的要求,再进行产品改进。此外,公司为了保证万无一失还进行了产品包装调查(在包装中加入了能呈现独特的水润中草药精华的图案,展现了东西方文化的融合)、广告调查(广告创意采用一个具有东方风韵的黑发少女来演绎东方黑发的魅力)、网络调查(利用电脑的技术特点,加强润妍 logo 的视觉冲击力,通过 flash 技术使飘扬的绿叶在用户使用网站栏目时随之在画面上闪动。通过润妍品牌图标链接,大大增加润妍品牌与消费者的互动机会,及时反馈消费者心理)、区域试销(润妍的第一款新产品是在杭州面市的,杭州是著名的国际旅游风景城市,既有深厚的历史文化底蕴,又富含传统的韵味,又具有鲜明的现代气息,受此熏陶兼具两种气息的杭州女性,与润妍要着力塑造的现代与传统结合的东方美女形象一拍即合)以及委托第三方专业调查公司做市场占有率调查,透过问卷调查、消费者座谈会、消费者一对一访问或者经常到商店里看消费者的购物习惯,全方位搜集顾客及经销商的反馈意见。

市场调查开展了三年之后,意指"滋润"与"美丽"的"让秀发更黑更亮,内在美丽尽释放"的"润妍"正式诞生,针对18~35岁女性,定位为"东方女性的黑发美"。润妍的上市给整个洗发水行业以极大的震撼,其品牌诉求、公关宣传等市场推广方式无不代表着当时乃至今天中国洗发水市场的极高水平。

然而,2001年5月,随着宝洁收购伊卡璐,表明宝洁在植物领域已经对润妍失去了信心,也由此宣告了润妍消亡的开始,到2002年年底,市场上已经看不到润妍的踪迹了。

一个经历3年酝酿、上市2年多还不到3年的产品就这样退出了市场,人们不禁要问,为什么宝洁总是能将其国际品牌成功落地,却始终不能成就本土品牌呢,无论是自创的还是拿来的?这应该值得大家去思考。

二、日清——智取美国快餐市场

在我国方便面市场上,尽管品牌繁多,广告不绝于耳,但令消费者真正动心的却寥寥无几,于是许多方便面生产企业感叹道"消费者的口味越来越挑剔了,真是众口难调呀"。

可是,日本一家食品产销企业集团——日清食品公司,却不信这个邪,它坚持"只要口味好,众口也能调"的独特经营宗旨,从人们的口感差异性出发,不惜人力、物力、财力在食品的口味上下功夫,终于改变了美国人"不吃汤面"的饮食习惯,使日清公司的方便面成为美国人的首选快餐食品。

日本日清食品公司在准备将营销触角伸向美国食品市场的计划制定之前,为了能够确定海外扩张的最佳切入点,曾不惜高薪聘请美国食品行业的市场调查权威机构,对方便面的市场前景和发展趋势进行全面细致的调查和预测。可是美国食品行业的市场调查机构所得出的结论,却令日清食品公司大失所望——"由于美国人没有吃热汤面的饮食习惯,而是喜好干吃面条,单喝热汤,绝不会把面条和热汤混在一起食用,由此可以断定,汤面合一的方便面很难进入美国食品市场,更不会成为美国人一日三餐必不可少的快餐食品。"日清公司并没有盲目相信这一结论,而是抱着"求人不如求己"的自强自立信念,派出自己的专家考察组前往美国进行实地调查。经过千辛万苦的商场问卷和家庭访问,专家考察组最后得出了与美国食品行业的市场调查机构截然相反的调查结论,即美国人的饮食习惯虽呈现出"汤面分食,决不混用"的特点,但是随着世界各地不同种族移民的大量增加,这种饮食习惯正在悄悄地发生着变化。再者,美国人在饮食中越来越注重口感和营养,只要在口味和营养上投其所好,方便面就有可能迅速占领美国食品市场,成为美国人的饮食"新宠"。

日清食品公司基于自己的调查结论,从美国食品市场动态和消费者饮食需求出发,确定了"系列组合拳"的营销策略,全力以赴地向美国食品市场大举挺进。

"第一拳"——他们针对美国人热衷于减肥运动的生理需求和心理需求,巧妙地把自己生产的方便面定位于"最佳减肥食品",在声势浩大的公关广告宣传中,渲染方便面"高蛋白、低热量、去脂肪、剔肥胖、价格廉、易食用"等种种食疗功效;针对美国人好面子、重仪表的特点,精心制作出"每天一包方便面,轻轻松松把肥减""瘦身最佳绿色天然食品,非方便面莫属"等具有煽情色彩的广告语,以挑起美国人的购买欲望，获得了"四两拨千斤"的营销奇效。

"第二拳"——他们为了满足美国人以叉子用餐的习惯，果断地将适合筷子夹食的长面条加工成短面条，为美国人提供饮食之便；并从美国人爱吃硬面条的饮食习惯出发，一改方便面适合东方人口味的柔软特性，精心加工出稍硬又劲道的美式方便面，以便吃起来更有嚼头。

"第三拳"——由于美国人"爱用杯不爱用碗"，日清公司别出心裁地把方便面命名为"杯面"，并给它起了一个地地道道的美国式副名——"装在杯子里的热牛奶"，期望"方便面"能像"牛奶"一样，成为美国人难以割舍的快餐食品；他们根据美国人"爱喝口味很重的浓汤"的独特口感，不仅在面条制作上精益求精，而且在汤味佐料上力调众口，使方便面成为"既能吃又能喝"的二合一方便食品。

"第四拳"——他们从美国人食用方便面时总是"把汤喝光而将面条剩下"的偏好中，灵敏地捕捉到方便面制作工艺求变求新的着力点，一改方便面"面多汤少"的传统制作工艺，研制生产了"汤多面少"的美式方便面，从而使"杯面"迅速成为美国消费者人见人爱的"快餐汤"。

以此"系列组合拳"的营销策略，日清食品公司果敢地挑战美国人的饮食习惯和就餐需求。他们以"投其所好"为一切业务工作的出发点，不仅出奇制胜地突破了"众口难调"的产销瓶颈，而且轻而易举地打入了美国快餐食品市场，开拓出了一片新天地。

在别人认为难以开拓的市场上，日清食品公司取得成功，其中的奥秘是什么呢？

三、"苹果"为什么那样红？

一个中途辍学，却立志"活着就是要改变世界"的年轻人，2010年被《财富》评为十年最佳CEO，并被认为"企业家若能重塑任何一个市场，已堪称毕生成就，例如，亨利·福特改革汽车生产工序等。然而能够同时改变4大现有市场，却是史无前例第一人"。这个人就是苹果公司的创始人史蒂夫·乔布斯。他是通过"苹果"产品改变了人们的生活方式，从而改变了世界。

美国苹果股份有限公司可谓是家喻户晓，苹果的产品是所有潮流人士追求的宠儿，苹果就像是一种身份的象征。"苹果"现在已经成为流行的代言词，在苹果公司面前，一切所谓的明星产品都会黯然失色。苹果发布任何一款新产品，都能使全球的苹果"粉丝"为其产品而疯狂，媒体更是争先恐后地广泛报道，而且还能影响股市，影响产业，甚至影响人们的生活质量。人们不禁要追问，苹果为什么可以取得成功？苹果为什么如此迷人？

乔布斯的哲学是"做正确的事"，这个正确，不是技术，不是设计，不是美学，而是"人性"。事实上，乔布斯眼中的"正确的事"，都很反传统、非主流。比如，iPhone有红外感应功能，打电话时自动关闭屏幕。当你将iPhone贴着脸部打电话时，

iPhone会自动关闭屏幕省电。这并不是多高明的技术,为什么那些标榜以人为本的公司却没有发现?诺基亚也有鲜明的品牌个性,那就是性价比高,结实耐用,但是,这种性格只能归为物性。苹果与其说是卖产品,不如说是卖人性,以产品招聘消费者,将"志同道合"者聚集在一起。

乔布斯是以技术专长的人,但成功的人并不一定是技术做得最好的人,而往往是最了解消费者内心深处需求的人。企业的最终目的是满足消费者的需求,只有贴近消费者的心态,用消费者的视角去观察什么样产品是它最喜欢的,用消费者的行为方式去营销产品,才能让消费者在第一时间喜欢上你的产品,而对其他竞争者的产品视而不见。乔布斯打造的"苹果"如此这样的"红",正是把人性营销发挥到了极致。

乔布斯有一段真情告白,可以作为他理解"人性"的终极法则:"唯有深入问题的核心,才能明白其复杂性,也才能找出其根本的解决方案。大部分的人做到这一步,通常就会停下来。可是真正了不起的人却会继续探索,最终能找出隐身于问题背后的症结之所在,进而提供一套漂亮而优雅的解决之道。"而隐藏在人们需求背后的消费行为就是人性在产品上的凸显,此时产品仅仅是一种满足人们人性需求的道具。"苹果"的成功恰恰是由于它重点研究了使用产品的消费者的人性需求,而不是产品本身的功能和技术。

那么企业如何了解消费者的人性需要呢?

四、究竟是谁杀了百年柯达

2012年1月19日,柯达这个拥有131年历史的老牌摄影器材企业,正式向法院递交破产保护申请。虽然破产保护并不意味着柯达从此丧失重生的希望,但是曾经的摄影业龙头老大走到如今没落的境地,绝非偶然。

柯达曾经创造了全球传统胶卷市场的神话。在辉煌时期,柯达曾占据全球2/3的胶卷市场,拥有员工8.6万人,其特约经营店遍布全球各地。"柯达时刻"广告语已成为美国人日常会话的一部分。

1880年,乔治·伊斯曼在美国纽约州的罗切斯特成立了伊斯曼干版制造公司,利用自己研制的乳剂配方制作照相机用干版胶片。

1888年,伊斯曼公司正式推出了柯达盒式相机,和那句著名的口号:"你只需按动快门,剩下的交给我们来做。"

1891年,发明家托马斯·爱迪生借助乔治·伊斯曼开发的软胶卷,发明了首款电影摄影机。柯达公司借此机会进入了电影胶片领域,并一直保持垄断地位至今。

1892年,伊斯曼将公司的名称改为"伊斯曼—柯达公司"。

1900年,柯达公司又开发出了勃朗宁(Brownie)盒式相机,售价1美元。勃朗宁相机因其简单廉价,其多种改进型持续生产了半个多世纪。柯达相机改变了人们对照相机昂贵、庞大的固有印象。摄影师携带相机变得灵活方便,准备拍摄的时间也大大缩短。

1930年,柯达占世界摄影器材市场75%的份额,利润占这一市场的90%。

1935年,柯达开发出彩色胶片柯达克罗姆(Kodakchrome)胶片,这是全球第一款取得商业成功的彩色胶片,也是柯达最成功的产品之一。

1963年,柯达再次开发出革命性产品——傻瓜相机"Instamatic"系列相机。"Instamatic"相机将胶卷盒制作成独立暗盒,可以在任何自然环境中打开相机后盖更换胶卷。相机的自动曝光功能进一步简化了摄影者的操作。

1964年,傻瓜相机当年销售750万架,创下了照相机销量的世界最高纪录。

1975年,柯达应用电子研究中心工程师Steven J. Sasson开发出世界上第一台数码相机。

2002年,柯达的全球营业额增至128亿美元,全球员工总数约7万人。

2003年,柯达的股价达到40美元一股,在当年是最被看好的蓝筹股之一。

2004年以来,柯达只有一年实现了盈利,其余年份皆为亏损。

2012年1月19日柯达公司申请破产保护。

百年柯达破产,举世震惊,也引发多家媒体分析。

《纽约时报》认为:战略失误早已预示柯达走向衰落。柯达在1935年推出了柯达彩色胶卷,但直到2009年才因为数码照相机广泛使用而停止生产。这个转型期过渡得太慢,是导致柯达这家百年老店走向衰落的关键。在此期间,柯达也曾试图转型。2003年9月,柯达正式宣布放弃传统胶卷业务,向新兴数字产品转移;2006年,柯达毅然更换公司标识;2009年,柯达实施二次战略重组,裁员幅度高达50%。然而在传统胶片市场的巨额投资成了柯达转向数码市场的庞大包袱,这些转型并没有为柯达挽回颓势。

《路透社》指出:未掌握核心竞争技术导致柯达破产。柯达被誉为美国最伟大的技术创新者之一,地位相当于今天的苹果或谷歌。数码摄影技术是自己发明的。1975年,柯达的工程师发明了世界上第一台数码相机,但是当展示给管理层时,管理层告诉他,"这个很漂亮,但不要让任何人知道"。

《大西洋月刊》分析:柯达在破产的边缘,原因并不仅仅因为胶片的寿终正寝;现在濒临山穷水尽,也不是因为该公司故步自封,不肯与时俱进。过去10年来,其实柯达一直在尝试着适应时代的改变,并推出了一些创新产品,但却不能将这些新产品转变为可持续的商业模式。

"究竟是谁杀了百年柯达?"美国《大西洋月刊》文章最后问道。

五、可口可乐错在哪里

20世纪70年代中期以前,可口可乐一直是美国饮料市场的霸主,市场占有率一度达到80%。然而,70年代中后期,它的老对手百事可乐迅速崛起,1975

年,可口可乐的市场份额仅比百事可乐多7%;9年后,这个差距更缩小到3%,微乎其微。

对手的步步紧逼让可口可乐感到了极大的威胁,它试图尽快摆脱这种尴尬的境地。1982年,为找出可口可乐衰退的真正原因,可口可乐决定在全国10个主要城市进行一次深入的消费者调查。

可口可乐设计了"你认为可口可乐的口味如何?""你想试一试新饮料吗?""可口可乐的口味变得更柔和一些,您是否满意?"等问题,希望了解消费者对可口可乐口味的评价并征询对新可乐口味的意见。调查结果显示,大多数消费者愿意尝试新口味可乐。

可口可乐的决策层以此为依据,决定结束可口可乐传统配方的历史使命,同时开发新口味可乐。没过多久,比老可乐口感更柔和、口味更甜的新可口可乐样品便出现在世人面前。为确保万无一失,在新可口可乐正式推向市场之前,可口可乐公司又花费400万美元在13个城市中进行了口味测试,邀请了近20万人品尝无标签的新/老可口可乐。结果让决策者们更加放心,六成的消费者回答说新可口可乐味道比老可口可乐要好,认为新可口可乐味道胜过百事可乐的也超过半数。至此,推出新可乐似乎是顺理成章的事了。

可口可乐不惜血本协助瓶装商改造了生产线,而且,为配合新可乐上市,可口可乐还进行了大量的广告宣传。1985年4月,可口可乐在纽约举办了一次盛大的新闻发布会,邀请200多家新闻媒体参加,依靠传媒的巨大影响力,新可乐一举成名。

看起来一切顺利,刚上市一段时间,有一半以上的美国人品尝了新可乐。但让可口可乐的决策者们始料未及的是,噩梦正向他们逼近——很快,越来越多的老可口可乐的忠实消费者开始抵制新可乐。"只有老可口可乐才是真正的可乐"。有的顾客甚至扬言将再也不买可口可乐。每天,可口可乐公司都会收到来自愤怒的消费者的成袋信件和上千个批评电话。尽管可口可乐竭尽全力平息消费者的不满,但他们的愤怒情绪犹如火山爆发般难以控制。迫于巨大的压力,决策者们不得不做出让步,在保留新可乐生产线的同时,再次启用近100年历史的传统配方,生产让美国人视为骄傲的"老可口可乐"。

公司的这一决策失误丢掉了不少的市场份额。那么,可口可乐的市场调查究竟出了什么差错呢?

第二节 市场与企业

企业与市场是一个发展了的概念,它的初级形式是产品与交换。产品与交换是一个矛盾的统一体,在实际中表现为既是共生关系,又是互动关系,正确地理解和把握这种关系具有很重要的实践意义。

一、市场的含义和分类

(一)市场的含义

从广义来看,市场是指商品交换的场所,即买卖双方发生交易行为的地点或场所。市场对于不同的群体而言其内涵并不相同,对消费者来讲,市场是购买商品的场所,对企业来讲市场就是顾客。但从市场的实质来看,市场是一种交换行为。这种交换必须符合以下几个条件:至少要有买卖双方,双方是等价交换,有特定的交易场所或方式等。从市场营销的角度看,技术和消费对象近似的卖主构成行业,消费近似的买主则构成市场。行业和市场的关系见图1-1。卖主和买主通过四条通路联系起来。卖方把商品、服务以及信息传送到市场;反过来,他们收到货币和信息。内圈表示货币和商品的交换,这种交换是传统的、本质性的交换,而在消费者需求千变万化的情况下,这种交换的时间较长,交换的成功性较小;外圈表示信息的交换,这是赋予市场的一种新的内容,并成为内圈中商品与货币交换过程加速实现的前提条件,因此目前企业进行营销的基本工作在于外圈,即与市场中消费者相互沟通的工作。

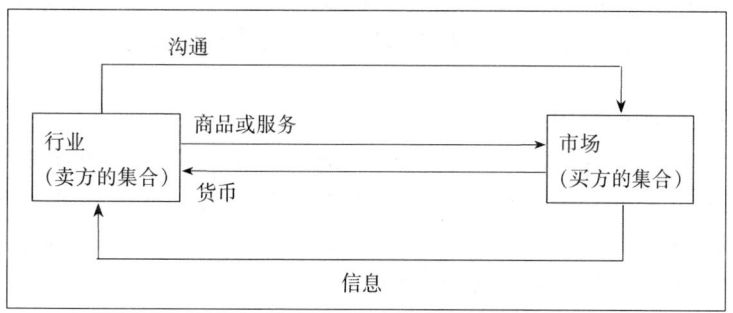

图1-1 市场中的交换图

从狭义来看,在现代市场营销中,市场主要表现为对某种或某类商品的消费需求,即由三个要素组成:

$$市场 = 消费者 + 可支付购买力 + 购买欲望$$

市场的三个因素是相互制约、缺一不可的,只有三者结合起来才能构成现实的市场,才能决定市场的规模和容量。例如,一个国家或地区人口众多,但收入很低,购买力有限,则不能构成容量很大的市场;又如,购买力虽然很大,但人口很少,也不能成为很大的市场。美国铱星公司的设计理念和设计技术是毋庸置疑的,其移动通信系统的设计所涵盖的广泛区域,可以称得上是一次通信史上的革命。但它的大多数客户主要集中在大中城市,而"铱星"网络覆盖面的80%却是人迹罕至的海洋、荒漠、高山和极地。网络通信的维护费用之高,使得铱星公司像流星划过天空一般,转眼消失得无影无踪。只有人口既多、购买力又高的市场,才能成为一个有潜力的大市场。但是如果产品不适合需要,不能引起人们的购买欲望,对于营销者来说,仍然不能成为现实的市场。所以市场是上述三个因素的统一,也是企业重点研究的内容。

（二）市场的分类

根据不同购买者的不同目的,市场可分为消费者市场和产业市场。

1. 消费者市场。消费者市场也称为生活资料市场。消费者市场是由为满足个人生活需要而购买商品的所有个人和家庭组成的。它是社会再生产消费环节的具体表现,是经济活动的最终市场。企业为消费者服务的过程,也就是企业最终实现商品的价值和使用价值的过程。对消费者市场的调查与预测是市场分析最基础也是最主要的内容。市场调查与预测在研究消费者市场时,主要以消费者的购买行为所决定的需求量、需求结构的发展变化为核心内容。由于消费者的需求量与需求结构的发展变化受多种因素的影响,所以市场调查与预测还必须对各种影响因素进行分析。消费者市场具有一些与产业市场不同的特点,主要表现在以下几个方面：

（1）消费者市场范围广、规模大。我国的消费者遍布960万平方公里的土地上,人数多达14亿以上,家庭数量超过4亿户。这表明了我国消费者市场的巨大潜力,它对于生产消费品的企业来说,是一个巨大的潜在市场。

案例1-1 宝马挖掘中国新兴奢侈品市场

全世界的公司都觊觎着中国这个巨大的潜在消费品市场,汽车市场或许是最显而易见的。宝马是目前在中国开展业务的西方几大汽车公司之一。宝马自2003年进入中国市场以来,在开发客户关系和销售渠道方面投入了大量的资金。中国目前是宝马的第一大市场(超过了美国),而且有望继续增长。之所以有望继续增长,是因为目前每1000个中国市民只有50人拥有汽车,中国仍是世界上最大的汽车市场,超过美国约40%。据估计,至2030年,每1000人中国市民的汽车拥有量将会达到400~500辆。

（2）消费者市场需求差异性大。消费者市场的消费者需求由于受年龄、性别、职业、收入水平、文化程度、生活地域、民族等方面的不同影响,会产生各种各样的需求。这种差异性不仅表现为不同的消费者各自需要不同种类的商品或服务,而且表现为同一消费者对同一类商品或服务在不同时间也可能有不同的需求。在人们的记忆中,女性消费是市场的主力军。仿佛商场是女性的天下,于是女性专卖商场层出不穷。但这种格局也在悄悄地发生变化。在美国,男性在购物中的角色变化最为明显的体现,在于增加了购物和照顾子女方面的责任以及更多地从事做饭及家务劳动,而这些传统上都是由女性来承担的。美国一项调查发现,35%的男性为家里购买所有的食品,大约33%的男性购买全部的清洁用具和家庭用具,约

67%的男性购买自己使用的个人用品。

(3)消费者购买行为具有较明显的可引导性。消费者的购买决策一般是由自发的、分散的个人或家庭成员做出的,市场上的商品花色、品种繁多,质量、性能不同,消费者购买商品时往往需要卖方的宣传、介绍和帮助,而且市场上的许多商品具有较强的替代性。如果某个企业的产品或服务不能满足消费者的需求时,消费者的购买行为就会转向这个企业的竞争者。

(4)消费者市场的购买频繁性。消费者是为了满足个人和家庭需要而购买消费品的,由于某些商品不易保管和储存,消费者每次购买数量不大,一般属于小型购买,但为了保持生活需要的连续性,就需要频繁、重复购买,这一特点在日用生活必需品上表现得更为明显。因此,在进行市场调查与预测时,应充分考虑消费者市场的这些特点。

2. 产业市场。产业市场也叫生产资料市场,它是在产业用品(非最终消费品)的买卖双方作用下形成的,是产业用品买方需求的总和。产业市场的买方是产业用户,是组织团体而不是个人消费者。与消费者市场相比,产业市场具有以下明显的特点:

(1)产业市场的购次少但批量大。产业市场中的购买者是为了生产消费而购买产品的,在一次购买数量上,远远超过生活资料消费者的购买数量。

(2)需求的派生性。生产者对生产资料的需求,归根到底是由消费者对消费品的需求引申出来的,也就是说生产者购买生产资料的最终目的是为了给消费者市场提供产品。倘若消费者不需要家具,家具制造企业也就不必购进木材,木材企业也就不必购进原木,林场也就不必砍伐树木了。消费者的需要带动了消费品生产的发展,才带来了产业市场的扩大。

(3)产业市场用户的规模和集中程度差异很大。产业市场的购买者之间的规模有大有小,其购买量也有很大差异,这种差异远远超过不同消费者之间的差异。产业市场的集中度差异也很大,从地域上看,沿海与内地、城市与农村,产业市场集中程度不同。在市场调查和预测中,应充分考虑产业市场的主要特点。

二、企业的含义

企业是通过向社会提供产品或服务获取利润而从事生产经营活动的独立经济组织。企业的目的是取得利润,提供产品或服务仅是它实现赢利目的的手段。独立性作为企业的基本条件要求企业必须以自主经营、自负盈亏的方式完成上述活动。也就是说企业通过为社会提供商品或服务的实用价值,实现自己的价值,收回成本、获取利润,持续地从事生产经营活动,并不断地投入某种生产、流通中所需的资本,通过从事生产、流通活动使资本增值,进而再投入,成为资本循环运动的经济实体。

三、市场与企业

在市场经济条件下,市场和企业是一对相互依赖又相互制约的矛盾体。企业离开了市场就无法生存,其资本循环运动难以有效运转;市场失去了企业,也就失去了存在的意义。在实际中主要体现在市场对企业的作用和企业对市场的主体性两个方面。

(一)市场对企业的作用

1. 市场是维系企业生存和发展的场所,是企业一切活动的中心。从企业生产经营的目的来看,企业与市场是共生的关系,是相互依赖、相互以对方作为存在的前提,如果不注重研究市场需求,把企业与市场人为地对立起来,企图完全以企业为主体,主观地把产品强加给市场,其后果是企业的产品或服务在市场上无销路,难以实现其价值。市场与企业的关系是企业生产产品的"惊险跳跃",这个跳跃如果不成功,摔死的不是商品,但一定是商品的所有者。从实际来看,市场每天都在通过"摔死"商品,而淘汰拥有该商品的企业。因此,拥有一个市场比拥有一个工厂更为重要。企业与市场在共生的基础上互动,良好的市场以及良好的市场运作可以保证企业持续地发展,可以把企业推向做大做强的一个又一个台阶;反过来,企业有了上台阶可持续发展的物质基础后,又可以更加良好地把握和运作市场,更好地适应市场,创造市场。

2. 市场引导企业适应消费,同时又检验和校正企业劳动的有用性。市场是一个比较抽象的概念,又是一个动态的概念。市场的不断变化是一个不变的真理,企业不会、也不可能满足市场的所有需求,即不会存在一个疲软的市场。现实的市场得到初步满足后,潜在的市场又会创造需求和引导企业不断生产出新的产品或服务,这是因为人的需要存在着由低到高,从物质到精神的演变。人的购买动机并非单一出自物质价值,还有概念和感觉价值,如高价购买名牌产品就出自概念价值的驱动,而为了获得某种情趣的消费就是为了满足感觉价值的需要。某一种具体市场最初都是以一种潜在形式而存在的,将这种潜在需求挖掘出来是一种创造过程,这种创造过程和创造的价值最终要反过来受到市场本身的检验。适应市场需求的产品或服务,会在赢得市场之后获得利润,成为支撑企业发展的平台;相反不适合市场需求的产品或服务,尽管投入了大量的人力、物力,也不能使企业的投资增值,甚至亏损,长此以往企业就难以生存与发展。

3. 市场充满竞争,既给企业提供机会,又给企业带来威胁。有市场必然有竞争,在任何行业中,无论是生产一种产品还是提供一项服务,竞争规律都寓于下面五种竞争力量之中,即新的竞争进入、替代品的威胁、卖方的讨价还价能力、供方的讨价还价能力和现有竞争者之间的竞争。这些多方竞争力量的共同作用,既可以给企业带来发展的机会,又必然通过优胜劣汰法则给企业带来一定的威胁。因此如何规避威胁,寻求发展机遇是任何一个企业都必须高度重视的中心问题。与此同时,随着市场的扩大,购买行为的复杂化,竞争必然日益激烈。对于企业来说,其研究分析市场的困难和所花费的费用也必然逐渐增加,仅靠过去一些简单的方法难以从市场中获取及时有效的信息,这就要求企业必须建立一个有效的市场研究系统。

(二)企业对市场的主体性作用

产品与市场共生,有市场需求就会有产品生产,有了产品生产也会进一步拓展市场需求,这是一般性原则。作为企业,对这种一般性原则进行具体提升时,应考虑如何创造市场和适应市场。

1. 创造市场。所谓创造市场,就是创造一种消费方式,或者是创造一种生活方式,这是一个产品、企业所追求的高级境界。美国奥尔康玩具公司通过市场调查注意到,西方经济发达国家普遍出现人口负增长,一些人很想表达母爱但对生育婴儿望而生畏;人口老龄化使不少老年人的生活寂寞无聊。为此,公司开发出一种名叫椰菜娃娃的玩偶。该公司构思奇特,对娃娃进行了人格化设计,每一种娃娃都有不同的肤色、发型、容貌,还有不同的服装和装饰。每一个娃娃还有一张"出生证",登记了娃娃的姓名、手印和脚印,购买时需要办理"领养手续"。这种由碎布做成的椰菜娃娃由于满足了人们的心理需要和情感寄托,深受儿童和成年人的喜爱,引发了极为轰动的购买高潮。饮用水产业近年来发展的一个主要的特征是改变了传统的饮用开水的方式,创造出一种纯净水、矿泉水的饮水消费方式。目前我国瓶(桶)装水量消费已经突破百亿桶(瓶)大关,个别名牌水的销量已经突破 10 亿桶(瓶)。创造一种消费方式,就可以创造一个巨大的市场吸纳力,企业就可以在其中得到快速发展的巨大空间。当然创造市场是以产品、企业乃至行业的技术创新为先导的,如硅在应用技术上的突破,创造了巨大的计算机市场,基因科学创造了生物市场的需求等等。另外对常识的组合也可以创造市场,如上面所提到的饮用水产业并不需要科技上的革命和突破,它仅是非常及时地演绎了常识、组合了常识。因此创造消费方式从而创造市场,其运作空间是相当大的。日本企业的成功就充分说明了这一点,如日本的家电、汽车及摄影产品都在市场上占有重要的位置。这是因为日本人从来都是把全球作为它的市场来看待的,日本的大公司是与全球市场共生与互动的。因此与尽可能大的市场共生、与尽可能大的市场互动是企业做大做强做快的一个基本条件。

案例 1-2 阿里巴巴制造"双十一"市场

11 月 11 日,过去仅是一个普通的日子,然而在网络营销的世界里,这个日子成为广大网民狂欢购物的节日。2009 年八九月份,淘宝商城的商家还没有那么大规模的时候,阿里巴巴希望做一个网上购物节。选定在 11 月份,因为 11 月季节变化快,消费者需要买的东西特别多,而且 11 月份没有大的节日。在这个月份,消费者既有需求,又没有大的活动,于是阿里巴巴决定:造节。从 2009 年起,淘宝和天猫开始做一年一度的"双十一"。"双十一"的定位是:"中国需要消费者日,3·15 是消费者维权日,阿里巴巴人希望'11·11'成为真正的消费者日,商家感恩回馈消费者。"此后,"双十一"让淘系电商产生了震撼零售业的单日几百亿元的销售额,使"双十一"成为整个零售业的节日。2019年的"双十一",天猫交易额达2 684亿元,5亿消费者参加天猫淘宝活动。

资料来源:编者根据网上资料整理。

菲利普·科特勒指出,企业的市场竞争就是为顾客提供最大、最多、最好的价值。并于2004年提出了全新的水平营销思维,其本质就是以顾客价值为核心,用横向思维把产品变成某种全新的东西。对此,科特勒解释说:"传统的纵向营销有三个层面,市场定义层面、产品层面和营销组合层面。每一个层面又有很多因素,比如,市场定义层面包含了消费者、使用情境等因素。水平营销就是要选出一个层面,再对该层面的某一因素展开横向思考,比如,用途、目标市场等,从而催生全新的产品。"他将这种营销手段形象地比喻为"跳出盒子的思考"。如,麦片生产商在考虑产品开发时,总想着如何在麦片的盒子里做文章,比如,少一些热量、多添些营养等。但为什么麦片只能装在盒子里?难道不可以把麦片做成条状,并给它起个名字叫麦条吗?这实际上就是"跳出盒子的思考",而不是坐在盒子里思考。

2005年出版的《蓝海战略》作者钱·金和莫博涅经过20余年的研究证明,在新推出业务过程中,86%是投入红海业务,14%是蓝海业务,而蓝海业务最后对于利润的影响占61%。在这些业务中,应该说与顾客接触越频繁,就越能体现蓝海战略,因为蓝海战略的驱动者就是顾客。蓝海意味着通过打破产业边界,创造新的市场,与此相反红海指的是在现有市场中的直接竞争,是我怎样击败我的竞争对手,通常通过价格战、低成本来实现。然而蓝海指的是彻底甩开竞争对手,利用价值创新的理念,通过同时实现差异化和低成本,来开创全新的市场。

自从美国俄亥俄州的战略地平线顾问公司约瑟夫·派恩等在《哈佛商业评论》(1998年7~8号)发表的"体验式经济时代来临"一文后,体验营销便成为企业寻求创造市场的有效途径之一。如星巴克出售的是将一杯咖啡价格卖到一顿午餐的"咖啡体验";可口可乐的"快乐无限",始终代表着自在与活力的价值观;宝马的"驾乘乐趣,创新极限"的独特理念强烈地吸引着人们的眼球;麦当劳能够经常座无虚席是那句家喻户晓的"欢欢笑笑,就在麦当劳"的广告的使然。那么什么是体验呢?营销专家施密斯在《体验式营销》一书中指出,体验是指个体对某些刺激产生回应的个别化感受,体验通常是由对事件的直接观察或参与造成的,是人们内在的个性化的东西。因此,在体验经济时代,企业应该利用体验营销将消费者内心的需要充分地挖掘出来,不断地创造需求,满足其快乐消费的人性需要。

2.适应市场。不是每一个行业,每一个企业都可以做到创造市场,更多的企业是要适应市场。所谓适应市场就是指企业在业已成型的市场需求中求发展,这种发展必须完全正面地介入市场的一般竞争之中。如服装市场是一个成熟的市场,服装从避寒遮体到流行品牌,其空间幅度很大,任何一个企业,一旦介入这个市场只能在质量、式样、价格、服务、便利等常规要素中降低成本,在常规竞争中赢得生存和求得发展。适应市场是企业与市场关系中最一般的关系,是企业必须具备的基本实力,也是企业与市场关系的主体,绝大部分企业和产品选择适应市场的策略。因此,企业必须有能力在这种适者生存的竞争中生存,从而获得市场对企业良好的促进和互动。

案例1-3 宜家重新定义顾客关系

原来只不过是瑞典的一家小规模家具邮购业务商,现在则已发展成为世界上最大的家具零售商——宜家公司重新设计了与顾客的关系,公司给顾客提供的不只是低价,它还提供了一种新的分配劳动的方式。如果顾客同意做一些传统上由供应商和零售商完成的工作,如装配产品、搬运产品到家里等,那么宜家公司愿意以更低的价格提供设计好了的产品。又如,宜家公司根据新的商业竞争需要,为顾客参与价值创造提供了许多方便。在商店入口处,顾客可以获得目录、卷尺、钢笔和记录用纸,顾客拥有最佳的自我选择环境。同时,顾客在装运货物或包裹时,如缺乏车顶架之类的用具,公司会根据顾客的需要随时借出,或以成本价出售给顾客。公司不仅向顾客提供共同制造的家具,而且提供改进家庭生活的方式,包括从内部设计到安全信息和设备、保险以及作为一种娱乐方式的购物。

市场既能够为企业的发展带来机遇,也会为之带来威胁,这是客观存在的,但是作为与市场相互促进和互动的企业,只有在研究市场的基础上,才能通过创造市场和适应市场的途径,在激烈的市场竞争中获得发展。

市场与企业发生关系的中间环节是市场运作(或称市场营销),这一环节的把握、理解和运作是企业与市场发生关系的关键性环节,就是这个环节出现了许多生动、丰富、多彩的案例。另外,市场与企业之间的关系也导致企业的营销活动从"4P"系列转向"4C"系列。"4P"是指产品、价格、分销渠道、促销四个方面。以"4P"为核心展开的营销活动,主旨在于根据企业经营战略和目标市场的状况对上述四个方面进行组合配置,使之达到有利于企业发展的最佳状态。"4C"是指顾客(customer)、成本(cost)、方便(convenience)、沟通(communications)四个方面,以"4C"为核心开展的营销活动,主旨与"4P"系列相同,但由此所引发的市场营销系统却与之大相径庭:前者是以企业自身为主体,而后者则是以市场、顾客为主体。因此市场与企业的互动发展促使"4P"转向"4C",其中"4P"为"4C"的基础,"4C"则是"4P"的发展。

2001年,美国营销专家舒尔茨提出了4R组合理论,即关联(relativity)、反应(reaction)、关系(relationship)和回报(retribution),从一个顾客经济的角度阐述了一个全新的营销四要素:

第一,与顾客建立关联。在竞争性市场中,顾客需求具有动态性。顾客忠诚度是变化的,他们会转移到其他企业。要提高顾客的忠诚度,赢得长期而稳定的市场,重要的营销策略是通过某些有效的方式在业务、需求等方面与顾客建立关联,形成一种互助、互求、互需的关系,把顾客与企业联系在一起,这样就大大减少了顾客流失的可能性。

第二,提高市场反应速度。当代企业已从过去推测性商业模式,转移到快速回应需求的商业模式。面对迅速变化的市场,要满足顾客的需求,建立关联关系,企业必须建立快速反应机制,提高反应速度和回应力。这样可最大限度地减少抱怨,稳定客户群,减少客户流失的概率。

第三,关系营销越来越重要。在企业与顾客的关系发生了本质性变化的市场环境中,抢占市场的关键已转变为与顾客建立长期而稳固的关系,从交易变成责任,从顾客变成用户,从管理营销组合变成管理和顾客的互动关系,由此企业与顾客的关系价值在竞争市场中变得越来越重要,顾客就是企业的一种资产。

第四,回报是营销的源泉。对企业来说,营销的真正价值在于其为企业带来短期或长期的收入和利润的能力。一方面,追求回报是营销发展的动力;另一方面,回报是维持市场关系的必要条件。企业要满足顾客的需求,为顾客提供价值,但不能做"仆人",因此,营销目标必须注重产出,注重企业在营销活动中的回报。一切营销活动都必须以为顾客及股东创造价值为目的,否则企业将不复存在。

第三节 市场调查与市场预测

在英文中,与调查(survey)和预测(forecast)密切相关的一个词就是研究(research或study)。研究是指为各种不同的目的而对有关问题或现象进行探求的整个过程。这个过程包括调查与分析,其中调查是收集数据的过程和方法,分析是对数据进行加工处理的过程和方法。

市场研究就是通过一些方法收集市场活动的历史和现状的事实材料,并借助预测理论与方法,对市场活动的未来发展趋势做出预计,推测市场活动发展变化可能达到的水平和规模,减少对未来市场活动认识的不确定性,为解决问题的方案及方案论证、评价、比较选择提供科学依据。显然市场研究包括市场调查和预测两个部分,并形成一门新兴的学科,但市场调查和预测又是不同的。

一、市场调查和市场预测的关系

(一)市场调查是市场预测的基础和前提

1.市场调查可以为确定市场预测目标提供方向。企业在市场营销活动过程中,需要处理的问题和矛盾很多,通过市场调查分析,可以发现问题的症结所在,从而使问题能较顺利地解决。即使不能完全解决问题,也可以为市场预测提供研究方向,帮助企业确定市场预测的目标。

2. 市场调查可以为市场预测提供必需的信息资料。企业进行市场预测时,为保证预测结果的准确性,就必须对市场信息进行科学分析,从中找出规律性的东西。而市场调查获得的大量信息资料正是市场预测的资料来源,这些资料为市场预测数学模型的建立与求解提供了大量历史数据和现实数据,有助于取得较准确的预测结果。

3. 市场调查方法丰富和充实了预测技术。市场调查方法大都具有简便使用、好懂易记的特点。市场预测的许多方法正是在市场调查方法的基础上充实、提高而形成的。如预测中的"专家意见法"就是吸收了市场调查的方法,经过反复实践而形成的,既简便适用,又避免了结果的不确定性和离散性。有些简单的市场调查方法,如问卷填表法、访问座谈法等,若在调查内容中加进预测项目,同样可以得到准确的预测结果。

4. 市场预测的结论要依靠市场调查来验证和修订。市场预测不是凭空臆想的,而是建立在认识和把握客观规律的基础之上的一种预见和预计,是在科学理论指导下做出的有一定科学根据的假设。但假设毕竟是假设,预见不等于客观现实。市场预测的结论正确与否,最终还要由市场发展的实践来检验。因此,市场调查不仅能够检验前一段的预测结果,还能够分析、论证预测成功或失误的原因,总结经验教训,不断提高市场预测的水平。另外,在做出预测以后,也可以通过市场调查获得新的信息,对预测结果进行修正。

(二) 市场调查不同于市场预测

市场调查和市场预测之间虽然存在着密切的联系,但二者并不是一回事,二者之间既有联系也有区别,主要区别在于:

1. 研究的侧重点不同。市场调查和市场预测虽然都研究市场上的供求关系及其影响因素,但市场调查侧重于市场现状和历史的研究,这是一种客观的描述性研究,目的是了解市场客观实际情况,弄清事实真相,并及时捕捉市场信息;市场预测则侧重于市场未来的研究,这是一种预测性研究,着重探讨市场供求关系的发展趋势及各种影响此趋势变化的因素,目的是对未来的市场做出推断和估计。

2. 研究的结果不同。进行市场调查和市场预测,其最终目的都是通过对市场的研究,为各种决策提供依据。但市场调查所获得的结果是市场的各种数据、资料和调查报告,这些都是对客观现实的反映,涉及的内容比市场预测要广泛得多,因而既可做市场预测的依据和资料,也可直接为经济管理部门和企业的日常决策提供依据。而市场预测所获得的结果是关于未来市场发展的预测报告,是一种有一定科学根据的假定,主要为制订计划和管理决策服务。

3. 研究的过程和方法不同。在市场营销活动中,由于对市场缺乏全面了解,需要进行初步的市场调查。一旦对市场有了清醒的认识,就可规划未来的发展目标,这时才需要进行市场预测。从研究方法看,市场调查的方法多属于了解情况、认识市场、捕捉信息的定性研究;而市场预测的方法则多是建立在定性分析基础上的定量测算,许多方面需要运用数学方法和建立预测模型。

二、市场调查与市场预测的学科特点

市场调查与市场预测是一门实践性很强的学科。学习这门学科要以经济学理论为基础,借鉴市场营销学、管理学、心理学、统计学的理论,运用先进的电子计算机技术作为重要的工具,坚持理论联系实际,才能掌握市场调查与市场预测的基本理论和科学方法,为企业的营销决策服务。

要学好这门课程,需注意以下几个问题:

(一)从本质上把握市场变化规律

市场将国民经济各部门联结为一个整体,互相联系、互相依存,甚至互相对立。在形式上表现为瞬息万变,而这种变化实际上是综合地反映了国民经济各种比例关系的平衡状况和变动趋向。因此,进行市场调查与市场预测决不能仅仅停留在对表面现象的描述上,也不能"只见树木,不见森林",而是要尽可能从本质上把握市场变化规律,这样才能做出正确的判断和推测。要做到这一点,必须以一定的经济理论为指导,对市场乃至整个国民经济进行深入的分析。

(二)从方法论上探讨行之有效的科学方法

市场本身是复杂的,对其研究的途径和方法也有所不同,尤其是企业研究市场能力的差异更体现了市场研究方法的科学性和重要性。因此研究市场既要以经济理论为基础,又要结合企业的实际情况。从方法论的角度看,市场预测有赖于市场调查,市场预测必须根据市场调查的资料进行,市场调查资料的水平和质量在很大程度上决定着市场预测的水平和质量。因此需要完善市场调查的方法,尤其是把重点放在抽样调查方式、问卷调查法和计算机的广泛应用上。另一方面,在调查的基础上,根据预测的目的和对象选择恰当的预测方法也是研究市场不可缺少的重要内容。

(三)了解本学科与其他学科的关系

市场调查与预测是企业研究市场的基础工作,实践性很强,因此与其他学科存在着密不可分的联系。

1. 同统计学、运筹学及近代数学的关系。本学科吸收了统计学、运筹学、近代数学等研究成果,并与市场预测和决策实践活动结合起来,形成了逻辑推理、分析、归纳、综合与论证的多种定量分析方法与技术,如时间序列分析预测法、回归分析预测法、线性规划、决策技术等等,从而大大提高了人们进行预测、决策的科学性。

2. 与行为学科的联系。实践性、经济效益性是企业营销决策的两个主要特点。企业能否将决策最优方案变成现实,与决策实施过程中执行者的行为有着极为密切的关系。按照行为科学的观点,人们是带着多种需要进入企业的,他们的精神物质需要,是产生工作动机的原因。只有决策最优方案赢得执行者(企业全体员工)的支持,才能调动其自觉性、主动性和积极性。为此,在决策过程中,决策者要重视对执行者行为需求的研究,必须研究和考虑决策方案如何反映执行者的特点、环境变化和决策自身能力三个变量的动态关系,让决策目标综合个人目标,通过具体措施激励执行者在执行过程中的自觉性、主动性和积极性。能得到决策执行者拥护和支持的决策,才是科学的决策,这是企业决策科学化、民主化的基本要求。

3. 与管理科学、市场营销学的联系。市场调查与预测是管理学的重要内容,这门学科所提出的研究课题和内容,以及这些课题的解决,能够丰富管理学的内容和促进管理学科的发展。市场营销学的研究包括企业面临的环境与市场分析、目标市场的确定与定位、营销活动与营销决策、营销组织与控制等内容。在分析企业面临的宏观环境与微观环境时,在分析市场需求时,在确定企业市场机会和发展战略与营销战略时,在企业选择目标市场时,都离不开市场调查与市场预测所提供的信息,市场调查与预测正是为企业市场营销服务的。因此,市场调查与预测是市场营销活动的重要内容。市场营销活动的核心是四个基本策略即产品策略、渠道策略、促销策略、定价策略的选择,企业靠市场调查提供的信息,才能提供综合运用市场营销组合的最佳方案。从这个角度说,市场调查、预测与市场营销学是密不可分的。在市场营销学中,市场调查与预测是作为市场分析和市场研究来称谓的。

本章小结

市场不断变化是永远不变的真理。企业与市场之间的关系是一种天然的黏合剂,即相互依存、相互促动、共同发展。而能够结成这种关系和促进企业持续成长的唯一途径就是对市场这个"生命体"进行充分的调查和科学的预测,其中市场调查是预测的基础和条件。

案例分析

2003年的某一天,霍华德·舒尔兹高兴得脸红了。当他听到星巴克——这个由他一手缔造的咖啡王国荣登今年《财富》杂志500强(第467位)企业榜单的时候,平常处变不惊的舒尔兹也笑得咧开了嘴,脸上泛起了少年般的红晕。"早就猜到了,"他自言自语道,仿佛有点吃惊的样子。"如果说早在十年前我们就想到了会登上《财富》500强的榜单,那也显得太狂傲了。但是从创立企业的第一天,我们就梦想这种结果,并做着更大的梦。"

如果重温星巴克的成功历史,"早就猜到了"这句话是最好的概括。

从1971年西雅图的一间小咖啡屋发展至今成为国际最著名的咖啡连锁店品

牌,星巴克的成长可称得上是一个奇迹。星巴克的咖啡经历的确令人心动。拥有25年历史、全球连锁店达4 000多家的星巴克,1992年在美国上市。如今,股票价值早已超过当初的10倍以上,拥有了6 000多家店面,每天都有一家星巴克咖啡店开张营业。财务专家们估计星巴克未来的年增长率将达到37%。

1971年在美国西雅图"Pike Place"市场,星巴克第一家分店正式开业。当时,美国经济已经从60年代巅峰走向衰退,咖啡的销量也已经下滑,咖啡的消费者占总人口的75%;80年代,咖啡销量进一步减少;90年代以后,咖啡消费人群基本保持稳定。现在,美国52%(1.07亿人)的成人每天都喝咖啡,平均每天3杯;另外有28%的成人(大约5 700万人)不定期饮用咖啡。

星巴克的正式创业始于1983年。1983年舒尔兹在意大利旅行时,在米兰喝到了他的第一杯浓咖啡,那时他就开始构思星巴克今天的样子了。那时星巴克还只是西雅图市一个小小的连锁店公司。它以销售高品质的咖啡而出名,但是它只有6家店面,只销售咖啡豆。4年后,34岁的舒尔兹筹集了400万美元的资金,从当时坚持只销售咖啡豆的星巴克老板的手中把公司买了下来。舒尔兹把咖啡吧美国化的思路很快显示出了成效,一种商品被彻底改造了,星巴克变成了一种文化符号。一个明显的例子就是《花花公子》杂志正在制作一期"星巴克女郎"的专辑。

面对星巴克突飞猛进的发展,华尔街的批评家们指出,在美国再有两年,咖啡餐饮这块市场就会饱和。舒尔兹却对此不以为然:"那些整天谈着饱和的人根本不理解我们的经营战略。"

用最好的咖啡,煮出不同的口味

星巴克的咖啡具有一流的纯正口味。为保证星巴克咖啡的质量,星巴克设有专门的采购系统。他们常年在印尼、东非和拉丁美洲一带奔走,与当地的咖啡种植者和出口商交流、沟通,为的是能够购买到世界上最好的咖啡豆。他们工作的最终目的是让所有热爱星巴克的人都能品尝到最纯正的咖啡。星巴克的咖啡品种也是繁多的,既有原味的,也有速溶的;既有意大利口味的,也有拉美口味的,顾客可凭自己的爱好随意选择。

独特风格:充分运用"体验营销"

星巴克认为,他们的产品不单是咖啡,而且是咖啡店的体验。研究表明:2/3成功企业的首要目标就是满足客户的需求和保持长久的客户关系。相比之下,那些业绩较差的公司,这方面做得就很不够,他们把更多的精力放在降低成本和剥离不良资产上。

星巴克一个主要的竞争战略就是在咖啡店中同客户进行交流,特别重视同客户之间的沟通。每一个服务员都要接受一系列培训,如基本销售技巧、咖啡基本知识、咖啡的制作技巧等。要求每一位服务员都能够预感客户的需求。

另外,星巴克更擅长咖啡之外的"体验":如气氛管理、个性化的店内设计、暖色灯光、柔和音乐等。就像麦当劳一直倡导售卖欢乐一样,星巴克把美式文化逐步分解成可以体验的东西。

"以顾客为本"："认真对待每一位顾客，一次只烹调顾客那一杯咖啡"。这句取材自意大利老咖啡馆工艺精神的企业理念，贯穿了星巴克快速崛起的秘诀。注重"one at a time"（当下体验）的观念，强调在每天工作、生活及休闲娱乐中，用心经营"当下"这一次的生活体验。

星巴克还极力强调美国式的消费文化，顾客可以随意谈笑，甚至挪动桌椅，随意组合。这样的体验也是星巴克营销风格的一部分。

"教育消费者"：在一个习惯喝茶的国度里推广和普及喝咖啡，首先遇到的是消费者情绪上的抵触。星巴克为此首先着力推广"教育消费"。通过自己的店面，以及到一些公司去开"咖啡教室"，并通过自己的网络，星巴克成立了一个咖啡俱乐部。

顾客在星巴克消费的时候，收银员除了品名、价格以外，还要在收银机键入顾客的性别和年龄段，否则收银机就打不开。所以公司可以很快知道消费的时间、消费了什么、金额多少、顾客的性别和年龄段等。除此之外，公司每年还会请专业公司做市场调查。

星巴克的"熟客俱乐部"，除了固定通过电子邮件发新闻信，还可以通过手机传简讯，或是在网络上下载游戏，一旦过关可以获得优惠券，很多消费者将这样的信息，转寄给其他朋友，造成一传十、十传百的效应。

把星巴克文化渗入人心

所有在星巴克咖啡店的雇员都经过严格且完整的训练，对于咖啡知识及制作咖啡饮料的方法，都有一致的标准。星巴克使顾客除了能品尝绝对纯正的星巴克咖啡之外，同时也可与雇员们产生良好的互动。

星巴克咖啡连锁店的有一个很特别的做法：店里许多东西的包装像小礼品一样精致，从杯子、杯垫和袋袋咖啡豆，咖啡壶上的图案与包装，到每天用艺术字体展示的当日主推销产品等，都可以看出构思精心与匠心独具，于是会有顾客对这些小杯子、杯垫爱不释手，并带回家留作纪念，这个不在市场销售的赠品便成了顾客特别喜爱星巴克的动力。

星巴克吸引消费者的另一个重要因素就是其内部幽雅独特的人文环境，木质的桌椅，清雅的音乐，考究的咖啡制作器具，为消费者烘托出一种典雅，悠闲的氛围。同时高科技的应用也使星巴克与众不同，它成功的实施了微软 NET My Services 的商业模式，星巴克的顾客可以通过因特网预订想喝的咖啡，踏入星巴克店门后不用等待，自己想喝的咖啡就会立即端上来。同时无线宽带网络技术已进入星巴克连锁店，顾客在饮用一杯星巴克咖啡的同时，可以悠闲地使用具有无线功能的智能手机、掌上电脑和其他手提设备接入宽带内容及服务，各种流行的国内外报纸杂志及免费上网的服务，让你在某个需要释放心情的日子里享受到真正意义上的轻松与愉悦，那时星巴克的形象中又会加入一种时尚、尖端的因素。它的目的是为顾客提供方便，而这也形成了星巴克不同于别处的特殊体验。

每一个星巴克连锁店都设有顾客意见卡,其顾客关系部每年都收到成千上万的电话,星巴克总是做出了让顾客满意的回答和服务。可以看出,在与顾客接触的任何时刻,星巴克都不忘将其独特的文化特色渗入人心。

星巴克今后的梦想

尽管生意兴隆,星巴克还只占领了美国咖啡餐饮业的7%,占全球的不到1%。的确,这个市场太庞大了——咖啡在世界饮料业中消费量仅次于水饮料。星巴克的目标是到2005年在全球最少开张10 000家店面。6年前,星巴克在日本开了第一家国际店,现在它在美国境外有1 460家店,遍布欧洲、环太平洋地区、中东和墨西哥。他们还有很大的发展空间。"从国际的角度看,"舒尔兹说,"我们的公司还处于婴儿期。"舒尔兹两年前才担任星巴克公司的全球经营战略设计人角色。

舒尔兹称他们的目标不仅仅是让星巴克登上《财富》500强的榜单,而是要建立一个他父亲一直努力建立的那种类型的公司。弗莱德·舒尔兹高中都没有读完,干了许多工资低而辛苦的活——从工厂工人到卡车司机——却没有赚到多少钱。舒尔兹说:"我的父亲当了一辈子吃苦受罪的蓝领工人,他挣得很少,也得不到别人的尊敬,这让他非常痛苦和恼火。我想让星巴克成为一个不让任何人落后的公司"。今天,即使公司里的兼职员工也能享有健康保障和股权认购等福利。

星巴克登上《财富》500强榜单用了10年时间。舒尔兹说:"从现在起的10年后,我的头脑里有几件事要做:我们想成为世界上最受人尊敬的公司和最知名的品牌。就像可口可乐那样。"

咖啡王国传奇的成就非一朝一夕之功,这源于其长期以来对人文特质与品质的坚持:采购全球最好的优质高原咖啡豆以提供消费者最佳的咖啡产品;不懈地追求高品位已成就其深厚的文化底蕴;时时处处体贴入微的关怀以提供顾客最舒适最优雅的场所。这也是星巴克的独特魅力所在,同时也体现了独特营销的威力。在超市,速溶咖啡的售价是每小袋(1杯)1元,一般咖啡店里的咖啡为10元一杯,在星巴克咖啡店里,每杯价格为35元。然而,如此昂贵的咖啡饮料,人们为什么还要钟情星巴克呢?

分析问题:星巴克公司成功的秘诀是什么?

思 考 题

1. 通过案例分析,充分理解市场与企业的关系。
2. 市场调查与预测的联系与区别是什么?
3. 市场调查与预测这门学科在企业市场营销中的作用是什么?
4. 讨论"只有疲软的企业,没有疲软的市场"这种说法所揭示的道理。

第二章

市场调查基本原理

市场调查是研究市场的基本手段。通过本章的学习要深刻理解市场调查的基本含义和市场调查的内容;掌握市场调查实际操作中应该遵循的市场调查原则和市场调查的程序,从而为学习市场调查的方法奠定基础。

通过本章的学习,首先要了解市场调查产生的原因与发展过程;其次在理解市场调查的含义中把握市场调查的特征;再次在案例分析的基础上,了解市场调查的作用;最后掌握市场调查的原则和程序。

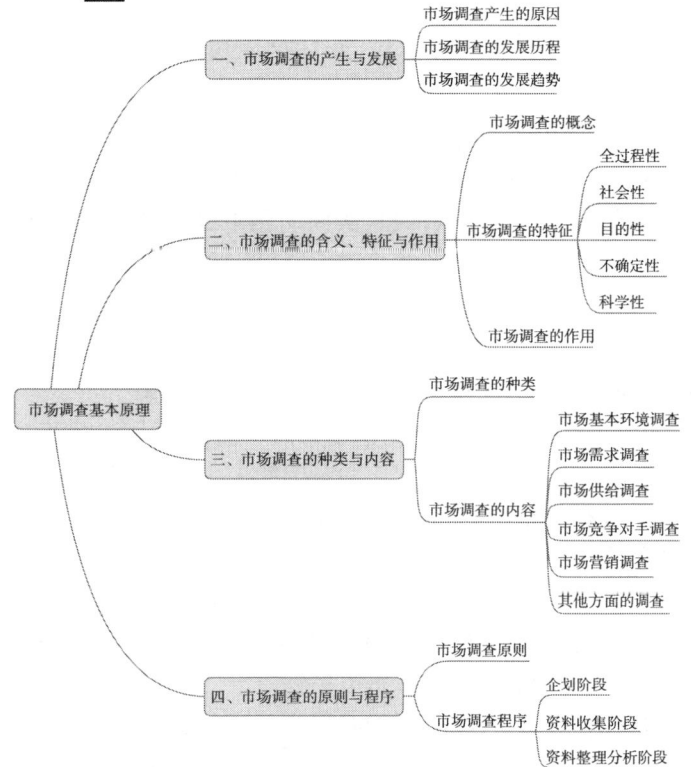

· 23 ·

第一节 市场调查的产生与发展

一、市场调查产生的原因

市场调查的实践活动随着商品生产和商品交换的发展,很早就产生了。在西方资本主义早期,商品经济已有较大的发展,市场规模也随之扩大。企业由于经营的需要,对市场行情变化的调查已很重视。当时主要凭借传统经验管理企业,虽然积累了一些市场调查和统计分析的经验,对商品供求也做过不少研究,但由于受科学技术水平和经营管理水平的限制,市场调查未发展成为一门科学,也没有发挥其应有的作用。

19世纪末20世纪初资本主义进入垄断阶段,商品经济进一步发展,市场迅速扩大,资本主义经济危机的影响日益加深,资本主义企业之间的竞争更加激烈,企业迫切需要了解市场变化及竞争对手的活动情况,作为生产、经营决策和改进销售措施的依据,一些企业纷纷建立调查组织,开展市场调查活动。尤其是20世纪30年代世界经济危机的爆发和其残酷的后果,使企业更加认识到做好生产之前市场调查的重要性。市场调查活动的广泛开展以及经验的积累,需要对市场调查活动本身进行深入系统的研究。于是市场调查作为一门方法论科学便应运而生了。

市场调查之所以能形成一门学科,并广泛应用于企业营销活动过程,其原因为:

(一)买方市场的形成是市场调查产生的基础条件

买方市场是相对于卖方市场而言的。在卖方市场条件下,由于市场是供不应求的态势,企业生产什么就卖什么,而且卖商品基本上不成问题,因此缺乏进行市场调查的动力。而买方市场则是产品供过于求,消费者根据自己的需要决定购买意向,企业要想把自己的产品顺利地销售出去,就必须研究消费者的消费心理及购买行为过程,即进行有效的市场调查。

(二)市场竞争日益激烈促使市场调查加速产生

市场是买卖双方交换的场所,是由供给与需求两方组成的,它们之间彼此为对方提供市场。在商品日益丰富的情况下,作为供应一方的生产者面临着激烈的市场竞争,这种竞争既有产品竞争、资金人才的竞争,也有技术水平和技术设施的竞争;既有直接竞争,也有间接竞争。企业在市场上面临着全方位的竞争。作为需求一方的消费者,在一个日益庞大、种类繁多的商品群面前必然会有所选择,其选择过程和结果必然会引起企业之间的竞争,在这种市场条件下谁能赢得消费者的青睐,谁就是成功者,反之则面临着被挤出市场的命运。为此企业只有进行全方位的市场调查,才能达到在竞争中取胜的目的。

(三)消费者需求的多样化与多变性是市场调查产生的主因

企业营销的中心就是满足消费者的需求。消费者的需求一方面是多样化的,不同的消费者会有不同的需求,即使是同一消费者在不同时间、不同地点也会有不同的需求。另一方面消费者的需求又是多变的、动态的,企业要充分地满足消费者的需求越来越困难,为此企业只有借助市场调查来深入了解消费者及需求变动的趋势,方能在满足消费者需求的基础上获得持续的发展。

二、市场调查的发展过程

(一)市场调查的形成期

市场调查是在美国产生与发展的。1911年美国柯的斯出版公司聘请派林(Parrlin)担任该公司商业调查部的经理。派林首先对农具销售进行了调查,接着对纺织品批发和零售渠道进行了系统的调查,后来又亲自调查访问了美国100个大城市的所有主要百货商店,系统地收集了第一手资料并著书立说,编写了《销售机会》一书,该书提出了访问调查法、观察调查法、统计分析法等市场调查分析方法,在市场调查的理论和实践方面做出了贡献,派林因此而被推崇为市场调查的先驱。与此同时,美国一些大学建立了商业调查研究所(如哈佛大学商学院的商业调查研究所)开始着手于市场调查理论与方法的研究。但该时期的市场调查由于很多条件不具备,致使许多大规模的、复杂的市场调查无法进行。

(二)市场调查的发展期

自1923年美国人尼尔逊开始创建专业的市场调查公司后,市场调查工作成为营销活动不可分割的有机体。1929年经济危机的爆发,转变了企业以产定销的传统观念,企业开始重视生产之前的市场调查活动,进一步推动了市场调查的快速发展。1929—1939年,美国政府和有关地方工商团体共同配合,对全美进行了一次商业普查,这次普查被称为美国市场调查工作的一个里程碑。这次调查揭示了美国全国市场结构的全部情况,收集和分析了各种各样的商品如何从生产者到消费者手中的过程,各种类型的中间商和分销渠道的作用,以及各种中间商的营销成本,也提供了关于各种市场营销机构和商品大类的详细销售数据,提供了改进市场营销活动和减少浪费的依据,并规定每隔5年定期举行一次调查,以观察市场变动的规律。20世纪30年代以后,随着心理学家的加入,统计方法的进步和突破,市场调查的方法得以丰富,市场调查结果更加科学可信,市场调查的范围扩大到有关市场营销问题的各个方面。与此同时,市场调查理论也得到了较快的发展,在美国先后出版了不少关于市场调查的专著,其中1937年美国市场营销协会(AMA)组织专家集体编写的《市场调查技术》一书对市场调查学科的发展起到了重要作用。市场调查逐渐形成为一门新兴的学科,并带动了市场调查业的兴起,市场调查的理论与实践得到了进一步的结合,推动了企业生产与经营的快速发展。

(三)市场调查的完善期

1950年以来,随着电子计算机的问世及在市场调查中的广泛应用,市场调查进入一个快速发展的时期,消费者行为(价值观和生活方式)成为消费者定性与定量研究的重要组成部分。消费者调查研究是以个人和家庭为消费对象的制造商,为更好地理解其生活方式与态度,为企业广告的有效诉求提供依据。尼尔逊公司采用统计方法计算出收看电视和电视广告的观众总数,并根据不同年龄、性别、家庭状况对访问对象进行交叉分析,使得不同消费者对问题回答的差异性显现出来。1963年威廉·莱泽将曾为社会学家所用的"价值观"与"生活形态"引入调查业,促使市场调查人员强化对消费者态度的研究,从态度与习惯来判断其生活方式,不但提供了市场研究更理想的方法,也改变了研究消费者的思路和工具。

另一方面,通过电子计算机进行的大量的抽样调查和统计软件的开发使市场调查业成为一个具有发展前景的新兴产业,产生了如兰德公司(Rand)、斯坦福德公司研究所(SRI)等一批著名的调查公司。美国前50家最大的市场调查公司,1994年的营业额已达40亿美元之巨,最大的市场调查公司D&B的年营业额达到20亿美元,其中64%的营业额来自海外市场。据有关资料统计,全世界设有市场调查全国性协会的国家有32个以上,集中在美国、英国、法国、日本、意大利、荷兰、巴西、墨西哥、罗马尼亚等国。国际性组织有:国际市场营销联盟(International Marketing Federation),设于荷兰海牙;民意调查世界协会(World Association for public Research),设于美国威廉斯城;欧洲民意和营销调查学会(European Society for Opinion Marketing Research),设于荷兰阿姆斯特丹;欧洲工业市场营销调查协会(European Association for Industrial Marketing Research),设于英国伦敦。20世纪90年代以来,由于调查费用的不断提高和访问成功率的下降,市场调查行业进入不断完善的时期,尤其是随着经济全球化的发展和市场界限的无国界化,市场调查更呈现为全球化趋势,如尼尔逊公司已经开展了在中国的业务,并成为中国最大的市场研究机构。今后伴随着更多发展中国家融入WTO,市场调查机构的业务范围还会不断扩大,在不断完善中进入成长期。

三、市场调查的发展趋势

展望未来,在世界范围内,市场调查主要有以下四个发展趋势:

(一)市场调查的地位日益提高

随着经济全球化的发展和市场竞争的激烈,企业利用市场调查为预测和决策服务的频率将大为提高,在市场调查上的投入也将大大增加(如国外大公司的调查经费约占公司全部销售额的1%~3.5%),市场研究的地位与作用在企业营销过程中将更加突出(市场调查活动成为营销过程中的重要环节,甚至决定营销活动的成败)。

(二)市场调查体系将更加完善,市场调查机构趋向多元化

未来的市场调查机构(包括政府、企业、新闻媒体、专业调查咨询公司在内的调查机构)将充分发挥各自获取信息的优势。如英国的路透社、日本经济新闻社等均为世界级的综合性经济信息中心,在他们下属的综合经济信息系统中,有着庞大的、全面的经济数据库系统,其信息网络遍布全球,可以在极短的时间内向用户提供与市场活动有关的数据。与此同时,市场信息社会化程度、企业和公众对市场信息的依赖程度也将大大增加。

(三)市场调查方法将更加先进

为保证企业经营决策的科学性,就要求为之提供资料与信息的市场调查更加精确,在调查方法上将更加趋于多种调查方法的结合应用,网络调查将得到发展与普及。此外,各种高科技技术将更广泛地应用于市场调查中,与市场调查有关的统计软件的不断开发也将推动着市场调查方法更加成熟和完善。

案例2-1 北斗技术助力獐子岛财务造假调查

2014年以来,獐子岛集团股份有限公司(简称獐子岛)炮制了资本市场上一出著名的闹剧。在6年时间里,獐子岛的扇贝三次离奇遭灾,两次跑了,一次被饿死。2018年2月,证监会对獐子岛立案调查,并最终认定:獐子岛财务造假性质恶劣,"严重破坏了信息披露制度的严肃性,严重破坏了市场诚信基础"。2020年6月,证监会公示的调查结果显示,獐子岛2016年虚增利润1.3亿元,占同期披露利润总额的158%。2017年又虚减利润2.8亿元,占同期披露利润总额的39%。

证监会在对獐子岛造假事件的取证过程中采用了传统的实地调研法,收集了大量的信息。但是在提取证明出海和捕捞的具体成本方面,出现了一个传统技术无法解决的难题,因为獐子岛的捕捞面积是由公司的捕捞人员以月为单位汇报给财务人员的,具体每天捕捞的是哪些海域并没有记录。

为还原真实采捕情况,监管机构启用了北斗定位系统。我国的渔船都必须安装自动识别系统(Automatic Identification System, AIS),而且出航时必须开启。AIS多数基于北斗卫星导航终端,每三分钟会收集一个卫星定位信息。借助北斗系统提供的獐子岛27条采捕船两年的航行定位数据,专业地图大数据与智能化解决方案服务商经过17个月的工作,通过对獐子岛27条采捕船两年航行轨迹的分析,还原出实际的采捕作业区域面积。上述分析和结论成为举证獐子岛的关键材料。

资料来源:改编自微信公众号"财经国家周刊"。

(四)行为科学将在市场调查中被广泛采用

在未来市场调查中,对消费者心理和行为的研究将更加受到重视,因此心理

学、社会学、管理学中的行为科学方法将在市场调查活动中得到进一步的应用。市场调查逐步成为信息产业的重要组成部分,发挥着越来越重要的作用。

> **案例2-2　你能通过看脸来识别情绪吗?**
>
> 　　心理学家保罗·艾克曼(Paul Ekman)研究了面部表情可以揭露真实的笑和假笑。真实的笑容不仅嘴角上扬(很容易假笑),而且脸颊和眼部肌肉也会随之向上提升(装起来要困难得多)。因此,判断一个人是不是真的开心或者被你逗乐,只要观察他脸颊上方和眼周的肌肉,即如果一个人的眼睛也在微笑或者闪光,那就是真正的笑容。这些方法后来被广泛应用于消费者行为的研究中。
> 　　资料来源:斯蒂芬·罗宾斯,等.组织行为学[M].北京:中国人民大学出版社,2017.

（五）网络调查将更加普及

移动互联网的广泛应用,已经改变了人们的生活方式。消费者的购买方式从线下发展到线上线下并行,消费者搜寻信息的方式从过去传统的媒体(一对一)到现在的社交媒体(一对多,多对多)。上述变化将对市场调查工作产生巨大的影响,网络调查应用更加广泛。调查人员可以充分利用这些变化及时开发计算机应用软件,以扩大营销调研业务的范围,为企业研究消费者行为和精准营销提供一条新的途径。

第二节　市场调查的含义、特征与作用

一、市场调查的含义

对于市场调查的含义,国内外有不同的解释,但一般有狭义与广义之分。

（一）狭义的市场调查

市场调查是以科学的方法和手段收集消费者对产品的购买情况,包括对商品的购买、消费动机等购买活动的调查。

（二）广义的市场调查

市场调查是以科学的方法收集产品从生产者转移到消费者手中的一切与市场销售有关的资料,并进行研究分析的过程。广义市场调查将调查范围从消费和流通领域拓展到生产领域,包括产前调查、产中调查、产后和售后调查。根据美国市场营销协会的解释,广义市场调查包括市场分析、销售分析、消费者研究、广告研究等内容。从实际来看,由于现代市场组织复杂,活动频繁,单一的调查或研究工作已不足以概括其意,因此本书内容是以广义市场调查作为其范畴的,即对市场调查

的概念做如下界定:市场调查是运用科学的方法,有组织、有计划地系统、全面、准确及时地收集、整理和分析市场现象的各种资料的活动过程。

二、市场调查的特征

作为企业市场营销活动的基础,市场调查执行着自己的特殊职能和任务,它具有如下的特征。

(一)全过程性

在激烈的市场竞争中,市场调查工作不能只停留在生产或营销活动前的阶段进行,而是对市场状况进行研究的整体活动,包括售前、售中和售后阶段都需要进行市场调查;它不是单纯的对市场信息资料的搜集过程,而是包括了调查设计、搜集资料、整理资料、分析资料和提出调查报告的一个完整过程。

(二)社会性

市场调查的对象是市场环境和营销活动。随着社会生产力的不断发展和企业外部环境的不断变化,市场营销范围不断拓展,营销观念也由此经历了生产观念、推销观念、市场营销观念等阶段而进入了社会营销观念阶段。1985年,美国市场营销协会(AMA)对市场营销赋予了新的定义,与1960年市场营销定义相比,其最大区别是拓宽了市场营销的领域。市场营销领域的扩大和营销观念的转变,使市场调查研究的内容和应用范围也随之扩大,涉及社会经济生活的各个领域。

(三)目的性

市场调查是一种了解市场特征、掌握市场变动趋势的手段。市场调查的最终目的是为有关部门和企业进行预测和决策提供科学的依据。这里应该避免的是一些企业并没有对本企业的实际情况做充分和科学的估计,只借用别人的市场调查结果或市场上表现出来的某种信息来从事生产或营销活动的做法虽然省时省力,但却冒着极大的经营风险。因此企业必须明确调查的目的,使调查具有较强的针对性。

(四)不确定性

市场调查根据调查内容的不同可采用不同的方式,其结果也有所不同,这是由于市场是一个受众多因素综合影响和作用的场所,市场调查有可能只掌握部分信息,或许有许多资料在调查时被忽视了,即使获得的资料很完整也可能具有某种不确定性,不能确保企业预测和决策一定能成功,市场调查仅是预测与决策的基础,这在市场调查时应注意。

(五)科学性

市场调查方法是一种科学的调查方法,而不是主观臆断的。市场调查中对资料的汇集和分析所采用的方法,包括各种资料搜集方法、资料整理方法和分析方法是为了掌握事物的本质,从而把握住影响市场营销活动的关键因素。这些方法都是在一定的科学原理指导下形成的,并被实践证明是行之有效的,如运用统计学、数学、概率论及心理学等学科的知识去进行统计、分类和进一步的分析。

三、市场调查的作用

在市场竞争日趋激烈的情况下,拥有市场比拥有一个工厂更为重要。如何分析市场、发现市场和确定市场已成为企业关注的关键问题,因此市场调查被称为企业的"雷达"或"眼睛",其重要作用主要表现在以下几个方面。

(一)帮助企业制定有效的营销策略

市场是企业研究的中心,根据市场的状况而制定的营销策略决定了企业的经营方向和目标,它的正确与否,直接关系到企业的成功与失败。因此,研究市场,使企业营销的产品和服务适应和满足消费者的需要是营销策略中首先要解决的问题。

企业所面对的既定市场是由购买者+购买力+购买欲望三要素构成的。这三个要素是相互统一的整体,又是企业研究的重要内容。为此企业要了解市场中的购买者是谁,了解他们的购买能力和购买欲望,然后根据目标顾客的情况制定相应的产品策略、价格策略、销售通路策略和促销策略,以满足顾客的现实需要和潜在需要。

案例2-3 日本资生堂公司的市场方略

日本资生堂公司为了在激烈的广告竞争中击败对手,就消费者对化妆品的需求心理和消费情况进行调查。它们将日本女性消费者按年龄分成四种类型:第一种类型为15~17岁的消费者,她们追求时髦,对化妆品的需求意识较强烈,但由于受学校特定环境的影响,所购买的化妆品较单一;第二种类型是18~24岁的消费者,她们对化妆品的消费追求高档化;第三种类型为25~34岁的消费者,她们大多数已结婚,对化妆品的需求是基于日常生活习惯;第四种类型为35岁以上的消费者,他们因年龄的增大,对化妆品的需求更为强烈,但显示了购买单一化妆品的倾向。资生堂公司根据上述情况,制定了"年龄分类"的广告销售策略,在不同的媒体上,针对各类消费者进行广告诉求,并使化妆品的式样、包装适应各类消费者的特点和需要,因此使产品受到了消费者的普遍欢迎。

(二)帮助企业开拓市场,开发新产品

任何企业不会在现有的市场上永远保持销售旺势。要想扩大影响,继续盈利,就不能把希望只寄托在一个有限的产品和特定的地区范围内。当一种产品在某个特定市场尚未达到饱和状态时,企业就应开始着眼于更远的、还没有满足的市场。

这就需要通过市场调查了解顾客当前的需要和满足程度,并了解顾客尚不能明确表述出的潜在市场的需要,为企业制定行之有效的市场开发战略提供重要的依据。一般而言,企业按照顾客的需求状况和顾客类型将市场划分为四个象限,如图2-1所示。

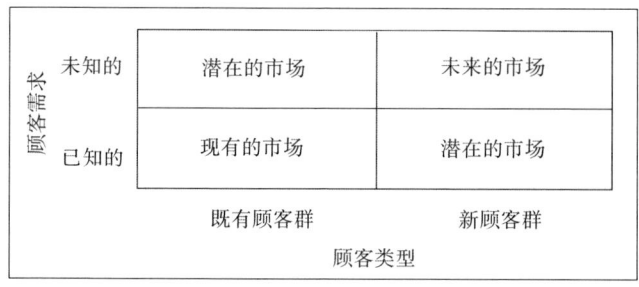

图2-1　按顾客类型划分的市场

如图2-1所示,现有的市场竞争较为激烈,企业发展的机会不多,而潜在的市场和未来的市场则存在着巨大的商机。无论一个公司对目前顾客能说出的需求满足的有多好,如果它看不到顾客尚不能明确表述的需要,那也是很危险的。不管一个公司现有的顾客可能有多满足,若是不努力去吸引全新的顾客群体,就有可能使自己的发展受阻,很快成为落伍者。因此企业的永续发展就在于不断地创新,这种创新的重点主要体现于满足顾客需求之上的新产品创新。在激烈竞争的现代市场条件下,不开发新产品的企业要冒很大的风险。同时,新产品的开发也存在着很大的风险,其原因是由多种因素构成的,但其中最重要的因素是产品构思和设计不适合消费者的实际需要,而避开新产品开发的风险要借助市场调查这一基本手段来完成。

案例2-4　诺顿公司的周到服务

诺顿是美国一家业绩不凡的百货店。商店的全体员工经常为顾客创造令人称奇的体验。他们会在停车场为顾客预热引擎;顾客只要光临该店一次,售货员就能记住顾客的名字、地址、颜色偏好,甚至还记得顾客及其家人的生日,并在顾客过生日时,出其不意地寄去鲜花和售货员手写的生日贺信;他们还会为顾客退换该店根本从未出售的货物。正由于此,诺顿在顾客当中有口皆碑,人们打算购物时,首先想到的是去诺顿。诺顿为顾客提供的服务令最细心体贴的医生和律师都感到汗颜。

(三)有利于企业在竞争中占据有利地位

知彼知己是每一个企业对付市场竞争的有效方法,要达到在竞争中取胜的目的,就必须掌握对手的经营策略、产品优势、经营力量、促销手段及未来的发展意图等。企业面对的可能是一个竞争对手,也可能是多个对手,是采取以实力相拼的策略,还是采取避开竞争,另辟新径的策略,要根据调查结果并结合企业实际做出决断。通过市场调查了解对手的情况,就可在竞争中绕开对手的优势,发挥自己的长处,或针对竞争者的弱点,突出自身的特色,以吸引消费者选择本企业的产品。否则,一旦竞争决策失误,经营的失败不仅表现为市场占有率的减少,也意味着竞争对手的进一步强大。显然市场调查对竞争结果的意义十分重大。

案例2-5　日本麒麟公司的竞争优势

日本的麒麟啤酒公司通过与以商人和军人为主的客户建立良好的关系,一度曾占据日本啤酒市场份额的60%。但到了20世纪80年代,在日本的年轻人中开始盛行喝干啤,而麒麟公司却不愿意放弃原有的核心客户,仍然将市场定位于喜欢传统啤酒的商人和军人消费者,没去开发干啤这一新兴的市场。相反,日本朝日啤酒公司则适应市场需求的变化,大力推出适应年轻人口味的干啤,从而迅速地超过了麒麟公司,成为日本啤酒业的龙头。

(四) 帮助企业打造核心竞争力

随着企业之间竞争的不断加剧,20世纪90年代企业管理理论和战略管理领域开始了对企业核心竞争力的研究。普拉哈拉德和哈默将核心竞争力界定为"企业组织中集体学习能力,尤其是那些企业组织中能够协调不同生产技能和整合各种技术的能力"。企业核心竞争力的提出为市场调查活动导入了一个全新的理念。我们知道,市场是由众多的购买者所构成的,购买者在某一方面或许多方面各自具有不同的特性,这构成了他们在各自的需求层次、购买能力、坐落的地理位置、购买偏好以及购买习惯等方面的差异。市场调查就是寻找有效的细分标准将整体市场化分为若干个子市场。传统的细分市场的标准只注重利用购买者各类变数的差异性对市场进行细分,这样企业在对外部市场的研究过程中,忽视了对企业自身特性,特别是企业核心竞争力的分析研究,失去了利用企业核心竞争力在市场上的发展空间。近年来随着生产力水平的大幅度提高和信息技术的推广与普及,"创造顾客""创造市场"的观念已经逐步从理论变为现实,这给核心竞争力在企业"创造顾客"和"创造市场"的经营理念指导下发挥独特作用提供了广阔的舞台。企业面对如此庞大的市场,通过市场调查不仅可以在整体市场中挖掘出企业最具竞争优势、发展潜力的细分市场,而且还可以在一定程度上引导潜在需求以培养和创造新的市场,从而将企业的核心竞争力转化为市场中具体的竞争优势。

案例 2-6 日本索尼公司的创新能力

1979年,日本索尼公司在美国市场推出了随身听全新产品。然而在不到三个月的时间里,松下和爱华等日本公司的模仿产品也随即在美国市场销售。而就在这些日本公司推出模仿产品的同时,索尼宣布退出小型化的随身听市场。当那些紧跟身后的日本企业听到这个消息,便马上降价出售他们较大机型的产品,同时立即投入研发更小型的随身听。几个月后,这些跟随者研发成功小型随身听,索尼却宣布它将推出附加调频电台的新型随身听。于是,那些跟随者又赶紧将其新产品降价,并再次投入研发更新的产品。在如此激烈的市场竞争条件下,索尼几十年来从未停止过前进的步伐,根据顾客的需求变化,持续进行顾客价值创新,不断推出具有新型附加功能的产品,包括自动回带、高低音、精致化小耳机、防震、防水、电子选台、小型化、充电电池、闹铃时钟等。尽管每当索尼推出一种新型微型化产品,其竞争对手就会迅速通过反向工程复制出这种产品,但索尼随即都能推出更有价值的产品。虽然从单个产品来看,不断增强的竞争使得与该产品相关的销售和利润大为降低,从而削弱了索尼的竞争优势,但是从长期来看,索尼通过持续的顾客价值创新所创造的利润总额,大大优于模仿者的利润总额,使索尼占有明显的竞争优势。

(五)为企业预测未来市场发展提供基础

每个企业在进行现行营销的同时,还要注重对未来市场的研究,即不断了解、分析市场未来的发展趋势,从而抓住新的发展契机。而对未来市场的了解就是在市场调查的基础上进行的市场预测,否则市场预测只能是空中楼阁,甚至造成预测失误。

案例 2-7 海飞丝在中国的竞争中独占鳌头

宝洁公司通过市场调查了解到头皮屑是困扰中国消费者的一个大问题,因为中国人长着黑头发,这使得头皮屑很显眼,而且中国现有的洗发水在治疗这种疾病方面没有效果。于是宝洁公司及时推出海飞丝作为其优质品牌,通过强大的营销宣传攻势,在3年内使其成为中国洗发水市场中的领先品牌。接着,宝洁公司又推出了治疗头皮屑的飘柔和潘婷洗发水等系列产品,并大获成功。最终,宝洁公司占据了中国洗发水市场57%的份额,尽管其产品价位是美国本土品牌的三倍多。

第三节 市场调查的种类与内容

一、市场调查的种类

从各种角度分类,将市场调查区分为不同的类型,有利于对市场调查作全面系统的理解,也有利于市场调查实践中明确调查目的和确定内容。

(一)按购买商品目的分类

根据购买商品目的不同,市场调查可分为消费者市场调查和产业市场调查。

1. 消费者市场的购买目的是为了满足个人或家庭的生活需要。消费者市场是最终产品的消费市场,是社会再生产消费环节的实现。消费者市场调查的目的主要是了解消费者需求数量和结构及其变化。而消费者的需求数量和结构的变化受到多方面因素如人口、经济、社会文化、购买心理和购买行为等的影响。对消费者市场进行调查,除直接了解需求数量及其结构外,还必须对诸多的影响因素进行调查。

2. 产业市场也称为生产资料市场,其购买目的是为了生产出新的产品或进行商品转卖。产业市场是初级产品和中间产品的消费市场,涉及生产领域和流通领域。产业市场调查主要是对市场商品供应量、产品的经济寿命周期、商品流通渠道等方面的内容进行调查。

(二)按调查范围分类

按调查范围不同,市场调查可分为需求调查和供给调查。

1. 需求调查是对市场中的消费对象需求的调查,包括现实的消费、潜在的消费、购买行为以及消费水平变化的调查。

2. 供给调查是对某一时期内,在某市场中投放商品供给量的调查,包括进货途径、数量和货源结构的调查。

(三)按商品流通环节分类

根据商品流通环节不同,市场调查可分为批发市场调查和零售市场调查。

1. 商品批发是供给生产加工或进一步转卖而出售商品的交易行为。批发市场调查主要是从批发商品交易的参加者,批发商品流转环节的不同层次,批发商品购销形式,批发市场的数量和规模等方面进行的调查。批发市场调查着重掌握我国批发市场的商品交易状况,分析商品批发市场的流通数量、流通渠道与社会生产的关系和零售市场的关系等。

2. 商品零售是为了满足个人或社会集团生活消费的商品交易。零售市场调查主要是调查不同经济形势下零售商业的数量及其在社会零售商品流转中的比重,并分析、研究其发展变化的规律;调查零售市场的商品产销服务形式;调查零售业网点分布状况及其发展变化;调查消费者在零售市场上的购买心理和购买行为;调查零售商品的数量和结构等等。

(四)按商品门类分类

市场调查按商品门类分,可划分为商品门类、大类、中类(品类或品目)、小类、品种和细目的市场调查。商品门类是按国民经济的行业共性对商品进行的总的分门别类,属最高分类级别。我国的全部商品分为23个门类。大类是按商品生产和流通中的行业来划分的。我国的商品在门类的基础上又分成88个大类,如纺织品类、食品类、日用工业品类等。中类是指商品种类,也称商品品类或品目,是若干具有共同性质或特征的商品总称。它包括若干商品品种,如针棉织品、动物性食品、家用化学品等。小类是根据商品的某些特点和性质所做的进一步划分。例如,动物性食品可以分为水产品、乳和乳制品等,家用化学品可分为洗涤用品、化妆品等。商品的品种是按商品的性质、成分等特征划分的,指具体商品的名称,如牛奶、洗衣粉、西服等品种。商品的细目是对商品品种的详细区分,包括商品的花色、规格、品级等。

（五）按空间层次分类

根据空间层次不同,市场调查可分为国内市场调查与国际市场调查。

1. 国内市场调查是指以国内市场为对象进行的调查。可以分为全国性、地区性市场调查;还可以划分为城市、农村市场调查。

2. 国际市场调查是以世界市场的需求动向为对象而进行的调查。我国国内市场是国际市场的重要组成部分,国际市场同时也影响着我国国内市场。按不同空间层次所组织的市场调查资料,对于研究不同空间市场的特点,对于合理地组织各地区商品生产与营销,对进行地区间合理的商品流通,具有十分重要的价值。

（六）按时间层次分类

根据时间层次不同,市场调查可分为定期市场调查和不定期市场调查。

1. 定期市场调查是对市场现象每隔一段时间就进行的一次调查。其目的在于获得关于事物全部发展变化过程及其结果的信息资料。

2. 不定期市场调查则是为解决某种市场问题而专门组织的一次性调查。其目的在于收集事物在某一特定时点上的水平、状态等资料。如物价调查就是根据物价管理部门的需要,不定期进行的。

（七）按调查组织的方式分类

根据调查组织的方式不同,市场调查可分为全面市场调查与非全面市场调查。

市场调查的组织方式是指如何处理被调查对象总体,而不是指具体的收集市场资料的方法。

1. 全面市场调查又称为普查,是对市场调查对象总体的全部单位进行的调查,目的是了解市场的一些至关重要的基本情况,对市场状况做出全面、准确的描述,从而为制定有关政策、规划提供可靠的依据。其调查结果虽比较正确,但不易进行,需要一定的人力、物力。

2. 非全面市场调查,仅仅对总体中的部分单位进行调查。它又分为市场典型调查、市场重点调查和市场抽样调查。市场典型调查是从总体中选择具有代表性的部分单位作为典型进行的调查,其目的是通过对典型单位的调查来认识同类市场现象总体的规律性及其本质。市场重点调查是从调查对象总体中选择少数重点单位进行调查,其目的是通过对这些重点单位的调查,反映市场总体的基本情况。市场抽样调查是根据概率原则抽出适当样本进行的调查,其结果可以控制,在市场调查中应用较广。

（八）按调查的内容分类

根据调查的内容不同,市场调查可分为定性市场调查与定量市场调查。

1. 定性市场调查是根据性质和内容对市场进行调查,如对市场环境、政治经济环境,以及来自消费者各个方面的反映等进行定性分析,为企业的营销决策提供可靠依据。

2. 定量市场调查主要是指收集和了解有关市场变化的各种数据进行量化或模型分析,预测潜在的需求量和商品销售的变化趋势。

（九）按调查的方法分类

按市场调查方法不同,市场调查可分为文案调查和实地调查。

1. 文案调查是指通过收集各种历史和现实的动态统计资料,从中摘取与市场调查课题有关的信息。文案调查具有简单、快速、节省调查经费等特点,尤其是用于对历史资料和现状的了解,它既可以作为一种独立方法来运用,也可作为实地调查的补充。

2. 实地调查是指调查者自身收集第一手市场资料的方法。它包括观察法、实验法和访问法。实地调查在借助科学研究方法的基础上,能够得到比较真实的资料和信息。

（十）按调查的目的分类

按市场调查的目的不同,市场调查可分探测性调查、描述性调查、因果性调查和预测性调查。

1. 探测性市场调查是为了界定调查问题的性质以及更好地理解问题的环境而进行的小规模的调查活动。在调查初期,调查者通常对问题缺乏足够的了解,或尚未形成一个具体的假设,对某个调查问题的切入点难以确定,这时就需要进行探测性市场调查的设计。探测性调查的目的是为了去发现新的想法和新的关系。企业将调查问题预先设立产生原因的情况假设,然后展开市场调查,验定假设是否成立,进而针对问题采取改进的方法。例如,某公司A牌一次性尿布市场份额去年下降了,是何种原因造成的尚不能确定,是经济衰退所影响？广告支出的减少？还是消费者的习惯改变了？显然,可能的原因很多,公司只好用探测性调查来寻找最可能的原因,如从一些用户和代理商处收集资料,从中发掘问题。假设试探性的解释是A牌是一种价格低廉的尿布,当初是为了与低成本的品牌竞争而设计的,而现在有小孩的家庭比这个品牌刚上市时更有钱,并愿意在高质量的婴儿用品上花更多的钱,这是公司市场份额下降的可能原因。"有小孩的家庭有更多的实际收入以及在婴儿用品上愿意花更多的钱",这就是我们通过探测性调查得到的假设。

2.描述性市场调查就是调查内容着重于市场状况特征,将所需调查的现象具体化。它是要解决"谁""什么""什么时间""什么地点""怎样"的问题。如消费者的收入层、年龄层、购买特性的调查等。假设一家快餐店开设一家分店,公司想知道人们是如何惠顾这家分店的。因此就要描述下列问题:惠顾者是谁?他们的性别、年龄和居住地点及他们是如何来这里的?他们对快餐产品和服务的要求是什么等等。当然这些描述性问题必须根据调查的目的而定。如若是用来制订促销计划,重点应放在人们是如何知道这家店的;若是决定分店的位置,重点应是分析快餐店的商圈。

案例 2-8 颜色重要吗?

在软饮料行业里,可口可乐带来了樱桃味可乐和健怡可乐。如果口味能对饮料发挥作用的话,那么颜色是不是对汽车也有同样的效果呢?调研专家和颜色专家强烈表示同意。对于购买新车的人,颜色和外观几乎和价格一样重要。汽车制造商们需要预测未来哪些颜色会变得炙手可热,并完全根据销售额和颜色专家的观点改变30%的汽车颜色。既然颜色是一个主观问题,那么消费者就不能在做出购买决策之前很早就预先知道他们会购买哪种颜色,而且他们往往会关注潮流的变化。汽车制造商们设法利用色彩来建立品牌个性,使他们能与同一公司的其他产品或竞争者的产品区别开来。再设计色彩时不仅要把消费者的偏好时刻放在心上,而且要考虑每种汽车的细分市场和该类消费者的身体特点。例如,宝马的"红色"、奥迪的"黑色"、丰田的"银色"等例子有力地说明颜色能给汽车个性的营销带来多大的价值。

3.因果性市场调查是调查一个变量是否引起或决定另一个变量的研究过程,其目的是识别变量之间的因果关系。如在某一时期,影响自行车销量的因素有哪些,其中何者为主要影响因素,何者为次要影响因素。例如,快餐店的销售额受地点、价格、广告等因素的影响,我们就要明确因变量与自变量之间的关系,通过改变其中一个重要的自变量来观察因变量受到影响的程度。

案例 2-9 "每日低价"会导致"每日低利润"吗?

多年来,宝洁公司一直宣称其销售量的50%是按照"每日低价定价法"实现的,公司还宣称它期望能从这一改变里节省下更多的成本。但一份来自所罗门兄弟公司的新报告更清晰地显示了宝洁公司收入的变化趋势,在所罗门公司跟踪的11种家用产品中,1992年有10种产品,以金额计算的宝洁公司在超市的市场份额在下降。如今零售业采取的营销策略关系到上百万美元的利润:超市应该采取"每日低价"策略吗?

芝加哥大学的调研人员进行了一次实验。他们在多米尼克食品公司的88个店铺里控制了19个大类商品的价格,该公司总部设在芝加哥,每周大约100万人次光顾该公司的商店。有些商店使用了标准定价方法,零售业称之为"高—低"定价法。剩下的商店则改成每日低价定价法。在他们对每日低价定价法的分析中,这些调研人员把重要产品大类的价格提高或降低了10%。这些产品大类的销售额占一个普通商店总销售额的30%。在那些采用每日低价定价法的商店里,价格进一步降低了10%,在那些采用高—低定价法的商店里,价格则提高了10%,以观察消费者的反应。结果是:采用每日低价定价法的商店的销售额稍高一些,但利润则比采用高—低定价法的商店低得多。总体而言,这些采用每日低价定价法的商品大类的利润比零售商采用高~低定价法赚取的利润低17%。调研人员认为,产生这一利润差异的原因是那些没有降价的产品大类具有较高的边际利润。

4.预测性调查是指对未来可能出现的市场行情的变动趋势进行的调查,属于市场预测的范畴。它是在描述性调查和因果性调查的基础上,对市场的潜在需求进行的估算、预测和推断。因此,预测性调查实质上是市场调研结果在预测中的应用。在市场竞争日益激烈的情况下,为了避免企业决策错误,就必须进行调查和预测市场潜在需求,这样才能把握市场机会。如在快餐店的经营中,通过建立销售额与广告的因果关系,得知广告与销售额成正比例关系,据此就可以预测下一年由于提高广告费会增加多少销售额。

以上仅为部分市场调查的分类,由于市场调查的内容较多,因此可根据调查的目的及其相互关系来确定调查的类型。

二、市场调查的内容

市场调查的内容比较广泛,企业所面对的问题不同,调查的内容也不同,企业可以根据市场调查的目的确定市场调查的内容。一般来说,市场调查的内容主要涉及以下几个方面。

(一)市场基本环境调查

企业的任何活动脱离不开其所处的外部市场环境,这些外部市场环境是客观存在的,不以人的意志为转移的,并对企业营销活动或者提供机遇,或者施加威胁,关键是企业要在对其进行深入细致了解的基础上抓住市场机遇,避开威胁。对市场基本环境的调查主要包括如下内容。

1.自然环境的调查。自然环境决定了企业的生存方式,它包括自然资源、地理和气候环境等。

(1)自然资源的调查。自然资源的禀赋,尤其是短期内不可更新的资源,对企业的影响极大,比如石油对汽车业的影响等。因此企业必须调查与自己有关的资源的储存、开发情况以及该资源的替代更新程度。

（2）地理环境的调查。地理环境决定了地区之间资源的分布状态、消费结构和消费习惯，它对企业产品的销售、运输和仓储方式的选择起着关键性的作用。如平原与丘陵对自行车生产企业的影响不同。因此企业应注意产品在不同地理环境下的适用程度和需求程度差异方面的调查，由此采取相适应的营销策略。

（3）气候环境的调查。气候会影响消费者的饮食习惯、衣着、住房等，在某种气候下，消费者对商品的选择会带有一定的针对性。如制冷产品、服装、饮食等我国南方与北方有很大的差别，就是某一地区不同时期的气候也会影响着消费者的消费习惯。因此对气候环境的调查可能是大多数企业不可忽视的重要内容。

2. 经济环境调查。经济环境对市场活动有着直接的影响。企业对经济环境的调查主要可以从以下两个方面进行：

（1）经济发展水平。经济发展水平主要影响市场容量和市场需求结构，经济发展水平增长快，就业人口就会相应增加。而失业率低，企业开工率高以及经济形势好，必然引起消费需求的增加和消费结构的改变；反之，需求量就会减少。

（2）消费水平。消费对生产具有反作用，消费水平决定市场的容量，也是经济环境调查不可忽视的重要因素。消费水平的调查主要是了解某一地区的国民收入、消费结构、物价水平和物价指数等。

3. 政治法律环境调查。政治与法律环境的调查主要是了解对市场产生影响和制约作用的国内外政治方针与政策、法规条例等，如对WTO的有关规则和每个国家制定的经济法规的调查与了解，对于企业进入国际市场是至关重要的。

4. 社会文化环境调查。每一个地区或国家都有自己传统的思想意识、风俗习惯、思维方式、宗教信仰、艺术创造、价值观等，这些构成了该地区或国家的文化并直接影响人们的生活方式和消费习惯。对于市场营销人员来说，营销活动只有适应当地的文化和传统习惯，其产品才能得到当地消费者的认可与接受。在构成文化的诸因素中，知识水平影响消费者的需求构成及对产品的评判能力。知识水平高的市场，高科技的产品会有很好的销路。宗教信仰和风俗习惯的调查也是营销活动中极为重要的内容。

（二）市场需求调查

市场是企业营销活动的出发点和归宿点，市场需求调查是市场调查中最基本的内容，它包括消费需求量调查、消费结构调查、消费动机调查等内容。

1. 消费需求量调查。消费需求量直接决定市场规模的大小，它一般受两个因素的直接影响。

（1）人口数量。人口量是计算需求量时必须考虑的因素，一般来说人口数量多，市场规模就大，对产品的需求量也必然会增加，如我国人口约占全球总人口的1/4，其潜在市场规模较大。在考虑人口数量时，也要分析人口的属性状况，如性别、年龄、教育程度等。如我国逐渐成为老年型国家，"银发市场"的潜力极大。

(2)购买力。消费需求量除了受人口数量影响外,还受到购买力的影响。在拥有一定的可支付购买力的条件下,人口数量与消费需求量有密切的相关关系。分析消费购买力主要看消费者的货币收入的来源、数量、需求支出方向以及储蓄状况等。国家统计局公布的数字显示,2020年我国居民人均可支配收入32 189元。根据北师大收入研究院课题组最新的一项研究数据显示,中国月薪低于2 000元的人数高达9.64亿人,占全国总人口的68.85%。2020年,李克强总理在两会闭幕后召开的记者会上说:"我们人均年收入是3万元人民币,但是有6亿人每个月的收入也就1 000元。"因此,性价比对于6亿人口来说,依然是消费决策时的第一参考因素。

2. 消费结构调查。消费结构是指消费者将其货币收入用于不同产品支出的比例,它决定了消费者的消费投向。对消费结构的调查主要是对恩格尔系数的了解。所谓恩格尔系数就是消费者的食品支出占全部支出的比例。系数越小,说明用于食品方面的支出就越少,而在其他方面的支出就越多。

3. 消费者购买动机调查。购买动机就是为满足一定的需要,而引起人们购买行为的愿望和意念。消费者购买动机的影响因素较多,既有客观方面的原因,也有主观方面的原因,因而消费者购买动机调查难度较大,需要通过直接调查法和间接调查法相互结合来了解消费者购买动机的影响因素、表现类型等。

案例2-10 市场调查要了解消费者的详细细节

对于一些大公司来说,知道顾客买什么、在哪里买、为什么买和什么时候买的情况,是有效营销的奠基石。

可口可乐公司通过市场调查发现人们在每杯水中平均放2.3块冰,每年看到69个该公司的商业广告;喜欢售点饮料机放出的饮料温度是35度;100万人在早餐中喝可乐;美国每人每年消费156个汉堡包,95个热狗,283个鸡蛋等。

台湾某纸业公司通过调查了解到,台北市民喜欢450克塑胶卫生纸,台南市民则喜欢300克的纸包装卫生纸;台北市每人每天卫生纸的消耗量为6.97克,台南市则为4.91克。台北市的消费者重视卫生纸的品质,台南市则以习惯来决定其购买的品牌。

某一跨国快餐公司了解到,美国的消费者重视快餐店停车位的多少;日本的消费者关心的是快餐店的用餐时间;香港地区的消费者则更留意快餐店卫生间的面积;中国的消费者更喜欢快餐店的环境和座位的舒适程度。

(三)市场供给调查

企业在生产过程中除了要掌握市场需求情况外,还必须了解整个市场的货源状况,包括供应来源、供应能力和供应范围的调查等。

1. 商品供应来源的调查。市场中商品供应量的形成有着不同的来源,除了对全部供应量的宏观情况进行调查外,还要进一步了解影响各种来源供应量的因素。

2. 商品供应能力的调查。商品供应能力的调查主要包括以下几个方面的内容:

(1)企业商品供应能力,包括商品的流转规模、速度、结构状况是否满足市场的需求。

(2)企业设备供应能力,包括设备条件、技术水平和更新状况等。

(3)企业资金供应能力,包括资金来源、构成、分配和使用状况等。

(4)企业员工的工作能力,包括现有员工的数量、构成、素质,以及为今后企业发展储备的人才状况等。

3. 商品供应范围的调查。商品供应范围及其变化会直接影响到企业营销目标的变化。商品供应的范围实际上就是企业营销的目标市场,在一定时期内市场目标的定位是稳定的,但是随着市场环境和消费者需求偏好的变化,企业的目标也会发生相应的变化,因此及时调查企业产品供应范围的变化,对调整营销策略有着至关重要的作用。如美国某一化妆品公司,原来生产的洗发液主要供应和满足儿童市场的需要,但是随着美国婴儿出生率的下降,儿童市场的需求量在不断地减少,因此该公司经过详细调查之后,果断地将产品供应范围扩大到青少年市场,保证了企业的持续发展。

(四)市场竞争对手的调查

任何产品在市场上都会遭遇到竞争对手,不同的企业所处的行业不同,其竞争者数量和竞争程度也不同。美国管理学家迈克尔·波特将竞争对手划分为五类,即同行业的竞争者、潜在的竞争者、替代品的竞争者、卖者讨价还价的竞争、买者讨价还价的竞争。不论上述哪一种竞争者,都会对企业构成威胁。因此对竞争对手进行调查来确定自己的竞争战略就显得非常重要,正可谓"知彼知己,百战不殆"。一般而言,对竞争对手的调查包括:①企业竞争者是谁?②主要竞争者所占有的市场份额是多少?③主要竞争者的竞争优势表现在什么地方?④主要竞争者是否存在劣势?⑤行业竞争者采取的营销战略与策略是什么?

只有将以上情况调查清楚,才能判断出本企业所具备的与竞争对手相抗衡的条件或可能性,才能清楚地知道自己在市场竞争中所处的地位(市场地位有四类:市场领导者、市场挑战者、市场追随者和市场补缺者),也才能确定自己的有效竞争策略。

(五)市场营销调查

市场营销调查是调查活动中的重要内容,涵盖的内容较多,如产品调查、价格调查、分销调查和促销调查等,市场营销调查的内容在后面的章节中论述,在此不再赘述。

(六)其他方面的调查

除了上述的调查内容之外,还有一些专门性的调查,如企业二板上市前的调查等。现重点介绍这方面的内容。

对于争取上市的公司,由于监管的加强,证券公司在与有关公司签约前往往要做更加全面的调查分析。其调查过程如下:

1. 隶属关系调查。隶属关系决定审批事项的有效权利主体以及材料的逐级申报路径,具体包括以下几种隶属关系:

(1)国有资产隶属关系。涉及公司国有股权管理方案的审批;国有资产评估立项和确认的路径和有效部门。

(2)行业隶属关系:涉及某些政策和募集资金投资项目立项的审批。

(3)控股隶属关系:涉及重大决策制定机构、发行上市的最终收益人。

2. 组织结构和业务结构调查。证券公司需要对企业的组织结构及其中每个单位的业务内容、财务状况和法律状态以及每个单位在整体中的位置和他们所占的收入和利润份额等情况进行全面细致的调查分析。

(1)主营业务收入和业务利润的构成及分布。

(2)所有的对外投资企业,包括:全资、控股、参股企业的一般情况,主要指从事业务、主要业务与母公司业务的相互关系、企业组织形式(有限责任公司、独资企业、中外合资企业)、注册资本、股东及股东出资情况、批准文件、公司章程、资本全部到位与否等。

(3)对外投资的财务处理办法。对外投资应计入长期投资中,如果计入往来科目则不规范,需调整。

(4)投资收益的处理办法。

(5)对外投资总量的法律限制。证券公司将审查公司的对外投资是否超过发行主体报表合并后净资产的50%,同时将仔细考虑,如果将发行股票募集的资金向下属企业追加投资后是否会超过50%。

3. 股本和股权调查。证券公司的调查内容包括:存量股本设计与折股方案;增量发行量的设计是否符合目前国家关于25%社会流通公众股的规定;二板市场具体实施细则出台后,依据该细则调整有关流通股的比例,发起人股东的控股地位和层次、变现的必要性及可能性;历年股本变动程序的完备性;股份制改造是否规范等等。必须调查的有关情况包括:

(1)存量股本。

(2)对含国有资产的还要制定存量净资产折股方案。

(3)历年股本结构演变过程和股东大会决议。

(4)股东构成及各方股东股权比例分布。

(5)股份制改造的规范性与否,其中包括资产重组与剥离方案的合理性和充分性;原资产评估机构的证券资格以及资产评估情况(包括评估结果、范围、特别问题的处理等问题);政府股份制改造批文是否完备,是否需要规范;以前募集资金的投向是否规范。

(6)土地使用权折股方案,包括土地使用状况、土地使用权是否已经折股或是采用租赁的形式有偿使用或是已经缴纳土地出让金。

(7)法人股和个人股的发行与托管情况,如职工个人持股的发行是否超比例和范围;法人股资金到位与否;股份转让行为的法律手续是否完备等。

第四节　市场调查的原则与程序

市场决定着企业的成败,对市场进行调查分析对于任何企业都是必要的,但是任何企业无论在何时何地从事这项工作,都要遵守一定的调查原则和安排好调查的程序。

一、市场调查的原则

市场调查既然是通过收集资料为企业的营销活动提供正确依据的活动过程,就必须遵循以下几个基本原则,方能获得成功。

（一）实事求是原则

市场调查工作要把收集到的资料、情报和信息进行筛选、整理,再经过调查人员的分析得出调查结论,供企业营销决策之用。因此要求我们在进行市场调查时必须实事求是,尊重客观事实,切忌以主观臆断,或带着框框来代替科学的分析。同样,片面地以偏概全的做法也是不可取的。实事求是原则是市场调查最基本的原则。

（二）时效性原则

在现代市场营销中,时间就是机遇,时间就是金钱,丧失机遇,会导致整个营销策略和活动的失败;抓住机遇,则为成功铺平了道路。市场调查的时效性表现为应及时捕捉和抓住市场上任何有价值的情报、信息,及时分析和反馈,为企业在营销过程中适时地制定和调整策略创造良好的条件。在市场调查工作开始之后,要充分利用有限的时间,尽可能地收集所需要的资料和情报。调查工作的拖延,不但会增加费用支出、浪费金钱,还会使营销决策滞后,对企业的营销极为不利。

（三）系统性原则

市场调查的系统性表现为应全面收集有关企业生产和经营方针方面的信息资料。因为在社会大生产条件下的企业生产和经营活动既受内部也受外部因素的影响和制约,这些因素既可以起积极作用,也可以阻碍企业的正常发展。由于很多因素之间的变动是互为因果的,如果只是单纯地了解某一事物,而不去考察这一事物如何对企业发挥作用和为什么会产生如此的作用,就不能把握这一事物的本质,也就难以对影响经营的关键因素做出正确的结论。因此市场调查既要了解企业的生产和经营实际,又要了解竞争对手的有关情况;既要认识到企业内部机构设置、人员配备、管理素质和方式等对经营的影响,也要调查社会环境的各方面对企业和消费者的影响。

(四) 经济性原则

市场调查是一项费时费力费财的活动,它不仅需要人的体力和脑力,同时还要利用一定的物质手段,以保证调查工作的顺利进行和调查结果的准确性。在调查内容不变的情况下,采用的调查方法不同,费用支出也会有所差别;同样,在费用支出相同的情况下,不同的调查方案也会产生不同的效果。由于各企业的财力情况不同,因此需要根据自己的实力去确定调查费用的支出,并制定相应的调查方案。对中小企业来说,如果没有大企业那样的财力去做规模较大的市场调查,则可更多地采用参观访问;直接听取顾客的意见;大量阅读各种宣传媒体上的有关信息;收集竞争者的产品等方式进行市场调查,只要工作做得认真仔细而又有连续性,同样会收到很好的调查效果。因此,市场调查也要讲求经济效益,力争以较少的投入取得最好的效果。

(五) 科学性原则

市场调查不是简单地收集情报和收集信息的活动,为了在时间和经费允许的情况下获得更多更准确的情报和信息,就必须对调查的过程进行科学的安排。采用什么样的调查方式,选择谁作为调查对象,调查问卷如何设计才能达到既能明确调查意图,又能使被调查者易于答复的效果等问题都需要进行认真的研究;同时运用一些社会学和心理学方面的知识,以便与被调查者更好地交流。在汇集调查资料的过程中,要使用计算机这种工具来代替手工操作对大量信息进行准确严格的分类和统计;对资料所做的分析应由具有一定专业知识的人员进行,以便对汇总的资料和信息做出更为深入的分析;分析人员还要掌握和运用相关的数学模型和公式,从而将汇总的资料以理性化的数据表示出来,精确地反映调查结果。

二、市场调查的程序

企业实施市场调查将花费大量的人财物力及时间,调查的结论及建议,要能针对企业实际需要,充分发挥下述效果,方能称之为成功的市场调查:一是协助企业经营者制定营销策略;二是改进企业市场营销活动的缺陷;三是提供市场新契机的建议;四是避免错误的营销决策。为达到该效果需要在市场调查中建立一套系统科学的程序。一般来说,市场调查程序分为三个阶段,即市场调查的企划阶段、市场调查的资料收集阶段和市场调查的资料整理、分析阶段(见图2-2)。

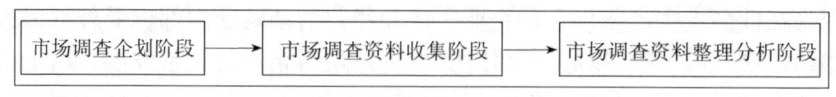

图2-2 市场调查程序

(一) 市场调查企划阶段

市场调查的企划阶段是市场调查工作的准备和开始,企划阶段是否充分周到,对后面的市场调查工作的开展和调查的质量影响很大。这一阶段的内容主要包括确定调查目标、确定调查项目、选择调查方法、估算调查费用、编写调查建议书等。

调查目标就是调查所要达到的具体目的,包括企业产品问题、经营中出现的困难、市场竞争问题及未来的发展方向等。为使调查目标明确具体,必须要考虑调查的目的、调查的内容、调查结果的用途及调查结果的阅读者等问题,从而为下一步调查工作的顺利进行奠定基础。在确定调查目标后,就要拟定调查方案和工作计划。调查方案是对某项调查本身的具体设计,主要包括调查的具体对象、调查的地区范围、调查资料收集和整理的方法等内容。调查工作计划是指对某项调查的组织领导、人员配备和考核、完成时间、工作进度和费用预算等事先进行的安排,目的是使调查工作能够有计划地进行,以保证调查方案的实现。在实际调查中,调查方案和调查工作计划各有不同的作用。一般大型的市场调查需要分别制订调查方案和调查工作计划,小型的市场调查可以统一考虑调查方案和工作计划。详细内容见第三章。

(二)市场调查的资料收集阶段

拟定的调查企划建议书经企业主管审查批准后,就进入到调查资料的收集实施阶段。这个阶段的主要任务是组织调查人员按照调查方案的要求和工作计划的安排,通过案头调查和实地调查系统地收集各种资料数据。一般而言,市场调查所要收集的资料主要有直接资料和间接资料。

直接资料是由市场调查者自己采用各种市场调查方式方法,对市场信息进行收集、整理、分析的结果。即通过实地市场调查取得的市场资料。如典型调查、重点调查、抽样调查等方式,观察法、实验法和访问法等方法。直接收集的市场资料实用性强、可信程度高。但取得直接资料需要较多的费用,有些资料又是企业无法取得的,直接资料在反映市场及其影响因素的广度上带有一定的局限性。

间接资料是指从别人所组织的各种调查收集和积累起来的材料中,摘取和整理出的市场或与市场有紧密联系的社会经济现象的有关资料。如常见的报纸杂志、经济年鉴、大众媒体等都是间接资料的重要来源,间接资料的主要特点是节省费用,对有些企业无法组织的调查,可依靠其他有关调查机构的调查资料,但间接资料的适用性没有直接资料强,往往需要对资料进行再整理。此外对于间接资料的可信程度一定要进行考查。

资料收集阶段是市场调查的主要内容,是市场调查能否取得成功的关键,也是花费财力和人力最多而且最容易产生调查差错的阶段。因此要深入研究各种调查方法、调查方式以及科学地制作调查问卷。详细内容见第四、五、六章。

(三)市场调查的资料整理分析阶段

市场调查资料的整理分析阶段是调查全过程的最后一环,也是市场调查能否充分发挥作用的关键。它包括资料的整理、资料的分析和市场调查报告的撰写。当取得大量的市场调查资料之后,首先要对其进行审核订正,分类汇总,根据研究目的进行加工整理,然后进行分析,即运用统计学的有关原理和方法,研究市场现象总体的数量特征和数量关系,揭示市场现象的发展规律、水平、总体结构和比例,市场现象的发展趋势和速度等等。因此,市场调查人员还需要掌握一定的统计分析技术,通过分析研究,在确实弄清市场活动过程的基础上,研究其动向及其发展变化规律,探索解决问题的方法。详细内容见第七章。

本章小结

市场调查伴随着商品经济高度发展而日显重要,企业要想在激烈的市场竞争中获得竞争优势和保持持续性的发展,必须依靠市场调查才能实现。市场调查作为系统地收集市场信息的有效工具,本身也具有独特的含义、内容和特征,在运行过程中必须遵循必要的原则和科学有效的程序,只有事先掌握市场调查的基本原理,才能更加有效地发挥市场调查的作用。

市场调查帮助他们走上致富之路

约翰·史密斯和吉姆·布朗是两个高级中学的教师。在从事几年的教学工作之后,两人对该工作厌倦了。每当二人在一起吃饭时,总是讨论如何经商的问题,但因他俩每人只有两千加元的积蓄,始终未能形成一个合理的投资方案。一场小型高尔夫球赛实况转播,唤起了他们的联想:"我们为何不能在温泽建个小型高尔夫球场呢?"二人一拍即合。

温泽是加拿大第十大城市,要在超过20万人的重工业城市进行调查不是件容易的事。于是他们进行了周密的筹划,于1974年1月开始了市场调查。调查和分析情况如下:

一、分析竞争者情况

温泽现有两个小型高尔夫球场,但球场的质量很差。因此,新的高尔夫球场如果根据普通规格比赛的要求,以优质材料建成,就会把所有的顾客都吸引过来。

二、确定被选场所

丹德文希尔购物中心是温泽地区最大的商业中心,它拥有的顾客量在80万~90万人次/月之间,且有巨大的停车场,是非常理想的场所。约翰和吉姆拜见了该购物中心的总经理罗伯特,罗伯特对此事很感兴趣,建议他们把高尔夫球场建在停车场的入口处。罗伯特不打算亲自介入,但要收取全部球场收入的15%作为土地租用费。罗伯特希望约翰和吉姆先回去,完成了详细的财务估算后再行磋商。

三、进行顾客分析

约翰和吉姆调查了顾客可能光顾小型高尔夫球场的动机,情况见下表:

原　因	少年儿童	成年男子	成年女子
个人娱乐	6	6	5
家庭娱乐	12	10	8
社交和邀请赛	5	10	8
地点方便	6	7	10
时间方便	7	3	5
总人数	36	36	36

初步调查分析表明,顾客光顾的动机主要是:家庭娱乐、社交和地点方便。

在此基础上,他们进行了两项更深层次的顾客调查。

首先,他们对自己学校的学生进行了调查。下面是调查得出的一些具体数据(年龄14~18岁,人数300人)。

1. 性别:男144人,女156人,总数300人。

2. 你夏天去丹德文希尔购物中心吗?

去者253人,不去者47人,总数300人。

A. 如果去,你会在那里玩高尔夫球吗?

	是	否	可能
男	99人	12人	7人
女	97人	24人	14人

B. 如果不去购物,是否愿意专程到丹德文希尔购物中心去打高尔夫球?

	是	否	可能
男	4人	11人	11人
女	4人	10人	7人

3. 你的家人是否愿意与你一起去玩高尔夫球?

	是	否	可能
A. 比你年长的	85人	61人	154人
B. 比你年少的	126人	33人	141人

4. 你愿与你的异性朋友一起玩高尔夫球吗?

	没回答	是	否	可能
男	23人	80人	14人	26人
女	32人	82人	10人	32人

5. 你认为每盘球75分钱是一个低价、合理价还是高价?

	过低	合理	过高
男	14人	96人	34人
女	4人	134人	18人

以上第一项调查表明,大部分学生愿意打高尔夫球:300人中有253人愿意去,其中约有50%的学生借此来约会;约76%的学生认为每盘75分钱是一个比较合理的价格。仅有17%的学生认为这一价格太贵。

第二项调查则访问了200名社会上的成年人。结果是:顾客愿意在购物中心顺便玩玩球的有42人,约占25%。

四、环境调查分析

温泽市人均月工资为784加元,高于全国工资人均数638加元的水平;每天来丹德文希尔购物中心的顾客为2.7~3万人,愿意玩高尔夫球的每天有六七千人,假期学生的参加人数会剧增;丹德文希尔购物中心对温泽市大部分居民来说,不超过15分钟的汽车路程。另一个重要信息是,从5月至9月的5个月中,温泽平均有104天无雨。

五、规模与成本预算

1. 收入。场地有限,只能设置18个洞。每4人1洞,1小时4盘,1天可营业12小时,这样就有$4 \times 1 \times 18 \times 12 = 864$,球场每天可打864盘,需要有3456人参加,每天毛收入为648加元,扣除土地费97加元,还剩551加元,附设一个小商店每天可盈利104加元。

2. 建设成本。修建18个洞,一个附属商店、围栏和其他各种开支,其总成本为7 260加元。总共才拥有4 000加元的约翰和吉姆想到了他们工艺班的学生,他们请学生们来帮助修造,因而只需花费1 260加元。

3. 营运开支。租借购物中心的球和棍,每套仅需200加元,按月付租金。就雇佣人员而言,如果每小时1.5加元工资,每天12小时,5个月104天无雨,只需雇佣一人,工资按周付给。这样,雇员工资为$1.50 \times 12 \times 104 = 1\ 872$加元。

4. 广告宣传费用。当地的《温泽星报》拥有58 000个订户,他们在该报上做一个整版的广告,费用是1 292加元,并在摇滚乐电台CKLW的黄金时间播放一周的广告,费用是100加元/次。

六、经营决策

约翰和吉姆将创业费用列表如下:

加元

建设费	1 200
租金	200
押金	1 000
雇员工资	374
报纸广告费	1 292
电视广告费	700
总计	4 766

"看来,我们将工资填入一部分就够了!"约翰和吉姆很兴奋,立即向购物中心的罗伯特先生出示了费用估算清单和存款单。罗伯特同意了他们的计划。1974年5月,他们的小型高尔夫球场开业了。

七、尾声

17年过去了,到1991年2月,记者来到这里,丹德文希尔购物中心依然是加拿大温泽市最大的商业中心。在购物中心巨大停车场的东南角,依然是一个小型的高尔夫球场,但它只是免费供人娱乐的场所。"它只是我和约翰的纪念品,是我们创业的标志,我们要让它永远留在这儿供顾客们开心",丹德文希尔购物中心的老板吉姆如是说。记者还了解到,约翰现在是温泽市公园的老板;罗伯特先生已于1986年回英国去了。他临走前,为了感谢高尔夫球场给他的生意带来的兴旺,将这个购物中心作价转让给了吉姆。记者问吉姆先生现有多少资本,吉姆伸出了四个指头,笑着说:"我和约翰共同的资本是4 000元,现有……"一个员工上前向吉姆汇报情况。"Sorry,bye!"吉姆向记者道歉后转身与那个职员一起走了。

分析问题:市场调查真有如此大的魔力吗?从这个案例中你得到什么启示?你能否为自己也制定一个创业计划?

1. 市场调查产生的原因是什么?
2. 如何深刻理解市场调查的含义和特征?
3. 通过案例分析了解市场调查在企业市场营销中有哪些作用。
4. 市场调查原则有哪些?在实际调查中应该如何去坚持?

第三章

市场调查策划

任何活动的有计划、有组织进行都会收到事半功倍的效果。市场调查策划的目的就是保证调查的科学性和有效性。本章的要点是通过了解市场调查组织类型来建立有效的组织机构,并通过调查策划过程保证调查活动的有效进行,然后撰写一份有价值的市场调查报告。

通过本章的学习,要了解国内外各种市场调查组织的类型;掌握市场调查策划的过程和内容;掌握市场调查报告的撰写方法。

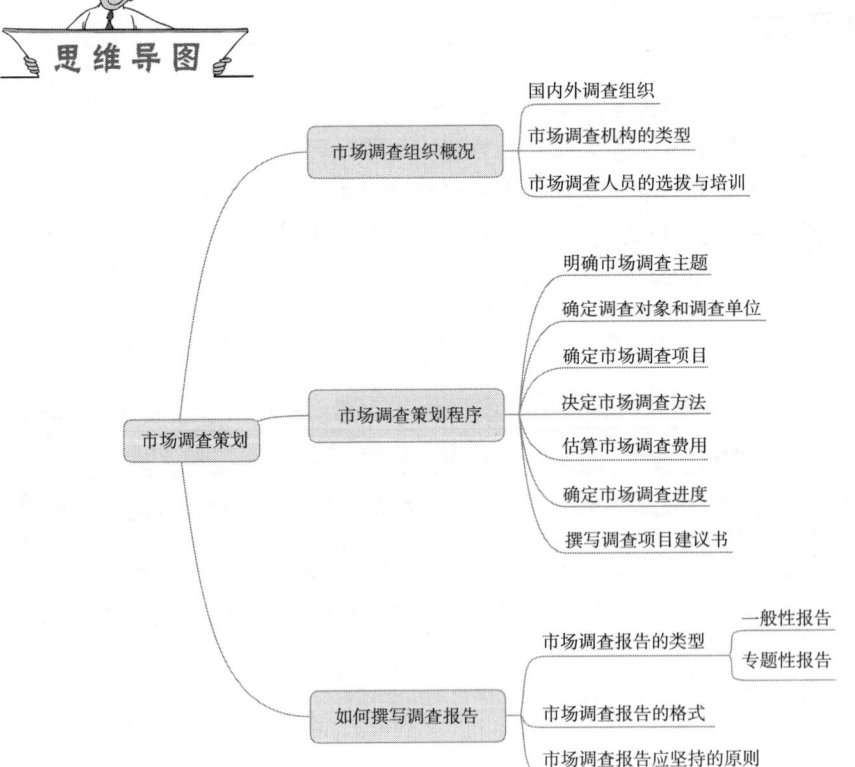

第一节　市场调查组织

市场调查作为经济活动中的一种群体活动,需要系统的组织和周密的计划,方能保证调查工作的顺利进行,从而取得预期的经济效果。所谓市场调查策划就是指在市场调查之前对调查过程中的各个方面进行全盘考虑和安排,包括如何建立调查组织、制定调查计划及实施调查活动的一系列筹划过程。

市场调查组织就是实施市场调查活动的机构,它是市场调查策划的内容之一,同时也是进行有效市场调查的根本保证。

一、国内外市场调查组织

(一)国外市场调查组织

市场调查作为一种经济活动由来已久,但作为现代市场营销的基础进行有计划、有组织的市场调查却产生于20世纪初期。当时随着生产力水平的提高,企业生产的产品数量越来越多,产品销售已成为广大企业极为关注的问题,即如何才能把产品顺利地销售出去。因此,市场调查成为营销管理的重要内容和有效工具,市场调查的个体行为因此逐步成为有组织的群体,即成立必要的机构,配备专业人员从事市场调查活动。世界上第一个专业性市场调查组织是美国柯的斯出版公司。1911年该公司成立商业调查部,在进行大量市场调查的基础上,提出了许多有创见的市场调查理论和方法,成为市场调查这门学科的先驱。欧洲市场研究学会(European Society for Opinion and Marketing Research, ESOMAR)年度全球市场研究报告显示,2018年包括传统和新领域在内的全球调查行业的营业额约为800亿美元,高于2017年的760亿美元。其中,数据分析等新领域占据了增长的绝大部分,同比增长约10%。调研经费支出排名前五的市场情况见表3-1。排名前二的行业再次占全球营业额的一半。其中,非耐用消费品占比19%,媒体和娱乐占比16%,药品占比16%。

表3-1　2018年全球调研五大市场营业额情况

市场	营业额(百万美元)	全球市场份额(%)
美国	20 750	44
英国	6 783	14
德国	2 788	6
法国	2 475	5
中国	2 418	5

与此同时，美国一些公司也开始重视市场调查组织的建立，如杜邦公司、通用汽车公司、通用电气公司等都先后设立了市场调查部门进行市场调查。其他发达国家的市场调查组织也比较强大。如日本丰田公司的市场调查部，汇集数学、统计、机械工程等各类专家60余人。该调查部除每年定期进行两次市场需求动向调查外，还进行5~6次不定期抽样调查，涉及调查对象人数之多和动用调查费用之高，在日本企业界是首屈一指的。可以说市场调查在国外已经成为社会的重要行业。2018年前十大调研公司营业额占全球市场研究营业额的50%以上，高于2017年的49.6%，总收入为237.7亿美元(见表3-2)。

表3-2 2018年全球排名前10位的市场调查组织

排名	组织名称	总部所在地	所属国家	营业额(百万美元)
1	尼尔森(Nielsen)	纽约	荷兰/美国	6 515
2	艾美仕(IQVIA)	诺沃克	美国	3 904
3	高德纳(Gartner)	康涅狄克州斯坦福	美国	3 516
4	凯度(Kantar)	伦敦	英国	3 449
5	益普索(Ipsos)	巴黎	法国	2 067
6	捷孚凯(GfK)	纽伦堡	德国	1 616
7	美国信息资源公司(IRI)	芝加哥	美国	1 200
8	丹纳塔(Dynata)	得克萨斯州普拉诺	美国	509
9	维思达特(Westat)	罗克韦尔	美国	506
10	英德知联恒(Intage)	东京	日本	489

第二次世界大战以后，市场调查已发展成为社会中的一个重要行业，提供了大量的就业岗位，并形成了一定的岗位要求。但是值得整个行业关注的是，调研新领域如数据分析的增长态势已成必然，传统调研的形式正在被取代。传统形式的衰退表明，市场调研行业正在顺应时代变迁、与时俱进地向新技术迁移。

(二)国内市场调查组织

新中国成立前由于我国商品经济不发达，在相当一段时间内，既没有组织过全国性的或大规模的市场调查，也没有形成专业性的市场调查组织。

新中国成立以后，为了适应国民经济有计划发展的需要，中央及各级政府相应建立了含有调查工作内容的统计机构，对宏观经济指数进行统计和分析，并高度重视社会经济方面的市场调查。但由于经济体制的限制，市场调查的作用没有体现出来。

专业性市场调查组织的出现是在改革开放以后，尤其是近几年市场化进程的加快给市场调查业带来了前所未有的机遇。据有关部门统计，2002年我国市场调查行业的营业额达到25亿元人民币，比2001年增长了30%。2006年4月29日，劳动和社会保障部对全社会发布"调查分析师"成为我国又一新职业。"调查分析师"是指运用有效的定性和定量调查方法,收集有关信息,进行数据处理和分析,形成报告以供客户决策参考的人员。其从事的主要工作内容有:①确定调查项目;②设计调查方案;③搜集有关信息资料;④设计调查问卷;⑤进行抽样设计;⑥指导和培训调查员;⑦进行预调查;⑧组织实施实地调查;⑨调查数据处理和分析;⑩撰写调查分析报告;⑪评估和形成调查分析报告等。截止到2008年年底,中国内地约有1 900家以市场研究、调查访问为主要业务的公司和机构,这些公司的业务总量在70亿元人民币左右,专职从业人员4万人。年营业额过千万的公司有几十家,主要集中在北京、上海、广州三地。近10家公司年营业额过亿,最大的公司已经突破四个亿的规模。整个行业在过去几年,一直以超过20%的年增速增长,未来几年也仍将保持这个增速,未来几年我国调查分析师市场缺口在100万人以上。

案例3-1 中国的市场调查业

中国信息协会市场研究业分会(CMRA)发布的《2019年中国市场调查行业发展趋势报告》显示:2019年中国内地调查行业规模达到了200亿元人民币,行业同比增长13.5%。在行业整体规模扩大的情况下,中型公司数量占比进一步上升。业务范围方面,55.6%的公司提供全方位的服务(设计、实施、数据处理、报告、咨询),以数据收集服务为主的机构占29.47%。境内客户营业额占总体营业额的93.73%。研究方法中,定量研究方法依然是市场调查机构最主要的研究方式,且较2018年有所上升,与2018年相比,定性方法的使用也略有上升。大数据的行业应用与赋能是调研公司当前最关心的议题,营业额1 000万元以上的公司对大小数据融合、调研平台化、AI等技术的应用有更多的关注。

二、市场调查机构的类型

市场调查机构的类型大体上可以分为两种。一种是企业内部自设的调查部门;一种是独立的市场调查部门。

(一)企业内部的市场调查部

1. 企业市场调查部的设置。企业设置市场调查部的情况因企业规模和性质的不同而异。从规模来看,规模比较大的企业内部自设市场调查部的较多。如美国目前有77%的公司设有市场调查部门,负责市场调查工作。从企业性质来看,消费资料制造业比生产资料制造业设置的市场调查部要多,尤其是与消费者生活密切相关的食品、服装、家电行业更为重视市场调查部门的设置。如美国,根据调查资料表明,在消费资料制造业中,有46%的企业设置市场调查部门,而生产资料制造业中仅有10%的企业设置调查部。有统计数据显示,目前世界500强企业中,90%都建立了信息调查分析部门。其中微软约17%、可口可乐约5%、摩托罗拉约11%的利润源可以归功于市场调查分析。例如,美国福特汽车公司设立了专门的市场调查部门,并由一位副总经理负责管理。这个部门的组织方式如图 3-1 所示。

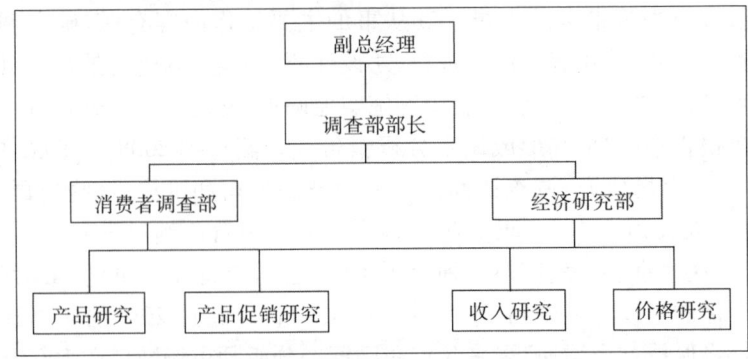

图 3-1　美国福特公司的市场调查机构

2. 企业市场调查部的地位。市场调查部的规模大小不一,大的可拥有员工几十人,小的仅有二三人,但市场调查部属于企业的组织管理系统,往往是独立部门,它在业务上虽然需要与其他部门保持联系,但调查业务不受限制,在很多情况下,调查部与经营主管负责人有密切的联系。如果将调查业务安排在销售部,则很难发挥市场调查的应有作用。

案例 3-2　麦当劳的金色拱门

今天,麦当劳公司两天内的收入就超过了 1.7 亿美元。市场调研对该公司销售额的增长起到了重要作用。1968 年,麦当劳公司建立了自己的营销调研部门。自从成立以来,该部门发展迅速。目前,85% 的麦当劳连锁店为特许经营连锁店,这一巨大成绩的取得要归功于公司的营销调研部门。2005 年,麦当劳公司的营销调研部门以顾客满意度调查形式进行的市场特征调研显示:店内氛围和装饰正日益成为顾客就餐体验中的重要部分。2006 年麦当劳公司通过店铺改造推出了"永远年轻"品牌,吸引年轻一代的消费者。在设计时,保持店铺的黄、红两种色调,但将红色改为赤土色,将黄色改为金色,以彰显更加阳光的店铺外观。此外,还增加了橄榄绿和灰绿色。经过重新设计的店铺吸引了更多顾客,麦当劳成了成年人和孩子们都喜欢的地方。

---

3. 企业市场调查部的关键问题

(1) 市场调查部的经费来源。市场调查部门的建立和调查活动的运作常常受到该部门经费的影响。调查部门的经费一般有固定来源和变动来源两种。前者是企业根据调查部门的工作量定期支付一定的固定费用,这种费用来源比较稳定,但缺乏激励作用;后者是来源于企业年销售额的大小,即占年销售额的比例,这种费用来源方式对调查部门来说,有一定的激励作用,费用会因调查部的工作结果有所变化,但风险较大。如美国企业的市场调查费用一般为年销售额的 15%。

（2）市场调查部的人员构成。市场调查部门的人数多少可视其业务情形而定，如果将调查工作委托专业调查机构办理，或调查工作简单，则部门人员较少即可，需要时可以临时雇用，如日本某大公司特约 30~35 岁的家庭主妇数百名，经过调查专业训练，一旦有调查任务时，则可立即投入调查工作。规模较大的公司，其所设的人数可以多一些。

（二）企业外部的市场调查机构

企业规模小或无力自设市场调查部门的可委托企业外部的市场调查组织进行市场调查。

1. 企业外部市场调查组织的类型

（1）市场调查专业公司。市场调查专业公司是以市场调查为核心业务的、营利性的市场调查机构。其特征为：具有较强的市场调研能力，常在传媒上发布调研结果，有很高的知名度。这类组织对客户的反应迅速，有很强的服务意识，采用项目经理负责制。这种做法不仅有利于最大限度地激发个人的积极性和敬业精神，而且还能有效地将调研项目的质量与项目经理的个人素质密切结合起来；报价方面具有较强的竞争力。它们可以提供一般的市场动态、商品信息和有关资料，也可以提供专业性的销售或广告情况的资料，还可以接受企业的委托对某一商品、某一目标市场进行专题调查。这类市场调查公司已经成为众多企业不可缺少的好助手，从而成为社会的新兴行业。美国从事该行业的企业多达 8 000 余家，年营业额达 20 亿美元，委托专业性调查公司所用的费用约占整个调查费用的一半。再如日本中央调查服务公司、日本市场调查研究所等在世界上也极为有名。

案例 3-3　AC 尼尔森（Nielsen）：全球市场调查业的领导者

AC 尼尔森是全球领先的市场研究、资讯和分析服务的提供者，服务对象包括消费产品和服务行业，以及政府和社会机构。在全球 100 多个国家里有超过 9 000 的客户依靠 AC 尼尔森认真负责的专业人士来测量竞争激烈的市场动态，以理解消费者的态度和行为，以及形成能促进销售和增加利润的高级分析性洞识。

AC 尼尔森总部位于美国纽约，并在伊利诺伊州的商堡（Schaumburg）、比利时的瓦韦尔（Wavre）、中国香港、澳大利亚的悉尼、阿根廷的布宜诺斯艾利斯以及塞浦路斯的尼科西亚建立了区域业务中心。

1923 年，现代市场研究行业的奠基人之一，阿瑟·查尔斯·尼尔森先生在美国创建了 AC 尼尔森公司。在众多以顾客为核心的市场营销和媒介研究领域的创新中，尼尔森先生发明的零独特的手段，第一次为客户了解其经营业绩以及市场营销活动对收入和利润的影响提供了可靠而公正的信息。AC 尼尔森提供的信息，使得市场份额这一概念具有了更为现实的意义，并使之成为企业绩效的一个重要量度。此外，尼尔森先生还是当今电视观众调查及其他媒介研究服务的全球巨人——AC 尼尔森媒介研究公司的创建者。

AC尼尔森公司于1984年开始在中国开展零售研究。为满足不断增长的客户需求,AC尼尔森公司加速拓展零售研究地域。目前,零售研究覆盖全国主要城市和城镇的70多类非耐用消费品,定期为客户提供有关产品在各地的零售情况报告。(AC尼尔森市场研究官方网站:http://cn.nielsen.com/)

(2)广告公司的市场调查部门。在较具规模的广告公司中基本上都设置市场调查部门,其服务对象为广告主,其所提供的调研服务更有系统性、整体性,并且在定性研究方面具有优势(见图3-2)。这类调查部门的任务一是要参加广告制作并及时提供有关资料;二是在广告计划确定后,要运用市场调查方法进行广告效果调查;三是应广告主的要求从事一般性的市场调查业务。总之,广告公司的市场调查部门从事广告业必备资料的收集和管理,提供市场营销理论以及营销技术的研究,协助广告主的广告活动。

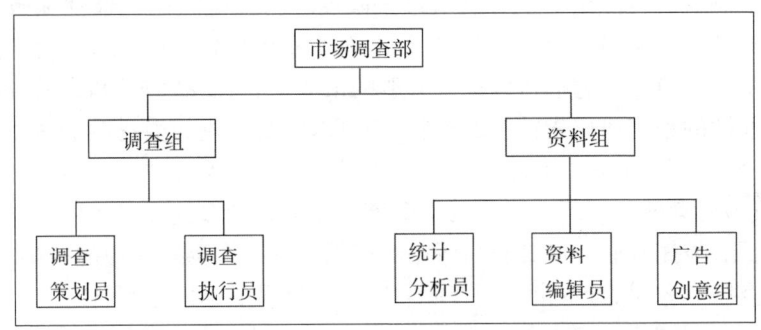

图3-2 广告公司的调查部门

(3)管理咨询公司。管理咨询公司一般由资历较深的专家、学者和有丰富实践经验的人员组成,为企业的生产和经营提供指导性的建议,即充当企业顾问的角色。这类公司在为委托人进行咨询时,首先要对企业进行诊断性的调查,并对企业的咨询目标进行可行性分析,然后运用理论与实践相结合的方法提出有建设性的建议和措施。管理咨询公司的作用随着市场经济的发展越来越重要。

(4)政府机关设立的调查部门。政府机关设立的调查部门包括国家、省市的统计部门和工商管理部门所设的调查机构等。其特征是能发挥国家相关部门的资源优势;收费相对较低;信息资源稳定,能够获得多行业的背景资料及相关数据,二手资料全面、丰富;在项目的质量监控方面与国际水平有一定的差距,数据误差相对较大。这些部门主要是根据国家经济形势的发展和制定相应政策的需要,对现实的政治、经济情况进行调查,有时也承揽部分企业的调查任务。

2.企业如何借助外部市场调查机构。选择一家优秀的市场调查公司如同寻找一个战略联盟,是一件十分细致的工作。不同的市场调查公司其性质及行业对象均有所不同。因此为追求有效的市场调查,企业在确定借助外部市场调查机构时一般按下列步骤进行:

(1)制定借助外部调查机构的计划。主要内容包括:借助外部调查机构的目的;希望提供服务的深度与广度;调查预算费用;调查的周期等。

(2)选择外部调查机构。正确地选择市场调查公司是取得调查项目成功的必不可少的环节。根据企业调查计划选择调查机构时,应考虑的因素有:

第一,调查机构的信誉。包括社会声誉、组织的稳定性、客户的评价、职业道德及服务态度等。具备良好素质的市场调查公司应该做到能准时和高质量地完成调查项目,具有良好的职业道德。

第二,调查机构的业务能力。包括专业人员应具有的操作能力和提供有价值的资料和营销观念的创新能力等。市场调查公司的人员一般分为专职和兼职两种。公司的研究人员、技术人员等应是专职人员;访问员、复核员、编码员、行业专家等一般是兼职人员。这些可以量化的指标是判断公司实力的硬性标准。

第三,调查机构的经验。经验有两层含义,一方面看市场调查公司成立时间的长短;另一方面要看该公司主要人员的从业经验。创立公司时间较长,对本行业的过去、现状及发展趋势都很熟悉,其管理制度也较完善。在评价市场调查公司的专业经验时,公司主要人员的从业经验十分重要,具备丰富经验的市场调查人员能够准确地定义客户的问题,对各种调查方法的优缺点了如指掌,能够及时处理在项目实施过程中所出现的问题。另外,主要工作人员服务年限,已经完成过的市场调查课题的性质、范围和效果,为竞争者工作的经验等情况对于选择调查公司也十分重要。

第四,调查机构所拥有的设备条件。包括工作人员的组成,调查分析时可用的配套软件。不同的市场调查公司要求的专业设施有所不同。比如,一个擅长作电话调查的市场调查公司应该有专门的电话设备,如隔开的电话机;一个常做定性研究的公司应该有为举行FOCUSGROUP(焦点小组座谈)而准备的专用房间、录音设备等。

第五,调查收费情况。调查费用情况是借助外部市场调查机构的焦点,有许多合作关系的破裂也大多是因双方在此问题的不一致造成的。企业要了解调查机构的收费情况,包括费用的估算情况和定价标准。

(3)签订委托业务合同。当企业找到具有一定实力并且能够达到企业要求的调查机构后,就可以委托该调查机构进行工作了。由于市场调查机构是营利性组织,因此这种委托关系也就是商业的买卖关系,只不过买卖的不是商品而是服务。为了使双方的利益能在这种关系中得到有效的保障,需要签订委托代理合同,明确双方应该承担的责任、义务和付款方式等。在签订代理合同时,一般应确定如下项目:

第一,调查范围与调查方式。在代理合同中,首先说明的是调查范围,以此来要求调查公司围绕着调查目标进行策划和设计。调查方式应根据调查主体和调查对象来确定,并写在合同中。在合同中,还需要规定一些其他有关项目,如调查对象、走访的次数和形式、客户应向代理公司提供的各种资料及与委托单位的联系方式和时间等。

第二,付款条件。根据调查中所花费的人力、物力来确定经费开支数目,在双方认可的情况下写入合同之中。由此而来的另一个问题是付款方式的确定。一般情况下,企业先向调查公司支付50%的费用,待调查工作完成后,再将余款付清。如果双方的合作关系维系较好,彼此的信任度较高,也可以采取事先付款或事后付款的方式。无论何种付款方式都需要写在合同之中,以保证双方的利益和责任。在国际市场调查中,还涉及以何种货币支付的问题,也需要在合同中加以明确。

第三,人员配备。为保证调查的质量,调查公司配备人员的名单及其职责在合同中应做出明确规定,这既有助于企业对调查项目的实施情况进行必要的了解,也有利于调查公司对承担每一项工作任务的人员的工作情况进行指导和监督。

第四,期限。调查工作从开始到完成所需要的时间,要在合同中加以规定,它实际上就是调查公司进行调查工作的日程安排表。调查工作需在合同规定的期限内按时完成,以保证调查结果的时效性。超过期限后,应做何处理,费用将如何计算,也要在合同中加以规定,以保证调查工作按时完成。

第五,调查报告。调查结果以书面形式记录和反映出来,也就是完成调查报告。调查报告可以分为两种形式:一种是调查过程中的期中报告,它是企业在调查过程中了解调查进度的报告。调查公司如果同意的话,可以在合同中规定在什么时间、采取何种方式提供期中调查报告。另一种是最终成果报告。它是整个调查活动的成果,在合同中,要规定调查公司提供最终调查报告的份数及对调查写作的具体要求,如相关的调查资料、调查的客户名称、调查成果的建议程度等。

(4)评估市场调查机构的成果。在企业委托调查公司进行调查时,应与调查公司建立和谐的人际关系,从相互理解和相互尊重的立场出发,建立市场共同理念,以提高市场调查的效果。对市场调查机构所提交成果的评估主要包括:一是评估调查公司提出的市场调查建议书和市场调查最终报告,分析二者的内容是否一致,对于报告中的有关问题应要求调查公司做必要的解释。二是调查结果的表述是否完全能够解释所定义的问题。三是调查全过程中产生的误差是否对调查结果有影响。当然除了上面三个必需的评估外,项目完成所规定的时间等因素也应当考虑。

三、市场调查人员的选择与培训

无论企业内部设置市场调查组织,还是专业市场调查部门,都面临着一个共同的问题,就是市场调查人员的选拔与培训。因为调查人员的良莠左右着市场调查的成败。

(一)调查人员的选拔

按照市场调查的客观要求,作为一名调查人员应具备如下条件:

1. 具有较高的职业道德修养。市场调查工作涉及的范围较广,在调查中会经常触及许多十分棘手和敏感的问题,会涉及不少单位和个人的切身利益,也会遇到影响调查正常进行的各种干预和阻挠。调查人员要做到实事求是,客观公正,具有强烈的社会责任感和事业感,不能以虚假的调查结果来迎合某些单位和个人的意愿。

在调查人员从事调查工作过程中,经常会发生调查伦理问题,如调查信息滥用、侵犯客户的保密权等。调查伦理是控制个人或群体行为的道德原则或价值观。调查人员对他们的职业、客户和被调查对象都负有责任,他们必须坚持较高的道德标准,以确保不会给调查在职能和信息方面带来任何负面影响。位于美国芝加哥的市场调查协会制定了一项伦理条例,为制定调查伦理相关的决策提供了指导原则。

表3-3是美国调研组织理事会的调查员的行为规范。调查员要遵循如下步骤,以便获得良好的访谈效果。

表3-3 市场调查的访谈指南

(1) 如果调查对象询问,告诉他们你的名字和调研公司的电话;
(2) 按照问卷清楚地提出问题,及时向管理人员反映存在的不足;
(3) 按照问卷中的顺序提问,遵守跳越规则;
(4) 以中立立场向调查对象解释调查问题;
(5) 不要在调查时间长度上误导调查对象;
(6) 未经允许不要泄露客户的身份;
(7) 记录每次终止的调查以及终止原因;
(8) 在访谈中保持中立,不对调查对象的观点表示赞同或不赞同;
(9) 说话清楚,语速稍慢,以便调查对象完全理解问题;
(10) 逐字记录每个回答,不要修饰调查对象的措辞;
(11) 避免与调查对象进行不必要的交谈;
(12) 记录字迹清楚易读,问卷上交前进行全面检查;
(13) 当中途停止调查时,采用中性的话语结束,比如"谢谢";
(14) 对所有的调查数据、结果和发现保密;
(15) 不要篡改任何问题的任何答案;
(16) 在调查结束时,对调查对象的参与表示感谢。

资料来源:美国调查组织理事会。

2. 掌握多学科的知识。市场调查是一门学科,也是一门艺术,它涉及各方面的知识。因此调查人员不但要具备市场营销学、社会学、统计学、心理学等方面的知识,而且要了解某些产品方面的技术知识,还要具备一定的数学知识和运用电子计算机处理资料的能力。研究国际市场情况的调查人员还应具备国际贸易、各国风俗习惯等知识和一定的外语水平,也就是说调查人员应该是一个复合型人才。

3.具有调查研究和收集资料的能力。做好市场调查必须掌握与调查有关的情报资料,因为市场调查就是收集资料的过程,包括文案调查得到的第二手资料和实地调查取得的第一手资料。在收集资料的过程中,调查人员应具有敏感性,不放过任何有价值的资料,要经常对市场中出现的新情况、新问题进行调查,尽可能及时、准确、全面、具体地收集一切与调查目的有关的资料。

4.具有敏锐的观察、分析和解决问题的能力。市场调查活动也是培养观察、分析和解决问题能力的工作,作为一名优秀的调查人员应善于从众多复杂的资料中经过去伪存真、由表及里的定性定量分析,提出解决问题的措施及可行性建议。市场调查不仅仅是收集资料的工具,更重要的是提供解决问题的可行性方案。

此外,还需要调查人员具备良好的身体素质,包括强健的体魄,旺盛的精力。总之,一个合格的市场调查人员应勤奋好学、有思想、有知识并具有创造性,他们必须善于倾听,善于思考,善于提出问题、分析问题和解决问题。

(二)调查人员的培训

调查人员除了应具备上述条件外,最好还应具有丰富的实际经验,但实际上这样的人比较少,为此,对所选调查人员进行培训是必要的。

1.培训的基本内容。培训的内容应根据调查目的和受训人员的具体情况而有所不同。通常包括以下四个方面的内容:

(1)思想道德方面的教育。组织调查人员学习市场经济的一般理论,国家有关政策、法规,充分认识市场调查的重要意义,培养他们强烈的事业心和责任感,端正其工作态度和工作作风,激发他们对调查工作的积极性。

(2)性格修养方面的培养,即在言谈举止、热情坦率、谦虚礼貌、平易近人等方面对调查人员进行培训和修炼。

(3)调查业务方面的训练。对调查人员不仅需要讲授市场营销学、市场调查原理、统计学、心理学等方面的知识,更需要加强调查主体确定、问卷设计、询问技巧、资料处理和分析技术以及调查报告写作技巧等技能方面的训练。市场调查业务方面的培训通常有两种:入门或常规及针对某个具体调查项目的专门训练。当然,两者的侧重点和内容有所不同。

(4)与市场调查有关的规章制度的教育。规章制度也应列入培训的内容,调查人员必须遵守组织内部和外部的各种规章制度,这是调查得以顺利进行的保证。如我国2001年成立的市场调查行业协会中的有关行业规定等。

案例3-4 顾客与市场调查人员——一个寓言

在一个初夏的早晨,一个慢跑者正在以悠闲的步伐沿着乡村的玉米田跑步,两边都是庄稼。慢跑者发现在地平线上一个热气球正在以大概每小时300米的速度向慢跑者的方向缓慢移动。几分钟后,当热气球飞到头顶时,飞行员透过吊舱喊道:"嗨,能告诉我,我在哪里吗?"

慢跑者慢慢向停靠点走去,犹豫了几秒,然后回应:"你刚好在那里,在我上面。"几秒钟过去了,这个飞行员不满地道:"那你一定是一个市场调研人员。"

措手不及并且好奇的慢跑者想知道这个迷失的人如何猜到这样的事实。

"你提供的信息是准确的,但是我不能用它来做任何事情。"飞行员回答道。

"你一定是个销售部经理。"慢跑者回应道。

"为什么这么说?"飞行员问。

慢跑者说:"因为你不知道你在哪里、你将要去哪里,你还惹怒了唯一一个能立刻帮助你的人。"

资料来源:美国调查组织理事会。

2. 培训的方法

(1)举办培训班,集中讲授。这是目前培训中采用的主要方法。例如,聘请有关市场调查专家讲授市场调查的基本理论与方法;要求有丰富经验的调查人员面授调查技巧、经验;经常请企业主管人员讲解国家的经济形势和本企业生产经营情况等。这样的培训应该是经常性的,但应注意突出重点、针对性强、讲求实效。

(2)模拟训练,贴近实际。这是一种由受训人员参加并具有一定真实感的训练方法。国外许多企业常常采用这一方法培养调查人员的市场敏感性和分析判断能力。一是通过扮演不同角色,即由受训人员和有经验的调查人员分别担当不同角色,模拟各种难以处理的问题。二是通过案例分析,即结合某个企业的实际例子进行分析,用以培养受训者处理各种情况的能力。采用这种方法,应事先做好充分准备,模拟时才能真实地反映调查过程中可能出现的情况。

(3)哈雷斯培训法。哈雷斯培训法是经济学家哈雷斯根据市场调查的经验提出的。他认为对于调查人员,除了进行一般的调查知识的培训外,还应针对市场调查人员的不同层次和不同要求,进行不同程度和不同内容的培训。在培训对象上,哈雷斯认为应将受训者分为监督员和访问员。监督员是较高层次的调查人员,他们要召集和训练访问员,检查、指导访问员的工作,控制调查进度。由于监督员需要熟悉调查的每一个步骤,善于带领和训练访问员,故对他们要进行更为严格的全面训练。在培训方法上,哈雷斯认为主要应采用两种培训方法,即书面训练法和口头训练法,前者是为了增加必要的知识,后者是为了提高应变能力。

综上所述,作为一名优秀的调查人员,除本身具有一定知识技能外,重要的就是经常实践,不断积累经验。

市场调查分析师

市场调查分析师(简称调查分析师),又可称为调查分析师或市场调查师,是指通过指导和培训市场调查员进行实地调查,对市场调研方案进行设计、跟踪与后期评估,撰写调研报告,参与管理数据的整理和分析过程,为企业提供服务对象及竞争对手的第一手信息,并为企业做出正确决策提供强有力的数据支持的专业人员。调查分析师一般可供职于企业的市场部或市场调查部,也可供职于专门的市场调查公司。一般来讲,市场调研分析师可根据工作年限、学历背景等划分等级。在我国,调查分析师资格认证分为三个等级,分别为"初级调查分析师""中级调查分析师""高级调查分析师"。其中中级调查分析师以上的类似于"注册会计师"性质。获得者能够从事调查、统计、预测、营销、咨询、分析、管理和策划等工作。

近年来,大数据带来的信息风暴正在变革我们的生活、工作和思维。随着大数据时代的到来,市场研究方法也将随之在基本原理、研究方式、具体方法各个层面都发生革命性的变化和大跨度的超越。人们越发注意对数据的分析与挖掘,以及如何通过创新性的分析来应用与释放大规模信息中潜在的数据价值。

随着大数据时代的到来,"市场调查分析师"一职告急,各大企业纷纷开出高薪招揽数据挖掘或运用人才。据了解,市场调查分析师,刚毕业的大学生年薪可达五六万元,有一定工作经验后年薪可达十万元甚至更高。据中国商业技师协会提供的统计数据,目前世界500强企业中,有90%以上都建立了信息分析部门。

资料来源:中国统计教育培训网和新闻信息。

第二节 市场调查策划程序

在市场调查机构确定后,就需要建立一套系统科学的策划程序,如此方能提高调查工作的效率。市场调查策划就是进行事先的策划、设计和安排,它是市场调查的开始。调查策划工作是否充分、周到对于今后的实际调查工作的开展和调查质量影响颇大。现以某地区A商场的消费者购买态度调查为例,说明市场调查的策划过程。市场调查的策划过程如图3-3所示。

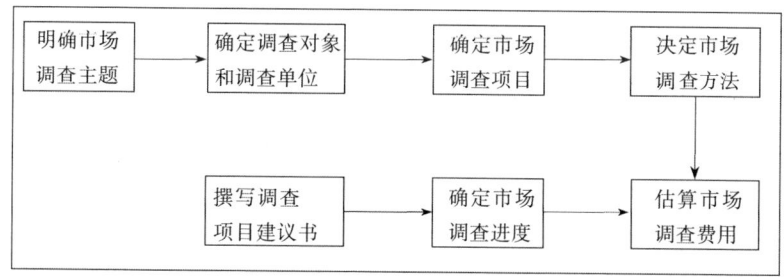

图3-3 市场调查策划程序

一、明确市场调查主题

明确调查主题的目的就是找出企业本身市场活动中存在的问题，从而研究和探讨解决问题的途径和方法。这是市场调查过程中最重要也是较困难的任务。如果调查人员对调查的主题不明确，只能造成人财物的浪费。在调查中对调查主题的确定须先搞清以下几个问题：①为什么要调查？②调查中想了解什么？③调查结果有什么样的用处？④谁想知道调查的结果？一般而言，大多数企业所面临的调查主题有以下三种。

（一）企业生产和经营中出现的问题

在生产和经营过程中，会出现这样或那样的困难，如销售出现困难，导致产品的积压，资金呆滞，市场占有率下降等，需要找出产生问题的原因和解决问题的方法。如果初步调查后，发现渠道不畅是影响销售的主要原因，那么就可以把调查的主题和重点放在渠道选择上。

（二）企业潜在市场的问题

不断开发潜在市场是企业的主要任务，然而企业生产的产品能否满足潜在市场的需求必须通过系统的调查才能得知。潜在市场开发问题是市场调查的重要内容。

（三）规划企业的发展战略

由于市场环境的变化，企业为了生存与发展就必须在分析环境变化所带来的机会与威胁，以及企业自身的优势与劣势的基础上，制定一套合乎企业未来发展的规划，而这种战略规划是基于对市场全面深入的调查研究及对顾客欲望和需求的深刻认识。因此战略始于顾客，顾客决定产品。

A商场是一个具有30余年的国有商业企业，在其多年的经营过程中，在该地区商誉较好，知名度较高，尤其是中老年人对其有深厚的感情。但是自从在商场的斜对面建立了一家与其规模相当的商场后，尽管同类商品的价格低于竞争者，但是客流量还是不断下降，效益明显下滑，为此商场把"消费者对该商场的看法和购物态度"的调查确定为调查的主题。

二、确定调查对象和调查单位

明确了调查主题之后,就要确定调查对象和调查单位,这主要是为了解决向谁调查和由谁来具体提供资料的问题。调查对象就是根据调查目的、任务确定调查的范围以及所要调查的总体,它是由某些性质上相同的许多调查单位所组成的。调查单位就是所要调查的社会经济现象总体中的个体,即调查对象中的一个具体单位,它是调查登记的各个调查项目的承担者。在确定调查对象和调查单位时,应该注意以下问题:一是必须以科学的理论为指导,严格规定调查对象的含义,并指出它与其他有关现象的界限,以免造成调查登记由于界限不清而发生差错。二是调查单位的确定取决于调查的目的和对象,调查目的和对象变化了,调查单位也要随之变化。三是不同的调查方式会产生不同的调查单位。如果采取普查方式,调查总体内所包括的全部单位都是调查单位;如果采取重点调查方式,只有选定的少数重点单位是调查单位;如果采取典型调查方式,只有选出的有代表性的单位是调查单位;如果采取抽样调查方式,则用各种抽样方法抽出的样本单位是调查单位。

A商场本次调查的对象是居住在该地区的家庭,抽取样本数为1 000户。

三、确定市场调查项目

调查项目是为了获得统计资料而设立的,它必须依据调查的目标进行设置,这是市场调查策划的基本内容。不同的调查目标,都有自己特定的调查项目,但调查项目的增加,使调查的工作量和统计量也会相应增加,所以要对所有相关因素进行取舍,所选调查项目必须与调查主题关系密切,其具体作业程序如下:为达到调查目的,需要收集哪些材料和基本数据;在哪里可取得数据以及如何取得数据;说明获得数据的基本原则。

A商场此次调查内容确定为:①了解被调查者的个人情况;②了解消费者购物时选择商场的因素;③查明竞争对手吸引消费者的原因;④了解A商场在消费者心中的位置及消费者的购物态度。

因此该调查项目包括七个方面,即个人基本情况、家庭情况、个人收入、购物情况、去商场购物考虑的主要因素、购物方式、其他情况等。具体见表3-4所示。

表3-4 A商场的调查项目

类别	项目	选项
个人基本情况	1.年龄	20岁以下、21~30岁、30~40岁、41~50岁、51~60岁、60岁以上
	2.性别	男、女
	3.文化程度	大专以下、大专以上
	4.职业	事业单位、国有企业、三资企业、私营企业、其他
	5.个人收入	500元以下、501~1 000元、1 001~1 500元、1 501~2 000元、2 000元以上

续表

类别	项目	选项
家庭情况	6. 家庭人口	2人、3人、3人以上
	7. 住房面积(平方米)	30以下、30~60、60~90、90以上
	8. 家庭主要支出方向	生活用品、购房、储蓄、证券、其他
购物情况	9. 去商场购买	日用品、食品、耐用品、服装、其他
	10. 到A商场购物	经常去、偶尔去、不去
	11. 今后主要购物方式	自己选购、送货上门
	12. 购物有奖活动	感兴趣、不感兴趣
	13. 去商场购物考虑的主要因素	价格、质量、品种、服务态度、地点、信誉、其他
其他情况		

四、决定市场调查方法

为达到既定的调查目的,必须解决的问题是在何处、有何人、以何种方法进行调查,才能得到必要的资料,这是保证调查目的实现的基本手段。市场调查既要采取共同的基本方法,又要根据不同的目标和调查项目而运用相应的调查方法,以期达到最大的经济效果。因此,在调查目的和调查项目确定之后,就要研究采用什么方法进行调查,并把确定调查方法视为制定市场调查策划方案的一项重要内容,调查方法选择必须考虑以下原则:

第一,用什么方法才能获取尽可能多的情况和资料。

第二,用什么方法才能如实地获得所需要的情况。

第三,用什么方法才能以最低调查费用获得最好的调查效果。

在A商场消费者购物调查中,采取的是分层抽样访问的方法,按照商场的商圈划定抽样区域,然后从中随机确定样本数,派员入户访问。

五、估算市场调查费用

调查费用因调查种类的不同而异,应遵循节约的原则,在有限的预算条件下达到最大目标,或在某一目标之下求得预算的最小消耗。在实际中,有关市场调查费用的预算大都提交经费报价单,包括花费的项目、数量、单价、金额及备注等(见表3-5)。根据若干市场调查案例可以总结一般的经费预算比例,即策划费(20%)、访问费(40%)、统计费(30%)、报告费(10%)。若接受委托代理的市场调查,则需加上全部经费20%~30%的服务费,作为税款、营业开支及代理公司应得的利润。

表3-5 调查费用估价单

申请人：
调查题目：
调查地点：
调查时间： 　年　月　日~　　年　月　日

项目	数量	单位	金额	备注
资料费				
文件费				
差旅费				
统计费				
交际费				
调查费				
劳务费				
杂费				
其他				
总计				

调查费用的估算对调查效果的影响很大，对市场调查部门或单独的市场调查机构而言，每次调查所估算的费用当然是越高越好，但是费用开支数目要实事求是，不能过高但也不能过低。合理的支出是保证调查顺利进行的重要条件，在这个问题上应避免两种情况：一是调查时间的拖延，这样必然造成费用开支的加大。二是缩减必要的调查费用。调查活动必须有一定的费用开支来维持，减少必要的开支只会导致调查的不彻底或无法进行下去。

六、确定市场调查进度

调查进度表是将调查过程每一阶段需完成的任务做出规定，避免重复劳动、拖延时间。确定调查进度，一方面可以指导和把握计划的完成进度；另一方面可以控制调查成本，以达到用有限的经费获得最佳效果的目的。

调查进度表将调查过程分为若干阶段，并说明各阶段应完成的任务、时间的限定以及人员安排等。市场调查的进度一般可分为如下几个阶段：①确立调查目标；②查寻文字资料；③进行实地调查；④对资料进行汇总、整理、统计、核对及分析；⑤市场调查报告初稿完成、征求意见；⑥市场调查报告的修改与定稿；⑦调查报告完成，提交有关部门或企业。

七、撰写调查项目建议书

通过对调查项目、方式、资料来源及经费估算等内容的确定，调查人员可按所列项目向企业提出调查项目建议书，对调查程序进行简要的说明，供企业审阅。调查项目建议书是调查人员经过试验性调查及一系列的分析研究后拟定的。它对企业提出的调查任务做了更具体更详细的说明，因此调查项目建议书完全是以调查者的角度对调查目标及调查程序所做的说明。但由于调查项目建议书是供企业审阅及参考之用的，所以其中的内容一般都比较简明扼要，以便于企业有关人员阅读和理解，见表3-6。

表3-6 调查项目建议书

调查题目：	
调查单位：	
调查人员：	
调查负责人：	
日期： 年 月 日 ~ 年 月 日	
1. 问题以及背景材料：	
2. 调查内容：	
3. 调查所要达到的目的：	
4. 调查方式：	
5. 调查对象：	
6. 调查地点：	
7. 经费估算：	
负责人审批意见	申请人：
财务审批意见	申请日期： 年 月 日

第三节 如何撰写调查报告

在收集资料、整理资料，并对资料进行分析评估之后，下一步则是撰写调查报告。市场调查报告是市场调查的综合成果，凡是进行调查，无论是何种类型的调查，都要撰写调查报告。然而怎样撰写调查报告则是能否充分体现调查质量的关键环节，如果调查报告写得拙劣，即使是最好的调查材料也会黯然失色。因此作为一名调查人员必须把握撰写调查报告的技巧。

一、市场调查报告的类型

（一）一般性报告

一般性报告就是对一般调查所写的报告，它要求内容简单明了，对调查方法、资料分析整理过程、资料目录等作简单说明,结论和建议可适当多一些。

(二)专题性报告

专题性报告是为特定目的而进行调查后写的报告,它要求报告详细明确,中心突出,对调查任务中所提出的问题做出回答。

二、市场调查报告的格式

市场调查报告一般由以下几部分组成。

(一)扉页

扉页主要是指市场调查报告的封皮。包括调查报告的标题,调查人员姓名,所属单位和提出报告的日期。扉页的设计既要规范,又要体现艺术性。

(二)序言

序言应当只是简要地说明调查的由来和委托调查的原因,并对调查的目的简洁而概括地说明。其内容包括此次调查的目的和对象的概况、市场总规模、主要用户的情况、产品市场占有率和主要竞争者的说明等。

(三)正文

正文是调查报告的主要部分,必须包括研究的全部事实,从研究的开始直到结论的形成及其论证都要包括进去,同时也要包括全部资料,供决策人从调查结果中得出他们自己的结论,而不受市场调查人员所作结论的支配。

正文的具体构成虽然各不相同,但一般应包括如下主要内容:

1. 本次调查研究的主要目的。这部分要求简要概述调查的目的,扣住调查中心,使有关人员对调查内容获得总体认识,或者提出人们所关注的和通过调查认为需要迫切解决的问题,以引人注目。

2. 调查研究所用的方法。市场调查方法是获取资料的手段,在调查报告中要对所用方法进行简短叙述,并说明为什么选用这些方法,以及该方法的缺点等。

3. 市场调查的背景材料。对于有关市场方面的调查报告,其背景材料应该包括可能影响企业销售前景的经济和社会的一般情况,如地理环境、气候条件、经济趋势、政治动向、文化环境、法律政策等;也包括市场规模、市场发展前景对产品销售潜力的影响,现有竞争者和他们在市场上的占有率,潜在顾客的消费习惯,定价策略和促销方法等。

4. 市场调查的结果与建议。结论的提出可以采取列举几种可供选择的方案的形式,说明企业可以自主地采取哪种步骤,每种方案可能的开支和达到的结果。如果理想的话,调查人员应预测到企业采取了某种具体方案后,一定时间内应达到的企业效益。调查人员对此应进一步提出建议,即企业应当选择哪一种实施方案,每一点建议都要说明其可行性,大多数建议都应当是积极的,尤其要指出不应当做什么。

正文是调查报告的主体,这部分要写得具体深刻、层次分明、详略得当、逻辑严密、层层深入。通常采用的写作安排有:按调查顺序写,就调查的问题逐个阐述清楚;按照事物发生、发展、变化的过程写,如事物发生的时间、地点、原因、产生的作用、经验教训等,使之先后有序,条理清楚;把两种事物加以对比来写,每个部分加上小标题,使之脉络清楚。总之,在写这部分内容时应注意使用的调查材料一定要经过分析研究,集中概括,不能简单地堆砌,并注意一切结论产生于调查情况的末尾,而不是在它的开头。

(四)附件

附件是用来论证、说明或进一步阐述正文有关情况的资料。每个附件都应编号。通常在附件中出现的资料包括:

1. 已经在报告正文中汇总的统计表。
2. 在案头调查和实地调查过程中,原始资料来源和联系对象的名称及地址一览表。
3. 实地调查期间所使用的文本副本,说明问卷应达到的调查目标。
4. 为调查选定样本的有关细节等。

三、市场调查报告应坚持的原则

(一)真实性

报告内容应真实、客观地反映事物发展的本来面目和实际情况,不应略去或故意隐瞒事实真相,应为企业决策提供可靠的原始资料。

(二)具体化

根据调查的目的和阅读对象的要求,必须用大量的事例和数字准确地说明客观存在的实际情况,避免使用空洞、抽象和含糊不清的语言文字。

(三)简明扼要

文字简练,数字准确,能够用图表反映市场相关因素关系与因果关系的,应尽量用图表,这样会使主题更加突出,使人更易理解。

(四)紧扣主题

要回答调查任务中规定的问题,明确中心思想,尤其是对所调查的问题以及提出的结论与建议要切中要害。不要把众所周知的、常识性的或陈旧的观点和结论写进报告中,而要提出新的观点,形成新的结论。

市场调查的作用对于企业的营销活动越重要,就越需要有组织、有计划地进行

市场调查活动。因此对于市场调查组织的选择与合作;市场调查策划过程的安排与实施;调查人员的选拔与培养;以及市场调查报告的撰写等诸多问题的考虑是做好市场调查工作的前提。

案例分析

某制造商在开发一种新型洗发剂时进行的市场调查策划活动

一、问题的提出

近年来,妇女洗发剂市场相当活跃,多种具有专门功能的洗发剂陆续出现并受到消费者的青睐。某生产消费品的制造商准备试制一种新型的洗发剂,通过对附近居住的年轻妇女的初步了解,发现洗发剂中的"基质"(意味着使头发浓密丰满)常常是消费者希望洗发剂具有的特性。企业实验室的工作人员立即着手配制一些原型的化合物,这些化合物看起来有可能具有这些特征,从而其有可能超过目前市场上同类名牌产品。

在技术上的问题解决之后,以下四个管理上的问题仍要考虑:

(一)一种具有优良"基质"的洗发剂,它的市场有多大?

(二)除了"基质"之外还可以在这种新型洗发剂中加进什么功能?

(三)这种新型洗发剂的目标顾客具有什么特征?

(四)如何向消费者表达洗发剂的"基质"?

为了解决上述四个问题,需要进行一项探测性研究,再进一步明确调查设计的目的。

二、明确调查目的

探测性研究的焦点集中在洗发剂的好处上。在对消费者初步访问的过程中,市场研究人员集中了大约30个关于洗发剂的优点。这些优点有些是从其他洗发剂的广告中收集的;有些是消费者在选择洗发剂时提出的。这30个优点经整理又可归纳成如下16种:①使头发长时间保持清洁;②可减少头皮屑,头发不易脱落;③使头发看起来自然;④使头发有基质;⑤使头发易于梳理;⑥使头发有光泽;⑦使头发末端不分叉;⑧使头发有足够的蛋白质;⑨可防止头发出油;⑩使头发不干燥;⑪使头发丰满;⑫防止头发打结;⑬使头发保持波浪式;⑭使头发保持固定的形状;⑮使头发干燥后易于定型;⑯使头发看起来大方。

为了证实以上16种优点是否足够详尽,事后还增加了额外的访问。访问结果表明所列出的16种优点已经相当详尽,并且认为前10种优点是较为重要的,尤其是前6种优点为更多消费者所喜爱,是优点中的"核心组"。这也是本次调查的目的。

三、确定调查对象和调查项目

(一)确定访问对象

开展探测性研究的另一件重要事情就是要了解访问对象的特性。此项研究的负责人在初步了解中发现:使用洗发剂较多的成员年龄在18～30岁,她们平均每月至少在家洗发两次。

(二)调查项目

1. 消费者如何分辨每种优点是否可以从当前市场上出售的洗发剂中获得?

2. 消费者认为一种"理想的"洗发剂应具备哪几种优点?他们是否会把"基质"作为"理想的"洗发剂应具备的一种优点?

3. 由上述"核心组"的6种优点中提取两个优点、三个优点或四个优点而构成下列14组优点的组合:

(1)使头发长时间保持清洁;使头发易于梳理。

(2)可减少头皮屑,头发不易脱落;使头发看起来自然。

(3)使头发有基质;使头发有光泽。

(4)使头发长时间保持清洁;可减少头皮屑,头发不易脱落;使头发有基质。

(5)使头发长时间保持清洁;可减少头皮屑,头发不易脱落;使头发有光泽。

(6)使头发长时间保持清洁;可使头发看起来自然;使头发有基质。

(7)使头发长时间保持清洁;可使头发看起来自然;使头发有光泽。

(8)可减少头皮屑,头发不易脱落;可使头发有基质;使头发易于梳理。

(9)可减少头皮屑,头发不易脱落;使头发易于梳理;使头发有光泽。

(10)使头发看起来自然;使头发有基质;使头发易于梳理。

(11)使头发看起来自然;使头发易于梳理;使头发有光泽。

(12)使头发长时间保持清洁;可减少头皮屑,头发不易脱落;使头发看起来自然;使头发易于梳理。

(13)使头发长时间保持清洁;使头发有基质;使头发易于梳理;使头发有光泽。

(14)使头发长时间保持清洁;使头发看起来自然;使头发有基质;使头发有光泽。

消费者会喜欢那一种组合?她是否相信一种洗发剂会同时具备该种组合包括的各种优点?她愿意花多少钱去购买一种集中了她喜爱的优点的洗发剂?

4. 如果一个消费者得到了一种提供"基质"的洗发剂,那么她还希望这种洗发剂同时提供哪些优点?

5. 由洗发剂的"基质"还可以联想出什么词?

6. 通过各种关于洗发剂的询问方法,还可以对产品设计提供什么思路?

7. 与洗发剂的"基质"有关的各种情况：
(1)洗发的频数(决定了消费者使用洗发剂的多少)；
(2)对于"基质"的"提供能力"的信心及期望的价格；
(3)对于"基质"以外的其他优点的偏爱；
(4)头发生理和穿戴方式；
(5)人口统计资料(包括年龄、婚姻状况、教育水平等)；
(6)关于个人外表、生活方式、富有革新性、价格意识等。
8. 喜欢"基质"的消费者目前购买哪些牌子的洗发剂？
(1)她们喜欢什么牌子？
(2)她们还可以接受什么其他牌子？
(3)她们使用哪些护发产品，这些护发产品是什么牌子？
提出这些调查项目之后就可以设计问卷了。

四、设计调查问卷(略)

五、调查资料的初步分析

以上述问卷对某地居民调查访问后，整理资料如下：

1. 在84个被访者中，有34个被访者认为"基质"是"理想的"洗发剂应具备的四种优点之一；50个被访者则不这样认为；只有30%的被访者认为"基质"是现有的洗发剂当中相当稀有的优点。

2. 优点6(使头发有光泽)和优点2(可减少头皮屑且头发不易脱落)最受喜爱，是洗发剂中受到普遍偏爱的优点。

3. 在被访者当中，大约有一半人认为他们的头发基质不够；2/3的被访者认为他们的头发有特殊的问题。

六、调查结论

分析了问卷的结果之后，让我们回顾最初提出的管理上的四个问题。

(一)一种具有优良"基质"的洗发剂，它的市场有多大？

探测研究结果表明，在84个被访者中有34个认为"基质"是"理想的"洗发剂应具有的四种优点之一，而且这34个被访者中有24个喜爱包含"基质"的优点组合，这是一个值得注意的相当大的目标市场。

(二)除了"基质"之外，还可以在新的洗发剂中加进什么优点？

这个问题的答案依赖于对象组的特征，对于喜爱"基质"组，"光泽"是集中注意的优点，因此，强调"基质、光泽"的一种洗发剂是一种相当好的优点组合(甚至可以作为牌子的名称)。

(三)具有"基质"的洗发剂特别吸引消费者的特征是什么？

"喜爱组"(34个被访者)是那些头发"基质"不够、没有浓密头发的被访者，她们倾向于使用多样性的护发产品。从人口统计资料来看，她们平均显得年轻，有工作，并且是收入稍高的主妇，从生活方式的叙述暗示出她们的发式比"非喜欢组"

更保守些。

(四)洗发剂中的"基质"概念应怎样表达?

分析关联词的资料指出"基质"通常表示"丰满","好的质地"以及"易于整理"。

(五)研究所得的启示

以上小样本(样本大小=84)以及无代表性样本(只在某地附近以方便形式抽样)只作为探测性研究,为将来设计市场调查问卷(全国范围)提供一般的依据,从以上初步的研究我们还可以得到一些启示:

1. 包含"基质"的洗发剂有相当大的市场需求,实验室对于开发优良"基质"洗发剂不应停止。

2. 可以对"基质"与"光泽"相结合的技术上的可行性做初步的调查研究。

3. 应该告诉技术人员,消费者对"基质"的理解:"丰满"第一位,"易整理"或"易控制"第二位。

4. 在样本选择方面:在深入的研究中,可将喜爱"基质"的人作为主导的访问对象。

分析问题:通过本案例的分析,设计一份有关豆腐制品开发的市场调查方案。

思考题

1. 如何建立和完善企业内部市场调查组织?
2. 选择外部市场调查组织的条件及合作程序有哪些?
3. 市场调查策划的内容是什么?
4. 如何撰写市场调查报告?

第四章

市场调查方法

市场调查方法是研究市场的核心内容。本章的要点应掌握各种调查方法及适用的条件和所支出的费用高低;学习网络调查的基本功能和网络调查的基本内容和途径。

通过本章的学习要重点掌握文案调查的要求、程序、资料来源;重点掌握调查方法的选用原则及各种不同的调查方法;了解关于网络的基本知识及信息网络技术在当今市场调查中的重要作用。

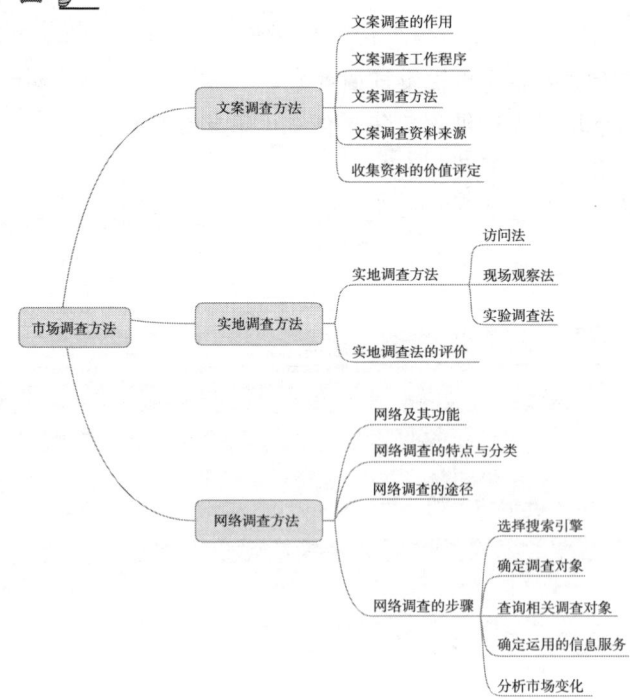

第一节 文案调查方法

一、文案调查的作用

(一)文案调查的定义

市场经营信息来自两个方面:一是第一手资料即实地调查资料;二是第二手资料即已经公开发表并已为某种目的而收集起来的资料。

所谓文案调查,又称间接调查方法,是指通过查阅、阅读、收集历史和现实的各种资料,并经过甄别、统计分析得到的调查者想要得到的各类资料的一种调查方法。

当人们对某个市场拟做出某种情况的分析时,若这个市场的资料有限但已有一些可靠的文字资料时,文案调查此时则是一种比较有效的调查方法。当需要更深入地了解和分析这一市场的情况时,就需要进行实地调查。应该说文案调查和实地调查是市场调查中相互依存、相互互补的两种调查方法。而网络调查不仅扩展了文案调查的资料来源渠道,同时也为实地调查提供了更节省、更有效的手段和工具。

(二)文案调查的作用

1. 为企业发展提供依据。通过对企业统计资料的收集和整理,了解企业诸如财务结构、生产状况、技术水平、职工现状、市场情况等信息。通过对有关资料的收集,分析竞争对手情况、技术发展趋势、管理理论的发展、市场供需状态等可为企业制定总体发展战略提供基础依据。在对市场的研究中,文案调查经常对以下四种情况进行研究:①市场供求趋势分析。通过收集各种市场动态资料并加以分析对比,以观察市场发展方向。②市场现象之间的相关与回归分析。即利用一系列相互联系的现有资料进行相关和回归分析,以研究现象之间相互影响的方向和程度,并在此基础上进行预测。③市场占有率分析。根据各方面的资料,计算出本企业某种产品的市场销售量占该市场同种商品总销售量的份额,以了解市场需求及本企业所处的市场地位。④市场覆盖率分析。用本企业某种商品的投放点与全国该种商品市场销售点总数的比较,反映企业商品销售的广度和宽度。

案例 4-1 大庆油田在哪里?

20世纪60年代,日本人对大庆油田早有所闻,但始终得不到准确的情报。后来,在1964年4月20日的《人民日报》上看到"大庆精神大庆人"的字句。于是日本人判断"中国的大庆油田,确有其事"。但是,大庆油田究竟在什么地方,日本还没有材料作出判断。

> 在1966年7月的一期《中国画报》上,日本人看到一张照片。《中国画报》的封面刊出这样一张照片:大庆油田的"铁人"王进喜头戴大狗皮帽,身穿厚棉袄,顶着鹅毛大雪,手握钻机刹把,眺望远方,背景远处错落地矗立着星星点点的高大井架。根据对照片的分析,可以断定大庆油田的大致位置在中国东北的北部。他们根据这张照片上人的服装衣着判定:"大庆油田是在冬季为零下30度的北满,大致在哈尔滨与齐齐哈尔之间。"其依据是:唯有中国东北的北部寒冷地区,采油工人才必须戴大狗皮帽和穿厚棉袄。但大庆油田的具体地点还是不清楚。
>
> 　　日本人又根据有关"铁人"的事迹介绍,王进喜和工人们用肩膀将百吨设备运到油田,表明油田离铁路线不远。据此,他们便轻而易举地标出大庆油田的大致方位。1966年10月,日本又从《人民中国》杂志的第76页上看到了石油工人王进喜的事迹。分析中得知,最早的钻井是在安达东北的北安附近。并且离火车站不会太远。在英雄事迹宣传中有这样一句话:王进喜一到马家窑看到大片荒野说:"好大的油海,把石油工业落后的帽子丢到太平洋去。"
>
> 　　于是,日本人从当时地图上查到"马家窑是位于黑龙江海伦县东南的一个小村,在北安铁路上一个小车站东边十多公里处"。就这样,日本终于把大庆油田的地理位置搞清楚了。

2. 可用于有关部门和企业进行经常性的市场调查。文案调查和实地调查相比更省时、省力,组织工作也比较好做,尤其是在建立企业内部及外部文案市场调查体系的情况下,具有较强的机动性和灵活性,随时能根据企业经营管理的需要收集、整理和分析各种市场信息,为决策者和管理者提供有关市场的调查报告。

3. 为实地调查提供基础性资料。文案调查为实地调查提供经验和大量背景资料。具体表现在:

(1)通过文案调查可以初步了解调查对象的性质、范围、内容和重点等,并能提供实地调查无法或难以取得的市场环境等方面的宏观资料,便于进一步开展和组织实地调查,取得良好的效果。

(2)文案调查所收集的资料还可以用来证实各种调查假设,即可通过对以往类似调查资料的研究来指导实地调查的设计,将文案调查资料与实地调查资料进行对比,鉴别和证明实地调查结果的准确性和可靠性。

(3)利用文案资料并经实地调查可以推算所需掌握的数据资料。

(4)利用文案调查资料可以帮助探讨现象发生的各种原因并进行说明。在中国企业市场调查费用过高的情况下,如果在开展实地调查活动前,通过文案调查对整个形势有较充分的认识,提出一些假设,并分析现象发生的各种因素,确定实地调查的数量、种类、方式、重点等,可大大降低实地调查的费用。尤其是要分析的细分市场很多,文案调查可提供很多基础资料,以便从中选择最有希望的市场。

(三)文案调查的要求

1.资料要广泛、全面。文案调查的最大缺点是其局限性,因此收集资料的面要广,争取做到企业的全体人员通过各种手段为企业提供各方面的信息。收集资料时应通过各种信息渠道,利用各种机会,采取多种方式广开信息源,大量收集各方面有价值的信息。收集信息时应注意信息的时序性,以便获得反映客观事物发展变化的资料。

2.资料要有价值,有针对性。由于第二手资料大多是针对其他目的而形成的。因此在兼顾广泛和全面的同时,一定要有针对性地重点收集与调查项目主题关系最密切的资料、对企业生产经营有用的资料、市场调查活动需要的、准确的资料。

3.资料要有时间性。在收集资料时,要注意资料的时间性。资料反映的情况变化了,这些资料就失去了价值。所以,要用最快的速度及时了解、及时收集、及时分析、及时利用各种最新资料、最新信息,以保证各种资料的时间价值。

二、文案调查工作程序

文案调查工作应用范围广泛,要想高效而又节省地搜索已公布的数据资料就需要拟定一份计划,以帮助调查人员知道何时何地开始他的文案调查工作。在确定计划时,应十分明确整个工作及每一分步工作的工作目标,只有在明确了目标、地点、形式后,每个调查人员才能以最小的投入实现调查的目的。例如,利用在线数据库搜索时制定一个目的明确、计划周全的方法程序,对于节省上网时间及费用特别重要。尽管每个调研课题,都有它特殊的一面,但一些基本的工作程序是调查人员必须共同遵守的。调查人员必须在预定期限内完成分派的具体调查项目,故而在确认每项工作程序时应同时有一个时间计划表。文案调查工作程序如图4-1所示。

(一)明确所需调查的资料

任何事情当目的越明确时,人们完成工作所花费的时间、精力、财力就会越少,就能做到事半功倍。在文案调查工作开始前应明确此次调查工作的现实目的和长远目的。现实目的是这次文案调查工作完成后需要提供的资料和解决的问题。长远目的是通过资料的查阅、搜寻、统计、分析,为企业经常性的经营管理活动和方案的制订提供基础性资料。

(二)审查与分析现有资料

现有资料是指本公司和其他部门已取得的或已经积累起来的第二手资料。在信息时代,我们的文案资料可能很多,但关键是调查人员如何根据他们的特殊需要对现有资料做出评价。现有资料包括:

(1)公司有关产品的生产、销售的记录资料。

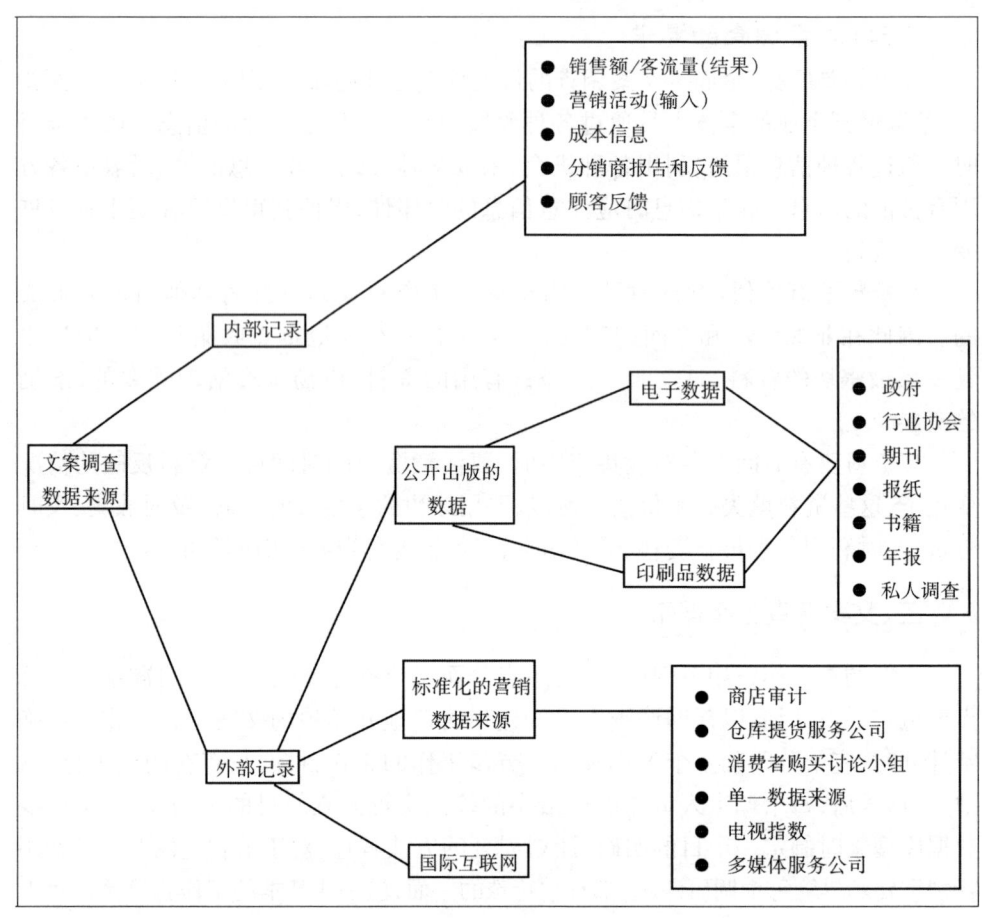

图4-1 文案调查的数据来源

（2）已公布的统计资料。

（3）有关定性分析的资料。

（4）检查是否欠缺或需要补充的资料。

对于以上资料审查与分析的标准是：

（1）内容：是否全面和可靠，同时能精确地包括调查的要求。

（2）水平：资料的专业程度。

（3）重点：资料是否针对了调查的有关内容。

（4）时间：资料所涉及的时间是否恰当，是否能满足某些资料的时序性要求。

（5）程度：资料是否可信。

现有资料若能满足调查的要求，可节省许多时间、人力和财力。为此应要求公司的调查人员与公司内部的档案室、资料库和公司外部图书馆、政府机构、各类商会、有关单位、在线数据库保持密切联系。

（三）寻找资料信息来源

从一般线索到特殊线索，这是每个调查人员收集情报的必由之路。当着手一个正式调查项目时，调查人员寻找的第一类资料是向他提供总体市场概况的那类资料，该资料应包括市场基本特征、一般结构、发展趋势和交易情况等。他可能会从报纸或杂志的调查文章开始工作，随着调查工作的深入，资料的选择性和详细程度会越来越细。对于这个问题我们将在以后专门研究。

案例4-2　医药仪器的信息资料来源

某企业发明了一种能够对假牙在口腔中活动情况进行三维测量的仪器。将这种仪器批量生产推向市场之前需确定市场的销售潜力。因此决定开展市场调查，由于目的十分明确，所需的各种资料也就十分清楚了。主要所需资料有：①国内牙医诊所的绝对数；②全国每10万人口拥有牙医的平均数；③即将开业的牙医诊所数；④未来10年新增牙医数；⑤现有牙医年龄结构；⑥全国牙医诊所在各省的分布情况。

为获得上述有关资料，经分析确定出其资料来源的途径：①全国卫生部门的年度统计；②全国牙医卫生状况普查资料；③有关牙医医学发展动态的学术会议、论文等；④行业协会的调查和研究报告。

（四）资料筛选、分析

文案调查所收集的资料种类、格式较多，对其整理分析是一项重要工作。基本要求是围绕调查的目的和内容，依据事先制定的清单或资料分析计划，选择正确的统计方法和统计指标，必要时制成图表来分析比较，去除虚伪资料。这里需特别注意，我们有时会误信公布了的数据资料而影响文案调查的结果。有经验的文案调查人员懂得公布的市场信息数字需要用两三种来源做交叉检查。在资料的筛选、分析过程中也可采用一些方法将资料进行处理。

（五）文案调查报告的撰写

在确认数据资料之后，通过分析把这些信息资料综合成一个有意义的整体就是文案调查报告。这是文案调查工作的过程和调查的成果赖以表达的工具，撰写这类报告应注意以下几点：

1. 简单明了，将可编的有关资料制成统计图表，帮助阅读者了解分析结果和看出与研究假设的关系。

2. 突出重点，对于调查结果有着十分明确关系和重要联系的资料应采用不同方式重点表述。

3. 结论明确，如果没有明确的结论和建议，该调查报告就失去了价值。

三、文案调查的方法

方法是人们达到目的的手段和工具,下面介绍几种筛选、分析和收集资料的方法。

(一)文献资料筛选法

文献资料筛选法是指从各类文献资料中分析和筛选出与企业营销活动有关的信息和资料的一种方法。在我国主要是从印刷文献资料中筛选。印刷文献一般有图书、杂志、统计年鉴、会议文献、论文文献、论文集、科研报告、专利文献、档案文献、政府政策条例文献、内部资料、地方志等。采用此法搜集资料,主要是根据调查的目的和要求有针对性地去查找有关的文献资料。

案例4-3　日本某公司的信息来源

日本某公司进入美国市场前,通过查阅美国有关法律和规定得知,美国为了保护本国工业,规定美国政府收到外国公司商品报价单,一律无条件提高价格50%。而美国法律中规定,本国商品的定义是"一件商品,美国制造的零件所含价值必须达到这件商品价值50%"。这家公司根据这些条款,思谋出一条对策:进入美国公司的产品共有20种零件,在日本生产19种零件,从美国进口1种零件,这1种零件价值最高,其价值超过50%,在日本组装后再送到美国销售,就成了美国商品,就可直接与美国厂商竞争。

(二)报刊剪辑分析法

报刊剪辑分析法,是指调查人员平时从各种报刊上所刊登的文章、报道中,分析和收集情报信息的一种方法。市场情况的瞬息万变在日常新闻报道中都有所体现,只要我们用心去观察、收集、分析便可从各种报刊上获得与企业营销活动有关的资料信息以扩大视野。例如,日本尼西奇公司原是一家生产雨伞的小企业。一次偶然的机会,董事长多博川看到了一份最近的人口普查报告。从人口普查资料获悉,日本每年有250万婴儿出生,他立即意识到尿布这个小商品有着巨大的潜在市场,按每个婴儿每年最低消费2条计算,一年就是500万条,再加上广阔的国际市场,潜力是巨大的。于是立即决定转产被大企业不屑一顾的尿布,结果畅销全国,走俏世界。如今该公司的尿布销量已占世界的1/3,多博川本人也因此成为享誉世界的"尿布大王"。

(三)情报联络网法

情报联络网法,是指企业在一定范围内设立情报联络网,使资料收集工作可延伸至企业想要涉及的地区。尤其是互联网的普及,可使此种方法成为文案调查的有效方法。企业建立情报网可采用重点地区设立固定情报点,企业派专人或地区销售人员兼职,一般地区可与同行业、同部门以及有关的情报资料部门挂钩,定期互通情报,以获得各自所需资料。若企业无力建立自己独立的情报网,可借助其他部门的情报网。当然这应该是有偿的,只有支付适当的报酬才能获得自己所需的真实资料。

(四)网络搜索引擎方法

搜索引擎,是指收集了万维网上几千万到几十亿个网页并对网页中的每一个词(即关键词)进行索引,建立索引数据库的全文搜索引擎。当用户查找某个关键词的时候,所有在页面内容中包含了该关键词的网页都将作为搜索结果被搜出来。在经过复杂的算法进行排序后,这些结果将按照与搜索关键词的相关度高低,依次排列。例如,在百度上输入"市场调查",就可得到 1 140 万个相关结果(截至 2016 年 2 月底)。

四、文案调查资料来源

文案调查所需资料包括企业的内部资料和外部资料。内部资料主要是企业内部的各种业务、统计、财务及其他有关资料。外部资料主要指企业外部单位所持有的资料。外部资料在在线数据库出现以前,图书馆及各类情报单位是文案调查的主要资料来源。

(一)内部资料的来源

1. 业务资料,包括与企业营销活动有关的各种资料。如发货单、订货合同、发票、销售记录、原材料订货单、销售记录、业务员访问报告、顾客反馈信息等。通过对这些资料的了解和分析,可以掌握本企业所生产和经营商品的供应情况,分地区、分用户的需求变化情况。

2. 统计资料,包括各类统计报表,企业生产、销售、库存记录,各类统计资料的分析报告等。企业统计资料是研究企业经营活动数量特征及规律的重要依据,也是企业进行预测和决策的基础。

3. 财务资料,包括各种财务报表、会计核算和分析资料、成本资料、销售利润、税金资料等。财务资料反映了企业活劳动和物化劳动的占用和消耗情况及所取得的经济效益,通过对这些资料的研究,可以确定企业的发展背景,考核企业的经济效益。

4. 其他资料,包括企业积累的各种调查报告,经验总结,各种建议记录等。这些资料都对市场研究有一定的参考价值。

目前许多公司都开始建立自己的顾客数据库,美国 94% 的大公司拥有顾客数据库。顾客数据库收录了顾客的原始信息,这些信息可以被分类排序和升级,从而生成有用的信息。数据库里保存着关于老客户及其交易情况的记录,公司利用这种数据库找出其顾客的共同特征,这类数据还能用来发现顾客对产品的偏好、支付方式等。世界著名的假日酒店为它的优先俱乐部(Priority Club)成员建立了一个数据库,以便追踪他们的活动和与假日酒店有关的交易情况,营销人员可以据此有效地进行市场细分,甚至可以预测出这些顾客的终生价值。

> **案例4-4　通用电气公司:客户数据库带来的巨大商机**
>
> 　　截至2011年,美国通用电气公司的业务已遍及全球100多个国家和地区,它在全球26个国家拥有250家制造厂,成为一个庞大的跨国公司。在美国,通用电气公司建有一个超级客户数据库,包含了世界6千多万个家庭的信息,可有效地定位目标市场。通用电气公司将人口信息、消费心态测量数据、媒体消费状况以及购买记录与内部客户交易信息相结合,精确地确定了客户电器拥有情况以及历史消费记录。利用客户数据库,通用电气公司可以快速地确定需要更换洗衣机的客户(例如,那些六年前购买过洗衣机且家庭成员较多的家庭)。然后,公司以邮寄礼券、折扣或特价的方式向这些客户直接进行营销宣传,并运用计算机实现了营销电子化,高效地定位了目标市场,增加了市场份额,提高了利润率。

　　(二)外部资料的来源

　　外部资料是指各类机构提供的已出版或未出版的资料。这些机构可能是政府的也可能是其他的非政府机构。它们提供资料有的属于政府的一项工作,有的是为了赢利,还有的是为了增加机构的声誉。作为企业的调查人员要想及时获得有用的资料,一定要熟悉这些机构,熟悉他们所能提供的资料种类。对于与企业的生产、营销活动联系密切的机构,更要熟悉该机构的工作人员。良好的人际关系是及时获取有价值资料的必要条件。外部资料的来源主要有:

　　1. 国家统计机关公布的统计资料,包括工业普查资料、统计资料汇编、商业地图等。这些信息都具有综合性强、辐射面广的特点。

　　2. 行业协会发布的行业资料和各种专业信息咨询机构提供的市场信息,这些机构的信息系统资料齐全,信息灵敏度高。为了满足各类用户的需要,它们通常还提供资料的代购、咨询、检索和定向服务。不过这些机构的服务大多是有偿服务。

　　3. 图书馆存档的商情资料,技术发展资料。

　　4. 出版单位提供的书籍、文献、报纸杂志、工商企业名录、商业评论、产业研究、市场行情报告、各类分析报道等。

　　5. 银行的经济调查、商业评论期刊。

　　6. 各类专业组织的调查报告、统计数字、分析报告。

　　7. 研究机构的各种调查报告、研究论文集。

　　8. 国内外各种博览会、展销会、交易会、订货会等促销会议以及专业性、学术性经验交流会议上所发放的文件和材料。

　　(三)国际互联网、在线数据库

　　国际互联网是全球互相联结的网络。对于调查人员来说,国际互联网有两个重要信息源:

1. 公司、各类组织机构、个人创设的推销或宣传他们的产品、服务或观点的网址。

2. 由对某一主题感兴趣的人们组成的用户群组。

在线数据库可用计算机与调制解调器很容易地搜索到,可收取到存放在全世界各地服务器上的文章、报告与资料。现在借助国际互联网可以很便捷地进入各种数据库。

以上介绍的是目前收集外部资料的重要方式。具体做法将在本章第三节中重点介绍。

五、收集资料的价值评定

资料的价值是指资料的真实性和可用性。对资料的价值确定是文案调查中一项很重要的工作。

（一）资料的真实性确定

资料真实性确定主要要看资料的出处或资料的作者,对于有疑问的资料出处或作者应该排除,以保证其真实程度。

一项调研想要弄清建立新银行分支机构的最佳地点。调查人员起初采用了该市规划委员会对本市各个地区人口所做的预测。后来发现,这个委员会得出这些预测值的方法是,把要开发的地区的地图进一步划分成小地区,然后把每个小地区的面积与该市已开发地区的家庭密度相乘。由于方法错误,这些表面看起来很珍贵的数据实则毫无价值。

（二）资料的可用性确定

资料的可用性确定是指检查资料的属性,特别是对数据性文献资料,要检查数据测量尺度、分组状态是否与调查内容要求相适应。资料的可用性确定还应包括对资料的时效性、完整性的确认。

对文案资料的价值进行评定时,应进一步对资料的收集方法加以确认。对使用问卷调查所获得的数据,应该有说明样本的性质和人数、回收率等相关资料。

（三）资料的综合价值确定

资料的综合价值是指对资料的各种分析因素的综合评定。其具体方法可用本节文案调查方法中的分析法加以确认。

总之,资料价值的评定,就是根据调查目的而对拟采用的资料的可利用价值的综合考虑。高质量的资料的基本特点可用4个字表述,即:真、准、新、全。

第二节 实地调查方法

实地调查方法有很多种不同方式,按照所采用的形式不同可将其分为访问方法、现场观察法和实验调查法。选择哪一种调查方法与调查目标、调查对象和调查员的素质等有直接关系。每一种调查方法其反馈率、真实性及调查费用都有不同特点。所以学习时应注意不同调查方式的特点、适用范围、需注意的问题,在实际操作时应注意各种方法之间的相互配合。

一、实地调查方法

(一)访问方法

访问方法,是指将所拟调查的事项,以当面、电话或书面的不同形式向被调查者提出询问,以获得所需调查资料的调查方法。这是一种最常用的市场实地调查方法,也可以说是一种特殊的人际关系或现代公共关系。正因如此,调查人员应清楚地认识到,通过调查不仅要收集到调查所期望的资料,而且还要在调查中给调查对象留下良好的印象,树立公司的形象,可能时应将被调查者作为潜在的用户加以说服。

爱尔兰的服务管理专家费尔格·奎恩在其著作《为顾客加冕》一书中,对如何经常得到顾客的反馈意见这一问题时强调"要想真正以顾客为中心,唯一重要的就是倾听"。实际上,倾听顾客的声音是企业成功地进行价值创新的重要保证。因为顾客的抱怨和投诉实际是在给企业提供生存和发展的机会,企业可以据此发现变革的方向,引入从未考虑过的新产品或服务,为顾客提供新的价值。倾听顾客的声音是企业永远的学习过程,因为顾客在自己的领域中同样是专家,顾客可以传递最新的产品信息、竞争对手的情况、对偏好变化的预测以及对服务和产品使用方法的及时反馈等。不论何种类型的企业,也不论企业内部的何种层次,都需要倾听来自顾客的声音。在摩托罗拉公司,包括总裁在内的管理和决策委员会,都要定期有规律地亲自与顾客会面,倾听顾客的声音;在美国钢铁公司,所有机械操作人员都要定期到顾客的工厂,了解顾客的需求。当金百利—克拉克公司的顾问拜访顾客,对婴儿尿布进行调查研究时,听到这样一条信息:孩子的父母并不像公司想的那样,把尿布当作一次性商品,而是当作一件衣服。在成长的过程中,穿上"大孩子的裤子"对父母与孩子来说,在情感上是很重要的一步。因此,金百利—克拉克公司意识到要解决的不是尿布大小的问题,而是给各地妈妈一次价值无限的体验。在倾听到顾客反馈的重要信息后,公司启动了以"我现在是大孩子了"为主题的新产品推广活动。这项活动使它们的新产品销售额达到了4亿美元,这一切都是因为金百利—克拉克公司倾听并理解了顾客。

1. 直接访问法。直接访问法也称之为家庭访问法或个人访问法,是指调查者与单个的被调查者面对面进行交谈收集资料的方法。直接访问法可以采用提前设计好的问卷或提纲依问题顺序提问的"标准式访谈"形式;也可采用围绕调查主题进行"自由交谈"的形式。

(1)直接访问的程序,参见表4-1。

表4-1 直接访问程序

工作程序	工作内容
培训访问人员	形象、礼仪、访谈技巧
确定访问者	依据调查目的设定样本
预约	说明理由及条件
访问	标准化式或自由化或交谈
访问结果检查	判定资料真实性,是否需二次访问
致谢	以书面或电话形式

(2)直接访问的优点:①调查有深度,调查者可以提出许多不宜在人多的场合讨论的问题,深入了解被调查者的状况、意愿或行为。②直接性强,由于是面对面的交流,调查者可以采用一些方法来激发被调查者的兴趣,如图片、表格、产品的演示等。③灵活性较强,调查者可以根据情况灵活掌握提问题的次序,随时解释被调查者提出的疑问。④准确性强,调查者可充分解释问题,把问题的不回答程度及答复误差减少到最低,同时可根据被调查者回答问题的态度,判别资料的真实可信程度。⑤拒答率较低,这是直接访问法的最大优点。通过直接访问,被调查者一般不会拒绝回答问题。遇到拒绝回答时,也可通过访谈技巧得到问题的回答。

(3)直接访问的缺点:①调查成本高、时间长。直接的逐一访谈需要的时间较长,对调查人员的素质要求较高,最终使调查成本加大。尤其是大规模的、复杂的市场调查更是如此。②调查的质量容易受到气候、调查时间、被访者情绪等其他因素的干扰。

(4)直接访问的适用范围:①直接访问适用于调查范围较小而调查项目比较复杂的情况。②要得到顾客对某个产品的构想或某个广告样本的想法时比较适合。③需了解某类问题能否通过解释或宣传取得谅解。

案例4-5

《福布斯》杂志3月6日发布2008年度全球富豪榜,"股神"沃伦·巴菲特由于所持股票大涨,身家猛增至620亿美元,问鼎全球首富。

那么,被称为"股神"的巴菲特,到底"神"在哪呢?

巴菲特曾访问过两家公司,一家是当时牛气冲天、财力雄厚的甲公司,一家是当时业绩平平、没有名气的乙公司。在甲公司总裁办公室,巴菲特看到总裁的办公桌上摆放着一叠极为高档精美的信笺。座谈时,总裁总是在信笺上还没有写上几个字就随意地把它扔进了废纸篓里。从甲总裁办公室出来,巴菲特看到的不是甲公司雄厚的财力,而是那惊人的浪费。而在乙公司总裁办公室,巴菲特看到的却是另一番景象,总裁的办公桌上摆着一叠拆开的信封作信笺。总裁说,这是他的一个习惯,收到信后,信封不丢掉,拆开后用反面作信笺用。他不仅自己这样做,还要求公司各部门都这样做。从乙总裁办公室出来,巴菲特看到的不是那简陋的信笺,而是乙公司发展的后劲。看过这两家公司后,巴菲特做出了一个惊人的决定:把当时牛气冲天、被众多投资者和股民看好的甲公司股票全部抛掉,转而购买当时股票业绩平平、几乎不为人所知的乙公司股票。

果不出巴菲特所料,几年后,甲公司陷入破产清算的境地,而乙公司的股票却一路攀升,成为华尔街最坚挺、最受投资者和股民欢迎的绩优股。

2. 堵截访问法。堵截访问法又称为街头访问法、商场拦截法或留置调查法。它有三种方式:一种是由经过培训的调查员在事先选定的若干地区选取访问对象,征得其同意后在现场按问卷进行面访调查;另一种是先租定地点,然后由经过培训的调查员在事先选定的若干地区选取访问对象,征得其同意后带到租定的房间内进行面访调查;第三种往往是与市场营销活动紧密相连的,其面访是在商场这个特定的环境中针对某些顾客群在商场的适当位置进行拦截,将事先准备好的问题(主要是针对商场中环境的布局、商品的满意度、服务态度程度、商场的信誉度、商品功能满足程度等问题)提交给拦截对象,征得其回答。

计算机直接访问(DGI)是堵截访问法的新的发展形式,它是指调查人员堵截到被调查者并征得其同意后,直接带到安放有计算机的地方,告诉其操作方法后,由被调查者按计算机上的提问自行输入要回答的问题。在回答问题时,调查者应随时检查被调查者是否按要求回答问题,或在一定的情况下由调查人员代为输入。这样可节省访问的时间和资料录入整理的时间,同时也可提高被调查者的兴趣。

(1)堵截调查法的程序,参见图4-2。

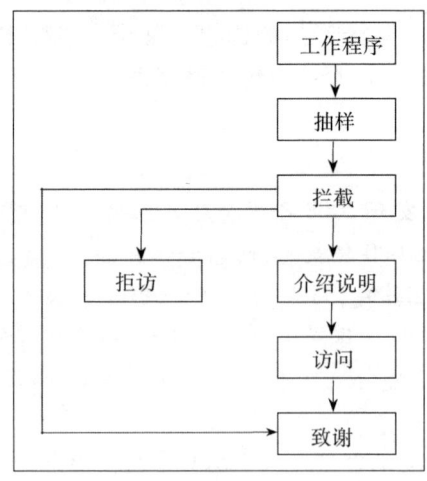

图4-2 堵截调查法的程序

(2)堵截访问应注意的事项:①问卷内容不宜过长,问题简单明了且不能涉及有关个人隐私方面的问题。②在访问过程中要控制其他人包括受访者的同伴对受访者的影响。对主动要求接受采访的人,调查人员要善于甄别,如果是不适合的对象,要婉言谢绝。

(3)堵截访问法的优缺点。堵截访问克服了入户访问的不足。由于访问地点比较集中,时间短,可节省对每个样本的访问费和交通费等。堵截也避免了入户困难,同时也便于对访问员的监控。再有调查的答案正确率高,被调查者有充分的时间来考虑问题,能得出比较准确的答案。

堵截方法的缺点主要表现在三个方面:一是堵截访问法不适合内容较长、较复杂或不能公开的问题的调查;二是由于调查对象在调查地点出现带有偶然性,这会影响调查的精确度;三是堵截调查法拒访率高,因此在使用时应附有一定的物质奖励。

> **案例 4-6　墨西哥饭店的经营之道**
>
> 墨西哥 Chi-Chi's 饭店一度生意很不景气,营销调研被集中在判断 Chi-Chi's 在整个市场中的竞争劣势。具体而言,下列问题必须得到说明:①当地经济发展的特点是什么?②市场上哪些饭店受欢迎?③什么因素导致顾客光临 Chi-Chi's 饭店以外的其他饭店?
>
> 经分析认为,所回答的问题集中、简明,且堵截地点比较集中,出现在此地点的人群在特定时间偶然性较小,故决定采用堵截访问法开展实地调查活动。经过调查后发现,当地的经济正处于萧条时期,而 Chi-Chi's 饭店给当地人的感觉是赚当地人的钱,同时损害当地旅馆的利益。为了改变这种形象,Chi-Chi's 饭店制定了一个公关型的社区网络计划,其中包括组织女童子军参观饭店和进行一系列公益及社区赞助活动。后来,饭店的生意开始好起来。

3.电话访问法。电话访问是指通过电话向被调查者询问有关调查内容和征询市场反应的一种调查方法。这是为解决带有普遍性的急需解决的问题而采用的一种调查方法。宝洁公司利用热线电话和顾客谈话,深入了解家庭主妇的日常生活。凯迪拉克有21条不同的免费电话线路提供给顾客和经销商使用,忙线时,会请对方稍候,然后将电话自动转接给下一位空档的服务员。

(1)电话访问程序:①根据调查目标及范围划分地区。②每区确定要调查的样本单位数。③编制电话号码单。④按地区分给调查者,调查者一般利用晚上或假期时间与被调查者通电话,或采用全自动电话访谈(CATS),使用内置声音回答技术取代调查员的分别通话,但全自动电话访谈无法替代调查者与被调查者通话之间的交流所获得的资料。

(2)电话访问法的优点:①成本低。在几种调查方式中,电话访问法成本较低。②快速与节省时间。对于一些急于收集到的资料而言,采用电话调查法最快。例如,某一商品广告播出后若想了解其收视率,以打电话方式来调查最为快速。③统一性较高。用电话调查,大多按已拟好的标准问卷询问,因此资料的统一程度较高。④易控制。电话访问员的声调、语气及用字等是否正确,可由控制员纠正。

(3)电话访问法的缺点:①问题不能深入。电话访问法询问时间不能太长,因而调查内容的深度远不如直接访问和堵截访问。②调查工具无法综合使用。在电话访问中,有关照片、图表、样品无法显示,会影响调查访问的效果。③辨别真实性及记录准确性较差。由于调查员不在现场,对于回答问题的真实性很难做出准确判断。

鉴于以上电话访问的缺点,在采用电话访问时若有可能,应提前寄一封信或卡片告之被调查者将要进行的电话访问及访问的目的。在询问时,最好选用两项选择法进行询问,以便于资料的汇总。

案例4-7 电话访谈使必胜客成为顾客首选

截至2011年,美国必胜客已经成为世界上最大的比萨餐厅。它在100多个国家和地区拥有1万家零售店,每天能向全球大约400万的顾客销售超过14亿份比萨饼。必胜客从1995年开始实施顾客满意度调查,直到现在每星期都要进行5万次访谈活动,其数据的收集主要通过境外电话调查实现(例如,必胜客的电话呼叫活动)。在必胜客餐厅购买和购买外卖的顾客都会在24小时之内接到咨询电话。必胜客会将客户接受访谈的时间限制在4分钟之内,而且同一客户不会在60天内再次接受访谈。其访谈结果满足了管理层采取营销策略的需要,最终使必胜客的顾客满意度一直保持在最高水平。

4.计算机辅助电话调查法(CATI法)。CATI法是指在一个中心地点安装CATI设备,其软件系统包括4个部分:自动随机拨号系统、问卷设计系统、自动访问管理系统、自动数据录入和简单统计系统。计算机辅助电话调查的特点是:

(1)速度快。计算机辅助访问可向研究分析人员迅速提交数据。因访问过程中既不需要数据的再输入,也不需要再做数据编辑,其速度方面的优势十分明显。

(2)质量高。电脑访问可避免调查人员的逻辑性错误。电脑的自动跳问功能可控制调查员在适当的时候和适当的条件下提出正确的问题。电脑自动循环提问顺序功能可使被调查者在回答问题时更加中肯。

(3)效率高。电脑系统可以进行随机或配额抽样。如果已经知道被调查者的背景资料,那么电脑可根据要求自动抽出符合条件的被调查者。

(4)灵活性。电脑除了对数据和访问员能进行控制以外,其辅助访问系统还具有处理复杂情况的功能。

5.邮寄方法。邮寄方法,也可以说是堵截调查的一种特殊形式,它是指调查人员将印制好的调查问卷或调查表格,通过邮政系统寄给选定的被调查者,由被调查者按要求填写后再寄回来,调查者通过对调查问卷或调查表格的整理分析,得到市场信息。在这里邮递员取代了调查人员,并以邮资的形式取代了访问员的支出。邮寄调查克服了堵截调查拒答率高和问题简单的缺点。但同时也就完全依赖"问卷"与被调查者交流了。显然,邮寄调查对问卷设计有较高的要求。

(1)邮寄调查法的步骤:①根据调查目的确定调查对象。选定调查样本是邮寄调查的关键,样本选定的准确与否直接影响最终的调查结果,需要收集调查对象的名单、通信地址和电话号码。②通过电话与选定的调查对象联系,请求他们协助填写问卷。若此次调查活动有一定的奖励应在这时加以说明。③向被调查人员寄出邮件。这步工作应特别注意在邮件中除了调查问卷外必须附有致被调查人的信及谢意、贴好邮票的回邮信封。④通过电话与调查对象再次接触,确认是否收到问卷,并再次请求合作。⑤收回问卷并整理。首先应统计收回问卷的数量,对数字化的资料应做概率统计分析,并登记问卷寄回的日期及地址。⑥问卷的回收率必须达到一定的要求,一般说至少要达到60%。如果问卷回收率达不到最低数,应再次联系没有寄回问卷的调查对象,再次请求合作,再次寄出问卷,如果还不能达到要求,可以从没有回答的调查对象中随机抽样,最后通过面访的方式来提高应答率。

(2)邮寄调查的优点:①调查的区域较广,问卷可以有一定的深度。②调查费用低。在没有物质奖励时只需花少量的邮资和印刷费用。③回答问题准确。被调查者有充分的时间填写问卷,可以较准确地回答问题。④被调查者所受影响小。被调查者可以避免受调查者态度、情绪等因素的影响,回答问题更客观。⑤无须对调查人员进行专门的培训和管理。

(3)邮寄调查的缺点:①调查表回收率低。造成这一结果的因素很多,如:被调查者对问题不感兴趣、问卷过长或复杂和无趣味、被调查者个人原因等。②调查时间长。由于需要联系、等待、再联系、再等待,使调查时间过长。③问卷回答可靠性较差。由于无法交流,故不能判断被调查者回答问题的可靠程度,如被调查者可能误解问题的意思或受他人影响,问卷不是由被调查者本人填写等。

(4)邮寄调查应用范围。邮寄调查的应用范围较窄,与直接访问和电话访问相比应用面较小。对于时效性要求不高,名单、地址比较清楚,费用比较紧张的调查可考虑使用这种方法。如果公司有几次邮寄调查的先例,积累了几个不同的样本群体,并建立了良好的合作关系,使用这种方法就变得比较简单了。

(5)邮寄调查法应注意的事项。由于邮寄调查有一定的缺陷,使用此种调查方法时应注意以下几点:①用电话或跟踪信提醒;②注意提前通知和致谢;③需要有一定的物质奖励;④附上回信的信封并贴足邮资;⑤增加问答卷的趣味性,比如填空、补句、判断、分析图片等;⑥最好由一个知名度较高而且受人尊敬的机构主办。其顺序首选是大学,其次是政府机构,然后是私人调查机构。

案例 4-8

强生公司是一家国际知名的婴儿用品生产公司,公司想利用强生公司在婴儿用品市场的高知名度开发婴儿用的阿司匹林,但不知市场的接受程度如何。由于强生公司有一些关系较好的市场调查样本群体,且问题比较简单但需由被调查者做出解释,故决定采用费用较低的邮寄方法进行市场调查。通过邮寄方法的调查分析,强生公司得出了这样一个结论:该公司的产品被消费者一致认为是温和(这种反应也和强生公司所做广告的宣传效果相一致),但温和并不是人们对于婴儿阿司匹林的期望。尽管婴儿阿司匹林很安全,但温和并不是一个合乎消费者愿望的特征。相反,许多人认为温和的阿司匹林可能不具有很好的疗效。为此强生公司认为如果开发这样一个产品,并做出适合产品的宣传就会损坏整个公司的形象和多年努力的结果。如果按以往的形象做出宣传又无法打开市场。因此,强生公司最终决定放弃这个产品的开发。

6. 固定样本调查法。固定样本调查法是指以消费者为调查对象,从中抽取样本,将其固定下来,通过各种方式和手段与这些被调查对象保持稳定的合作关系,经常性地进行邮寄问卷调查。对有些问题可进行公开反馈式的讨论,由此获得时序性较强和价值较高的资料。

这种持续性的实地调查方式,由于样本规模较大且时间长,一般花费巨大,但这种方式确是帮助企业探讨市场发展变化趋势、新产品开发、制定总体发展战略的一种有效的方法。

为降低调查费用,可以利用实际消费者样本群体,从帮助消费者有效使用产品的角度出发,编制经过一定技巧处理的邮寄问卷,进行长期跟踪式的调查。

（二）现场观察法

现场观察法是调查人员凭借自己的眼睛或借助摄录像器材,在调查现场直接记录正在发生的市场行为或状况的一种有效的收集资料的方法。

1. 现场观察法的类型。现场观察法可以进一步从以下角度进行分类:自然环境或设计环境下的观察、暴露或隐蔽的观察、人员或机器观察、即时或事后的观察。

(1) 自然环境或设计环境下的观察。

自然环境中的观察方法。调研机构对观察现场的环境不做任何修正,对被观察者的可能行为不做任何规定和制约。在这种环境下完成自己的观察活动,调研机构的意图是搜集观察对象最平常的行为举动,这种信息对于做更大范围的相应对象的特征推断最具有可信性。例如,在平常的日子、对普通顾客在购买某种日常生活用品时的整个过程的观察结果,对于推断在其他相似环境下任何一位相似的购买者,他们在购买这种商品时会有一个什么样的过程是最可信的。但是,调研机构在推断前必须注意到这种结论成立的两个关键条件：相似的顾客和相似的商店。

设计环境下的观察方法。与在实验室完成某项实验一样，市场研究机构认为，顾客的行为与现场的某些环境因素有必然的联系，即会受某些现场环境状况的影响，做出自己最终购买与否的决定。于是，调研机构就会为证实哪些环境因素会产生关键影响作用而对相应的环境因素进行必要的调整。例如，商店会设置购物引导小姐以方便顾客迅速找到自己选购的商品，检验的目标是，是否会导致顾客的购买行为向有利于商店既定营销目标实现的方向发展。这种观察方法近似于实验法，其效果是毋庸置疑的。但是，调研人员必须知道：①这种实验结果由于无法做定量分析，所以结论本身缺乏说服力；②为此调研机构要付出更大的代价。

（2）暴露式或隐蔽式的观察。

暴露式观察方法。许多时候调研机构必须将自己的观察活动的目的，甚至全过程的每个具体环节告诉被观察者，此时他们进行的是暴露式观察。很显然，任何调研机构都不会愿意将观察目的告诉他人尤其是被观察者，因为这将直接影响他们的行为，使观察结果失真。观察法只能由观察人员在现场对具体目标实施观察、记录，但往往现场属于被观察者。例如，商店是顾客选购商品的地方，若要对顾客的购买行为进行观察就必须征得顾客、商店的许可，才能获得他们的支持，而这一切都建立在你把观察目的告诉他们，他们对你的目的理解的基础之上。

隐蔽式观察方法。为了获得被观察者真实情感的流露，调研人员会决定采用隐蔽的观察方法，即在不将观察目的告诉对方的情况下，完成观察、记录工作。其实有些调研人员在采用观察法的时候故意将自己的观察目的——不是真实的目的，告诉对方以求获得对方的许可和配合。在有些场所如商场、银行的储蓄所、娱乐场所等，都装有摄像设施。人们通常只是知道它们的安全作用，但安装这些摄像设施还有其他的作用，如记录顾客的行为等，这些常不为人知。可见，隐蔽式观察搜集的信息更加真实也更其可信性，它成为调研人员首选的观察方法。

（3）人员或机械的观察。

人员观察方法。调研机构派出调研人员作为观察员到观察现场实施观察任务。在人员充足的条件下，调研机构会选择这种方法完成调研信息的搜集工作。由于是通过观察员的感觉器官来搜集被观察对象的某些特征的信息，在这个过程中都会渗入观察员个人主观思想的因素，即观察员所记录下的信息，是经过他们自己的判断标准的"过滤"而提出的认识结果。也许用成语"盲人摸象"来解释这点会使人更容易理解。显然人员观察方法的缺点有：带有一定的主观色彩；长期观察会增加观察人员的器官疲劳，从而导致观察结果的准确性、全面性的快速"衰减"等。人员观察方法的优点是：在不很长的时间内可以随时按照观察目标的变化调整观察角度，使观察所提供的信息保持较高的准确性，人眼的观察角度调整的速度快于人对摄像设备观察角度调整的速度；人员观察可以发现新问题的苗头，并主动加以关注。

惠普公司的一个研发人员为了对顾客的环境有更多的了解,坐在手术室观看外科医生做手术。他发现,医生通过观察显示器上病人的身体和自己的手,进行手术。但护士会时不时走到监视器前面,医生的视线会被短暂地挡一下,这看起来并不妨碍任何人,可以说是一个可以接受的小牺牲。但是,这位好奇的观察者记下了这件事,并反复思考他的公司对此能做什么,最终他找到了解决方法——轻质头盔,这个头盔能把显示器挂在距医生眼睛只有几英寸的地方。这不仅使手术免受干扰,还增加了更多的顾客收益,即通过提高准确性,产品给医生与病人提供了一个更安全的全方位仪器。

机械观察方法。以各种观察设备、器材完成对具体观察目标的观察任务。采用机械观察方法搜集到的信息被记录在录音磁带、录像磁带或磁盘上。机械观察方法最起码使繁杂的信息保管和处理工作得以解放。机械观察方法有这样一些优点:更容易做到隐蔽;不带有个人主观判断的"偏见"而更加客观、公正;能够长期、稳定地工作。但是机械观察方法也存在一些缺点:仅仅是对观察对象的变化做出完整无漏的记录,即仅是人眼、耳、鼻等感觉器官的代表,机械没有"头脑"。对各种机械记录的信息,调研人员还要再进行观察才能做出相应的结论。机械观察方法所使用的机械具有很高的忠诚性,忠于职守但过于死板,不会根据观察目标的变化调整自己的观察角度,如公共场所的摄像机,观察的角度被限制在一定范围,当观察目标走出其规定的观察区域,它就会告诉调研人员观察目标"没有行为,或不在现场",显然这是错误的。

(4)即时或事后的观察。

即时观察方法。指在观察目标发生变化的同时实施现场观察。考虑到不同的环境下观察目标会有不同的表现或变化,或者是为了证明事实的确存在,提高调查所得资料的说服力,我们经常邀请"现场目击者"做出说明,我们也经常问"这是你亲眼所见吗?"这类问题。无疑"道听途说"的信息毕竟不如"身历其境"所搜集的信息来得准确、可靠。但是,实施直接即时观察要求观察者必须准时进入观察现场,在观察对象的某些既定观察特征发生变化前就做好一切准备,全面、准确地观察、记录观察对象整个变化过程。而若是略有迟缓就失去所谓"最佳观察时机",使即时观察所搜集到的信息失去利用价值,甚至成为误导研究分析的祸根。

事后痕迹观察法。就是通过对现场遗留下来的实物或痕迹进行观察以了解或推断过去的市场行为。如国外流行的食品橱观察法,即调查人员通过察看顾客的食品橱,记下顾客所购买的食品品牌、数量和品种,来收集家庭食品的购买和消费资料。这种方法对一些家庭日常用品的消费调查非常重要。再如通过对家庭丢掉的垃圾等痕迹的调查,也是较为重要的间接调查方法。被誉为美国市场调查创始人之一的查里斯·巴林,为了向羹汤公司证明蓝领工人的妻子买罐头汤而不是自己做,把城市各处的垃圾经过科学抽样后收集起来,清点罐头汤盒的个数。

美国雪佛隆公司是一家生产饮料的企业,在公司准备将产品打入亚利桑那州之前,委托亚利桑那大学教授威廉·雷兹对该市的饮料市场进行调查。一年后,教授拿来一堆标明原产品分类、重量、数量、包装的垃圾,并为该公司作了如下分析:一是劳动者所喝的进口啤酒比收入高的阶层多;二是中等阶层人士比其他阶层消费的食物更多,因为家庭成员生活节奏都比较快,食物剩余很多。按垃圾的分类重量计算,所消费的食物中,有15%是还可以吃得好食品;三是通过对垃圾内容的分析,了解人们消费各种食物的情况,得知减肥清凉饮料与压榨的橘子汁属高收入人士的消费品。教授还指出:垃圾袋绝不会说谎和弄虚作假,察看人们所丢弃的垃圾,是一种很好的营销研究方法。

案例4-9

美国一家生产烹调油的企业在考察顾客使用产品的时候发现,很多顾客并没有将他们的产品用在食品烹饪的过程中,而是将此种烹调油涂在割草机头的底部,以防止割草机的头部黏附杂草,而且也不会损伤草坪。因此,这个企业马上将这项用途写进了产品说明书中,并获得了巨大的利益。在风凉油市场竞争过程中,某企业在了解产品使用效果时,发现许多消费者用风凉油涂抹身上,防止蚊虫叮咬,于是风凉油的主要功能得到了改变。

2. 现场观察方法的优缺点

(1)观察法的优点:①自然、客观、准确。观察者对被观察者的活动或可能影响被观察者的因素,皆不加以干预,使被观察者动作极为自然,毫无掩饰,所获资料准确性高。②直接、简单易行。观察法是对现场发生现象的观察和记录,或通过摄像、录音如实反映,直接测度、记录现场的特殊环境和事实,直接性非常强。

(2)观察法的缺点:①时间长、费用高。为全面及客观地反映事实,防止偶发因素的影响,需用较长时间的观察才能发现某种规律。②观察深度不够。只能观察到最后的行为,但对行为发生的原因和动机无法确定。③限制性较大。观察一般只适用于较小的微观环境,且同时受到观察人员自身的身体条件、观察能力、记忆能力、心理分析能力的限制。

3. 采用现场观察法应注意的事项。为了减少观察误差,在应用现场观察法时,应注意以下事项:

(1)为了使观察结果具有代表性,能够反映某类事物的一般情况,应选择那些具有代表性的典型对象,在最适当的时间内进行观察。

(2)在进行现场观察时,最好不让被调查者有所察觉,尤其是在使用仪器观察时更要注意隐蔽性,以保证被调查事物处于自然状态。

(3)在实际观察时,必须实事求是、客观公正,不得带有主观偏见,更不能歪曲事实真相。

(4)调查人员的记录用纸和观察项目最好有一定的格式,以便尽可能详细地记录调查内容的有关事项。

(三)实验调查方法

访问式和观察式调查一般是在不改变环境下收集资料,而实验式调查方法是指从影响调查问题的许多可变因素中选出一个或两个因素,将它们置于同一条件下进行小规模的实验,然后对实验结果做出分析,确定研究结果是否值得大规模推广,它是研究问题各因素之间因果关系的一种有效手段。它通过对实验对象和环境以及实验过程的有效控制,来达到分辨各因素之间的相互影响关系及程度,从而为决策提供依据。

所谓实验就是指实验者通过改变一个或几个变量的方式(称为自变量),测量它们对另一个或几个变量的影响(称为因变量),因变量的变化水平取决于自变量的变化水平。实验的目的就在于建立和确认不同变量或因素之间的因果关系。如果两变量之间被认为是存在着因果关系的,那么接下来的问题就是要确定哪个是"因"(即自变量)、哪个是"果"(即因变量)。其判定方法是从发生时间的顺序条件来看,有无时间滞后期。即一个变量发生变化后,是否导致另一个变量发生变化。如住宅面积的增加会带来装饰材料的增加。

实验方法应用范围非常广泛,如某种环境因素的改变,商品在诸多方面的改变。品种、包装、设计外观、价格、广告、陈列方法等,在判定其改变是否有效果时,都可采用实验方法。

实验方法的最大特点是把调查对象置于非自然状态下开展市场调查。

实验方法的核心问题,是将实验变量或因素的效果从众多因素的作用中分离出来并给予鉴定。

1. 实验方法的工作程序

(1)根据调查项目和要求,提出需研究的假设,确定实验自变量。

(2)进行实验的设计,确定实验检定方法。

(3)严格按实验设计的进程进行实验,并对实验结果进行认真的观测和记录。

(4)对观测结果进行整理分析,得出实验结果。

(5)写出调查报告。

2. 实验方法的类型。在实际调查活动中一般是通过不同的实验设计来得出调查结果,其形式很多。下面介绍几种常用的方法。

(1)实验前后无控制对比实验。此方法是指通过记录实验前后的结果,了解实验变化的效果,它的观察对象只有一个,就是所选定的实验单位。这种方法简单易行,可用于企业改变产品花色、规格、款式、包装、调价等因素变化的影响分析。

例如,某企业有 A,B,C 3 种产品,企业打算提高 A 产品价格,希望不会影响市场销售额,在某特定市场实验两周。实验前、后均有商品销售额的统计,结果见表4-2。

表4-2 商品销售额统计表

产品	零售价格(元)		销售额(万元)		
	实验前	实验后	实验前	实验后	变动值
A	80	100	25	19	-6
B	90	90	15	20	+5
C	90	90	10	16	+6

实验表明,A产品提价后,销售额下降6万元,但B,C两种产品销售额分别上升5万元和6万元,调节产品价格起到了调节市场商品供求的作用,总的销售额增加了5万元,其实验目的是带动B和C产品的销售额增长,故A产品价格的调整是成功的。

(2)实验前后有控制对比实验。此方法是指控制组同实验组对事前事后实验结果进行对比的一种实验调整方法。

例如,某食品公司欲测定改进巧克力包装的市场效果,选定A,B,C三家超市作为实验组,D,E,F三家超市为控制组。在A,B,C以新包装销售,在D,E,F以旧包装销售,实验为1个月,结果见表4-3。

表4-3 实验结果对比表

单位:盒

组别	实验前1个月销量	实验后1个月销量	变动量
实验组(A,B,C)	$X=1\,000$	$X=1\,600$	600
控制组(D,E,F)	$Y=1\,000$	$Y=1\,200$	200

从案例中可看到实验组前后对比增加了600盒,控制组前后对比增加了200盒。

实验效果 $=(X-X)-(Y-Y)=(1\,600-1\,000)-(1\,200-1\,000)=400$ 盒,可以判断巧克力采用新包装后,能够扩大销售。

(3)事后有控制对比实验。此法是指在事后设计的基础上,以实验组与控制组对比实验。具体做法是选择两组条件相当的市场对象,一组为实验组,一组为控制组。实验组按一定条件进行实验,控制组按通常情况进行组织。以实验组与控制组进行对比,以测定实验的结果。

例如,在某市场的同一细分市场选两组家庭,一个为实验组,另一个为控制组。向实验组赠送某产品的小包装礼品,控制组不送。过两周后分别向两组同时赠送在指定地点购买该产品的9折优惠券,并区分不同颜色。再过两周后,检查购买情况。若实验组购买人数大于控制组购买人数,则说明赠送礼品小包装能促进销量增长,若实验组与控制组购买人数基本相当,则说明赠送活动无价值。

此外还有随机对比实验等。

上述几种方法都是按判断分析方式选择实验单位。当市场情况较复杂而又不十分熟悉时,按主观分析选择可能会出现实验偏差。当可选择的实验单位很多时,按主观分析选择同样会出现实验偏差。这时,可以采用随机对比实验,即采用随机抽样方法选择实验单位,使众多的实验单位或不熟悉市场条件下各实验单位被选中的概率相同,从而保证实验结果的准确性。至于实验过程可与上述方法相同。

3. 实验调查法的优缺点

(1)实验调查法的优点:①结果具有较大的客观性和实用性。实验调查法是一种真实的或模拟真实环境下的具体的调查方法。故结果一般说是客观的,而且其结果具有较大的推广实用性。②方法具有主动性和可控性。调查者可主动地改变影响市场的因素,可控制其变化程度以便分析、观察某些现象之间的因果关系及相互影响程度。③可以探索在环境中不明确的市场关系。④实验的结论具有较强的说服力。

(2)实验调查法的缺点:①时间长、费用大。由于影响环境的因素是多种多样的,要想比较准确地掌握环境,需作多组实验,综合分析,才能真正掌握因果变量之间的关系。②有一定的局限性。实验只能掌握因果变量之间的关系,而不能分析过去和未来的情况。③有一定的时间限制。影响环境的因素会由于其他干扰因素的变化而发生变化,故其实验结果用于实际推广必有一定的时间限制。

案例 4-10　AA 制的情况下,你会点贵菜还是便宜菜

在著名的电视剧《老友记》中,有一集发生了这样的故事,几位主人公一起去某家比较高档的餐馆同桌进餐。在 6 个人中,莫妮卡、罗斯和钱德勒收入比较高,他们点了晚餐套餐,而瑞秋由于收入比较低,只点了一份配餐的沙拉。菲比也比较缺钱,所以她只点了一碗汤。同样,乔伊也不是什么有钱的人,所以他点了一份便宜的比萨饼。在最后结账的时候,罗斯建议平分账单,每人 33.5 美元。这句话引起了其中几个人的不满情绪,菲比甚至愤愤不平地说:"门儿都没有!"结果,这个本该是老友聚餐的愉快夜晚就这么被毁掉了。

于是,经济学者进行了一项实验。在实验中,把实验对象分为两组,每一组的分账方式各不相同。在第一组中,进餐的 6 个人按照自己点菜的价格分账。在第二组中,大家平分账单的总额。实验结果证明,当大家均分账单的时候,和每人要按照自己点菜的金额分别付账的时候相比,大家点的菜更贵。

资料来源:尤里·格尼茨,等.隐性动机[M].鲁冬旭,译.北京:中信出版社,2015.

二、实地调查法的评价

（一）有关实地调查法的比较评价

实地调查法中的现场观察法和实验方法属于描述性的方法。在本问题中我们只对访问方法进行比较分析，使大家可根据不同目标、不同因素选择适用的调查方法，见表4-4所示。

表4-4　调查方法的比较评价

	直接访问	堵截访问	电话访问	CATI	邮寄调查	固定样本调查
资料收集的灵活性	高	高	一般	一般	高	低
调查问题的多样性	高	高	低	低	一般	一般
物质刺激的作用	一般	高	低	低	一般	一般
样本控制	高	高	一般	一般	低	一般
资料收集环境的控制	一般	高	一般	一般	低	低
资料的数量	高	一般	一般	一般	一般	高
应答率	高	高	一般	一般	低	低
有见解的匿名人	低	低	一般	一般	高	高
社会期望	高	高	一般	一般	低	低
采访人员偏见的潜在性	高	高	一般	一般	无	无
速度	一般	一般	高	高	低	低
成本	高	一般	一般	一般	低	低

在以上各项标准中，有见解的匿名人是指应答者提出见解，但却不让采访者发现他的身份；样本控制是指采用某种调节方式能够快速、有效地接触到具体样本单位的能力；社会期望是指应答是否真实；采访人员产生偏见的潜在性是指一个采访人员在采访中可能会产生的偏见，具体表现在以下采访阶段：①选择应答者出现偏差；②所提问题出现偏差；③记录问题的答案不完整或错误。

案例4-11

美国一家社会调查公司的一项对93本杂志中的497种应答率的全面考察表明，直接访问、电话访问、邮寄调查的应答率分别是81.7%、72.3%和47.3%。在这项考察的同时还发现应答率在下列情况下会提高：

（1）提前支付或承诺给予金钱激励。

（2）增加金钱刺激的金额。

（3）有非金钱的奖励奖品。

（4）有预备的知识。

(二)实地调查方法的选择

没有一种调查方法在任何情况下都可适用。这是因为要受到资料要求、时间及预算限制,以及应答者性格特征等多种因素的影响。在实地调查方法选择时可参考调查方法的比较评价,在这里我们特别提示的是:所有调查方法都不是相互隔绝的。相反,可以将它们相互配合补充使用,取长补短。调查人员也可将这些方法组合使用并创造出新的方法。例如,在一个典型的调查案例中,调查人员向应答者分发产品和需要自己填写的调查问卷以及回信的信封,再用电话采访进行追踪,这两种方法组合使用的采访收到良好的效果。97%的应答者进行了电话合作,同时82%的调查问卷也被邮寄回来。

通过以上例子我们可以看到在选用实地调查方法时可以采用优点列举法、缺点列举法或特性列举法,以进行正确的选择。

第三节 网络调查方法

互联网的迅速发展,为企业进行市场调查提供了最现代化的技术工具。世界已开始进入信息时代,企业的外部环境出现了新变化,消费者需求呈现出多样化、个性化和要求快速反应等特点。企业若不借助网络获得市场信息,将难以快速地了解市场和消费者需求的变化,会在竞争中处于劣势。如今在美国,网络市场调查大约占据了所有市场调查收益的50%。因此,企业应该积极上网,充分利用这一现代科技手段。

一、网络及其功能

网络调查与案头调查和实地调查的主要区别在于它的技术性。开展网络调查必须充分考虑到网络的特点,了解有关的网络知识,根据其特有规律来发挥网络调查的优势。因此,学习基本的网络知识是必要的。

(一)网络的概念

网络泛指形状像网的东西或纵横交错的组织或系统;网络在信息技术领域专指计算机网络。计算机网络是指独立自主的计算机的互连体。两台计算机相连就构成一个最简单的计算机网络,但二者必须是独立的系统,能够相互交换信息。早期的计算机是作为独立的计算实体而存在的,随着计算机在各个领域的广泛应用,人们对计算机与计算机之间的信息交换提出了要求,计算机网络应运而生。现在人们提到的网络一般指互联网,它是网络之间的互联,即由千百万个计算机网络相互联结而成;网络又是一个网络体系,既包括互联网(Internet),还包括万维网(WWW 或 Web)、内联网(Intranet)和外联网(Extranet)等。

计算机网络有两个基本功能,一是计算机之间的通信;二是信息资源共享。实现计算机之间的通信是达到信息资源共享的前提和基础,实现信息资源共享则是计算机网络的主要价值。一台计算机所拥有的信息量是有限的,但若将成千上万台计算机连在一起,将彼此拥有的信息进行交换,信息量就被"无限"地放大,其价值不可估量。网络的意义就在于此。企业开展网络调查,就是要充分利用网络能够传递和交换信息的技术优势,把企业需要的市场及相关信息通过网络收集起来,进行分析和处理,获取有价值的资料和数据。

(二)互联网的基本功能

要了解网络,掌握网络的基本功能是必要的前提。网络功能包括互联网和万维网等方面。这里仅就互联网的基本功能作一简要介绍。

1. 电子邮件(E-mail)。互联网最基本的功能是传送电子邮件。电子邮件是利用计算机网络来接收和发送的电子信件。信件的内容可以是文字,也可以是声音和图像。同传统邮件相比,电子邮件最大的好处是不受时间和地点的限制,只要能通过电话线联入互联网,就可以随时收取信件,也可以在几分钟之内将信件传送到世界任何地方。电子邮件不仅方便、快捷,而且费用低廉。电子邮件的工作方式是在中心服务器上运行相应的软件,在硬盘上划出一块区域作为"邮局",再分成许多小区域作为用户租用的电子邮箱。每个邮箱都有一个唯一的标志,称作 E-mail 地址。

2. 信息查询。互联网的信息资源极为丰富。在互联网上,用户可以利用查询工具查找自己所需要的信息。互联网提供的信息查询工具有:文件查询工具 Archie、基于菜单的查寻服务 Gopher、基于关键字的网络信息查询工具 WAIS,以及基于超文本和多媒体图形界面的全球超文本链接信息查询服务系统 WWW(万维网)。其中 WWW 是互联网最重要的信息查询工具。Archie 是用来查找文件服务器的一种服务系统,它为互联网上信息查询提供了索引功能,从而使互联网上大量的文件信息成为一个可以检索的数据库。Gopher 是一种分类信息查询系统,它将互联网上的文件组织成某种索引,很方便地将用户从网上的一处带向另一处,它可以查询到分类的数据,拥有世界最大的编目。WAIS 作为一种广域信息服务系统,是供用户查询分布在互联网上各类数据库的一个通用接口软件。用户只要在数据库菜单中输入关键词,就可以找出满足条件的全部记录。

3. 远程登录(Telnet)。远程登录是指在 TCP/IP 的 Telnet 协议的支持下,能够使用户的计算机暂时成为网络上另外一台计算机仿真终端的过程。用户在这台远程主机上拥有自己的账号和口令,通过远程登录,用户可以直接使用远程计算机的软、硬件和数据资源。有些远程计算机上的一些信息资源是免费使用的,查询这些信息无须注册账号和口令,如上网浏览新闻和股票信息等。远程登录可以使用户在自己的计算机上看到网上其他计算机上对外开放的信息资源,无疑使互联网成为获取信息资源的巨大宝库。

4. 文件传输(FTP)。文件传输服务是互联网最早的服务功能之一。FTP 是用来从互联网某个站点将文件下载到本地计算机上的一种协议。在互联网上有许多有用的文件,包括大量的共享软件和免费软件。用户使用FTP协议能够将一台计算机上的文件传输到另一台计算机上。使用FTP可以传输各种文件,包括文本文件、可执行文件、声音文件、图像文件和数据压缩文件等。目前,世界上有成千上万的文件服务系统为用户提供各种信息资源,如通用程序、研究报告和各类论文等。用户可以使用FTP将自己感兴趣的文件下载到自己的计算机上,也可以将自己的作品上载到各文件系统中。

5. 网络新闻(Internet News)。网络新闻是有共同爱好或专业相近的互联网用户借助于网络上一些被称为新闻服务器的计算机而展开的各种专题讨论。其中的新闻组(Newsgroup)是一种供用户自由参与活动的系统。UseNet由多个新闻组组成。目前,全世界的新闻组超过5 000个,每个新闻组都围绕某个特定的主题,如医药、哲学、计算机等,其中一些只限于地区性和本地爱好,但至少有一半以上涉及一般性爱好,可以被世界各地的人们阅读。UseNet上的信息随时都在更新,发往本地新闻服务器上的信息在几分钟内就会在世界各地的新闻服务器上出现。除了接收信息外,还可以通过UseNet参加新闻组讨论,帮助解决一些实际问题。当问题被送上UseNet后,就会有众多网友提供解决方案或者发表意见。

6. 电子公告牌(BBS)。BBS是用电子手段"张贴"各种公告和信息的一种传播工具,其优势是能将信息迅速传播给范围更广、距离更远的读者,它的威力要比现实中的公告牌大得多。用户可以通过BBS来发布信息,与不相识的网友交谈,组织沙龙,讨论问题,寻求帮助等。在互联网上有免费的公共BBS,也有收费的商业BBS。商业BBS站的服务比较齐全,可以提供会议电视、在线交谈、文档存取、各类信息查看等多种服务。互联网上的BBS大多建立在工作站上,在线人数可以很多,一般经由远端使用的Telnet或者调制解调器,其范围覆盖世界各地。

7. 博客。传统意义上的博客是指个人在网上不定期地发布自己的想法或一些网页链接。如今,一些公司借助博客与顾客或其他商业伙伴进行交流。随着博客的普及,市场调查人员可以把博客当作一种重要的信息来源,也可以通过博客征集问卷调研的参与人。

8. 微信。微信(WeChat)是腾讯公司于2011年推出的一个为智能终端提供即时通信服务的免费应用程序,微信支持跨通信运营商、跨操作系统平台通过网络快速发送免费(需消耗少量网络流量)语音短信、视频、图片和文字,同时,也可以使用通过共享流媒体内容的资料和基于位置的社交插件(例如,"摇一摇""朋友圈""公众平台"等)。截至2015年,微信已经覆盖中国90%以上的智能手机,用户覆盖200多个国家、超过20种语言。微信提供的移动互联网商业解决方案中,涉及的服务能力包括:移动电商入口、用户识别、数据分析、支付结算、客户关系维护、售后服务和维权、社交推广等,已经渗透到微信打车、微信交电费、微信购物、微信医疗、微信酒店等传统行业。

9. 在线社交网络群体。在线社交网络群体是指在共同目标或兴趣驱动下,通过社交网络自发地或者有组织地联系在一起,进行信息共享并能够相互影响的一群人。网络在线群体是具有共同利益或兴趣的分散型群体网络,成员之间以一定方式进行线上线下交互或活动,群体通过互联网进行互动与信息共享,群体成员间相互影响。网络群体是存在于网络社会中的网民群体,其存在的基础是互联网空间和现实社会中的个体即网民。由此可见,网络群体形成的一个重要前提是网络社会的存在。网络群体中的成员不同于一般的上网浏览者,经常与他人互动交往,并自然形成网络社会群体。

此外,随着互联网的迅速发展,提供的服务功能也越来越丰富,例如,网上聊天、网上寻呼和网络会议以及IP电话(Internet Phone)等。利用IP电话进行国际和国内通话可以大幅度节省通信费用,是通信业发展的主要途径之一。互联网上述强大的信息传输和查询功能,为市场调查提供了"精确制导"的武器。企业应该积极利用网络手段,充分发挥它的各项信息功能,为企业调查和了解市场信息和竞争对手的信息服务,抢占网络制高点,赢得竞争优势和主动权。

> **案例4-12 网络神话**
>
> 安徽省岳西县深处大别山区,属国家级贫困县。该县青天乡有个叫王永安的农民想作布鞋的生意。山里乡亲做的布鞋远近闻名,若要把这上等的纯手工制作的布鞋销往城里甚至国外,在这机器制造的商品世界里不失为一个好主意。但在地处深山的青天乡信息极端闭塞,整日与土地打交道的人们对外边的世界感到很陌生。在外打过工的王永安想到了互联网。
>
> 当时全县只有三台电脑。他买了一台电脑,费了半个月的功夫才联上互联网。开始在网站上发布信息,结果杳无音信。后来在中央电视台的网站作卖鞋的网络广告。结果两个月内一双鞋也没有卖出去。王永安并不气馁,相信网络能把他卖鞋的信息传播给需要的人们。终于有一天,他接到了第一笔订单:一位美国洛杉矶的华人订了700双布鞋。两个月后,就接到了1万双鞋的订单。1999年总共获得3万双鞋的订单。台湾地区的一家公司订了10万双鞋转口日本。
>
> 王永安自家的鞋子已经远远不够了,他与当地1 000多农户签订了加工合同,还在周边建了4个加工点。现累计已销售了200多万元的布鞋。王永安注册了国际域名,成立了"养生鞋业公司",现有7名员工。互联网使封闭的山区与世界连接起来,将山区的资源通过信息的传播与市场需求紧密结合在一起。互联网把一个神话变成了现实,农民能做到的,企业应该做得更好。

二、网络调查的特点和分类

网络调查也叫网上调查,是指企业利用互联网了解和掌握市场信息的方式。网络调查与传统调查方式相比,在组织实施、信息采集、信息处理、调查效果等方面具有明显的优势,充分认识这一调查方式的特点,是开展好网络调查的前提。

表4-5为网络调研与传统调研的比较。

表4-5 网络调研与传统调研的比较

比较项目	网络市场调研	传统市场调研
调研费用	较低,主要是设计费和数据处理费,每份问卷所要支付的费用几乎为零	昂贵,包括:问卷设计、印刷、发放、回收、聘请和培训访问员、录入调查结果、由专业公司对问卷进行统计分析等多方面的费用
调研范围	全国乃至全世界,样本数量庞大	受成本限制,调查地区和样本的数量均有限
运作速度	很快,只需搭建平台,数据库可自动生成,几天就可能得出有意义的结论	慢,至少需要2个月到6个月才能得出结论
调研的时效性	全天候进行	不同的被访问者对其可进行访问的时间不同
被访问者的便利性	非常便利,被访问者可自由决定时间、地点回答问卷	不太方便,一般要跨越空间障碍,到达访问地点
调研结果的可信性	相对真实可信	一般由督导对问卷进行审核,措施严格,可信性高
适用性	适合长期的大样本调查,适合要迅速得出结论的情况	适合面对面地深度访谈,食品类等需要对受访者进行感官测试

(一)网络调查的特点

1. 组织简单、费用低廉。网络调查在信息采集过程中不需要派出调查人员、不受天气和距离的限制、不需要印刷调查问卷。调查过程中最繁重、最关键的信息采集和录入工作是通过分布在众多网上的用户终端完成的,可以无人操作和不间断地接受调查填表,远距离致全国,乃至国外自动运行。信息检验和信息处理由计算机自动完成。

2. 调查结果的客观性高。与传统调查不同,网络调查使被调查者主动性增强,因而增强了客观性。这种客观性体现在两方面,一是被调查者是在完全自愿的原则下参与调查的,调查的针对性更强;二是被调查者在完全独立思考的环境下接受调查,不会受到调查员及其他外在因素的误导和干预,能最大限度地保证调查结果的客观性。

3. 快速传播与多媒体问卷。网络调查能迅速通过网络传播调查结果,使调查的速度加快,企业可以尽早获得顾客信息;网络调查能设计出多媒体问卷,顾客可以直观地通过文字、图形和其他各种表现方式,做出选择和回答,有些项目则可以通过下拉菜单轻松选取,大大增强了调查效果。

4. 采集信息的质量可靠。这主要表现为,一是网络调查问卷上可以附加全面、规范的指标解释,有利于消除因对指标理解不清或调查员解释口径不一而造成的调查偏差。二是问卷的复核检验由计算机依据设定的检验条件和控制措施自动实施,可以有效地保证对调查问卷100%的复核检验和保持检验与控制的客观、公正性。三是通过被调查者身份验证技术,可以有效地防止信息采集过程中的虚假行为。

5. 没有时空、地域限制。这种调查方法与受区域制约的传统调查方式有很大不同。例如,某家用电器企业,利用传统方式在全国范围内进行市场调查,需要各个区域代理的配合,复杂程度、可信程度和成本之高都不容忽视。而澳大利亚一家市场调查公司(www.consult),在1999年8月进行了中国等7个国家的互联网用户在线调查活动。在中国的在线调查活动是与10家访问率较高的ISP和在线网络广告站点联合进行的。这样的调查活动如果利用传统方式是无法想象的。此外,网络调查还能进行24小时全天候的调查。

6. 网络调查的周期大大缩短。传统方式的市场调查活动需要耗费大量人力,周期比较长,网络调查可以大大缩短周期。如现在很多洗涤用品和食品等调查需进行入户调查,既要担心会被拒绝,又要考虑时间的冲突问题。互联网调查就免除了这种尴尬,因为填写调查问卷的人是主动参与的,如果对调查题目没有兴趣,他不会花费时间在线填写调查问卷。在线调查作为一种新型的调查方式,已经受到中国网民的普遍认同。北京零点调查公司与搜狐合作进行了多次颇有成效的网络调查。

案例4-13 网络问路

澳大利亚一家出版公司计划向亚洲推出一本畅销书,但是不能确定用哪一种语言、在哪一个国家推出。后来决定在一家著名的网站做一下市场调研。方法是请人将这本书的精彩章节和片段翻译成亚洲多种语言,然后刊载在网上,看一看究竟用哪一种语言翻译的摘要内容最受欢迎。过了一段时间,他们发现,网络用户访问最多的网页是用中国的简化汉字和朝鲜文字翻译的摘要内容。于是他们跟踪一些留有电子邮件地址的网上读者,请他们谈谈对这部书的摘要的反馈意见,结果大受称赞。于是该出版公司决定在中国和韩国推出这本书。书出版以后,受到了读者普遍欢迎,获得了可观的经济效益。

（二）网络调查分类

按照调查者组织调查样本的行为,网络调查可以分为主动调查和被动调查;按网络调查采用的技术可以分为站点法、电子邮件法、随机 IP 法和视讯会议法等。

1. 按照调查者组织调查样本的行为划分

(1)主动调查法是指调查者主动组织调查样本,完成统计调查的活动。

(2)被动调查法是指调查者被动地等待调查样本造访,完成统计调查的活动。被动调查的出现是统计调查的一种新形式。

2. 按网络调查采用的技术划分

(1)站点法。站点法是将调查问卷的 HTML 文件附加在一个或几个网络站点的 Web 上,由浏览这些站点的网上用户在此 Web 上回答调查问题。站点法属于被动调查法,是目前网络调查的基本方法,也将成为近期网络调查的主要方法。

(2)电子邮件法。电子邮件法是指通过给被调查者发送电子邮件,将调查问卷发给一些特定的网上用户,由用户填写后以电子邮件的形式反馈给调查者。电子邮件法属于主动调查法,与传统邮件法相似。其优点是邮件传送的时效性提高了。

(3)随机 IP 法是以产生一批随机 IP 地址作为抽样样本进行调查的方法,属于主动调查法,其理论基础是随机抽样。利用该方法可以进行纯随机抽样,也可以依据一定的标准排队进行分层抽样和分段抽样。

(4)视讯会议法是基于 Web 的计算机辅助访问(CAWI),是指将分散在不同地域的被调查者通过互联网视讯会议功能虚拟地组织起来,在主持人的引导下讨论调查问题。这种调查方法属于主动调查法,其原理与传统调查法中的专家调查法相似,不同之处是参与调查的专家不必实际地聚集在一起,而是分散在任何可以连通互联网的地方,如家中、办公室里等。因此,网上视讯调查会议的组织比传统的专家调查法要简单一些。视讯会议法适合于对关键问题的定性调查研究。

三、网络调查的途径

网络调查分为在企业自己的网站进行调查和在其他公共网站进行调查两种。这里主要介绍在企业网站进行调查的方法。

（一）监控在线服务

企业调查人员可通过软件程序监控在线服务来观察访问者挑选和购买何种产品,以及他们在每个产品主页上花费的时间。通过研究这些数据,调查人员能分析出哪种产品是最受顾客欢迎的,产品在一天内的哪个时间段销售情况最好,以及何种产品在哪个地区销售数量最多。调查人员将这些信息加以统计分析得出销售测评结果,供企业决策人员参考。

（二）产品及营销测试

在企业站点页面上修改调查问卷上的内容是很方便的。因此，调查人员能测试不同调查内容的组合。像产品的价格、名称和广告封页等顾客比较敏感的因素，更是调查人员调查中重点涉及的内容。通过不同因素的组合测试，调查人员能分析出哪种因素对产品来说是最重要的，以及哪些因素的组合对顾客最具吸引力。

（三）请求反馈信息

顾客的意见对企业营销人员来说至关重要。顾客需要什么样的产品和顾客对企业产品的评价，是市场调查的重要内容。在网络上，企业营销人员应鼓励顾客参与企业的调查，让他们填写问卷或者发送电子邮件来发表他们的意见。在网络调研中，通过向目标对象发送调查问卷或者使用电子邮件直接调查目标市场对相关产品定位、设计、价格、沟通宣传等的意见和建议。

（四）结合传统媒体开展调查

网上调查尽管有种种优越性，但其局限性可能使企业不能获得预期的调查结果。因此，可以将网络媒体与传统媒体结合起来运用，这是弥补目前阶段网络局限的有效方法。在报纸上刊载调查问卷，通过电子邮件来收集答案是一种有效的调查方法。报纸为大众广泛接受，可使更多的潜在顾客参与调查，然后通过电子邮件收集问卷。无论哪种问卷调查，都需调动顾客的兴趣和积极性，如采用给予某种小奖品等鼓励措施。

案例 4-14　大数据时代，你已一丝不挂！

某比萨店的电话铃响了，客服人员拿起电话。

客服：×××比萨店。您好，请问有什么需要我为您服务？

顾客：你好，我想要一份……

客服：先生，烦请先把您的会员卡号告诉我。

顾客：16846146＊＊＊。

客服：陈先生，您好！您是住在泉州路一号12楼1205室，您家电话是2646＊＊＊＊，您公司电话是4666＊＊＊＊，您的手机是1391234＊＊＊＊。请问您想用哪一个电话付费？

顾客：你为什么知道我所有的电话号码？

客服：陈先生，因为我们联机到CRM系统。

顾客：我想要一个海鲜比萨……

客服：陈先生，海鲜比萨不适合您。

顾客：为什么？

客服：根据您的医疗记录，你的血压和胆固醇都偏高。

顾客:那你们有什么可以推荐的?
客服:您可以试试我们的低脂健康比萨。
顾客:你怎么知道我会喜欢吃这种的?
客服:您上星期一在中央图书馆借了一本《低脂健康食谱》。
顾客:好。那我要一个家庭特大号比萨,要付多少钱?
客服:99元,这个足够您一家六口吃了。但您母亲应该少吃,她上个月刚刚做了心脏搭桥手术,还处在恢复期。
顾客:那可以刷卡吗?
客服:陈先生,对不起。请您付现款,因为您的信用卡已经刷爆了,您现在还欠银行4 807元,而且还不包括房贷利息。
顾客:那我先去附近的提款机提款。
客服:陈先生,根据您的记录,您已经超过今日提款限额。
顾客:算了,你们直接把比萨送我家吧,家里有现金。你们多久会送到?
客服:大约30分钟。如果您不想等,可以自己骑车来。
顾客:为什么?
客服:根据我们CRM全球定位系统的车辆行驶自动跟踪系统记录。您登记有一辆车号为SB-748的摩托车,而目前您正在解放路东段华联商场右侧骑着这辆摩托车。
顾客当即晕倒。

表4-6 消费者互联网搜寻信息情况

信息内容	消费者比例(%)
利用搜索引擎查找信息	87
查找与健康有关的信息	83
寻找关于某项爱好或兴趣的信息	83
在购买之前研究某件产品和服务	78
购买产品	66
购买或进行旅游预订	66
在线将广告和网站进行分类	53

四、网络调查的步骤

(一)选择搜索引擎

在网络上进行市场调查之前要选择方便适用的搜索引擎。搜索引擎能阅读、分析并储存从该搜索网站数据库中网页上获得的信息。这些信息可以借助于一系列的关键词和其他参数识别,如调查开始和结束的日期。利用搜索引擎,你可以进入有关的主题搜索。每个搜索引擎都有相对的优势。选择哪个搜索引擎,要根据市场调查的对象和内容而定。那些主要的搜索引擎一般通过键入关键词就可以找到公司和企业的信息。互联网上最有名的搜索引擎有谷歌(Google)、必应(Bing)、雅虎(Yahoo)等。国内市场份额领先的搜索引擎有百度、360搜索、搜狗搜索等。此外像新浪、搜狐和网易等著名的网站也都提供中文搜索服务。

案例4-15 目前国际上影响较大的主要商情数据库检索系统

1. DIALOG系统(http://www.dialog.com)。这是目前国际上最大的国际联机情报检索系统之一,原来属于洛克希德公司,中心设在美国加利福尼亚州,1988年被Knight-Ridder公司收购。属经济与商业方面的数据库文档有149个。

2. ORBIT系统(http://www.questel.orbit.com)。ORBIT(Online Retrieval of Bibbiographic Information Timeshared)是1963年由美国系统发展公司(SDC)与美国国防部共同开发的联机检索系统,1986年被MCC集团(Max Well联合公司)兼并。ORBIT提供科学、技术、专利、能源、市场、公司、财务方面的服务,1987年共有70个数据库,其中21个是与商情有关的。

3. ESA-IRS系统(http://www.eins.org)。该系统隶属于欧洲空间组织情报检索服务中心,主要向ESA各成员国提供信息。到1986年,已有文档80个,其中有28个文档与Dialog系统的35个文档相同。属经济方面的文档有4个:①商业信息;②文档30的训练文档;③原材料的价格;④文本、新闻、数据。

4. STN系统(www.stn.com)。STN系统由德国、日本、美国于1983年10月联合建成,1984年开始提供联机服务,有远程通信网络连接着三国的计算机设备。至1992年底共有72个数据库,其中涉及商业与经济信息的数据库有13个。

5. FIZ Technik系统(http://www.fiz-technik.de/en/)。FIN Technik系统属德国FIZ Technik专业情报中心,总部设在法兰克福,专门从事工程技术、管理等方面的情报服务。在目前使用的60个数据库中,商业与经济数据库有21个。

6. DATA-STAR系统(http://datastarweb.com)。DATA-STAR系统属瑞士无线电有限责任公司。1992年共有数据库250余个,其中商业与经济数据库近150个,提供商业新闻、金融信息、市场研究、贸易统计、商业分析等方面的信息。

7. DUN&BRADSTREET系统(http://www.dundb.co.il)。该系统属邓伯氏集团,是世界上最大的国际联机检索系统之一,也是专门的商业与经济信息检索系统。它通过一个全球性的网络将各国的商业数据库连接起来,共存储有1 600多万家公司的档案数据。8. DJN/RS系统(http://www.dowjones.com)。DJN/RS即道·琼斯新闻/检索服务系统,是美国应用最广泛的大众信息服务系统之一,由道·琼斯公司开发,于1974年开始提供联机服务。DJN/RS提供的信息服务范围十分广泛,侧重于商业和金融财经信息。

通过以下途径可以搜寻到信息：你只需键入市场调查对象的名称，搜索引擎就会搜寻互联网上的有关信息。搜索引擎的界面上会出现一系列调查对象的主题图标和简称，你只需点击有关图标就可进入相关主题检索。另外，可以通过搜索引擎上出现界面的菜单结构一直浏览下去，你就会发现有关公司的情况和你以前不知晓的产品介绍。例如，你可以进入商业站点浏览，接着进入产品站点，进入软件站点，还能进入营销心理学家站点了解顾客的消费心理状况。

（二）确定调查对象

网络调查的对象可分为三类，分别为公司产品和服务的用户、公司的竞争者以及公司合作者和行业内的中立者。

1. 公司产品和服务的用户。用户通过网络访问公司站点，他们是公司的宝贵财富。了解用户及其需求是提高用户满意度的基础工作。用户画像作为一种勾画目标用户、联系用户诉求与设计方向的有效工具，在网络调查领域得到了广泛的应用。合格的用户画像要符合八个方面的要求（简称 PERSONAL 八要素）。其中，P 代表基本性（primary），指该用户角色是否基于对真实用户的情景访谈；E 代表同理性（empathy），指用户角色中包含姓名、照片和产品相关的描述，该用户角色是否引发同理心；R 代表真实性（realistic），指对那些每天与顾客打交道的人来说，用户角色是否看起来像真实人物；S 代表独特性（singular），指每个用户是否是独特的，彼此很少有相似性；O 代表目标性（objectives），指该用户角色是否包含与产品相关的高层次目标，是否包含关键词来描述该目标；N 代表数量性（number），指用户角色的数量是否足够少，以便设计团队能记住每个用户角色的姓名，以及其中的一个主要用户角色；A 代表应用性（applicable），指设计团队是否能使用用户角色作为一种实用工具进行设计决策；L 代表长久性（long），指用户标签的长久性。

2. 公司的竞争者。营销人员可以进入互联网上竞争者的站点来查询面向公众的所有信息，例如，年度报告、季度评估、公司决策层个人简历、产品信息、公司简讯以及公开招聘的职位等等。通过分析这些信息，营销人员可以准确地把握本公司的优势和劣势，并及时调整营销策略。对竞争对手公开信息中有哪些新创意、新动向、新技术和新意向，企业应进行跟踪观察，以发现对本企业发展有价值的情报。

3. 公司合作者和行业内的中立者。这些公司可能会提供一些极有价值的信息和评估分析报告。特别要注意国内一些有影响的大企业的新动向，以及国外同行业的一些大公司的发展动向。此外，还应注意理论界发表的关于行业发展的真知灼见。从这一系列网上信息中，进行综合、归纳，以得出对企业有价值的结论。

营销人员在市场调查过程中，应兼顾到这三类对象，但也必须有所侧重。特别是在市场激烈竞争的今天，对竞争者的调查显得格外重要，竞争者的一举一动都应引起营销人员的高度重视。互联网为营销人员及时调查市场情况提供了方便。

(三)查询相关调查对象

在确定了调查对象后,营销人员通过电子邮件向互联网上的个人主页、新闻组和邮箱列表发出相关查询。互联网上的个人主页是非常重要的。营销人员利用搜索引擎对个人站点进行访问,公司产品的消费者和潜在消费者都可以成为调查对象。只要被访问的个人愿意的话,他们会以电子邮件的形式通过互联网做出相应的回复。新闻组是互联网上针对人们感兴趣的主题而设立的公告板块。新闻组涉及的内容很广泛,像棒球、篮球、计算机程序设计等等。现在互联网上至少有15 000个新闻组,它们为人们讨论各类话题提供了机会。

如果你想在互联网上的UseNet新闻组中发现人们讨论你所在的公司和公司的产品或者公司竞争者的详细情况,你应该使用DejaNews(www.deJanews.com)这个搜索引擎:它将搜寻每个新闻组,从而找到你感兴趣的内容。例如,你如果对汽车行业感兴趣,你可以要求DejNews找到福特、通用、本田、宝马等汽车制造公司的有关情况。这些搜索引擎将会使你很方便地发现和跟踪市场动态。

在新闻组板块中,你能观察到发送信息的个人的电子邮件地址,已发信息的新闻组名称和发送信息的标题。你可以一直浏览下去,以便阅读新闻组中信息的具体内容和个人发表的文章。新闻组对营销人员来说是个功能强大的工具。通过阅读和分析新闻组的文章,营销人员会发现所在行业的发展趋势,并针对本公司的发展情况提出一些问题发送到新闻组中让公众讨论。但要注意这些问题不必纯商业化,这样会吸引很多人加入讨论,从而提供许多意想不到的信息和建议。

邮件列表与新闻组大体相似,也是为方便公众讨论相关话题而设立的公告板块。与新闻组不同的是,每天在邮件列表中发表的信息会发送到个人的邮件箱中,而且这些信息不能被DejaNews搜寻到。邮件列表能在www.netwoft.com/Internet/pamlcom中找到。营销人员可以针对邮件列表中的信息提出询问,并得到回复。

(四)确定运用的信息服务

营销人员利用互联网进行市场调查的一大优势就是反应迅速。在互联网上,营销人员可以不定期地查看本公司的电子邮件信箱,向个人和公开站点发出查询请求。这样就能及时准确地把握市场动态,制定出相应的营销策略。营销人员在确定调查对象和调查地区后,可以选择相应的站点。

互联网上提供了数量巨大的信息数据库。世界上发行的多数报纸、杂志、政府出版物和人口统计报告等都可能被查看到,获取这些媒体提供的原始材料。在这些材料中,营销人员能看到诸如产品报价、销售报表、市场活动报告等信息。这些新闻发布站点是原始商业信息的有效来源。互联网与报纸不一样,它能将一个公司所公开发布的信息全部公之于众,即使像通用、壳牌和微软这样的国际性大公司也不例外。营销人员能从互联网上获取充足的信息并从中得出有说服力的结论。

营销人员在选择互联网上的信息服务时,应考虑如下几个因素:①所选择服务提供的信息来自哪里?②所提供的信息是否符合调查要求?③信息发布的更新速度如何?④信息是如何传递的?能不能直接传送到个人计算机上?⑤在网络上分享信息或者打印信息时有什么特殊的规定?营销人员应从以上5个方面来挑选最方便适用的信息服务。确定适用的信息服务后,营销人员应建立专门的跟踪和处理信息的服务系统,来配合对消费者的调查工作,以便客观地做出决策。

互联网上的信息服务不仅能让营销人员掌握大量调查对象的信息,而且还开辟了公告板块,以便访问者提出询问从而获得更进一步的信息。由此看来,互联网上的信息服务为营销人员拓展了调查的空间,为调查工作顺利开展提供了一条捷径。

(五)分析市场变化

营销人员从互联网上获取大量信息后,必须对这些信息进行整理和分析,在面对数量巨大的信息和数据时,营销人员可以利用计算机来快速地进行分析。这种分析结果通常是真实可信的。在分析完信息后,营销人员要写一份市场分析报告,反映出市场的动态,以便公司决策者针对公司的情况及时地调整营销策略。

在企业与外部的信息交流中,由于业务发展的要求,企业需要具有快速应变的能力。同时,业务的多样性必然导致业务数据形式和结构日益复杂多样,信息处理量日益庞大,复杂的数据类型层出不穷,例如,多媒体数据、超文本、空间数据、时间序列、多维数据等。如何实现这些数据的有效存储和管理,是信息系统进一步发展必须解决的课题。现代企业需要在充分保护现有投资(包括设备、应用和数据)的基础上,迎接挑战,构筑新一代的信息系统。

本章详细归纳介绍了市场调查三大类方法及每种调查方法的具体调查形式。在每种调查方法中均有实际应用案例帮助学习者加深理解,增进各种调查方法的实际操作性。市场调查所用的三大类基本方法各有其特点,在科学性、采用的范围、针对不同调查目标、具体调查时间、调查经费等方面亦有所不同。为此在实际操作时,要根据调查的目标范围、问题、经费、时间综合考虑,以确定采用何种方法。

网络调查问卷

以下是在一家公共网站设置的某汽车公司所做的网上问卷调查:

01. 您的婚姻状况：
    ○ 已婚　　　○ 未婚(如未婚,请跳至第03题)

02. 您是否有孩子？
    ○ 没有　　　○ 一个　　　○ 两个　　　○ 更多

03. 您是否有驾驶执照？
    ○ 有,你的驾驶执照号码 ☐☐☐☐☐
    ○ 没有

04. 您是否已购有私家车？
    ○ 没有(如没有,请跳至第07题)　　　○ 有

05. 您的私家车的品牌？(多选)
    ☐ 桑塔纳　☐ 捷达　☐ 富康　☐ 本田　☐ 别克
    ☐ 切诺基　☐ 奥拓　☐ 奥迪　☐ 夏利　☐ 赛欧
    ☐ 帕萨特　☐ 其他

06. 您私家车的车龄：
    ○ 新车　○ 1~3年　○ 4~6年　○ 7~10年　○ 10年以上

07. 如果买车,您会选择新车还是二手车？
    ○ 新车　　　○ 二手车

08. 如果买车,您认为什么样的价位比较适合您？
    ○ 75 000元以下　　○ 75 000~100 000元　　○ 100 000~150 000元
    ○ 150 000~200 000元　　○ 200 000元以上

09. 您购买汽车的经济来源：
    ○ 银行贷款　　○ 存款　　○ 向家人借　　○ 公司贷款

10. 您认为以下哪个品牌表现出运动感、新潮和个性化？(多选)
    ☐ 桑塔纳　☐ 捷达　☐ 富康　☐ 本田　☐ 别克
    ☐ 切诺基　☐ 奥拓　☐ 奥迪　☐ 夏利　☐ 赛欧
    ☐ 帕萨特　☐ 其他

11. 您认为以下哪个品牌表现出年轻、现代、力量和动感？(多选)
    ☐ 桑塔纳　☐ 捷达　☐ 富康　☐ 本田　☐ 别克
    ☐ 切诺基　☐ 奥拓　☐ 奥迪　☐ 夏利　☐ 赛欧
    ☐ 帕萨特　☐ 其他

12. 您认为以下哪个品牌表现出豪华、端庄和成熟？(多选)
    ☐ 桑塔纳　☐ 捷达　☐ 富康　☐ 本田　☐ 别克
    ☐ 切诺基　☐ 奥拓　☐ 奥迪　☐ 夏利　☐ 赛欧
    ☐ 帕萨特　☐ 其他

13. 如果您买车,以下哪项为第一选择因素？

○ 外观　　○ 品牌　　○ 功能和性能　　○ 安全与舒适

14. 您是否有购买或订阅与汽车相关的杂志？
　　○ 是　　　　　　　○ 否(如选否,请跳至第16题)

15. 您常购买或订阅的汽车杂志有多少种？
　　○ 1~2　　○ 3~4　　○ 5~6　　○ 7~8　　○ 更多

16. 您是否想订阅与汽车有关的电子杂志？
　　○ 是　　　　　　　○ 否

17. 您是否常去浏览与汽车有关的网站？
　　○ 是　　　　　　　○ 否(如选否,请跳至第19题)

18. 您常访问哪一类汽车网站？
　　○ 制造商的网站　　　○ 用户或其他综合汽车网站

19. 什么会驱使您去试车？
　　○ 得到厂商或分销商的邀请　　○ 直接去分销商处试车
　　○ 先去了解相关的信息

20. 如果您打算买汽车,您将会如何去得到相关的信息？
　　○ 找分销商　○ 汽车杂志　○ 在网上找信息　○ 和朋友讨论

21. 以下哪项会导致您的购车选择？
　　○ 来自汽车网站的反馈或发给您的小册子
　　○ 通过网上及其他信息工具(如OICQ)解答您的问题
　　○ 在线的互动演示

22. 您认为以下哪项描述最适合您自己？
　　○ 精力充沛　　○ 懒散　　○ 喜爱外出　　○ 安静

23. 您如何使用您的汽车？
　　○ 交通工具　○ 一种休闲的工具　○ 给予您生活的激情

非常感谢您完成此问卷,我们将在两周内公布获奖名单,并与您联系。填写以下几栏,以便于您接收获奖通知并及时收到奖品。

姓名：

地址：

接收通知的 E-mail：

所属行业：　请选择您的行业

您的职业：　请选择您的职业

所在地区：　请选择您的地区

您的个人月收入：　请选择……

Submit　在提交问卷前,请保证您的 Internet 连接畅通

分析问题：本问卷的问题及如何改进。

资料来源：选自证券之星网站。

思考题

1. 文案调查、实地调查、网络调查的概念。
2. 如何理解文案调查的范围？
3. 文案调查资料来源途径有哪些？
4. 如何理解访问方法、观察方法与实验方法的不同之处？
5. 互联网的基本功能、特点有哪些？
6. 网络调查的途径、步骤是什么？

第五章

市场调查方式

本章学习重点

本章对市场调查方式进行全面的介绍和分析,需要掌握全面市场调查方式、典型市场调查方式、重点市场调查方式以及抽样市场调查方式。

通过本章的学习,理解各种市场调查方式的含义及特点;了解不同市场调查方式的适用范围及使用条件;知道各种市场调查方式的使用方法;辨认各种市场调查方式之间的异同点;加强对抽样误差的控制以及对必要抽样数目的确定。

思维导图

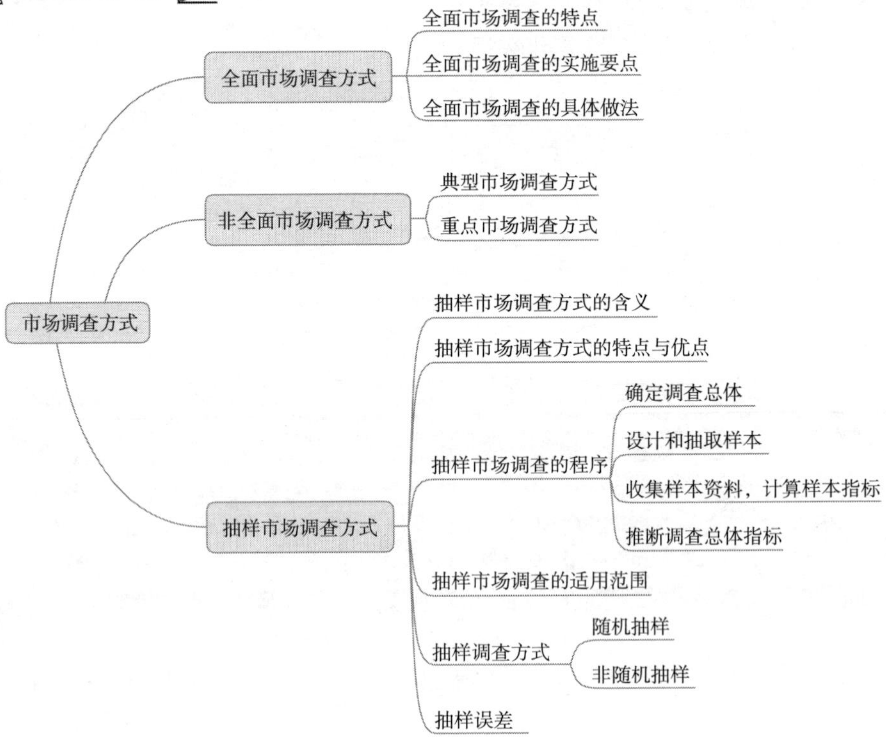

市场调查方式
- 全面市场调查方式
  - 全面市场调查的特点
  - 全面市场调查的实施要点
  - 全面市场调查的具体做法
- 非全面市场调查方式
  - 典型市场调查方式
  - 重点市场调查方式
- 抽样市场调查方式
  - 抽样市场调查方式的含义
  - 抽样市场调查方式的特点与优点
  - 抽样市场调查的程序
    - 确定调查总体
    - 设计和抽取样本
    - 收集样本资料,计算样本指标
    - 推断调查总体指标
  - 抽样市场调查的适用范围
  - 抽样调查方式
    - 随机抽样
    - 非随机抽样
  - 抽样误差

第一节　全面市场调查方式

全面市场调查也称市场普查，它是指为了搜集比较全面、精确的调查资料，对调查对象（总体）的全部样本所进行的逐一的、无遗漏的专门调查。全面市场调查的目的是了解市场的一些至关重要的基本情况，对市场状况做出全面、准确的描述，从而为制定市场有关政策、计划提供可靠的依据。如对某类商品的库存量、供货渠道以及消费对象的全面调查，都是为了掌握某种市场现象在一定时点上的整体情况而专门组织的一次性全面市场调查。全面市场调查在实际应用中有宏观、中观和微观之分。也就是说并不一定所有的全面市场调查都是在全国范围来做，也可以在地区和部门范围做，甚至可以在企业中做。只要是对调查对象全部单位逐个进行调查，都可以称为全面市场调查。

全面市场调查可以有两种方式。一种是由上级制定普查表，由下级根据具体情况填报，如对某种商品的库存量进行全面调查，就是各基层单位根据日常业务记录的库存数字，填报到上级统一制定的普查表中。另一方式是组织专门的市场普查机构，派出专门的调查人员，对调查对象进行直接登记。

一、全面市场调查的特点

（一）调查资料的准确性和标准化程度较高

在全面市场调查过程中要遵守各种规定。这些规定包括：

1. 全面市场调查项目必须简明。全面市场调查中涉及的调查对象广，参加人员多，组织工作繁杂，因此项目不宜太多，必须尽可能简明，才能保证调查资料的准确性。

2. 全面市场调查的时间必须统一。全面市场调查必须搜集同一时间的市场现象的资料，避免搜集资料时出现重复或遗漏，造成调查误差。

3. 迅速完成全面市场调查任务。进行全面市场调查，必须在尽可能短的时间内迅速完成调查任务。

（二）适合于了解市场的基本情况和调查总体的特征

全面市场调查是了解国情、省情、地情的最重要的方式，它对于了解总体情况的某些基本特征是非常适用的。如与市场需求量有直接关系的人口因素，其中一些基本情况都可以在人口普查的数字中找到，可以利用这些数字分析人口因素对市场的影响。如人口总量及其变动对市场需求量的影响；人口的年龄、性别、职业等构成对市场各类商品需求量的影响等。如果再把人口普查资料与商业网点及人数资料对比分析，还可以计算出商业网点密度等重要指标。

（三）全面市场调查的费用比较高

全面市场调查方式由于其涉及面广，调查工作量大，所以费用较高，包括人、财、物力和时间的花费。考虑到这一点,全面市场调查只有在非常需要的时候才进行,不宜过多采用,它属于一次性调查,而不是经常性调查,往往按一定时间间隔进行。

全面市场调查费用比较高的特点,还决定了全面市场调查只对总体的基本特征进行研究,对组成总体的每一个单位则不做更多的具体分析。它以取得总体基本特征资料为目的,不以研究总体单位特征为目的。

总之,在非常必要的情况下,必须要使用全面市场调查方式来了解一些至关重要的基本情况。在准确、全面反映市场总体的某些特征方面,全面市场调查方式的作用是明显的,是其他的调查方式无法取代的。

二、全面市场调查的实施要点

(一)确定一个统一的调查时点(也叫标准时点)

为了使全面市场调查获得的资料具有一致性和可比性,所调查的资料必须是反映这一时点上的基本情况。

(二)统一规定调查项目

全面市场调查的量大、点多、情况复杂,只有规定统一的调查项目,才便于统一综合和汇总,从而确保调查资料的质量。

(三)要有统一的步骤和方法

要确保调查资料具有一定的时效性,调查范围内调查样本和调查点必须同时行动,在方法和步骤上要协同一致。

(四)选择适当的调查时间

根据全面市场调查的任务和条件以及调查对象的特点,选择最适当的调查时间,力求使调查资料具有相当的完整性和系统性。

三、全面市场调查的具体做法

第一,向调查对象(总体)包含的所有调查样本分发调查表,由对方根据本身的现有资料,按规定时间填报。这种做法一般适用于对企业、事业单位的全面市场调查。

第二,调查人员按调查项目的要求,对调查对象直接进行访问、观察和登记。这种做法适用于对居民家庭和个人的全面市场调查。

第三,利用机关、团体、企业内部的统计资料进行汇总。在统计资料比较完整的情况下,可采用这种对现有资料进行汇总的方法来达到调查目的。

第四,利用国家统计部门或其他组织进行某项全面市场调查的机会,搜集市场调查所需的全面资料。例如,我国 2020 年 11 月 1 日的第七次人口普查中的多个项目,均是市场调查所需了解的重要内容。

由于全面市场调查牵涉面广、工作量大,需要耗费大量的人力、物力和财力,而且调查时间较长,调查内容有限,所以并不经常进行。这种调查方式主要在那些不能或不宜进行经常调查而又要求资料准确程度较高的情况下使用。

第二节 非全面市场调查方式

非全面市场调查方式包括典型市场调查、重点市场调查和抽样市场调查三种，由于典型市场调查和重点市场调查又属于非抽样市场调查，因此本节只介绍典型市场调查和重点市场调查两种方式。

一、典型市场调查

（一）典型市场调查方式的含义

典型市场调查是指调查对象选择那些具有典型意义或有代表性的样本进行的专门调查。这种调查方式是在对调查对象作全面分析、比较的基础上，有意识地选择少数具有代表性的调查样本作为典型，对其进行比较系统、深入的调查，也就是所谓的"解剖麻雀"。但是，它不是随便选一部分单位进行调查，而是要选择对市场总体有代表性的部分单位进行调查。典型调查的目的，不仅仅是停留在对典型单位的认识上，而是通过对典型单位调查来认识同类市场现象总体的规律性及其本质。从马克思主义认识论的基本理论可知，人类对于客观事物的认识是由一个由特殊到一般，又由一般到特殊的循环往复的过程。典型市场调查方式就是一种从特殊到一般的认识过程，它符合人类认识的一般规律，是一种具有科学性的调查方式。

一般情况下，典型市场调查有两种类型：一种是对调查总体中有典型意义的少数样本进行调查；另一种类型是按一定标准将调查总体划分成若干类别，再从各类别中选取部分具有代表性的样本进行调查。典型调查的关键是恰当地选择调查样本，使之具有充分的代表性。这种代表性的具体标准，应根据每次市场调查的目的和调查对象的特点来确定，不能一概而论。

（二）典型市场调查方式的特点

1. 典型市场调查方式的优点。典型市场调查作为一种非全面市场调查的重要方式，其优点非常突出，可概括为：

（1）能够获得比较真实、广泛和丰富的第一手资料。

（2）便于将调查和研究结合起来，以揭示事物的内在规律性；可以深入、全面、细致地研究市场现象的本质和规律性。

（3）调查范围小，调查样本少，有利于节约调查的人力、物力和财力。同时在时间上也比较节省，可以迅速地取得调查结果，反映市场情况变化比较灵敏。

2. 典型市场调查方式的缺点。典型市场调查的缺点是：

（1）在选择典型单位时是根据调查者的主观判断，难以完全避免主观随意性。

(2)用部分调查样本的调查结果来判断调查总体的特征,缺乏有力的科学依据,并且往往难于对总体进行定量研究,对于调查结论的适用范围,只能根据调查者的经验判断,无法用科学的手段做出准确测定。

(3)缺乏一定的连续性和持续性。

因此要注意在应用典型市场调查方式时扬长避短,在其适用范围内充分发挥其应有的作用。

(三)在典型市场调查中,须着重解决好的几个问题

1. 必须正确选择典型单位。正确选择典型单位,是保证典型市场调查科学性的关键。所谓典型单位,亦即对总体具有代表性的单位,也就是说典型单位必须具有市场现象的一般性,而绝不是指某些特殊的现象,要做到正确选择典型单位,不能按照人的意志去臆想,必须根据客观实际情况,采取实事求是的态度,保证典型单位的客观性。要保证典型单位的代表性,就必须在选择典型单位之前,对市场现象的总体情况进行必要的分析,若对总体情况没有一般了解,当然就无法判定哪些单位具有对总体的代表性。一般来说,在选择典型单位时大致有两种做法,一种是从市场调查总体中直接选择代表性单位;另一种是在对市场调查总体分类后,从各类中选择典型单位。前者适用于市场现象的发展比较平衡,总体各单位之间无明显差异,在这种条件下,从总体中直接选择典型单位即可保证对总体的代表性。后者适用于市场现象总体发展的不平衡,总体各单位之间具有明显差异,且这种差异可以将总体划分为若干类别,在这种条件下,应该从各类中选择典型单位。这种情况在市场现象中是常见的,如居民的收入有高、中、低之分,从而决定居民的消费水平也有高、中、低的差异。经营单位有城镇、乡村之分,从而决定了消费者的商品需求结构不同等等。

2. 典型市场调查必须把调查与研究结合起来进行。典型市场调查绝不满足于对市场典型单位的简单了解,它必须在调查过程中伴以深入、细致地研究,不但要说明现象目前的情形,还要研究现象是如何发展变化的,有时还必须研究现象未来的发展变化趋势。典型市场调查只有在调查过程中认真研究现象,才能从特殊事物中认识它的一般性,进而对市场现象的本质和规律性加以认识。由于典型市场调查是非全面市场调查,所选择的典型单位数量不多,所以在调查的同时,对典型单位进行深入、细致的研究是完全可能的。这一点在全面市场调查中是不可能的。

3. 要正确使用典型市场调查的结论。典型市场调查的目的是通过对典型单位的调查,认识同类市场现象的本质和规律性。通过典型市场调查能否正确认识总体,这不仅取决于所选择的典型单位是否对总体有代表性,还取决于是否能正确应用典型市场调查的结论。正确应用典型市场调查的结论,关键在于严格区分典型单位所具有的代表同类事物的普遍性一面和典型单位本身由一定条件、环境和因素所决定的特殊性一面,必须对这两方面的内容加以科学的区分和

说明,而且要特别说明其普遍性所适用的范围。切不可不加区分地把典型市场调查得出的结论作为普遍性的结论,也不可不分时间、地点、条件地将普遍性结论生搬硬套。

如果对调查推断精度的要求较高,就不宜采用典型调查的形式,而应采用随机抽样方式。当然,在调查对象的各个样本差异较小、所选典型市场调查样本具有较大代表性的前提下,用典型市场调查获得的资料来推断调查对象的总体情况,也能得到较为满意的结果。

二、重点市场调查

(一)重点市场调查方式的含义

重点市场调查方式就是指在调查总体中,针对选取的一部分重点样本进行的非全面市场调查。所谓重点样本,是指在调查总体中处于十分重要地位的样本,或者在调查总体和总量中占绝大比重的那些样本。由于这些重点样本数量不多,而且在调查总体中又极具代表性,因而采用重点市场调查的方式能够以较少的人力、物力、财力以及时间,较准确地掌握调查对象的基本状况。

重点市场调查样本与一般样本的差别较大,不具有普遍的代表性。这种调查的目的在于对调查对象的基本情况做出估计,一般情况下不能用重点市场调查的综合指标来推断调查对象总体的综合指标。但在市场需求和市场供给的调查中,也可以利用重点市场调查所得的资料,对总体调查进行粗略的估计。例如,某家电生产企业向全国范围内的100家批发零售企业供货,根据以往的销售统计资料,其中20家企业的供货量占该企业总供给量的80%以上。现对这20家批发零售企业进行重点市场调查,了解到它们本年度向企业的进货量为10万件,据此可大体估计出该企业本年度的总需求量应在12.5万件左右。

(二)重点市场调查的特点

第一,调查单位数目不多。重点市场调查的目的是为了掌握和了解总体的基本数量状况,其调查数字结果虽不是对全部单位的调查结果,但由于重点单位的数量在标志总量中占比重很大,所以可以将调查结果看作是总体的基本情况。

第二,在人、财、物力和时间上都比较节省。

第三,重点调查的对象是总体中确有重点单位存在的市场现象。若总体中各单位发展比较平衡,就无法说哪些单位是重点单位,也就不能采用重点市场调查法,所以说重点市场调查有其特定的适用对象。

(三)重点市场调查的适用范围

重点市场调查适用于那些只要求掌握调查总体的基本情况,调查标志较单一,在数量上集中于少数样本的调查任务。例如,要调查北京市农副产品集市贸易价格的变动情况,只需了解大钟寺等几个主要批发市场的价格走势即可,而不需要对每个集市都进行调查;要掌握全国棉花收购的进展情况,只需要调查湖北、江苏、河北、山东、新疆等主要产棉区的收购进度,就可以得到大体上的情况。又如从全国众多的钢铁企业中,选择首都钢铁公司、包头钢铁公司、鞍山钢铁公司、武汉钢铁公司、宝山钢铁公司、攀枝花钢铁公司等几个重点企业进行调查,就能大致了解全国钢铁生产的状况,因为这些重点钢铁企业的产量占全国钢铁产量的50%以上。对于许多消费品,其消费者表现为重点消费群的情况,也可利用重点市场调查的方式对其需求量进行调查。

(四)重点市场调查和典型市场调查的比较

重点市场调查和典型市场调查都属于非全面市场调查的方式,都是通过对总体中的部分单位进行调查以实现调查目的,从这点看二者具有相似之处。它们之间的区别是:

第一,选择调查单位的标准不同。典型市场调查必须选择对总体具有代表性的单位;而重点市场调查选择的是总体中的重点单位。

第二,调查的目的不同。典型调查通过对典型单位的研究,可以认识同类现象的本质和规律性,借以达到由特殊到一般的认识目的;重点市场调查则是通过对重点单位的调查,认识总体的基本情况。

案例 5-1　宝洁公司重点调查日本主妇

宝洁公司在进军日本市场之前,仔细调研分析了日本的市场特征和概况,最终将目标顾客定位为日本的家庭主妇,并对刚结婚后不久的家庭主妇进行了重点调查。调查结果表明,日本主妇对个人生活品质、价值观以及家庭服务等方面有着极高的要求。在日本家庭中,主妇一般被认为是整个家庭交流和工作效率的榜样,因此十分喜爱具有传统社会和家庭价值观的相关产品,而不喜欢纯粹的西方产品。于是宝洁公司在广告宣传中,加大了对传统的社会和家庭价值观的宣传,提高了广告宣传的有效性。

资料来源:纳雷希·马尔霍特拉.营销调研基础[M].王学生,杨安良,等译.4版.北京:清华大学出版社,2015.

第三节　抽样市场调查方式

市场是由千差万别的个体所组成的总体,对市场总体情况进行调查,若能够做到全面的、普遍的调查,其所得到的资料当然是最能反映市场总体特征的。但是在许多情况下对市场实施全面市场调查是非常困难的,甚至是根本不可能的。例如,总体非常大,总体单位数非常多的情况下,就不可能进行全面市场调查,如居民家庭收支是市场购买力及其构成的直接表现,但居民户很多,无法进行全面市场调查。再如,对商品进行质量测试,在检验或测量过程中会对商品产生破坏性,根本不能采用全面市场调查方式,只能用抽样市场调查方式。随着市场调查工作的深入开展,抽样市场调查已经成为一种最重要的调查方式,得到了极其广泛的应用。

一、抽样市场调查方式的含义

(一)与抽样市场调查有关的基本概念

1. 总体。总体就是人们所欲认识的对象的全体。一个总体是在特定的调查目的或任务条件下的认识客体。在市场调查中,总体通常都有时间和空间的限制。构成总体的元素称作单位或个体,若这些单位是不能够进一步分割的,则称为基本单位,若这些单位还能够进一步分解成更小一层次的单位,则称作群体单位。市场调查中,若是研究消费者的消费倾向,消费者个体显然是基本单位,若是通过家庭来观察消费者的消费倾向,则家庭是群体单位,它是由消费者个体组成的。但是研究家庭的消费水平时,则家庭又是基本单位。

总体中的单位若是不可计数的,则为无限总体,而总体中的单位数是可以计数的,则为有限总体。通常用 N 表示总体规模(即总体单位数)的大小。

2. 样本。样本是来自于总体的那部分个体的集合。样本的抽取必须遵循一定的原则。构成样本的个体称作样本单位,通常用 n 表示一个样本单位数的多少,也称作样本容量。一般地说,在市场调查中,总体是唯一的、确定的,而从总体中抽出一部分个体所组成的样本却不是唯一的,它可以有多种的组合,但一个样本及它所包含的样本单位是具体的、明确的。因此,从一个总体中,能够抽出多个容量为 n 的样本。样本个数与样本单位数是有区别的。

3. 抽样单位。抽样单位是指样本抽取过程中的单位形式。抽样单位与总体单位在形式上有时并非一致,例如,要调查某市出售空调机商店的分布情况,构成总体单位的是销售空调机的商店。抽样时可按商业街道来抽,这时抽样单位是商业街道。抽样单位不同于样本单位,从抽样单位中抽出构成样本的那些单位才是样本单位,样本单位是从抽样单位中产生的。其次,样本单位的形式一般是基本单位,而抽样单位则不尽然。

4. 抽样框。抽样框是指将抽样单位按某种顺序排列编制的名单。抽样框是抽样设计人员用来进行抽取样本的工具。它的内容就是所需认识总体的抽样单位,其形式是多样的,可以是一张表格、一本名册、一幅地图等等。

(二)抽样市场调查的概念

抽样市场调查是从研究对象的总体中,按照随机性原则抽取一部分单位作为样本进行调查,并且用其样本调查的结果来推断总体的非全面市场调查方法。

抽样市场调查的目的绝不是仅仅为了了解样本情况,而是通过对样本的了解来推断总体,因此抽样市场调查虽然是一种非全面市场调查,其目的则是为了得到与总体有关的资料。另外,在抽样过程中按随机原则,总体的每个单位都有同等被抽中的可能,即样本的抽取完全是客观的,而不能主观地、有意识地选择样本。但在抽样市场调查中,人们所采用的往往是广义抽样市场调查,即根据研究任务的要求和对市场调查对象的分析,主观地、有意识地从研究对象的总体中选择样本也包括在内。这样,根据抽样市场调查抽取样本的方式不同,就形成了随机抽样和非随机抽样两大类抽样方式。

二、抽样市场调查的特点与优点

(一)抽样市场调查的特点

抽样市场调查是市场调查中应用最多的方式,它具有以下明显的特点:

1. 抽取样本的客观性。随机抽样调查中的样本是按照随机原则抽取的,这从根本上排除了主观因素的干扰,保证了样本推断总体的客观性,这是抽样市场调查科学性的根本所在,它使市场调查结果的真实性和可靠性有了基础。

2. 抽样市场调查可以比较准确地推断总体。抽样市场调查的最终目的,是用样本调查所计算的指标来推断总体的相应指标。抽样推断的抽样误差不但可以准确计算,还可以根据研究市场问题的需要,对误差的大小加以控制。这有别于典型市场调查和重点市场调查方式。

3. 抽样市场调查是一种费用比较节省的调查方式。抽样市场调查仅仅对总体中少数样本单位进行调查,因此对人、财、物力都比较节省,从而降低了市场调查的费用。更值得注意的是,抽样市场调查还很省时。由于抽样市场调查的单位少,所需搜集、整理和分析的数据也相应减少许多,因而能够在较短时间内完成市场调查工作,大大节省了调查时间。这对于时效性要求较高的市场调查来说,更是一个至关重要的优点,它可以使决策者迅速掌握市场信息。

4. 抽样市场调查的应用范围广泛。在市场调查中,抽样市场调查所适用的范围很广泛,它可用于不同所有制企业的调查,尤其适合对个体企业有关情况的调查;它也可用于不同地区的市场调查。此外,对于不同的商品消费者,对商品的价格都可以采用抽样市场调查方式。

(二)抽样市场调查的优点

1. 调查方式的科学性。抽样市场调查有充分的数理依据,能够将调查样本代表性的误差控制在允许的范围内。由于调查样本的抽取具有随机性,受主观因素的影响较小,因而调查结果的精确度并不比全面市场调查低,有时还高于全面市场调查。

2. 调查费用的经济性。抽样市场调查的规模比全面市场调查小,在调查资料的搜集和汇总中,可以节省人力、物力和财力。例如,在有关全国城市居民家庭生活的抽样市场调查中,作为调查样本的家庭户数仅占城市居民总家庭户数的0.05%,因而可以极大地节约调查所需的人员和费用。

3. 调查资料获取的及时性。由于抽样市场调查的调查样本较少,搜集、整理和汇总调查资料的工作量相对较少,信息传递的时间自然比全面市场调查短,这就在无形中提高了调查资料的时间价值。

4.调查结果的准确性。准确性是指调查结果比较接近实际。由于抽样市场调查只有部分调查样本,调查范围较小,对象集中,同时调查人员相对较少,易于通过培训提高业务能力,因而能在较大程度上克服全面市场调查中因涉及面广、工作量大、人员庞杂、易发生重复和遗漏等问题造成的对调查结果准确性的影响。

三、抽样市场调查的程序

抽样市场调查,特别是随机抽样,有比较严格的程序,只有按一定程序进行调查,才能保证调查顺利完成,并取得应有的效果。抽样市场调查一般可以分为以下几个步骤:

（一）确定调查总体

确定调查总体是根据抽样市场调查的目的要求,明确调查对象的内涵、外延及具体的总体单位数量,并对总体进行必要的分析。抽样市场调查虽然仅对一部分单位进行调查,但它最终目的并不是描述所调查的这一部分单位的特征,其目的是研究总体的特征与规律性。如果不确定调查总体,就无法明确样本是谁的部分单位,也无法说明用样本特征所要推断的是谁。如对某地区居民购买力进行抽样市场调查,那么首先要明确居民购买力是居民具有货币支付能力的需求量;其次还要明确是城市居民,还是城乡居民;最后明确总体的数量是多少,若以户为单位进行调查,就要掌握该地居民总户数。在此基础上,还要对总体情况进行必要的分析,如该地区居民购买力是否存在明显的水平差别,形成不同的层次,如果存在,可以考虑用分类随机抽样抽取样本,这样用样本特征推断总体时才更准确。

（二）设计和抽取样本

设计样本包括两项具体工作,一是确定样本数目的大小或样本容量的多少,即样本所要包括的部分总体单位的个数;二是选择具体的抽样方式,抽样方式的选择必须根据调查目的和调查总体的具体情况选择适当方式,对此将在后面有详细地说明。对样本进行周密设计后,就可以实际进行抽样。

（三）收集样本资料

收集样本资料是一项非常具体的工作,它可以采取各种搜集资料的方法,对样本的各单位进行实际调查。收集到样本的资料后,还要对资料作整理和分析,最后计算出样本的指标。

（四）推断调查总体指标

统计推断是抽样市场调查的最后一步工作,是对总体认识的过程。在用样本指标推断总体指标时要利用抽样误差,同时依据概率论的有关理论,对推断的可靠程度加以控制。

抽样市场调查的程序是保证调查顺利完成的条件,其各个步骤相互联系,缺一不可。在应用抽样市场调查尤其是随机抽样方式时,一定要按程序进行。

四、抽样市场调查的适用范围

抽样市场调查在我国的市场调查中已逐步得到推广应用,虽然全面的市场调查所收集的统计数据比较全面、比较可靠,但是实施过多,在人力、物力和财力上会遇到困难,特别对一些企事业单位来说,进行全面市场调查是不堪重负的,而且市场调查的时效性一般都很强,如果调查的时间拖得过长,尤其是在市场情况瞬息万变的竞争环境中,全面市场调查工作尚未结束,市场情况又早已发生了变化,这样调查搜集来的统计资料,随着市场情况的变化会减少甚至完全失去其价值。因此,对市场中的有些问题,并不需要作全面市场调查,正如炊事员要知道一锅汤的滋味,不需要将整锅汤都喝完一样。

在市场调查实践中,抽样市场调查主要适用于以下情况:

第一,要全面了解和掌握某种经济现象,但又不可能进行全面的市场调查。例如,具有破坏性或损耗性的商品质量检验;家用电器的耐用性检测、灯泡的使用寿命检查、汽车轮胎的耐磨试验以及农作物的收成预测等。

第二,调查对象的总体范围较大,样本数量过多,全面市场调查虽有可能,但比较困难或没有必要。例如,在调查某种商品的潜在市场需求时,就可以使用抽样市场调查。

第三,对全面市场调查所获资料的质量进行检查和修正。在调查对象样本数量较多的情况下,如果对全面市场调查的精确度要求较高,通常用抽样市场调查方式来对所得资料的质量进行检查和测定。

五、抽样调查方式

抽样调查方式可分为随机抽样调查方式和非随机抽样调查方式,见图 5-1 所示。

(一)随机抽样调查方式

狭义的抽样市场调查,是按随机原则抽取样本。随机抽样是指按照一定的程序,遵循随机性原则,从总体中抽出一部分个体组成样本,通过对样本的研究,达到从数量上认识总体的目的。

在大多数情况下,如没有特别说明,抽样市场调查或抽样法指的就是随机抽样,它是整个数理统计应用的始点和基础。数理统计的一切描述和推断方法,都是围绕着抽样所取得的局部资料进行种种分析和解析而展开的,这是一种严密、科学的方法,在市场调查中已经广泛使用。

随机抽样不同于其他市场调查方式,其主要特点为:

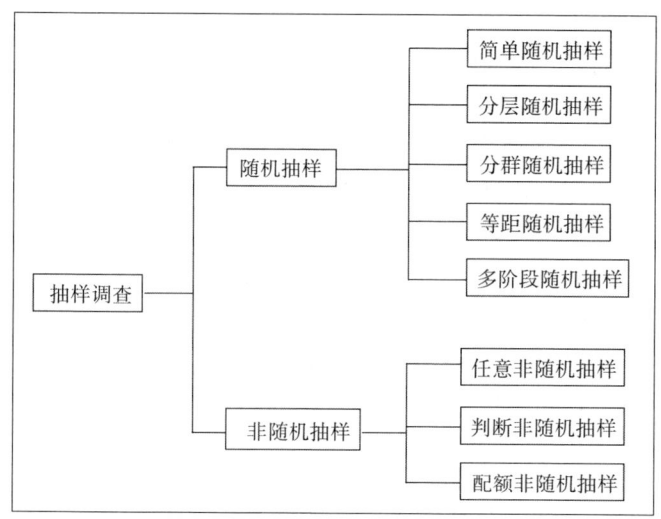

图 5-1 抽样调查方式

首先，抽取样本时遵循随机性原则。遵循随机性原则抽取样本单位是随机抽样的最主要特点，也是区别于其他非全面市场调查的主要方面。根据抽样理论，随机原则是指在样本的抽取过程中，保证总体中的所有个体都有同等的被抽中的机会。遵循随机性原则，可以避免调查的组织者在抽取样本时的主观因素的干扰，从而保证所抽取的样本对总体有足够的代表性，使样本真正成为总体的一个缩影。但随机性原则并不是随便抽样或任意抽样，而是按照可以保证随机性原则实现的程序进行。

其次，从样本数量上认识总体。研究样本的目的是为了认识总体，而且是从数量上去推断总体，以得出关于总体的明确的数量概念，这样由样本推断总体的过程叫估计，这也是随机抽样方式的一个基本特点。

其三，抽样估计的精确度及可靠程度可以测定并控制。抽样市场调查毕竟是一种非全面市场调查方式，是由部分去估计总体。因此不可能绝对准确可靠，必然会存在误差。

随机抽样的具体方式，又可分为简单随机抽样、等距随机抽样、分层随机抽样、分群随机抽样等，下面将分别予以说明。

1. 简单随机抽样，也称单纯随机抽样。它是最基本的随机抽样方式。它是按照随机原则，从总体中不加任何分组、划类、排序等先行工作，直接地抽取调查样本。这种方式的特点是每个样本被抽取的概率相等，各个样本完全独立，彼此间无一定的关联性和排斥性，完全排除了抽样中主观因素的干扰。在市场调查中简单随机抽样主要采用以下三种方式：

（1）抽签法。首先给调查总体中每个单位编上序号，然后将序号写到签上，将签搅拌均匀，从中抽选，被抽到的号码所代表的单位就作为样本的一员，直到抽足预先规定的样本量为止。

这种方式直观明了,但从操作的角度看,对规模较大的总体,从作签到抽签都不甚方便。因此,在市场调查中,多是在规模较小的总体中应用这种方法。

(2)直接抽取法,即从调查总体中直接随机抽取样本进行调查。这种方式适合对集中于某个空间的总体进行抽样,如对存放于仓库的同类产品直接随机抽出若干产品为样本进行质量检查。

(3)随机乱数表法,又称随机数表法。就是把0到9的数字随机排列成一张表,每逢抽样时,根据总体单位的数目确定适用几位随机数,从随机数表中任何一列的任何一行开始抽取,凡符合总体单位编号的,即为抽中单位。重复抽样时,遇到已经选用过的数字仍然选用;不重复抽样时,凡已经选用过的数都不要,直到抽够规定的样本数量为止。

采用随机乱数表法抽取样本的过程是,先将总体进行编号排序,然后按事先规定的顺序读随机乱数表,所读随机乱数表的位数由总体的单位数来确定。若总体为千位数规模,则一次在随机乱数表上读4位数,若总体为百位数,则一次读3位数等等。总体中一个单位的编号与所读出的随机数一致,则该单位入样,即被抽中。若所读出的随机数大于总体规模数,则跳过该随机数,往下继续读,直到抽足单位数。随机乱数表的读法可是任一起点,采用任一顺序进行。但阅读顺序一旦确定,便不能改变,否则便会破坏随机性特征。随机乱数表见表5-1。

表5-1 随机乱数表

	(1)	(2)	(3)	(4)	(5)	(6)
1	32 044	69 037	29 655	92 114	81 034	40 582
2	23 821	96 070	82 592	81 642	80 971	70 411
3	82 383	94 987	66 441	28 677	95 961	78 346
4	68 310	21 792	71 635	86 089	38 157	95 620
5	94 856	76 940	22 165	10 414	10 413	37 231
6	95 000	61 958	83 430	98 250	70 060	50 436
7	20 764	64 638	11 359	32 556	89 822	20 713
8	71 401	17 964	50 940	95 753	34 905	93 566
9	88 464	75 707	16 750	61 371	10 523	69 205
10	59 442	59 247	74 955	82 835	98 378	83 513
11	11 818	40 951	99 279	32 222	75 433	27 397
12	65 785	60 937	96 483	10 230	58 220	90 756
13	15 933	69 834	57 402	35 168	81 438	44 850
14	31 722	97 334	77 178	70 361	15 819	35 037
15	95 118	88 373	26 934	42 991	10 142	90 852

例如,我们要从100个客户中抽选11个客户作为样本,拟用简单随机抽样的随机乱数表法抽选样本,那么,首先应给总体单位按1~100编号;然后就可确定使用5位数字中的两位数就行了(以00为100)。从五位数中取得两位数,可以任意取两位,前两位、中两位或后两位。现在假定使用后两位,并随机选第(2)栏第4位开始,从上至下顺序抽选,即抽出数字为92,40,58,38,64,07,47,51,37,34,其中出现了两个34,把后面一个去掉,再往下补充一个为73,这样,我们所要抽取的11个样本单位的号码就出来了,对应上述11个数字标号的客户,就是抽选到的样本单位。

简单随机抽样是随机抽样最基本的方式,它的优点是完全排除抽样中主观因素的干扰,并且简单易行,但这种抽样方式也有其局限性。它只适用于总体单位之间特性差异程度较小等情况的调查对象。否则会出现样本分布过于分散,很不均匀,这会给调查工作造成困难。

简单随机抽样,严格地遵从了每个单位都有同等被抽中的概率的随机性原则。这也是经典的抽样理论所要求的抽样方式,但从实践的角度看,简单随机抽样并不简单,对规模较大的总体,其实是比较困难的,故它通常适用于规模不大且个体之间较均匀的总体;另外这种方式因没有利用有关的信息,故其精确度不比其他抽样方式高,但其估计方法比较简单。这种方式通常有理论上的意义,是其他各种抽样方式的基础,其他各种抽样方式都是从这种方式推演出来的。它在抽样实践中单独运用较少,常常和其他方式结合使用。

2. 等距随机抽样,又称系统随机抽样。采用简单随机抽样产生的样本极可能在总体中的分布是不均匀的,对于某些调研可能会影响到结果的可靠性。等距随机抽样是根据一定的抽样距离从总体中抽取样本。抽样距离(R)的大小等于总体数量(N)除以样本数量(n),其计算公式为:

$$R = \frac{N}{n}$$

(1)使用等距随机抽样的具体做法:

第一,将被调查总体中的各个个体单位按某种标志排列并且连续编号;

第二,根据总体数和确定的样本数,计算抽样距离(N/n),若得数是小数则四舍五入化成整数;

第三,在第一段距离内,用随机的方式抽取一个号码,作为第一个调查样本单位;

第四,将第一个样本单位的号码加上抽样距离,得到第二个样本单位,依此类推,直到满足样本容量。

例如:对1 000名顾客进行调查,采取等距随机抽样法抽取50个样本,那么其抽样距离则为1 000/50 = 20。假如从0001~0020通过简单随机抽样的方式抽取样本号为0011,则样本单位的号码分别为0011,0031,0051,0071,……,直到抽足

50人为止。

案例 5-2

例如,某城市有私营企业 5 989 个,拟定样本量为 100 个,进行企业营销状况调查。用等距随机抽样的具体做法是:

① 按照 5 989 个私营企业的年利润额(也可以是年销售总额、职工人数、营业面积等)多少进行排队;

② 计算抽样距离:$R = 5\ 989/100 = 59.89$,约等于 60 个;

③ 采用简单随机抽样在 1~60 号内抽选一个单位作为第一个样本单位,假定随机抽选到的序号是 8;

④ 以序号 8 为起点,依照抽样距离 $R = 60$,确定抽取的样本单位的编号为 68,128,188,248……直到抽足 100 个样本单位为止。

等距随机抽样的实施必须进行的程序是将总体单位排序,即将总体按某种顺序排列,再在此基础上抽取样本单位。等距随机抽样的排序问题对样本的代表性有较大的影响。

(2)对总体的排序根据排序的依据不同可分为两种:

①随机排序,即对总体各单位的排序是随机的、无选的,排序的依据与调查的目标无关。如对某个区域的居民进行购买意向调查,而按居民家庭的地址方向或地理位置排序;对某群体的人调查对某商品的态度,却用姓氏笔画多少排序等等。由于所用的排序依据与调查变量没有关系,或不起主要作用,故这种排序的抽样可充分体现随机性,其抽样的效果与简单随机抽样大致相同。在市场调查的实践中,当我们没有关于总体的与调查变量相关的信息时,可采用这种方式。

②选择排序,即选择一个与调查变量相关的辅助变量将总体各单位排序。例如,要调查居民的购买力,选择居民的收入作为排序的依据;要调查居民的购买意向,选择居民现有住房面积作为排序的依据等等。选择排序,实际上利用了事先掌握的关于总体的信息进行分析并加以利用,这样有助于提高样本的代表性。因为辅助变量与调查变量相似,因此按辅助变量的大小排序,基本上与调查变量排序相似。在这种基础上的抽样结果可以保证低水平、中等水平和高水平的单位都能入样本,进而使样本有较高的代表性,其本质上是使等距样本内部的差异增大。从平均的意义上看,等距样本的估计量的方差会小于简单随机抽样的估计量的方差,这是因为等距样本在这种选择排序的情况下基本上每次都能保证其样本内部差异较大,而不是随机的,且等距随机抽样本身的估计公式决定它优于简单随机抽样的结果。但是,辅助变量的选择要恰当,因为一个调查变量实际上有多个对应的辅助变量,其中有些相关程度高,有些相关程度低,要尽量选择相关程度高的辅助变量作为排序的依据,这样有利于提高样本的代表性。在应用中这种方式要求必须获得

相应的辅助变量,在市场调查中,这有时可能是很困难的。

这种抽样方式在应用时要特别注意抽样间隔与现象本身规律之间的关系,如对城乡集市贸易商品成交量或成交价格有时间间隔的调查,抽样的时间间隔不能用7或30这种与周、月周期一致的数。这种方式最适用于同质性较高的总体,而对于类别比较明显的总体,采用分层随机抽样法较为适宜。

(3)等距随机抽样的优点:①等距随机抽样在组织实施上有许多方便之处,便于抽取样本,简单易行而又不易发生差错。它没有其他随机抽样的诸多麻烦。如在某一商店门口对出门的顾客,每隔20人挡住一人进行调查等等。②等距随机抽样的样本单位在总体中的分布是较为均匀的,因此等距样本通常都有较好的代表性。这样在市场调查实践中使人乐于接受,也常常能获得较好的抽样效果。③等距随机抽样的设计给人以较为直观的理解,即使是不真正懂得抽样技术的人也能接受和理解,使人觉得放心。

(4)等距随机抽样的缺点:①当总体按顺序排列,而又有某种没有觉察到的周期性变化存在的时候,等距抽样可能会抽出一套代表性极差的样本,使抽样效果大大下降。这就要求抽样设计者有扎实的专业知识,丰富的经验和对总体有较多的了解。②目前还缺乏简洁而可靠的方式,从样本资料来计算估计量的误差,已知的许多方式都只有自身适应条件和应用范围,而一般的使用会夸大等距抽样的真正误差。③实践中许多行之有效的等距随机抽样常常不是严格意义上的随机抽样,这使等距随机抽样的误差难以估计。

(5)在下列情况下通常可采用等距随机抽样技术:

第一,总体的顺序基本是随机的。这时实施的等距随机抽样是为了方便,使抽样的过程更加容易组织和管理,而不是为了在估计精确度上有什么得益。如在市场调查中,当对总体无所了解,或是一个开放型的总体,或是有较大的流动性特征的总体,可采用等距抽样方式。

第二,对总体划分了许多层,在各层分别独立地进行等距抽样。这种方式可以消除隐藏着的周期性影响。因为是在分层的基础上,每一层都独立地进行等距抽样,所以总体中原来的可能的周期性便破坏了。这是抽样方式的交叉使用的技术,在市场调查中可以自觉地运用这种技术来提高抽样的效果。

第三,对分群抽样再抽样。这实际上是二阶抽样技术,也是等距抽样的通常用法之一。在市场调查中,对范围较大的总体可采用这种技术。

一般来说,等距随机抽样简便易行,容易抽出样本单位。与简单随机抽样比,等距随机抽样可以抽取较少的样本单位而获得较为可靠的估计。另一方面,按选择排序抽取样本单位,实际上是利用已知信息对总体各单位进行比较,作较为细致的分组,这样可能使样本单位在总体中的分布更加均匀,有可能收到比分层抽取样本更好的效果。

相对于简单随机抽样和分层随机抽样来说,等距随机抽样在很大程度上取决于总体的性质和对总体的了解,对这些总体,等距随机抽样较为精确,而对另一些总体,则可能还不如简单随机抽样。至于在什么情况下运用等距随机抽样,难以提出普遍适用的原则。要有效地运用等距随机抽样,必须了解总体结构情况,在实施调查前,要搜集有关总体的辅助信息。

3. 分层随机抽样法。分层随机抽样法又叫类型随机抽样法。它是先将总体按一定标志分成各种类型(或称层);然后,根据各类单位数占总体单位数的比重,确定从各类型中抽取样本单位的数量;最后,按随机原则从各类型中抽取样本的各单位,最终组成调查总体的样本。

(1)搞好分层随机抽样的关键是分类或分层的标准要科学,要符合调查总体的实际情况,在分层时要注意以下要点:

第一,要选择好分层的依据或标准。进行分层抽样设计,首先要对调查对象进行分层。而分层(即划分类型)必须要有一个依据或标准,这个分层依据的确定关系到所抽取样本的代表性。而分层依据的选择要根据调查的目的而定。例如,若要了解消费者的购买能力,则应该依据居民的收入水平来分层;若要了解消费者行为,则可根据职业情况,或受教育状况来分层等等。做好这一步工作的关键是抽样设计者对调查目的的把握和对总体一定程度的了解。

第二,分层应使层内差异缩小,使层间差异增大。这是从抽样技术的角度提出的原则,若分层能达到这种效果,则可大大提高样本的代表性,提高估计的精确度。层内差异是指分层后,各层或各类型内部各个体之间的差异,通常用层内方差来测定。层间差异是层和层之间的差异,用层间方差来表示。使层内差异缩小是指差异程度较小的个体,亦即特征比较接近的个体分在同一层,作为同一类型,使该层的方差尽可能的小,其结果也就自然增大了层与层之间的差异,这样做之所以会提高样本的代表性,是因为将特征相同的个体分在同一层的结果是将总体的各类型分到各层中去,而从每一层中都抽出一部分样本单位,这样就可以使样本中所包含的单位与总体中单位的结构基本一致,使样本具有较高的代表性。

第三,分层不宜太多,以免失去层的特性,不便于从每层中抽取样本。实施分层抽样,原则上层别不宜划分太多。因为分层太多,有时反而会使总体单位的特征模糊,看不出本质特征。从估计方法看,也会给估计带来较多的麻烦。但由于市场调查的特殊性,可视情况而定。在市场调查中,将总体划分5层左右比较合适,最好不要超过7层。

(2)分层抽样的具体方式有分层比例抽样法、分层最佳抽样法和分层最低成本抽样法等。

①分层比例抽样法就是按照每个层次中单位的数量占总体单位数量的多少,等比例地分配各层的样本单位数量。其计算公式为:

$$n_i = \frac{N_i}{N} \cdot n$$

式中：n_i——第 i 层抽出样本单位数目；

N_i——第 i 层的总单位数；

N——总体单位数；

n——总体样本数。

例如：某电机厂要对 120 万用户进行抽样调查，按照用户的企业规模，可分为大、中、小三层，其中大用户 36 万户；中用户 60 万户；小用户 24 万户。若确定抽取 1 000 户进行调查，则各层应抽取的样本数量为：

大用户抽取样本数 = 360 000 × 1 000/1 200 000 ≈ 300(户)

中用户抽取样本数 = 600 000 × 1 000/1 200 000 ≈ 500(户)

小用户抽取样本数 = 240 000 × 1 000/1 200 000 ≈ 200(户)

分层比例抽样法适用于各层之间的标准差大致相近的事物，若各层之间的标准差相差很大，就不适合采用分层比例抽样法，而应采用分层最佳抽样法。

②分层最佳抽样法是根据各层次的样本标准差的大小，调整各层次的样本数目的抽样方法。该方法既考虑到各层在总体中所占比重的大小，又考虑了各层标准差的差异程度，有利于降低各层之间的差异，以提高样本的可信程度。其计算公式为：

$$n_i = \frac{N_i S_i}{\sum N_i S_i} \cdot n$$

式中：S_i——第 i 层的标准差。

例如：设上例中大用户的标准差为 5%；中用户的标准差为 2%；小用户的标准差为 3%，则各层应分摊的调查样本数目为：

大用户抽取样本数 = (360 000 × 5%) × 1 000/(360 000 × 5% + 600 000 × 2%
+ 240 000 × 3%) ≈ 484(户)

中用户抽取样本数 = (600 000 × 2%) × 1 000/(360 000 × 5% + 600 000 × 2%
+ 240 000 × 3%) ≈ 323(户)

小用户抽取样本数 = (240 000 × 3%) × 1 000/(360 000 × 5% + 600 000 × 2%
+ 240 000 × 3%) ≈ 193(户)

分层最佳抽样法因为需要根据各层的差异程度来配置样本，这对于调查单一标志是比较理想的，但对于调查多标志则难于兼顾；同时，在计算上比较麻烦一些。因此，如果调查的总体各层之间的差异程度不过分悬殊，一般还是采用分层比例抽样法，即采用按各层大小比例配置样本的方法。

③分层最低成本抽样法是根据抽样的费用支出来确定各层应抽样本数的抽样方法。它既考虑到抽取样本对总体的代表性高，又考虑到抽样的费用。

分层随机抽样的优点非常明显。首先，当总体内部类型明显时，分层随机抽样能够克服简单随机抽样和等距随机抽样的不足，按总体中各类型的分布特征，在不同类型确定样本的分布，使样本结构与总体结构接近，因此增强了样本对总体的代表性。其次,分层随机抽样提高了样本指标推断总体指标的抽样的精确度,在市场现象存在明显不同层次的条件下,分层随机抽样比简单随机抽样和等距随机抽样误差都小,或者说在同样的精确度要求下,分层随机抽样的样本容量较小,从而减少了搜集资料的工作量。最后,分层随机抽样还有利于了解总体各类别的情况。

分层随机抽样适用于总体单位数量较大,并且内部类别比较明显的市场调查对象。相应的,这种抽样方式要求调查者对总体及总体各类型有一定了解,否则就无法对总体做出科学的分类,也就无法实施分层随机抽样。在确定了各类样本单位数后,即可按简单随机抽样或等距随机抽样的方式抽取样本单位。

(3)分层随机抽样在市场调查中的运用特点。分层随机抽样由于是事先利用了有关对总体的信息,对总体进行了分层设计,而且每一层都抽出一部分单位,有利于提高抽样估计的精度,因此在市场调查中得到广泛运用。如对不同收入层的家庭、对不同年龄层或不同性别的消费者、对不同类型的商品的调查等等。在以下几种情况下适合于采用分层随机抽样的技术:

①在对各类型的对象进行估计时,可采用分层抽样技术。例如,对图书市场的调查,不仅要估计图书市场的容量和规模,而且要估计某类图书的销售情况,或估计不同年龄层的读者的购书倾向等。

②为使调查的组织实施有效方便,可采用分层抽样技术。市场调查的对象较为复杂,为了使调查管理和资料处理时方便,应该将总体实施分层,使各层的调查实施、数据的处理和分析按层独立进行,这样会使整个调查管理更为有序方便,因而更有效。

③分层设计完成了分层步骤以后,可根据各层的情况和条件实施不同的抽样方法。如在有些层实施等距随机抽样,而在另一些层实施简单随机抽样等市场调查。如城市和农村的特点和条件不一样,就可分别在城乡实施不同的抽样方式。

④使样本更具代表性,可运用分层随机抽样方法。分层抽样的分层过程是利用已知信息,准确地对总体进行分层,再从每一层中抽出部分样本单位。这样的样本结构与总体近乎一致,使样本具有较高的代表性。

⑤要提高估计量的精度,可运用分层随机抽样方法。分层抽样估计量的性质决定了其方差不受层间变异,即层间方差的影响,而只受层内差异的影响。因此,分层抽样若能达到使层内差异缩小而使层间差异增大的结果,就使估计量的方差缩小,进而提高估计量的精度。

(4)分层抽样技术的运用可能会出现的主要问题有:

①层的划分问题。在市场调查中有时对总体直接分层不容易,其原因是对总体所掌握的信息不足,因此需要搜集有关的资料,而这又会耗费额外的费用。

②分层抽样要求各层的总体容量 N_i 是已知的,而当 N_i 不能确切知道时,就要通过有关方法对其进行估计,而这又势必引起另一误差,即层间误差。

案例 5－3　分层抽样让宝马 5 系列获得成功

为了解美国豪华轿车购买者喜欢豪华汽车的哪些特征，宝马公司的调研人员开展了一项调查。在调查中，调研人员使用了分层随机抽样方法。他们选择这一方法是因为，分层抽样能涵盖所有重要的子总体，而且精确度比较高。调研人员所选择的分层变量为年龄和收入。这两个变量与豪华轿车购买行为存在内在联系。调查结果显示，豪华轿车购买者最关注的是车的外观、操控系统和安全性。根据这一调研结果，在设计宝马 5 系列的过程中，设计人员完善了四门轿车概念，并对车的外观、易操控性、安全性和豪华程度进行了改进，在美国市场上获得了巨大成功。

4. 分群随机抽样，又称整群随机抽样。它是指将市场调查的总体按一定的标准分为若干群，然后再在其中随机抽取部分群体单位进行调查的方式。分群随机抽样法同分层随机抽样法的内容要求不同，分层随机抽样要求所分各层之间有差异性，分层内部的分子具有相同性；分群抽样恰恰相反，要求各群体之间具有相同性，每一群体内部的分子具有差异性，如图 5－2，5－3 所示。

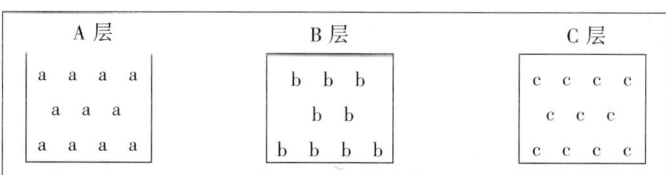

A 层
a a a a
a a a
a a a a
B 层
b b b
b b
b b b b
C 层
c c c c
c c c
c c c c

图 5－2　分层抽样后的各层

A 群
b c a b
a b c a
c c a b
B 群
a b c a
c b
b a c
C 群
c a c b
b c a b
a b c

图 5－3　分群抽样后的各群

例如：要对大连市的家庭进行调查，以便掌握大连市消费者的购买行为。大连市在行政区的基础上可分为几个群体：中山区、西岗区、沙河口区、甘井子区、金州区等。区与区之间居民的特征可认为是基本相同的，而在每个区内部则有较大的差异，基本上可以代表大连市居民的特征。调研人员可在这些区中，随机抽取一个或几个区作为样本进行调查。假定抽取西岗区和沙河口区为调查群体，由于这两个群体中的家庭数量还是太多，不宜展开调查，还可以将两个群体进一步按居委会分群，然后从两个区的若干居委会中随机地各抽取 5 个居委会，再对这 10 个居委会中的家庭进行调查。

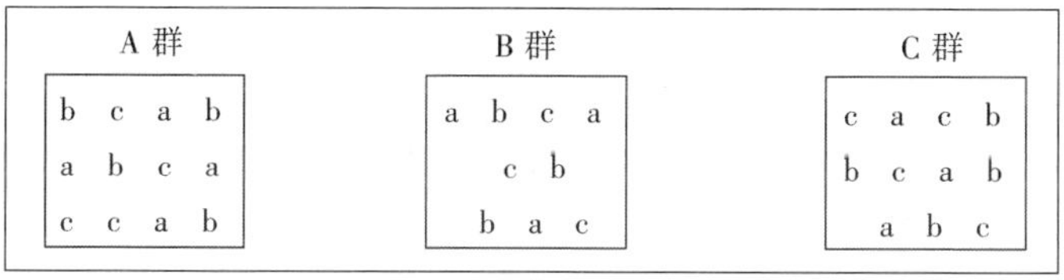

表 5-2　分群抽样与分层抽样的比较

分群抽样	分层抽样
只对子总体的一个样本(群)进行抽样	对所有子总体(层)进行抽样
在一个群中,个体之间应该不同,而不同的群之间却保持同质性	在一个层里,个体之间应该同质,而不同层之间应该保持显著的异质性
通过减少成本来提高抽样效率	提高准确度

分群随机抽样法的优点是样本单位比较集中,进行起来比较方便,可以减少调查人员旅途往返的时间、节省费用。其缺点在于样本只能集中在若干群中,不能均匀地分布在总体的各个部分中,因此用以推断总体的准确性较差。但当群体内各单位间的差异性大,而群与群之间差异较小时,采用此法可以提高样本的代表性。

分群随机抽样的群体的形成有两种,一是划分群体,即对所有的基本单位,将其人为地划分为若干群;二是自然形成的群体,即这些群体是客观存在的,在实施抽样调查之前就已经有了这些群体,分群随机抽样的实施将直接对其进行。在市场调查中,大多数情况都是后者,如上述抽取居委会等。

分群随机抽样的群体形成过程就是单位的扩大过程。它是由基本单位扩大为群,以此来作为抽样单位。但从提高精确度的角度看,群体的划分要使群内差异增大,而使群间差异缩小。这样有利于提高估计的精确度,这可以作为划分群体的基本原则。这个原则的通俗解释是群体的划分使每个群体尽可能多地包含各种不同水平的单位,可以视为每个群体就是总体的一个缩影。这样从总体中抽出一部分群体,这些样本群体中的个体结构就可能与总体中个体的结构接近一致,进而有利于提高估计的精确度。

分群随机抽样中的群体可能每个群体中包含的个体数都相等,这称为等群体抽样,也可能各群体中所包含的个体数不相等,称之为不等群体抽样。这两种形式的分群随机抽样估计方法不同。一般的,在市场调查中,不等群体的情形较多。

分群随机抽样运用的特点。在市场调查中,分群抽样应该是一种应用较为广泛的方式,其理由主要有以下几点:

(1)在市场调查中,常常难以获得关于基本单位的完整的抽样框,因此无法进行单一抽样,或要获得一个理想的抽样框要付出极高的成本。这时分群抽样则是一种理想的选择,因为分群抽样是一种抽群体而调查个体的方式。只要是被抽中的群体,其中所有的基本单位都进行调查,而不管其是否在抽样框内存在。在市场经济条件下,市场的主体常常处于动态的变化之中,居民家庭和消费者以及一些经济实体等等处于迁入和迁出、产生和消亡的动态过程中,因此关于个体的完整的抽样框常常难以获得。例如,关于居民家庭的抽样框、关于商业个体户的抽样框等。这时分群抽样的设计可以解决这个问题。

(2)当市场调查的费用成为主要因素时,应该采用分群抽样的方式。因为分群抽样最大的优点就是节省。分群抽样可以使得作为调查对象的各基本单位集中在一定的区域,这使得调查费用大为节省。可以设想,同样容量的样本,若施以单一调查,则肯定这些样本单位会散落在调查区域的各个角落,使调查成本增加。而分群抽样会使调查对象集中在某几群中。

(3)调查的实施和管理方便,时间节省。同样的理由,因调查对象相对集中,使对调查过程的管理更加有效,同时因在各个调查单位之间所耗费的时间更少,因而会节省时间。

(4)分群抽样与单一抽样相比有较高的调查质量,能够保证原始资料的真实性。这是由于分群抽样因调查对象相对集中,使得调查的组织者和调查人员之间的沟通较为方便,因而调查质量中特殊情况的处理更为及时,调查员也更有信心,因而调查质量更高,使调查的原始资料的质量更为可靠。而单一抽样因调查单位分散而不具备这一优点。

(5)适合对大范围、大规模的总体的调查。对大范围、大规模的总体实施单一抽样会遇到许多难以应付的困难,因而会影响调查的进度,对调查质量也会有影响。分群抽样则可发挥调查单位相对集中的种种优势。所以,对大范围、大规模的总体,可重点考虑分群抽样的可行性。

5. 多阶段随机抽样。多阶段随机抽样,是把从市场调查总体中抽取样本的过程,分成两个或两个以上的阶段进行随机抽样的方式。通常在总体层次比较多或层次内单位数目比较多时,采用多阶段随机抽样,以求更加经济实用。

多阶段随机抽样的具体步骤是:首先,将调查总体各单位按一定标志分为若干集体,作为抽样的第一级单位;然后将第一级单位再分成若干小集体,作为抽样的第二级单位;依此类推,可按研究问题的需要和现象本身的特点,分成第三级单位,第四级单位等。其次,依照随机原则,先在第一级单位中抽出第一级单位样本;然后在第一级被抽中的单位中再抽出第二级单位样本;依此类推,还可抽出第三级单位样本、第四级单位样本。由此形成了两阶段随机抽样、三阶段随机抽样或四阶段随机抽样,依此类推。

在市场调查工作中,多阶段随机抽样的方式对城乡市场都是适用的。对于城市市场,多阶段随机抽样可分为区、街道、居委会等阶段来进行。在各阶段具体抽取样本时,可采取简单随机抽样,也可采用等距随机抽样或多分层随机抽样等方式。对于乡村市场,可分为县、乡、村委会等阶段来进行随机抽样。

(1)多阶段随机抽样的特点:

①抽样方式的交叉使用。从抽样技术上讲,多阶段随机抽样必然和其他方式交叉使用。因为多阶段随机抽样的过程是分阶段来完成的,每一阶段都要进行一次抽样,从理论上讲,各阶段的抽样可以是相同的,也可以是不同的;叩以是等概率的,也可以是不等概率的;在某一阶段是简单随机抽样,在另一阶段也可以是分层随机抽样等等,这使得多阶段随机抽样的方式的使用多种多样,丰富多彩。

在实际应用中,分层随机抽样和等距随机抽样与多阶段随机抽样结合运用较多,如我国农村抽样调查方案就是使用多阶段随机抽样的方式。至于使用哪一种方式,要以有利于提高样本的代表性,而又方便实施为原则。

②可使调查单位相对集中在一定的范围。多阶段随机抽样的过程,实际上是不断排除一些单位入样的机会的过程,或是使调查单位集中在某一范围的过程。例如,某省的农村抽样调查,假如某省有 100 个县,此为初级单位。在第一阶段抽样时,从中抽出 40 个县作为一阶样本,或者说使样本农户集中在这 40 个县,而没被抽中的这 60 个县的农户根本没有入样的机会,将其排除在样本之外。在其他各阶段的抽样中亦发生同样的效果,这也是多阶段随机抽样与分群随机抽样相似的一个显著特点。这个特点有助于提高多阶段随机抽样的管理效率和工作效率。

③适应规模较大、范围较广、层次特征和机构特征较显著的总体。要从一个规模很大的总体中直接抽出样本单位往往很困难。因为规模较大的总体,除了基本单位数目多外,往往还分布很分散,区域范围大,这一方面使抽样设计者难以获得一个较理想的抽样框;另一方面,样本单位的实现也有较大的困难。所以对规模较大的市场调查,可考虑用多阶段随机抽样的方式。另外,如果总体单位并不是很多,但调查对象有较明显的层次特征,例如,对高校学生消费特征的调查。高校具有明显的层次特征:校级—学校—系—班—学生;对城市居民的调查,也有街道办—居委会—居民家庭等的层次,这些都比较适合使用多阶段随机抽样方式。另外,机构特征与层次特征相似,如对大型企业集团职工的调查,则有企业集团—企业—车间—职工等,也可广泛使用多阶段随机抽样方式。

④误差的累积性。由于多阶段随机抽样是每一阶段都抽取样本,而每一阶段抽样都会形成一定的误差,所以多阶段随机抽样总的误差是由各阶段抽样的误差累积起来的。各阶段的误差对总误差的影响程度不一样。总的来说,第一阶段误差的影响最大,其次是第二阶段,越往后影响越小。因此调查者要特别重视第一阶段的抽样工作,因为组织好第一阶段的抽样有助于降低总的误差。

(2) 多阶段随机抽样在市场调查的运用中具有的优点是:

①便于组织和实施。对于那些范围较大,单位分布较广的总体,多阶段随机抽样比其他抽样方式实施和组织起来更方便和有效,特别是对具有区域特征和机构特征的总体,运用多阶段随机抽样能方便地抽出所需要的样本。

②快捷。多阶段随机抽样可使样本单位相对集中在某些区域,而不至于分散在较大的范围,这样就可使在样本单位之间的调查费用大大节省,也能节约时间,提高时效,也可使抽样的实施管理工作更为有效。多阶段随机抽样的这一优点和分群随机抽样相同。

③抽样技术运用灵活,有利于提高估计精度。多阶段随机抽样一方面与分群抽样一样,可使样本单位相对集中,进而节省时间、快捷;另一方面,它的精度优于分群随机抽样是由于多阶段随机抽样须和其他抽样技术结合运用,如与等距

随机抽样和分层随机抽样的结合，因而有助于提高估计的精确度，这是分群随机抽样所不具有的优点。

④多阶段随机抽样不需要二级及其以下各级的全部抽样框。对一阶抽样要求要有完整的关于初级单位的抽样框，但对以后各阶抽样，只要对那些被抽中的单位搜集其下一级的抽样框即可。例如，在市场调查中，要调查居民家庭关于某种消费的意向，多阶段随机抽样并不要求搜集关于该市全部居民家庭的名单，而只需要各居委会（初级单位）的完整名单，在抽出居委会（完成一阶抽样）后，再对抽出的居委会搜集其居民家庭的各单位，这样的搜集抽样框的工作要轻松得多。

⑤可满足各级对调查资料的需要。在对区域特征和机构特征较明显的总体实行多阶段随机抽样时，由于各阶都有一个估计的结果，因而可以满足各级或各区域范围的需要。

⑥多阶段随机抽样特别适合规模较大、范围较广、层次特征和机构特征较显著的总体。要从一个规模很大的总体中直接抽出样本单位往往很困难。因为规模较大的总体，除了基本单位数目多外，往往还分布很分散，区域范围大等，这一方面使抽样设计者难以获得一个较理想的抽样范围；另一方面，样本单位的实现也有较大的困难。而多阶段随机抽样特别适合于此种市场调查。

(3) 多阶段随机抽样的缺点主要是估计量及其方差的计算较麻烦，这使许多没真正掌握抽样原理的人望而却步或做出不正确的处理。

(二) 非随机抽样方式

市场调查的设计者面对的是复杂的、动态不定的市场要素，在有些情况下所面临的认识对象并不具备随机抽样的条件。例如，对某一商场顾客的调查，对某些路段行人的调查，这时的抽样本质是从消费者总体的某一部分分段抽取，即使样本的抽取过程体现一定的随机性，但也不是严格意义上的随机抽样；有时由于时间和经费的限制而不能进行随机调查，这时就只能进行非随机抽样市场调查。

非随机抽样方式是指不按随机原则，而由调查抽样人员根据调查目的和要求，主观地从总体中抽选样本的抽样方式。非随机抽样的基本原则是：在选择样本时，可以加入人的主观因素，使总体中每一个个体被抽取的机会是不均等的，这是一种主观的抽样方式。

非随机抽样与随机抽样的根本区别在于样本的抽取过程是否遵循随机性原则，这个区别导致了两种抽样技术在认识方式上的差别，更重要的是，从整体看其认识效果也存在差别。非随机抽样具有的特点为：

第一，抽样过程的主观性。非随机抽样在样本的抽取过程中不像随机抽样那样，事先知道总体中每个单位被抽中的概率有多大，然后按照某种程序，遵循随机性原则抽取样本单位，这样某一单位是否被抽中只是概率意义上的，事先不可确定。而非随机抽样的样本产生过程取决于调查者的主观判断和个人的好恶，整个过程充满主观色彩。非随机抽样的这一特点直接关系到样本的代表性，因为在非随机抽样情况下,样本的代表性取决于抽样者之间的个人的认识水平和判断力,即取决于个人的素质,而不同的抽样者之间的个体的差异是客观存在的。一般的,非随机抽样的代表性须同时取决于以下两点,一是抽样者的认识能力和判断能力。若抽样者对所认识的对象有基本正确的认识,则有可能抽出一个代表性较高的样本;二是抽样者的责任心和科学态度。在正确认识的基础上,抽样者还必须克服市场调查过程中的有关困难,抽出具有代表性的样本单位,而不能应付了事。这两方面必须同时具备,否则难以保证抽出一个有代表性的样本。从这个意义上讲,非随机抽样的样本的代表性以及对总体的认识效果与随机抽样是有差别的。

第二,误差的不可测性。非随机抽样是一种定量认识的方式,它也是由样本对总体做出数量的估计。但是非随机抽样的这种估计的精度,即抽样的误差是不可计量的,这是非随机抽样与随机抽样的一个重要区别。非随机抽样的估计误差之所以不可测,也主要是缘于抽样过程的主观性。

第三,要求已知总体调查变量分布的更多信息。这个特点通常只具有理论意义。从纯粹的随机抽样的估计结果看,可以不对总体的分布情况做出假定,或者并不要求事先对总体的分布有所了解,其对总体的估计完全可以用统计方式做出。而非随机抽样在很大程度上则依赖于总体调查变量关于分布的大量假设的有效性上。这实际要求进行非随机抽样,事先对总体情况有较多的了解或充分的预计。这样才能使非随机抽样的估计有较充分的可靠性。但在市场调查实践中,非随机抽样方式常常满足不了这一要求。

第四,简便易行。由于非随机抽样没有像随机抽样有那么多技术上的限定,它的运用简便易行,多数情况下,抽样是在现场完成的,这使非随机抽样方式在市场调查中具有相当广的运用范围。

非随机抽样方式主要有以下几种:

1. 任意非随机抽样。任意非随机抽样也叫偶遇抽样,这是一种根据调查者的方便程度任意地抽选样本的方式,它是纯粹以便利为基础的一种抽样方式,是指市场调查者把在一定时间、一定环境所遇到的人作为调查对象选入样本的方式,其调查样本的选择完全取决于调研人员的方便。如在街头、商店、公园等公共场所,调查者根据自己的判断,拦住某过往行人作询问调查或对在柜台购买商品的顾客进行调查等。这种方式也叫"街头拦人法",那些被采访或询问的"街头行人"就是偶遇样本。还有一种称作"方位选择法",即对某一相对聚集的群体,从不同的方位确定样本单位,对其进行调查、询问。任意随机抽样法是社会学研究者较早运用的一种非随机抽样方式,其基本的理论依据是,所面对的总体中的每一个体都具有同质性。因为既然各个体此时能集中在研究的范围,则各个体之间必然有共同的特征。但事实上这种假定是不可靠的,因为要保证流动性总体的同质性是困难的。

任意非随机抽样的优点是:简便易行,能及时获取信息,费用低。缺点是:对调查对象缺乏了解、样本的偏差大、代表性差、调查结果不一定可靠。所以,一般用于非正式调查。

任意非随机抽样在非随机抽样中是最简便、最节省费用的一种方式,它既可以是同一人在不同地点使用,也可以是不同人在同一地点使用,没有更多的限制,能较快地取得有关信息。但这种方式取得的资料可信程度偏低,估计的结论误差很大,而这些误差和可靠性又难以判断,很多时候只能靠调查者根据样本本身的特点进行判断。这种方式一般用于探测性调查,或对某些时效性要求较高的调查,对流动性特征明显或边界不清的总体的调查也常用这种方式。若在总体中各单位的同质性很明显的条件下,运用这种方式也能获得较好的调查结果。例如,在某大学门口,对进出校门的大学生进行"街头拦人法"调查,了解大学生的某种消费观念,一般也能获得较可靠的结论。

2. 判断非随机抽样,又称主观抽样、立意抽样。它是调查者根据调查的目的和自己的主观判断选择调查样本的一种非随机抽样方式。例如,某批发商要调查零售商销售其产品的情况,批发商根据自己的经验和判断,选定一些具有代表性的零售商作为样本进行调查。再如商业企业销售商品的结构变化、居民家庭收支情况、企业的经营管理水平等都可以用判断非随机抽样法来决定样本单位。此外,制定物价指数、选定产品目录和地区样本等,也往往采用判断非随机抽样法。

判断非随机抽样法的"判断",主要包括两方面内容:一是对总体的判断,即判断总体的规模结构等;二是判断样本的代表性,即面对认识的总体,你认为哪些个体对总体具有代表性,将其选出来作为样本进行调查。一般地说若对总体有一个正确的认识,而又能准确地判断出具有代表性的个体,则能抽出一个较好的样本,故这种方式注意了对误差的限制,比任意非随机抽样的估计精度要高。

判断非随机抽样的一般做法有两种:一是由专家判断决定样本单位;另一种做法是根据所掌握的统计资料,按照一定的标准来选定样本。这种方式的判断依据是客观的,由统计数据显示,抽样的确定标准则要根据具体情况来定。

从理论上讲,判断非随机抽样与典型市场调查和重点市场调查是不同的方式。判断非随机抽样与典型市场调查的区别在于:①典型市场调查的"典型"在总体中是极少数,通常只有一两个,其调查的单位数极少。而判断非随机抽样的样本中的单位则具有一定的规模,样本单位的规模远远大于典型单位数。②典型市场调查通常只有定性的意义,它不具备数量推断的条件,而判断非随机抽样及其他非随机抽样方式都可作数量的判断,具有定量认识的特征。判断非随机抽样与重点市场调查的区别在于:①重点市场调查的"重点单位"有客观的标准,它们是在总体中居于重要地位和重要影响力的单位;而判断非随机抽样的样本要根据调查者的主观判断来确定,不同的抽样者在同样的条件下可能会抽出不同的样本单位。②"重点单位"的数量在总体中居少数,而判断非随机抽样的样本单位的数量要多得多。

判断非随机抽样样本的代表性取决于调查者本身的知识、经验和判断能力,也同总体的规模和结构有关,因为这会影响调查者的认识程度和判断效果。如果总体的规模较小,结构不复杂,则调查者对总体的特征的认识就能够比较全面,判断非随机抽样所抽出的样本的代表性也会较大,其主观偏差会较小,故判断非随机抽样一般适合对规模不大的总体的调查。判断非随机抽样具有简便、快速的优点,若要求较快地获取市场信息,可采用这种方式。

判断非随机抽样方式要求调研人员必须对总体的有关特征相当了解。该种方式在市场调查的实际工作中有两种基本情形:一种强调样本对总体的代表性;另一种注重对总体中某类问题的研究。当判断调查的目的在于通过对样本的调查了解总体的一般性时,判断调查必须严格选择对总体有代表性的单位作为样本,所选择了解的样本对总体代表性的高低,完全取决于调查者对被调查总体了解的程度和自身的判断能力。当被调查总体规模较小,所涉及的范围较窄时,判断非随机抽样样本的代表性就较高;反之,判断非随机抽样样本的代表性就会明显降低。在市场调查中如果确定被调查对象总体界限有困难,或因时间和力量有限无法进行随机抽样时,恰当地采用判断非随机抽样法也可以取得相对满意的调查效果。

判断非随机抽样法的另一种情形,就是市场调查注重对总体中某类问题的研究,而并不过多考虑对总体的代表性。这种情况下,判断非随机抽样必须有目的地选择样本,即选择与研究问题的目的一致的单位作为样本。如对问卷设计的问题及回答形式是否得当进行检验,就有目的地选择对市场现象的看法差异较大、回答问题的能力有明显不同的被调查者作为样本;对某项市场调查结果中,观点明显偏离一般情况的特殊人也可作为判断非随机抽样的样本;在城市或农村居民中调查特高收入或特低收入者的收支情况,尤其是要了解其消费结构,则选这种收入水平的居民作为判断非随机抽样样本。显然,上述几种判断非随机抽样的调查目的,是为了研究一种特殊问题,而不是为了推断总体,所以判断非随机抽样的目的性更强,这种判断非随机抽样在市场调查中往往能得到明显收获。

3. 配额非随机抽样,又称定额抽样。它与分群随机抽样具有相似之处。它是指按市场调查对象总体单位的某种特征,将总体分为若干类,按一定比例在各类中分配样本单位数额,并按各类数额任意或主观抽样。由于在抽样时并不遵循随机原则,所以说它是非随机抽样的方式之一。

配额非随机抽样是以说明总体为目的,因此在对总体分类时,必须对总体的性质有充分的了解。应用配额非随机抽样法的理论依据是,认为同类调查对象中各单位大致相同,差异很小,因此不必按随机原则抽样,只要用任意或主观抽样就可以了。在市场调查实践中,采用配额非随机抽样法,简便易行,省时省力,并且能保证样本单位在总体中均匀分布,调查结果比较可靠。配额非随机抽样法是非随机抽样法中被应用得最广泛的方式之一。

配额非随机抽样与其他非随机抽样方式相比,从结构上加强了样本与总体的衔接,使得各层(或各类)都保证有样本作为其代表,进而提高了样本的代表性。从思路上看,它与随机抽样中的分层随机抽样相同,从操作上看,它们仅仅相似,但是其区别是明显的。首先,分层随机抽样只是依据某一特征对总体进行分层,再分配样本单位和抽取样本单位;而配额非随机抽样可以同时就几个特征对总体进行分层和分配样本单位。其原因是分层随机抽样要求遵循随机性原则,因而每层都必须有一个抽样框,而交叉特征的抽样框难以获得,或难以实施抽样。到目前尚未产生出交叉分层的分层抽样技术。其次,分层随机抽样的样本单位是随机抽取,而配额非随机抽样的样本单位由主管确定。再次,分层随机抽样的估计误差可以测定,而配额非随机抽样的估计误差则无法测定。

配额非随机抽样是在对总体分类的基础上进行的,对于总体进行分类可按一个标志,也可按一个以上的标志,从而造成了配额非随机抽样具体做法上的差异。若对市场调查的总体只按一个标志分类,只需按各类总体单位数占总体单位总量的比重将样本单位数分配在各类中就可以了。若对市场调查总体中按一个以上标志分类,则在各类分配样本单位数时所依据的比重会有所不同。配额非随机抽样按分配样本数额时的做法不同分为独立控制配额和相互控制配额。

(1)独立控制配额非随机抽样。这种方式是分别独立地按分层特征分配样本单位数,在按多个特征对总体进行分层的情况下,这些交叉特征对样本单位的分配没有限制。

例如:某市进行化妆品消费需求调查,确定样本量300名,选择消费者年龄、性别、收入三个标准分类。各个标准样本配额比例及配额数如表5-3、5-4、5-5所示。

表5-3

年龄	人数
18~34岁	50
35~44岁	100
45~60岁	110
60岁以上	40
合计	300

表5-4

性别	人数
男	150
女	150
合计	300

表5-5

月收入	人数
200元以下	40
200~500元	100
500~1 500元	100
1 500元以上	60
合计	300

从表中可以看出,对年龄、性别、收入三个分类标准,分别规定了样本数额,而各表之间的交叉关系没有在数额上做出规定。如从18~34岁年龄组中抽取50人,从性别和收入上没有明确规定;又如150个男性的样本既可较多的从35~44岁年龄组中抽选,也可较少或不从35~44岁年龄组中抽选,这完全由抽样者机动掌握。当然最终选定的300个样本,则应满足上述各表中的数额要求。

(2)相互控制配额非随机抽样。这种方式明确规定了几种分类标准样本配额数额的交叉关系,调查员在选取调查单位时,必须要符合规定的样本交叉配额。如仍按上例,三种分类标准交叉关系的样本分配数额见表5-6。

表5-6 相互控制配额抽样分配表

		月 收 入								合计
		200元以下		200~500元		500~1 500元		1 500元以上		
	性别	男	女	男	女	男	女	男	女	
年龄	18~34岁	4	5	7	7	9	3	10	5	50
	35~44岁	7	6	10	16	23	17	10	11	100
	45~60岁	5	5	20	28	19	20	4	9	110
	60岁以上	3	5	8	4	6	3	5	6	40
	小计	19	21	45	55	57	43	29	31	
	合计	40		100		100		60		300

从表中不难看出,相互控制配额非随机抽样是将各分配特征综合在一起交叉安排样本单位的分配,而且分配的结果受到样本总额的限制,抽样者必须按照规定从总体中抽取样本。

根据国内外市场调查的实践经验,配额非随机抽样的具体实施过程,主要有以下四个步骤:

第一,根据市场调查的目的和要求以及总体中各单位的性质和客观条件,选定调查的分类标准,作为总体分类的依据,如收入、年龄、性别或销售额、工业总产值、职工人数等。

第二,确定各分类标准的样本分配比例。一般是按选定标准将总体分类后,再综合考虑以下四点:①各类单位占总体单位的比例;②各类内单位间的差异程度;③在实现调查目的过程中各类所处的地位和作用;④在各类中抽选样本实现调查的难易程度。

第三,确定各分类标准样本分配数额,计算出各类标准交叉的样本配额数。

第四,配额指派,抽选调查单位,即由调查员根据派到的配额范围,判断抽选单位。

由于配额非随机抽样的样本配额比例是以各类单位在总体中所占的比例为基础调整而定的,所以只要按照样本配额数选定调查单位,样本对总体的代表性就较强,加之在市场调查实践中,配额非随机抽样简便易行,节省费用,也能较快捷地获得调查结果,而且这种方式使样本不至于偏重总体中的某一层,这就可以保证样本的结构与总体的结构基本一致,故所抽出的样本对总体有足够的代表性。正因如此,在市场调查中,配额非随机抽样已经广泛被人们采用,是非随机抽样中最流行的一种方式。

4. 滚雪球非随机抽样。这种方式是调查者先通过少数可以由自己确定的样本单位进行调查,再通过这些样本单位各自去发展其他同类单位,如此进行下去,像滚雪球一样越滚越大,直到发展到所需要的样本单位数为止。

滚雪球非随机抽样的运用条件是,所需认识总体的各单位之间有一定的联系,否则难以往下滚动。滚雪球非随机抽样通常是在对所需认识的总体难以把握的情况下进行。

市场调查中运用滚雪球非随机抽样方式通常是出于对某些特殊消费群体的调查,如对使用电脑家庭的调查;对长期吸某品牌香烟的人的调查等等。

5. 自愿非随机抽样。这是由一些主动接受调查的"志愿者"组成的样本。最常见的是在报刊上刊登读者意见表,是否填写调查表并寄回给调查组织中心,完全由读者的意愿决定,凡寄回调查表的都是主动接受的调查者。故这种调查结果只反映了这部分"热心"读者的意向。由于调查组织者出于提高问卷回收率的目的,对接受调查者大都有某种承诺,所以接受调查的人可能并不属于调查范围,而是冲着对这种承诺的好处而填写调查表。例如,欲调查全自动洗衣机的质量情况,而有些并未使用全自动洗衣机的人也可能填写调查表。所以这种调查结果的可靠性值得分析。

六、抽样误差

调查结果的准确性无疑是调查组织者十分重视的问题。其准确性通常用抽样误差的高低来反映,在抽样方式和总体既定的前提下,抽样误差的大小主要取决于抽样数目的多少。对抽样误差的控制主要是通过控制抽样数目来实现的。因此,抽样误差与抽样数目的确定,是随机抽样市场调查中两个重要的问题。

(一)抽样误差的概念

抽样误差是指用样本指标推断总体特征所产生的误差,这是抽样市场调查时不可避免的误差。抽样误差的类型如图5-4所示。

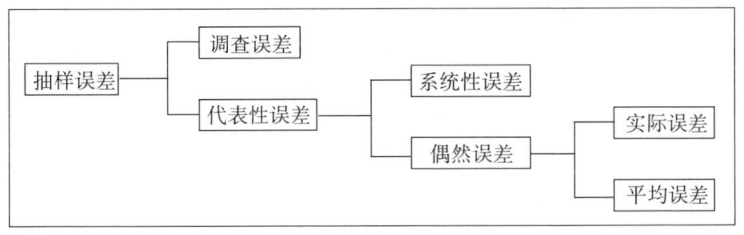

图5-4 抽样误差的类型

市场调查工作中讲的误差有两种。一种是调查误差,指在调查统计工作中,由于工作上的种种原因而产生的差错,也叫技术性误差。如调查工作中由于登记、汇总、计算的差错所引起的误差,如调查方案的设计有缺陷,调查统计方式不够科学等等。这种调查工作中所产生的误差,是全面市场调查和非全面市场调查都可能发生的。另一种是(样本)代表性误差,指由于样本结构与总体结构不一致,以样本综合指标推断总体综合指标所产生的误差。代表性误差又有两种不同情况:一是在抽样过程中因违反随机抽样原则或抽样方式不妥而造成的系统性误差;二是由于样本不能完全代表总体所产生的误差,叫作偶然的代表性误差。调查误差和系统性误差都可以避免,而偶然的代表性误差是不可避免的,只能力求控制。

我们将要分析的抽样误差,是专门指偶然的代表性误差。这种抽样误差又可表现为两种情形:一是实际误差,是指样本综合指标(如平均数)与相应总体综合指标的实际偏差。例如,某居民区全体居民人均年消费食糖5公斤(总体平均数),抽样调查所得的样本人均年消费量为4.7公斤(样本平均数),则平均数实际抽样误差为0.3公斤。例子中的总体综合指标值是假定已知的,可事实上总体综合指标值是不知道的。所以在抽样调查中,实际误差多少是无法计算的。二是平均误差,即各种可能被抽中的样本配合数的综合指标(如平均数)同总体相应综合指标的平均离差,它表明样本指标同总体指标可能相差的范围,而不是确切的误差数值。实际上抽样误差带有偶然性,即使同一总体用同一抽样方式抽取同一数量的样本单位,也可能有若干不同的组合(样本配合数),而每一样本的调查结果是不可能完全相同的。因此,其抽样误差可能大也可能小,可能是正差,也可能是负差。如果我们把所有这些样本指标同总体指标的误差加以平均,就可以反映抽样误差的一般水平,这种误差的一般水平便是抽样平均误差(或称平均抽样误差)。

我们通常所说的抽样误差,是专门指抽样平均误差。它反映了样本代表性的大小。平均误差愈大,样本可能代表总体的真实性愈小;反之,抽样误差愈小,样本可能代表总体的真实性愈大。

(二)抽样误差的估算方法

1. 抽样误差大小的影响因素

(1)总体各单位之间的差异程度。总体变量存在变异是客观的,差异程度愈大,其分布就愈分散,抽样误差就愈大;反之,抽样误差愈小。这种差异程度,在统计上叫作标志变异程度,通常用方差或标准差来表示。

(2)样本数目,即样本容量有多少。在其他因素一定的条件下,样本容量越少,即抽取的样本数目越少,抽样误差就越大;反之抽样误差越小。当样本容量达到与总体容量一样时,抽样调查就变成全面市场调查了,抽样误差随即消失。

(3)抽样方式。一般地说,等距随机抽样和分层随机抽样的抽样误差要小于简单随机抽样和分群随机抽样的误差。不重复抽样的误差要小于重复抽样的误差。

由此可见,抽样误差的大小同总体的标准差异大小和样本容量的多少有关,而且要根据不同的抽样方式分别估算抽样误差。

2.抽样误差的估算方法。简单随机抽样是抽样法的基础,下面着重介绍简单随机抽样条件下的抽样误差估算方法(其公式的理论推导与数理证明从略)。

(1)平均数指标抽样误差的估算方法:

①重复抽样条件下的计算公式:

$$\mu_{\bar{x}} = \sqrt{\frac{\sigma^2}{n}} = \frac{\sigma}{\sqrt{n}}$$

式中:$\mu_{\bar{x}}$——抽样平均误差;

n——样本单位数;

σ^2——总体方差;

σ——总体标准差。

②不重复抽样条件下的计算公式

$$\mu_{\bar{x}} = \sqrt{\frac{\sigma^2}{n}\left(\frac{N-n}{N-1}\right)}$$

式中:N——总体单位数。

当总体单位数 N 值很大时,为简化计算,也可用下列公式计算:

$$\mu_{\bar{x}} = \sqrt{\frac{\sigma^2}{n}\left(1 - \frac{n}{N}\right)}$$

例如:某地区对每户食糖平均消费量进行抽样调查,在 5 000 户居民家庭中抽选 100 户,已知样本标准差 σ 为 4 千克,在重复抽样的条件下,抽样误差为:

$$\mu_{\bar{x}} = \sqrt{\frac{\sigma^2}{n}} = \frac{\sigma}{\sqrt{n}} = \frac{4}{\sqrt{100}} = \frac{4}{10} = 0.4(千克)$$

在不重复抽样的条件下,抽样误差为:

$$\mu_{\bar{x}} = \sqrt{\frac{\sigma^2}{n}\left(1 - \frac{n}{N}\right)} = \sqrt{\frac{16}{100}\left(1 - \frac{100}{5\ 000}\right)} \approx 0.396(千克)$$

必须指出,用上述方法计算出的抽样误差并不是绝对的,而是指平均偏离程度。

(2)成数指标抽样方法的估算方法。成数就是在总体中具有所研究标志的样本数(例如,合格品的个数、试验成功的次数、男性的人数等)所占的比重。用另一种说法,成数就是"成功次数的比重"。

成数抽样误差的计算方法同平均指标抽样误差的计算方法的原理是相同的,所不同的是总体方差的计算方法不一致,因为各个样本成数的平均数就是总体成数本身,它既表明在总体中所占的比重,同时又是总体的平均数。

①重复抽样条件下的计算公式:

$$\mu_P = \sqrt{\frac{P(1-P)}{n}}$$

式中:μ_P——成数的抽样误差;

　　P——总体成数。

或
$$\mu_P = \sqrt{\frac{P(1-P)}{n}\left(\frac{N-n}{N-1}\right)}$$

②不重复抽样条件下的计算公式:

当 N 很大时,上式也可简化为:

$$\mu_P = \sqrt{\frac{P(1-P)}{n}\left(1-\frac{n}{N}\right)}$$

上式中,$P(1-P)$ 的数据资料,一般难以取得,可参照前面所讲的取得平均指标总体标准差数据的办法解决。

例如:对某市居民吸烟情况进行一次抽样调查,全市总人口为 55 万人,样本单位 1 600 人,采用重复抽样方法,调查结果表明吸烟人数占样本总人数的 23%,那么,其抽样误差为:

$$\mu_P = \sqrt{\frac{P(1-P)}{n}\left(1-\frac{n}{N}\right)} = \sqrt{\frac{0.23(1-0.23)}{1\ 600}\left(1-\frac{1\ 600}{550\ 000}\right)} \approx 0.01$$

从上述平均数和成数的抽样误差计算公式中可以看出,因为 $1-n/N$ 总是小于 1,从而不重复抽样的抽样误差必定小于重复抽样的误差。所以在实际工作中,尤其是在市场调查中,通常用不重复抽样方法。但在计算抽样误差时,既可以采用不重复抽样方法进行调查,也可以使用重复抽样的计算公式,因为当 N 很大时,$1-n/N$ 就趋近于 1 了,用两种计算公式得出的结果相差不大,而市场调查中的总数 N 往往是大量的。

利用上述公式计算抽样误差,需要解决如何确定总体方差或总体成数的问题。在市场调查中,总体方差或总体成数是不知道的,一般可以采取以下办法解决:一是从已有的普查或全部统计资料中取得;二是采用经验估算的方法取得;三是事先组织一次小规模的探测性抽样调查,以抽样调查的方法代替;四是在抽样调查完成后,用样本的方差来代替。其中第四种方法较常用。

至于其他抽样方法,如分层随机抽样、等距随机抽样等的抽样误差估算的原理同简单随机抽样是一致的,其主要区别是估算公式中的总体方差有所不同。但在实际工作中,通常也可以用简单随机抽样的抽样误差估算公式近似代替。

(三)必要抽样数目的确定

对于抽样误差的控制,除了要根据实际问题正确地选择抽样方式外,另外一个重要问题就是抽取样本单位数目的多少。抽样数目过多,会造成人力、物力、财力和时间上的浪费,造成不必要的损失,使得抽样调查所需成本费用提高,从而带来不经济;抽样数目过少,又会使调查结果存在较大误差,达不到要求的精度。所谓必要抽样数目,就是在事先给定的抽样误差范围内所确定的、能够达到对调查结果精确度要求的样本单位数。

1.影响合理的必要抽样数目的因素

（1）总体各单位之间的标志差异程度的大小。在抽样误差范围一定的条件下，总体各单位之间的标志差异程度越大，需要抽取的样本数目越多；反之，则越少。其原因是总体单位之间的差异越大，一定数目的总体单位对总体的代表性就越低；总体单位之间的差异越小，一定数目的总体单位对总体的代表性就越高。当总体单位的标志值都相等时，一个总体单位的标志值就足以代表总体的平均水平。

（2）允许误差的大小。在其他条件一定的情况下，允许的误差小，抽样数目就应相对多一些；反之，允许误差大，抽样数目就可少一些。在抽样调查设计时，应当取多大的允许误差，要根据调查的目的要求、调查经费和时间来确定。一般来说，调查的准确度要求高、调查力强、调查经费充足，允许误差就可以定得小一些；反之，允许误差就只能放大一些。

（3）不同的抽样组织方式和抽样方法。一般情况下，简单随机抽样和分群随机抽样比等距随机抽样和分层随机抽样所需的样本单位数要多，重复抽样则比不重复抽样的样本单位数要多。

2.必要抽样数目的确定。必要抽样数目的计算公式可以从允许误差和抽样误差计算公式推导而得。下面介绍在简单随机抽样方式条件下，确定必要抽样数目的计算方法。

（1）平均数指标必要抽样数目的确定：

① 重复抽样条件下，必要抽样数目的确定。抽样数目的计算公式是从允许误差计算公式中推导出来的，平均数指标允许误差的计算公式为：

$$\Delta \overline{X} = t\mu_{\bar{x}} = t\sqrt{\frac{\sigma^2}{n}}$$

两边平方得：

$$\Delta \overline{X}^2 = \frac{t^2\sigma^2}{n}$$

移项得：

$$n = \frac{t^2\sigma^2}{\Delta \overline{X}^2}$$

式中：t——概率度；

σ——总体标准差；

$\Delta \overline{X}$——平均指标允许误差；

n——必要抽样数目。

② 不重复抽样条件下的允许误差计算公式：

$$\Delta \overline{X} = t\mu_{\bar{x}} = t\sqrt{\frac{\sigma^2}{n}(1-\frac{n}{N})}$$

两边平方得:
移项得:
$$\Delta \overline{X}^2 = \frac{t^2\sigma^2 N - t^2\sigma^2 n}{Nn}$$

$$n = \frac{t^2\sigma^2 N}{N\Delta \overline{X}^2 + t^2\sigma^2}$$

(2)成数指标必要抽样数目的确定:
①重复抽样的计算公式:
$$\Delta P = t\sqrt{\frac{P(1-P)}{n}}$$

两边平方:
$$\Delta P^2 = \frac{t^2 P(1-P)}{n}$$

移项得:
$$n = \frac{t^2 P(1-P)}{\Delta P^2}$$

②不重复抽样的计算公式:
$$\Delta P = t\sqrt{\frac{P(1-P)}{n}(1-\frac{n}{N})}$$

两边平方:
$$\Delta P^2 = t^2\left[\frac{P(1-P)}{n} - \frac{P(1-P)}{N}\right]$$

移项得:
$$n = \frac{t^2 NP(1-P)}{N\Delta P^2 + t^2 P(1-P)}$$

对于其他各种随机抽样方法的必要抽样数目的计算方法较为麻烦,在此不再叙述。

本章小结

本章主要介绍了在市场调查中常用的一些调查方式。比较全面地介绍了全面市场调查方式、典型市场调查方式、重点市场调查方式以及抽样市场调查方式。详细地介绍了各种方式的内容、适用范围、使用方法以及各种方式之间的异同点。本章的重点放在了抽样市场调查方式上,分别介绍了随机抽样与非随机抽样。

本章的学习目的是让大家掌握各种市场调查方式。在组织一次市场调查之前,明确调查目的之后正确地选择市场调查方式是每一位市场调查组织人员不可回避的问题,因为它关系到市场调查结果的准确与否。

国家卫生服务总调查

一、调查目的

国家卫生服务总调查分为家庭健康询问调查和卫生机构查,其基本目的是提供人群健康状况及卫生服务需求量,有关卫生服务资源的筹集、分配、结构和卫生服务资源利用及其效率的资料,为卫生事业管理决策提供客观依据。

二、调查对象和调查时间

家庭健康询问调查的对象为全国样本住户的实际人口(凡居住并生活在一起的家庭成员和其他人,或单身居住、生活的均作为一个住户)。卫生机构调查为抽中样本地区[包括样本县(市或市区)、样本乡镇(街道)、样本村(居委会)]的卫生机构和基层卫生组织。

国家卫生服务总调查的调查时间从1998年6月1日开始,6月25日结束。

三、抽样设计

国家卫生服务总调查抽样的原则是经济有效。根据调查目的和调查内容采用多阶段分层分群随机抽样方法抽取"样本地区"和"样本个体"。

第一阶段分层采用多变量分析法,综合社会经济、文化教育、卫生保健和人口结构等多个指标为分层标志,以县(市或市区)为单位进行分层,将全国2 400多个县(市或市区)分为五类地区,根据所要求的样本量按各层占总体比例分群随机抽取各层的"样本县(市或市区)"共90个。

第二阶段分层采用人口数或人均收入为标志,以样本乡镇(街道)为单位,每个"样本县(市或市区)"按20%的比例分群随机抽取乡镇(街道),平均每个县(市或市区)抽取五个乡、镇(街道)为"样本乡镇(街道)",全国共抽取450个。

第三阶段采用人口数或人均收入为标志,以村(居委会)为单位,平均每个"样本乡镇(街道)"分群随机抽取两个"样本村(居委会)",全国共抽取900个村(居委会)。

最终的抽样单位是户,在每个"样本村(居委会)"中随机抽取60户,全国共抽取54 000户。全国平均每户被抽取的概率为1:5 000。

四、抽样分析

(一)概述

1. 国家卫生服务总调查抽样的原则是,既要兼顾调查设计的科学性即样本地区和样本个体对全国和不同类型地区有足够的代表性;又不至于过多地增加样本容量而加大调查的工作量,即经济有效的原则。

2. 抽样的方法是多阶段分层分群随机抽样。

(二)第一阶段分层分群抽样

1. 第一阶段抽样着重解决两个基本问题。一是由于全国各县、市差异极大,如何确定第一阶段分层的基准;二是抽样比例,多大的县、市样本量能经济有效地代表全国和不同类型的地区。

2. 第一阶段分层基准的确定。第一阶段分层的指标是通过专家咨询法和逐步回归法筛选的10个与卫生有关的社会经济、文化教育、人口结构和健康指标。

3. 第一阶段分层样本容量的确定。用经济有效的样本代表总体是抽样调查的精髓。样本容量的确定基于以往的经验和其他国家抽样调查样本的设计,首先给定一个样本容量大小的范围,确定抽取样本容量为120、90、60、45、30个大小不等的样本。为了保证各层每一个县(市或市区)都有同等被抽取为样本的概率,必须考虑不同大小样本县的样本在各层的分配,即按比例地分层抽样。

按等距随机抽样方式,每个不同大小样本容量的样本抽取6次,同一样本容量的也抽取6次,通过计算每次抽样样本各变量统计量,分别与总体各变量参数进行比较,从中筛选出总体参数最为接近的那个样本,作为该样本容量的最佳抽取样本。

考虑到经济有效的原则和对全国、不同类型的地区和上述每个指标的代表性,国家卫生服务总调查的县(市或市区)样本容量取90个。

(三)第二阶段分群随机抽样

1. 在上述抽取的90个"样本县(市或市区)"中,以乡镇(街道)为第二阶段分群等距随机抽样单位。全国每个乡镇(街道)被抽取为"样本乡镇(街道)"的概率为1:160。第二阶段分群等距随机抽样全国共抽取450个乡镇(街道),平均每个"样本县(市或市区)"抽5个乡镇(街道)。第二阶段分层分群抽样具体由各样本县(市或市区)抽取。

2. 第二阶段分群随机抽样的基准。由于一个县(市或市区)内社会经济、文化教育和卫生状况的差异远小于全国各县、市之间的差异,因而确定县(市或市区)的抽样基准相对容易。根据我国各县(市或市区)的基本特征、实际的可操作性和以往抽样调查常用的指标,确定采用人口数(或人均收入)作为分层基准。

3. 第二阶段分群随机抽样的方法

(1)将样本县(市或市区)所有的乡镇(街道)按人口数的多少(或人均收入)由多到少依次排列。

(2)由多到少依次计算人口数(或人均收入)的累计数。

(3)计算抽样间隔,用累计的人口数(或人均收入累计总数)除以抽取的样本数(累计总数/5)。

(4)用纸币法(随便拿出一张人民币,看人民币的号码与最初累计数哪一个数接近,取这个数为开始数)随机确定第一个样本乡镇(街道),然后加上抽样距离确定第二个样本乡镇(街道),依此类推确定第三个至第五个样本乡镇(街道)。

(四)第三阶段随机抽样

1.第三阶段随机抽样的基准和样本容量

(1)同一个乡镇(街道)内各村(居委会)的经济发展和卫生状况基本上变异不大,因此,第三阶段不用分层,直接采用分群随机抽样的方法从"样本乡镇(街道)"中抽取样本村(居委会),但是,抽样时应按各村人均收入或人口数作为标志进行排序,第三阶段随机抽样由调查指导员负责。

(2)每个"样本乡镇(街道)"分群随机抽取 2 个村(居委会),全国共抽取 900 个村(居委会),全国每村(居委会)被抽为样本的概率为 1∶1 120。

2.第三阶段分群随机抽样的方法

(1)将样本乡镇(街道)所有的村(居委会)按人口数的多少(或人均收入)由多到少依次排列。

(2)由多到少依次计算人口数(或人均收入)的累计数。

(3)计算抽样间隔,用累计的人口数(或人均收入累计总数)除以抽取的样本数(累计总数/5)。

(4)用纸币法(随便拿出一张人民币,看人民币的号码与最初累计数哪一个数接近,取这个数为开始数)随机确定第一个样本村(居委会),然后加上抽样距离确定第二个样本村(居委会)。

(五)样本户的抽样

1.最终的抽样单位是户。在每个"样本村(居委会)"中按 20% 的比例随机抽取样本户,平均每个村抽 60 户,全国共抽取 54 000 户,全国平均每户被抽取为样本的概率为54 000/28 000万,约5 000户中抽1户。如果每户按4 个人计算,人口抽样的比率为1∶5 000左右。

2.抽户方法是各样本乡镇(街道)的调查指导员按上述抽样比例在样本村(居委会)随机抽取,具体方法为:

(1)按人口普查的编码顺序,按门牌号、楼号、单元号从小到大排列。

(2)对同一门牌号,同一个大院和楼号的,按门号从小到大排列,对同一门牌号内没有门号的按从左到右、从外到里、从下到上的原则编码,一经编码不许变动。

(3)编好的住户码列入住户清单中。

(4)根据抽样比例计算应抽的户数(一般平均每个样本村60户),然后按等距随机抽取,方法同上。第一步确定所有用户的人口累计数、本村的平均人口数(1 200/300 =4)和本村应抽取的住户数(300×20% =60);第二步计算抽样距离(1 200/60 =20);第三步确定第一个随机数;第四步用这个随机数加上抽样距离,依此类推。

(5)抽样时可多抽取 6 户作为备用,抽取方法是在上述抽样完毕以后,按上述步骤在从未抽取的住户中抽取。

思考题

1. 通过本章的学习,请你说出全面市场调查与典型市场调查、重点市场调查与抽样市场调查之间的本质区别。

2. 谈谈抽样市场调查中随机抽样和非随机抽样方式之间的区别。

3. 抽样市场调查包括哪些方式?

4. 抽样市场调查方式中各种调查方式的适用范围和使用条件以及各自的优势和劣势。

5. 某县城共有居民家庭 20 000 户,拟组织一次居民家庭食用油需求量的抽样调查。根据历史资料估算得知,职工家庭户均食用油年消费量标准差为 9 千克,现要求概率度为 2,平均抽样误差控制在 0.75 千克以内,这次调查应抽选多少样本户数?

6. 现要对农村家庭的购入商品进行调查,请你设计一个调查方案。

第六章

市场调查表设计技术

本章学习重点

市场调查表的设计是市场调查中的重要环节。本章主要介绍市场调查表的结构、市场调查表的设计方法,其中重点介绍市场调查表的设计方法,包括调查表的设计程序、态度测量和市场调查表设计中应注意的问题。

在学完本章之后,应了解什么是市场调查表以及市场调查表设计的重要性;了解市场调查表的基本结构;掌握市场调查表的基本设计方法;设计简单的市场调查表。

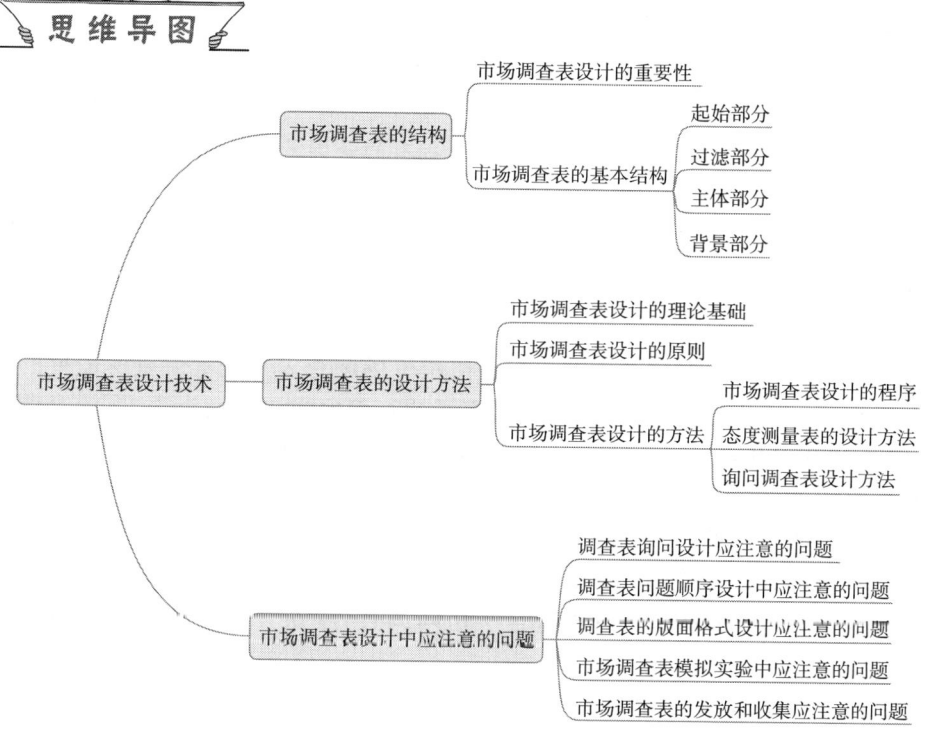

第一节 市场调查表的结构

一、市场调查表设计的重要性

(一)市场调查表的概念

市场调查表,是指调查者根据调查目的与要求,设计出由一系列问题、备选答案及说明等组成的向被调查者搜集资料的一种工具。市场调查表广泛应用于统计学、经济学、管理学、社会学、心理学等领域,它是市场调查收集资料的基本工具之一。完善的市场需要规范的市场调查,标准化的市场调查表不仅有利于准确、迅速地收集市场资料和市场信息,而且便于快速、高效地对这些数据进行处理分析。

案例6-1 在17岁驾车

美国某杂志设计了一份自填式问卷,以获得有关年龄在15~21岁之间的女性读者的驾驶习惯信息。问卷调查了关于驾驶者的执照情况、在过去一周内的驾驶公里数、使用汽车的原因、所驾驶的汽车及获取的途径、一辆新车的价格、新车的购买方式、选择一辆新车最重要的原因、所拥有的新车制造商、在新车选择中最重要的信息来源、偏爱某一品牌的原因以及在该杂志上看汽车广告的兴趣程度。问卷采用了不同的问题形式和量表技术。问卷被邮寄给杂志的消费者固定邮寄组的2 150名成员,共收到了1 143份返还问卷,回复率为53.2%。调查的一些主要成果有:过去一周的平均驾驶距离为123公里;选择一辆新车最主要的原因有款式和外观、价格及油耗等。其中2/3的人拥有的是国产车,1/5的人拥有的是雪佛莱汽车,近1/5的人拥有的是福特汽车。

该杂志利用这一信息从主要的汽车公司那里征求广告,并设计出了对读者有吸引力的文章。

在市场调查中大多数调查方法都要使用市场调查表来搜集调查所需要的资料。根据调查所用方法的不同,可以把市场调查表分为访问调查表、座谈会调查表、邮寄调查表和电话调查表等。根据市场调查表的填写方式可以把市场调查表分为自填式市场调查表和代填式市场调查表。自填式市场调查表是由被调查者自己填写的市场调查表,这种市场调查表主要适合于邮寄调查、通过媒介进行的市场调查等方式。代填式调查表是由调查者根据被调查者的回答来填写的市场调查表,这种市场调查表主要适合于访问调查、座谈会调查以及电话调查等方式。

(二)市场调查表设计的重要性

市场调查表设计是开展市场调查的关键环节,设计出理想的调查表是调查顺

利进行的前提。其重要性体现在以下几个方面:

1. 市场调查表设计是控制调查表质量的主要手段。调查表设计的好坏是控制调查误差的关键因素之一。所谓调查误差,是指由于调查表、调查者、被调查者及其他因素引起的非抽样误差,例如,调查表中某问题的语气有诱导倾向,会带来明显的偏差,甚至破坏调查结果的有效性。

如何在调查表设计中尽量减少引起调查误差的因素是调查表设计的关键。例如,某公司想把某电视节目制作成 VCD 光盘,欲调查其潜在市场,所设计的调查表中标题和说明部分均表明该调查是关于该电视节目的。调查表首先要求被调查者列举最喜欢的三个电视节目(开放题),结果该节目名列榜首,98%的被调查者声称最喜欢该节目。显然结果是有偏差的,原因是标题和说明部分给出了该节目的名称,使得被调查者事先对该节目产生或加深了印象,从而诱导被调查者在回答自己喜欢的节目时,有意无意地给出了这一节目名称,导致结果出现偏差。

2. 市场调查表设计的质量与调查的其他环节密切相关。一方面,作为调查误差的主要来源之一,调查表和其他因素相互影响,例如,调查表设计中没有考虑方便调查者根据调查表提问或记录答案,会加大由被调查者引起的调查误差。另一方面,如果调查表设计有缺陷,会直接影响数据的收集、编码和分析。调查表中敏感性问题设置过多,很容易使被调查者拒绝接受调查;调查表中开放问题过多,不利于数据录入和分析;编码或指标设置不合理,都有可能使预期的分析目的落空。

3. 调查表设计的内容是调查目的之所在。如果内容不完全或不能获取有效信息,例如,缺少重要指标或指标分层不符合分析的要求,都会降低整个调查的质量,甚至使整个调查徒劳无功。

4. 调查表设计阶段较容易对调查表质量进行控制。影响调查质量的因素很多,但资料有限、被调查者等许多因素具有很大的不可控性,但在调查表设计阶段运用一些优良、可行的原则和技巧,可以控制调查质量,辅助调查工作顺利完成。

二、市场调查表的基本结构

针对不同的调查而设计的调查表在具体结构、题型、措辞、版式等方面会有所不同,但在结构上一般都由起始部分、过滤部分、主体部分和背景部分组成。

(一)起始部分

起始部分一般包括问候语、填表说明和市场调查表编号等内容。不同的市场调查表起始部分所包括的内容会有一定差别。

1. 问候语。在自填式市场调查表中,写好问候语十分重要,它可以引起被调查者对调查的重视,消除顾虑,激发参与意识,以争取他们的积极合作。

问候词要语气亲切,诚恳礼貌。文字要简洁准确,并在结尾处表明对被调查者的参与和合作表示感谢。下面是一份"天津××区居民调查表"中的问候语:

尊敬的女士/先生：

您好！

为了更好地了解××区的市场建设和发展情况，以及××区居民的生活情况，从而为我市建设××新区提供详细的资料，下面有几个问题，请您在百忙之中协助填写。

调查要耽搁您一些时间，请您谅解。谢谢您的支持与合作！

2.填写说明。在自填式市场调查表中要有详细的填表说明，让被调查者知道如何填写市场调查表，如何将市场调查表返回到调查者手中。这部分内容可以集中放在市场调查表的前面，也可以分散到各有关问题的前面。下面是一份自填式市场调查表的例子：

填写要求：

(1)请您在所选答案的题号上画圈。

(2)对只需选择一个答案的问题只能画一个圈；对可选多个答案的问题，请在您认为合适的答案上画圈。

(3)需填写数字的题目在横线上填写。

(4)对于表格中选择答案的题目，在所选的栏目内画钩。

(5) 对注明要求您自己填写的内容，请在规定的地方填上您的意见。

3.市场调查表的编号。编号主要用于识别市场调查表、调查者、被调查者姓名和地址等，以便于校对检查、更正错误。

（二）过滤部分

过滤是先对被调查者进行过滤，筛选掉不需要的部分，然后针对特定的被调查者进行调查。

通过过滤，一方面可以筛选掉与调查事项有直接关系的人，以达到避嫌的目的；另一方面，也可以确定哪些人是合适的被调查者。过滤的目的是确保被调查者合格，使之能够作为该市场调查项目的代表，从而符合调查研究的需要。

下面是一份关于手机双向收费的市场调查表的过滤部分：

Q1.请问您或您的家人有没有在下列行业工作的？

(1)电信部门

(2)电信的下属部门

……

终止访问

Q2.请问您的年龄是：

(1)18 岁以下……………………终止访问

(2)18～30 岁

(3)30～40 岁

(4)40~50岁
(5)50~60岁
(6)60岁以上……………………终止访问

（三）主体部分

该部分是市场调查表的核心内容,它包括了所要调查的全部问题,主要由问题和答案组成。(详细内容见本章后的案例)

（四）背景部分

背景部分通常放在市场调查表的最后,主要是有关被调查者的一些背景资料。该部分所包含的各项问题,可使研究者根据背景资料对被调查者进行分类比较分析。

下面是一份市场调查表所包括的背景资料。

Q1.请问您的职业是什么？
(1)行政职员
(2)学校教师
(3)部队军人
(4)在校学生
(5)企业职工
……

Q2.请问您的最高教育程度是什么？
(1)小学、初中
(2)高中、职高、中专、技校
(3)大专、大本或以上
(4)其他

第二节 市场调查表的设计方法

一、市场调查表设计的理论基础

（一）市场调查表设计的基础知识

高质量市场调查表的首要条件是能够准确地把握市场调查的主题,使提出的问题相互独立、相互联系、简单短小、内容完整,形成一个能够和其他资料接口的体系,因此需要精心设计和反复筛选。这也需要设计者有多方面的基础知识。从市场调查方法角度看,其中两种知识是最基本的,即建立假设和提出操作定义的知识以及测量尺度级别理论。前者关系到市场调查表项目结构的完整性和严密性;后者则是选择具体提问角度和方式的基础,关系到收集信息的质量。

1. 理论假设和操作定义。提出假设是总结探测性研究结果的有效方法,是直接与设计市场调查表有重要关联的前期工作。所谓理论假设是指市场调查表的设计需要依据一定的市场营销学理论或市场现象,对于有关本次市场调查主题的"因素"或"概念"之间关系的推测性判断。在设计初期,设计者尽可能列出所有想到的假设,并以清楚的文字表述出来。书写假设的方式可以多样,经常使用的有三种类型:

第一,条件式假设。格式为:如果 A 则 B。

第二,差异式假设。格式为:不同的 A 则 B 不同。

第三,函数式假设。格式为:B 是 A 的函数。如果想指出这两者之间共变关系的方向,则可写为 B 是 A 的递增(减)函数。

当列出所有可能的假设之后,就可得到本次市场调查项目的基本框架。该框架可能包含一些需要通过查阅文献等非询问方式收集市场信息的项目,经筛选排除后就得到了本次调查表的基本项目结构。这种市场调查表项目结构不仅紧扣市场调查主题,而且指明了要与哪些非市场调查表所包含的项目相连接。例如,当一项市场调查的主题为关于某产品市场的价格与营销策略时,市场调查表设计者通过大量探测性研究得到如下假设:①不同的产品或成本就会有不同的定价。②不同的市场竞争状况,就会有不同的定价策略。③产品的性质和特征不同,其价格变动对供需的影响也不同。④消费者心理状态不同,其定价的策略也不同。

经讨论,在上述假设中,①项假设可采用文献收集得到有关资料,不包括在本次市场调查表调查项目之内。而其余 3 条则构成本次市场调查表项目的基本结构。

市场调查表设计者下一步的任务就是指出三个假设中所涉及的基本概念或"因素"的准确含义,并提出相应的测量指标。例如,在上述假设②中,"市场竞争状况"是指市场中同类产品生产和销售的状况,是完全竞争还是垄断性竞争,需要进一步指出何为"完全竞争"和"垄断性竞争",并提出在本次市场调查表中是指"在市场上有多少类同质的同种商品及分属多少个厂商",以及"这些商品在品牌、商标、质量、服务等方面都有哪些差别,如商品的保质期、服务措施、三包期限"等。

对于"定价策略"概念,则需指出其为"定价的自由度"。在本次调查中测量各种同质同种商品的历史价格和现行价格。

通过上述两个步骤的分析,一个由调查员通过询问商店售货员的调查项目,就初步设计出来了,见表 6-1。

表 6-1 同质量同品种商品调查表

1. 被调查商店名称:

2. 调查时间:

商店名称	商标	质量等级	服务措施	历史价格	目前价格

值得注意的是,市场调查表中操作定义一定要具有操作性,即指标要明确、客观。如对"质量"在本次调查中操作为"保质期",对"服务"操作为"三包期限",而不笼统地说"质量较好""服务优良"等。这样就可以由研究者根据收集的市场信息对质量和服务的状况进行分类,从而避免出现因销售人员主观标准不同而导致的"质量高"这种含义不清的问题。

2. 测量尺度级别理论。市场调查中常用的测量尺度有高级与低级之分。这种尺度由低到高的排列顺序为:定类测量尺度、定序测量尺度、定距测量尺度和定比测量尺度。这四种尺度之间的关系为高级尺度的信息包含低级尺度的信息,并能够转化为低级尺度,反之则不成立。

定类测量尺度的特征是,测量代号系统只表示客观现象的类别间差别。如用1表示男性,2表示女性。再如我们常用的"房间号""电话号码"等等。

定序测量尺度的特征为,测量的代号系统不仅能区分类别,而且能将客观现象按一定方向排出顺序。例如,用"1"表示销售量第一,用"2"表示第二,还有常用的"优良中差"等。我们可知被测现象的顺序差异,但它们之间差距多大并不知道。

定距测量尺度的特征为,在特定测量中,测量的代号系数一般以数字组成,并且具有数值意义。这就是说,不仅能区分类别、排列顺序,而且可计算出客观现象之间的距离。例如,对货物周转量的测量,当按每批进货与销售量来评定时,可以得知该种货物目前的周转量比以前快或慢了多少,其间的差距是多少。又如,将消费者对某商品的喜爱程度分为"很喜欢、比较喜欢、一般、较不喜欢、很不喜欢"五级,分别用1~5表示,并假定这五级之间的距离是相等的,这时用的也是定距尺度。

定距尺度虽然可以利用加减法,使代号有了数值的意义,但是它的缺点是没有绝对零点,造成不同种类之间不好比较。例如,测量货物周转量时,商品之间在质量、体积上差别较大时,就无法比较不同种类商品的周转量的差异。但用销售金额,就可相互比较。因为"销售金额"的单位不但是等距的,而且有绝对零点,即销售为零。而当测量尺度有了等距和绝对零点时,该测量尺度就是定比尺度。有了定比尺度便能实行加减乘除的四则运算。所以定比尺度是最高级的测量尺度。

在市场调查中使用不同的测量尺度会得到不同类的变量。采用的统计方法各异,最终的测量精度也不同。定类和定序尺度的测量只能得到离散变量;定距和定比测量才能获得连续变量。

在市场调查表设计中应用测量尺度级别理论时,要注意提问的角度,应尽量采用高级别的测量尺度,以求获得尽量多的信息,提高调查的精确度、增强分析的灵活性。

(二)市场调查表设计的基本要求

市场调查表是收集市场信息的工具,是一份精心设计的调查提纲,是一套印刷在纸上的问答题目。采用市场调查表进行市场调查是国际通行的一种作业方式,也是我国近年来最流行的一种调查手段。设计现代市场调查表最基本的要求可以概括为"四易",即易于回答、易于记录、易于整理统计和易于辨别回答的真伪。这些基本要求主要表现在以下几个具体方面:

1. 市场调查表主题突出,问题关联紧凑。现代市场调查表重点突出、紧凑,没有多余的问题;市场调查表把调查主题分解为不同的类别和细目,每个问题的询问形式具体、清楚,问题之间既不重复又相互关联。一个好的市场调查表就是一个完整的理论体系。

2. 市场调查表形式多样、简明、易懂易读。现代市场调查表大都采用封闭式问题设计,列出完备的可能答案,尽可能让被调查者少写字。这既可提高调查效率,又可使回答者采取合作的态度。在需要回答者书写时,除留有足够空间外,还经常采取图文并茂的提问方式以提高回答者的兴趣。

3. 市场调查表用语准确规范,注意被调查者的身份和思维习惯。现代市场调查者充分尊重被调查对象的社会阶层、行为规范等社会文化特征,采取过滤性问题设计技术,使回答者感到问题提法有礼貌、不唐突、能回答。此外,在问题顺序的排列上,注意到时间、类别顺序等,使之尽量符合答者的思维习惯。

4. 市场调查表尽可能采用高级别的测量尺度。现代市场调查表测量精度高,在可能的情况下尽量采用较高级别的测量尺度,以获得较多的信息,以便后续的统计分析。如在询问年龄时,可直接问"您的出生年份是_____年。"

5. 市场调查表设计严密,注意质量控制性问题。现代市场调查在设计问题时要注意对回答问题质量的控制,将实质性问题与控制性问题相结合,将同类备选答案的顺序适当调整,并通过对问题间的逻辑关系分析等手段,以求达到能够对草率应付或乱答的问题给予识别。

6. 市场调查表格式整齐、编码规范。现代市场调查表多采用事前编码技术,设计题目与编码同步进行,使市场调查表所载信息易于整理和统计。

二、市场调查表设计的原则

市场调查表设计是一门科学,但却具有较强的艺术性,在设计市场调查表时要求设计者具有一定的技巧性、灵活性和创造性。虽然市场调查表类型和内容各异,不同设计者也有不同的设计风格,但都需满足市场调查表设计的根本要求,即在一定成本下获取最小误差的有效数据。这一要求体现在市场调查表设计的基本原则上。

(一) 功能性原则

功能性原则是市场调查表设计最基本的原则,即实现市场调查表的基本功能,达到规范设计和满足调查客户需求的目的。这一原则又具体表现在一致性、完整性、准确性和可行性等几个方面。

1. 一致性原则。市场调查表是获得特定数据的测量工具。该数据应该能满足调查目的与要求,所以市场调查表内容应与调查所希望了解的内容相一致,这是市场调查表设计功能性原则的基础。如果市场调查表中的某些问题与调查发起者的要求不一致,这样的市场调查表便是不合格品。在许多调查中,调查发起者在提出调查目的后并不能清楚完整地提出具体的调查内容要求。此时设计人员应当与数据使用者积极沟通,相互协调,设法挖掘出调查发起者的潜在需求。必要时可以通过预调查,探索本次调查可能涉及的问题;通过结果的分析,找出要达到的调查目的。

2. 完整性原则。如果市场调查表内容不完整,有一部分调查要求没有体现出来,那么就达不到调研目的。因此,在设计市场调查表时,市场调查表的内容应能涵盖达到调查目的所需了解的所有内容。这里的完整性不仅包括问题的完整,还包括具体问题中所给的答案选项的完整,即不应出现被调查者找不到合适选项的情况。

3. 准确性原则。作为搜集数据的工具,调查表应保证数据的正确性。作为调查的脚本,调查表的措辞、顺序、结构和版式等方面应当保证所需信息被准确翻译为调查表的问题,能够让被调查者准确理解,并给出正确回答。作为记录工具和编码工具,调查表应能提供规范的记录方式和编码方式,保证被调查者或调查员记录的答案准确清晰,设计的编码能准确代表原资料的信息,以满足录入、编码和分析环节的要求。

4. 可行性原则。调查表的内容虽然很准确、完整,但如果拒答率很高,也不会收到成效。因而调查表应保证被调查者愿意并如实回答,这是得到有效数据的必要条件之一。此外,调查表的设计还要保证编码、分析的可行性,被调查者提供的回答应是可量化的。所谓回答可量化,是指调查表设计时必须照顾数据处理的需要,避免出现过于离散的回答。量化的数据是定量统计分析的基础,而且量化的级别越高,适用的分析方法越多。因此,调查表中一般优先考虑封闭式题型,由被调查者在所提供的答案选项中进行选择回答。在需要设置开放题的场合,也应当对回答范围及方式进行限定或引导,便于编码和处理。

(二) 可靠性原则

所谓可靠性原则,是指作为数据收集工具的调查表,应保证数据在一定的条件下维持稳定性。具体来说,即由于调查者、被调查者和调查环境的不同,都可能引起数据波动,调查表应具有一定的稳健性,以减少这三方面对数据质量的干扰。

1. 减少调查者的影响。不同调查人员收集的数据可能存在显著差异,引起调查误差。一方面,由于调查人员的文化素质、表达能力与性格不同,从而使被调查者对问题的理解与回答也有差异,带来误差或偏差。设计调查表时应尽量注意标准化,让调查人员严格按照调查表进行标准化提问,使调查者和调查结果独立,以减少被调查者个人因素对调查结果的影响。另一方面,调查中访问员疏忽大意或有意作弊是常见的现象,如果调查表有检查功能(如设置逻辑检查项目),就可以检查、甚至预防这些情况的发生。

2. 减少被调查者的影响。对被调查者的可靠性分析分为两方面:一是被调查者的文化背景、理解能力等因素可能影响调查结果,因而调查表应具有同质性,以保证不同被调查者对同一问题的理解相同,这样得到的数据结果才比较可靠。二是指如果其他因素不变,相同被调查者对同一问题的理解与回答应该相同,否则数据的可信度会受到怀疑。

3. 减少调查环境的影响。由于不能预见到调查过程将在什么样的环境中对什么样心情或状态的调查者进行,因此,调查表的设计应当充分考虑自身的抗干扰能力,具有一定的稳健性。例如,如果调查不得不在较嘈杂的背景中进行,就要求调查表的措辞应当是简练而不易发生歧义的,读者容易误解的词语应当避免出现。由于被调查者可能视力较差,或者调查背景较昏暗,所以在调查中应尽可能避免使用卡片作为辅助性工具,答案的选项应当是易于宣读和理解的。

(三)效率原则

在遵循功能性原则和可靠性原则的前提下,市场调查表的设计应保证最大效率原则。简单地说,就是在保证获得同样信息的条件下,应选择最简洁的询问方式,以使市场调查表的长度、题量和难度最小,节省调研成本。一方面,在一定成本下,要使市场调查表尽量获取全面、准确、有效的信息,但并不等于一味追求容量大、信息多。与本次调查目的无关的问题不要问,否则,不仅会造成人力、物力、财力的浪费,还可能引起被调查者的反感和厌恶,导致拒访率增高,数据质量下降,市场调查表效率降低。另一方面,追求高效率并不简单地等于低成本,一味节约成本可能会以数据准确性和可靠性下降为代价,反而造成低效率。

(四)可维护性原则

市场调查表的设计往往不是一次性完成的,好的市场调查表要经过反复多次的修改和检验,待错误全部修正后,再正式展开大规模的调查。有时候,调查委托方可能通过试访问,发现原始需求的偏差,从而对原需求进行修正,此时也涉及市场调查表的修正问题。一份便于修正的市场调查表应当结构清晰,不同的调查项目之间有明确的界限,当一个项目的内容需要进行修正时,不会影响到市场调查表的其他部分。同时,市场调查表的原设计人员因故退出调查时,接替工作的人员应能从市场调查表中轻易领会原设计的意图。

1. 可比性原则。在时间上,除纵向连续调查外每年都有许多同类调查需要对相同问题进行对比;在空间上,在不同的城市对不同的社会群体进行的调查需要对数据进行比较;在内容上,可能在同一项调查活动中要涉及几个不同的内容,或不同内容的市场调查表之间需要进行比较。在所有这些情况中,都要注意市场调查表的可移植性。如果设计市场调查表时仅从本次调查出发,忽略市场调查表的标准化,使数据口径不一,缺乏时间、空间和内容上的可比性,会极大地限制数据的利用价值。

2. 持续性原则。市场调查表的设计往往不可避免地要考虑到时间、对象、场合的变化。例如,不同城市居民的生活习惯有所不同,市场调查表设计时必须考虑这种不同的生活习惯。当调查背景发生变化时,市场调查表中这些相应的内容也需要发生变化。这种变化不可能通过重新设计一份新的市场调查表来实现,因为这样做不仅需要重新花费设计费用,而且不利于在统一口径下对调查结果进行对比。所以在设计市场调查表时,需要保证市场调查表具有连续性,以确保具有鲜明时间、地点、对象特征的内容在市场调查表中可以被分离出来,从而在需要时可以进行修改,而不对其他部分造成影响。

3. 扩展性原则。从广义的角度看,设计市场调查表不仅为本次调查服务,还应具有扩展性。除了在内容上具有可对比和连续性之外,还必须注意不要引起被调查者的反感与厌恶,破坏整个调查业的发展。有些市场调查表不仅在本次调查中拒访率高,还可能导致许多人对调查产生反感,使他们今后不愿意接受任何形式的市场调查表调查。

4. 模块化原则。为满足可维护性要求,设计市场调查表应力求思路简洁,若非研究所必需,不要在市场调查表中构造复杂的模型。同时,可以考虑使用模块化的设计方法,即将市场调查表划分为若干个功能块,每个功能块由若干道题构成。功能块内部具有较强的联系,但在各个功能块之间应保持相对的独立。在软件设计中,将这种设计称为"高内聚,低耦合"。

在市场调查中,对调查工具提出了所谓的"效度"和"信度"的要求,以上四项原则与"信度""效度"实质上是一致的。"信度"是指在同等条件下对变量反复测量所得结果的一致程度,而可靠性原则除包含"信度"的含义之外,还要求条件变化时相应具有一定的稳健性。例如,不同心情状态下被调查者对问题的回答应相同。"效度"是指观测项目反映真实情况,达到预期调查目的的有效程度,而市场调查表设计的功能性原则将其分解为一致性、完整性、准确性和可行性,其中涵盖了效度的内容。此外,还提出了效率原则与可维护性原则。应该指出的是,上述四项原则有时相互矛盾,难以同时满足。由于调查费用等客观因素的限制,市场调查表的设计不可能做到尽善尽美,在实践中如何权衡贯彻各项原则,还需要凭经验加以判断。

三、市场调查表设计的方法

(一)市场调查表设计的程序

不同的调查目的和要求、不同的调查对象、调查内容以及不同的调查方式等可能会决定不同的市场调查表类型、结构和特征。在市场研究中,调查内容无所不包,每个调查项目都有各自的特点,因此,相应的市场调查表设计也要各有侧重。此外,对于相同条件下的同一调查项目,很难确定出一份最优的市场调查表。但是,调查表设计也并非完全无规律可循,多数市场调查表设计的总体目的、基本原则与设计程序是相同的。

上面我们对贯穿市场调查表设计全过程的一般性原则进行了概括。但在实际操作中,每一个步骤都有许多细节需要注意,否则就会导致调查误差的产生。因而本节按照市场调查表设计的一般程序,结合实际案例,探讨哪些因素容易导致调查误差,并对市场调查表设计的具体原则和技巧进行详细分析。

1. 明确所需获取的信息。市场调查表设计的第一步就是对调研主题和目的进行初步的探测性研究,将其转化为具体理论假设与所需获取的信息。这一阶段工作与调研前期工作密切相关。因为调研的第一步就是研究调查目的和调查主题,如果调研者在这一步已进行了细致、准确的研究,则完成这一阶段的工作将会很容易。

许多调查都要求设计者对所调查的问题有一定的研究,提出一些理论假设,即根据相关问题领域内的一定理论或现象,对有关本次调查主题各因素间的关系作推断或判断。当然,探测性调查的目的主要在于发现思想或见解,设计初期对问题了解较少,只是一些粗略的思想,可能难以提出理论假设。设计初期,设计者应尽可能列出想到的所有假设和所需信息,再联系主题对其进行筛选,排除不必调查的内容,便可以得到本次调查的基本项目结构。然后,分析检验这些假设与获取这些信息需要进行哪些统计分析,这也就决定了调查主题和调查内容。

归纳起来,这一阶段应该注意的问题主要有以下几点:

(1)遵循功能性原则的一致性要求。按照这一原则,市场调查表内容应与调查发起者的需求相一致。有时,调查发起者可能自己都不知道自己真正需要获得哪些信息。例如,某次关于某类电视广告效果调查的前期,调查发起者只能说出想了解该类广告的影响效果,再深入就不清楚了。如果仅根据这一句话确定市场调查表的内容,结果则很难满足调查发起者的真正需求。因此要求调查表的设计人员与调查发起者反复进行沟通交流,深入了解调查发起者的真正需求。

(2)遵循功能性原则的完整性要求。反复检查或通过预调查分析有无遗漏重要信息,以保证信息的完整性,充分满足调查发起者的需要。

(3)遵循功能性原则的准确性要求。有时设计人员对项目相关领域了解不多或没有深入研究问题,很难弄清真正需要哪些信息,更无法提出理论假设。在这种情况下,盲目确定所要调查的信息,其结果肯定不会令人满意。另外即使设计人员认识到所需了解的信息,并提出理论假设,但如果与数据分析人员缺乏沟通,市场调查表中的变量无法检验,最终也无法达到调查目的。因此,一定要把握主题,深入研究具体需要哪些信息,并提出正确的理论假设。与分析人员交流,要得到这些信息需分析哪些问题,涉及哪些变量,这样确定的市场调查表,才能满足调查发起者的需要。

(4)注意信息的可行性分析。实践中设计人员可能会忽略获取信息的可行性分析。例如，某计算机公司为了解竞争产品的实力和销售情况，决定对经销公司进行市场调查。调查发起者与调查设计人员对所要了解的信息都很明确，但到市场调查表执行阶段时才意识到市场调查表所获得的许多信息都属于商业机密，不应该放入市场调查表中，结果不仅调查无法进行，还使被调查者对调查产生了敌意。因而，除了应删除没有必要询问的信息之外，对被调查者难以理解、回忆不起来的问题也要慎重考虑，否则即使得到答案也可能是无效的。对被调查者不愿回答或不愿真实回答的问题，寻找有无可能采用隐藏题型或随机化技术，如上例中的商业机密问题最好删除。

（5）遵循效果原则。按照这一原则，确定的信息一定要精简。调查发起者可能希望一次调查就获得足够的信息。基于这些想法，某些调查发起者将一些与调查目的关系很小甚至是无关的问题都列在市场调查表中，结果使市场调查表涵盖内容太多，拖沓冗长，结构松散，使调查难度加大，成本增加，并会增加非抽样误差。因而，在确定所需获取的信息时，应将与调查目的无关的信息一律删除。

2. 确定市场调查表类型与调查方式。明确所需获取的信息之后，研究人员需要决定怎样收集这些信息，包括确定市场调查表的类型和调查方式两个方面。在实际调查中，市场调查表类型或调查方式的选择不当会导致很大的非抽样误差，严重影响调查质量。

这一阶段要注意的问题主要有以下几个方面：

（1）遵循可行性原则。选择的市场调查表类型不合适，或调查方式不合适，或两者的搭配不合适，都可能导致高拒访率，引起调查误差。例如，为调查某通信器材的市场情况，对其经销企业进行派员访问调查，设计的市场调查表为结构化、非隐藏性的，其内容、顺序、措辞、版式等均无可挑剔，但在实际调查中，许多被调查者认为调查内容涉及商业秘密拒绝合作，结果拒访率非常高，使调查结果失去意义。再如，某调查发起者既希望设计的市场调查表内容详细而全面，又想节省费用，决定采用电话调查。本来电话调查的成功率就低，市场调查表长而复杂又是电话调查的禁忌。因此，调查方式与市场调查表类型不匹配，会导致调查结果不令人满意。

因此，应根据所需了解信息的内容、类型和数量，选择配套可行的市场调查表类型和调查方式。如果调查内容涉及敏感性问题，则调查方式可考虑匿名性邮寄调查或在派员访问调查中采用随机回答技术。而为了提高回答率或防止对被调查者的诱导，则可考虑采用隐藏性市场调查表。

（2）遵循准确性要求。选择的市场调查表类型和调查方式应能满足调查发起者对信息准确度的要求。如果盲目选择调查方式与市场调查表类型，则调查结果的准确性可能达不到调查发起者的要求。例如，欲估计某品牌洗发水的市场比例，为节省费用，采用媒体调查，结果回收率很低，数据不可信。由于被调查者分布可能有偏，用这种结果估计产品的市场比例显然不准确。

（3）遵循效率原则。在满足调查发起者需要的基础上，应尽量使成本最低。如果选择的调查方式与市场调查表类型不匹配，可能造成低效与浪费。许多人对调查不了解，误以为所有调查都要采用派员访问调查方式，本来用电话调查就可以满足其需要，而且更省时省钱，却花费更高的成本采用派员访问调查。因此，选择调查方式与市场调查表类型时要考虑所能承担的调查费用和对时间的要求。

科学地选择调查方式和市场调查表类型，首先应明确各类方式的优缺点与适用范围。市场调查表类型的选择直接取决于调查内容与要求，也受制于调查方式。

由于派员访问调查具有调查内容广泛、数据准确、成功率高等优点，因而使用的最普遍，但其所需成本较高，调查周期较长。邮寄调查的调查对象分布广泛，可适用于规模较大，调查内容不太复杂，对总体推算的精确度要求不高，并且总体成分构成比较单一的调查项目。电话调查则一般适用于对专题信息的搜集、对特定群体的调查以及作为其他调查的补充。比如，为得到较高质量的数据而选择派员访问，需要牺牲一定的时间与费用；而为节省费用，选用邮寄调查，得到的数据质量可能较低。可见，不同调查方式各有利弊，在选择时必须进行权衡，依据调查要求与客观条件，选择最优方案。

3. 确定市场调查表中的内容和形式。市场调查表内容和形式的设计包括市场调查表中对问题提问的设计、对问题回答的设计、对问题顺序的设计和对调查表版面的设计等等。

4. 对初稿的检测与修改。市场调查表的初稿很可能存在一些潜在的问题，一般都要经过仔细检查和修改。这一阶段，耐心、严谨、认真的态度非常重要。然而，即使经过认真的检查，一些潜在的问题未经实际调查，可能还难以发现。因此在正式使用市场调查表之前一般要对它进行充分测试，在与正式调查相同的环境里进行试调查，观察调查方式是否适合向被调查者询问；市场调查表设计有何问题；对试调查得到的回答进行编码、试分析，检验市场调查表是否能够提供需要的信息等。出现问题的，需要立即修改市场调查表，必要时删除不能提供所需信息的问题。

（二）态度测量表的设计方法

态度测量表是测定被调查者的态度、意见的一种测量技术。市场调查在很多情况下，要了解被调查者的态度和意见，这些问题用一问一答的方式很难归纳起来。使用态度测量表的技术，可以将属于质量性的答案，用数量的方法记录下来，便于对态度、意见等做比较、判别和测定。

1. 态度测量表的类型

（1）类别量表。类别量表是根据被调查对象的性质分类。例如，消费者对各种商品满意或不满意，对某种商品用过没用过等。由于类别量表的项目都是不同性质的，项目与项目之间没有必然的关系，所以从类别量表询问中做到的只是有关的分类统计资料。如某些消费者使用过某种商品或是没有使用过某种商品，各有多少人，占总人数的百分比。

(2)顺序量表。顺序量表是表示各类别之间的顺序关系的一种量表。这是依据各类别之间不同程度依次排列的,只表示顺序关系,但不确定各类别之间的差距。如可要求消费者对某商品的 5 种不同品牌依顺序分为最喜欢至最不喜欢,最喜欢给 5 分,最不喜欢给 1 分。但顺序量表不反映某种品牌比另一种品牌的商品好,上述的记分只是说明喜欢程度的顺序,而不能说明调查对象之间程度的差距。

(3)差距量表。差距量表是表示各类别之间的顺序之间差距的量表,也即是它不单能表示各类别之间的顺序关系,还能反映各顺序位置之间的距离。因此,可确定地指出 5 分与 4 分之间的差距,等于 4 分与 3 分之间的差距。但不能说明 6 为 3 的两倍,这是因为差距量表中的零点是人为决定的,没有真正的零点。

(4)等比量表。等比量表是说明各类别之间的顺序关系成比率的量表。等比量表除了有差距量表的全部特点外,还有一个特点,即零点。但这种量表在态度、意见测量上是有困难的,在市场调查中运用较少。

2.态度测量技术。态度测量技术有多种方法,但有的测量技术较为复杂,所以不一一介绍,这里只介绍几种。

(1)评比量表。评比量表是一种顺序量表,是市场调查中运用较为广泛的一种态度测量技术。调查者拟定出调查项目顺序排列的答案,被调查者可以自由选择答案,量表两端为极端的答案,中间的答案可根据调查项目要求的深度及评价的程度提出。一般的可分为 3~5 个阶段,要求答案更详细的,可分为 10 个阶段。下面以消费者对某种商品的满意程度的评价为例:

①

| 完全不满意 | 不很满意 | 不满意 | 无所谓 | 满意 | 很满意 | 非常满意 |
| 1 | 2 | 3 | 4 | 5 | 6 | 7 |

②

在平均水平之下	在平均水平之上	稍 好	甚 好	是最好的一种	最 好

类似上例第一种评比量表的平均数的多少可代表调查对象态度的强弱,还可以计算出回答者的百分比,作为评比的基础。在测量态度转变时,第二种量表的效率较高,因逐个量表的有利态度答案较多,实际上是不平衡量表,在测量回答者的态度是否倾向有利方面时效率较高。

(2)固定总数量表。固定总数量表是由调查对象在固定数值范围内,对所测的项目依次分配一定的数值,作为不同评价的一种态度测量表。固定的总数是 10 或 100。例如,在调查消费者对不同品牌的商品喜爱程度时可采用:

对以下各品牌的商品打出一定的分数,总分数为 100 分:

品牌甲:60   品牌乙:30   品牌丙:10

消费者根据自己不同的偏好打出分后,所给予各品牌商品的数值是不同的,经调查者汇总整理后,即可得出消费者对不同品牌商品的喜好程度。

(3)语意差别量表。语意差别量表是要求被调查者运用极端的形容词来表达态度的一种量表。如:

好—不好　　　　　方便—不方便
美—不美　　　　　甜—苦

这种量表可以看到消费者对某种商品态度上的明显差别,调查后将各种形容词的分数相加即得出各种品牌商品的总分数,便于比较。

(4)等值差距应答者量表。等值差距应答者量表是由被调查者自行选定询问的问题和语句以数值表示态度的一种量表。这是与上述三种态度测量表技术不同的一种量表,上述三种量表是调查者直接将拟定好的有关态度的问题与语句让被调查者回答,由被调查者自行选择,所以前三种可谓是直接量表,这种量表则是间接量表。等值差距应答者量表是调查者根据被调查表选择的问题和语句建立的等值差距量表。

等值差距应答者量表的做法是:首先拟定1~100条有关态度调查的问句,例如,调查电视观众对广告的态度可用以下语句:

多数广告的内容很单调
多数广告生动有趣
广告能帮助消费者选择商品
看广告完全是浪费时间
……

然后选择20个以上的评定者,将以上100条语句按其正负态度分别列入11个组内,凡属于中立态度的应放在第六组内,负态度列入1~5组,正态度列入7~11组内。评定人将各语句分组后,计算平均数或中位数,建立一个等值差距量表。

(三)询问调查设计方法

在市场调查中要准确而有效地搜集到需要的资料,在调查表设计中首先要将调查的问题传达给被调查者,这就必须具备一定的询问调查技术和技巧。询问调查设计的方法主要有以下几种:

1.开放性问题设计方法。开放性问题是指对问题的回答未提供任何具体的答案,由被调查者根据自己的想法自由做出回答,属于自由回答型。例如,下面就是两个开放性问题:

Q1.您认为灯塔牌油漆质量存在什么问题?

_____

Q2.您认为灯塔牌油漆的包装如何?

_____

在开放式的询问调查设计中,我们重点介绍以下两种方法:

(1)过滤法。过滤法也叫漏斗法,是指调查者对被调查者用一种迂回的询问方式求得回答,然后缩小范围回到主题上来求得回答。因为有些询问的题目直接提出,不易被调查者接受,有可能使回答不自然,不真实。采用过滤法逐步引发,因势利导,会逐步反映出被调查者的真实想法,取得更加可靠的资料,这种方法一般是在询问中考虑到被调查者对某些问题的回答有所顾虑,或一时无法直接回答而设计的。采用这种方法,调查者应掌握被调查者的心理状态,要有一定的询问技巧。

(2)回想法。回想法是用于测定调查项目的印象、记忆强度的一种方法。调查者提出一项回忆的项目,如产品的品牌、企业的名称或一则广告,然后由被调查者回忆,测出记忆的强度。如某种项目被众多被调查者回忆出的次数越多,其在消费者心中的印象就越深,反之,则越浅。

例如:"请您说出您所知道的洗衣粉的品牌";"请您举出在广告中所看到的化妆品的名称"。

使用回忆法提出问题应直截了当,清楚明白,一般是根据第一回忆率、第二回忆率等回忆次数算出比率,以便了解印象和记忆的程度。

案例6-2 开放式调查为纳贝斯科带来了新商机

在一次调查中,美国纳贝斯克公司设计了一系列有关曲奇饼干的开放式问题,以确定公司产品是否满足所有顾客需求。调查的问题有:你喜欢什么样的曲奇饼干?曲奇饼干对人类健康有哪些好处?曲奇饼干对人类健康有哪些害处?等等。调查结果显示,消费者希望曲奇饼干不仅为他们提供热量,还能提供所需要的健康物质。鉴于这样一个新商机,该公司开发了一种特殊的成人曲奇饼干,该品种种类繁多而又健康美味。一经上市,其销量就在100多种分类饼干中名列前茅。

2.封闭性问题设计方法。封闭性问题是指对问题事先设计出各种可能的答案,由被调查者从中选择。封闭性问题的答案是标准化的,有利于被调查者对问题的理解和回答,同时也有利于调查后的资料整理。但封闭性问题对答案的要求较高,对一些比较复杂的问题,有时很难把答案设计周全。一旦设计有缺陷,被调查者就可能无法回答问题,从而影响调查的质量。因此,设计好封闭性问题的答案是调查表设计中的一项重要内容。

封闭性问题的答案是选择回答型,设计出的答案一定要穷尽和互斥。穷尽即要求列出问题的所有答案,不能有遗漏。对有些问题,当答案不能穷尽时,可以加上"其他"一类,以保证被调查者能有所选择或回答。互斥即要求各答案间不能相互重叠或包容。

根据提问项目或内容的不同,封闭性问题的回答方法主要有:

(1)两项选择法。两项选择法的答案只有两项,要求被调查者选择其中之一来回答。如:

Q.您经常使用灯塔牌油漆吗?

　　A.是　　　　　B.不是

两项选择法的特点是,被调查者只需在二者之中选择一项,回答比较容易;调查后的数据处理很方便。其缺点是:得到的信息较少;当被调查者对两项答案均不满意时,很难做出回答。

(2)多项选择法。多项选择法的特点是设计调查表时,对一个问题给出三个或三个以上的答案,让被调查者从中选择进行回答。根据其选择的答案多少的不同,多项选择有以下选择类型:

① 单项选择题。要求被调查者对所给出的问题答案选择其中的一项。如:

Q.您认为哪类的广告宣传效果最好?

　　A.电视广告　　　B.广播广告　　　C.杂志广告

　　D.报纸广告　　　E.路牌广告

②多项选择题。要求被调查者在所给出的问题答案中,选出自己认为合适的答案,数量不受限制。如:

Q.您在购买油漆时,主要考虑什么因素?

　　A.价格　　　　　B.品牌　　　　　C.产地

　　D.质量　　　　　E.售后服务

③限制选择型。要求被调查者在所给出的问题答案中,选出自己认为合适的答案,但数量要受一定限制。上面的问题中,可要求被调查者限选三项。

(3)顺序选择法。顺序选择法的问题答案也有多个,但要求被调查者在回答时,对所选的答案按要求的顺序或重要程度加权排列。其中,对所选的答案数量可以进行一定的限制,也可以不进行限制。例如,上面多项选择法的问题可以做如下提问:

Q.您在购买油漆时,主要考虑什么因素?

　　A.价格　　　　　B.品牌　　　　　C.产地

　　D.质量　　　　　F.售后服务

(按重要程度进行排序)_____

顺序法中的问题答案不仅可以反映所要调查的内容,而且可以反映出被调查者对问题的看法,从而增加了信息量。

(4)评定尺度法。评定尺度法中的问题答案,由表示不同等级的形容词组成,并按照一定的程序排序,让被调查者选择。例如:

Q.您对灯塔牌油漆是否满意?

　　A.非常满意　　　B.比较满意　　　C.一般

　　D.不太满意　　　E.不满意

(5)双向列表法。这种方法是将两类不同问题综合到一起,通常用表格来表现。表的横向是一类问题,纵向是另一类问题。这种问题可以反映两方面因素的综合作用,提供单一类型问题无法提供的信息,同时也可以节省市场调查表的篇幅。

(6)一对比较法。一对比较法是决定顺序的一种方法,是在调查项目有多种种类时,将其在好与不好的评价标准下予以排列,请被调查者比较后决定。

如:调查某种商品的广告效果时可列出:

甲广告( )　　　　　乙广告( )
丙广告( )　　　　　丁广告( )
甲广告( )　　　　　丙广告( )
丁广告( )　　　　　乙广告( )
……　　　　　　　　……

请观众、听众比较上列广告中左边或右边的广告哪种效果较好,在认为效果好的某则广告上打上符号。如想调查得更加细微,可在左右两个项目中间,列上程度的差别,如:

效果好	非常	稍微	相等	稍微	非常	效果不好
甲广告						乙广告

这样就比上述例子所调查到的资料更近了一步。不仅可以测定被调查者态度的顺序,还可以测定评价的距离。采用一对比较法时,一般都在一对之间插入若干程度的评价尺度。

第三节　市场调查表设计中应注意的问题

一、调查表询问设计应注意的问题

市场调查表所要调查的资料是由若干个提问和回答组成的。如何准确地进行询问,是市场调查表设计中十分重要的一步,对调查质量有着重要影响。

从整体上看,一份市场调查表中的内容不宜过多,不必要的问题不要列入。很多初学调查或市场调查表设计的人,往往以为多一道题,可多得一份资料,所以会询问一些不必要的问题,这样不但浪费时间,还会增加资料处理的费用,有时也因问题过多,使被调查者感到厌烦,影响整体调查的质量。

在设计询问时需要注意以下几点:

(一)询问的内容尽可能短

如果询问的问题过长,不仅会给被调查者的理解带来一定的困难,也会使其感到厌烦,从而不利于其对问题的回答,特别是访问调查中使用的市场调查表,询问的部分过长,会使被调查者忘记开头的内容,影响对整个问题的理解和回答。

（二）用词要确切

市场调查表中的用词要力求确切,要使所询问的问题清楚明了。具体可按"6W"准则加以推敲。"6W"即 Who(谁),Where(何处),When(何时),Why(为什么),What(什么事),How(如何),以此来推断问题是否清楚。当然,并不是一项询问中必须同时具备"6W"。例如：

请问您购买什么牌子的香烟？

这个问题中的 Who 很清楚,What 是指香烟的牌子,When 则未表明,是指过去还是现在？很容易造成回答偏差。因此,该问句可以修改为：

请问您在最近一个月内购买什么牌子的香烟？

在市场调查中,也有一些所询问的问题含义不清楚或过于笼统。例如：

请问您认为灯塔牌油漆怎么样？

这里的"怎么样"的含义很笼统,被调查者不知道要回答哪些方面的问题。因此可以改为：

请问您认为灯塔牌油漆的质量怎么样？

（三）用词要通俗

由于被调查者的文化程度不同,市场调查表中的用词要通俗,易被人理解,避免使用过于专业的术语。例如：

请问贵公司是否经常使用 STP 策略？

有些人可能不知道什么是"STP",因此无法回答这样的问题。

（四）一项询问只包含一项内容

如果在一项询问中包含了两个以上的内容,被调查者就很难回答。比如：

请问您对灯塔牌油漆的价格和包装是否满意？

这里包括了"对价格的态度和对包装的态度"两项内容的调查。如果被调查者对价格满意,而对包装不满意或者相反,则一时很难作出判断和回答。所以不如把它分成两个问题。

请问您对灯塔牌油漆的价格是否满意？

请问您对灯塔牌油漆的包装是否满意？

（五）避免诱导性询问

市场调查表中询问的问题不能带有倾向性,而应保持中立。词语中不应暗示出调查者的观点,不要引导被调查者该做出何种回答或该如何选择。例如：

灯塔牌油漆获得了多项国际大奖,您认为它的质量怎么样？

这里已经暗示了灯塔牌油漆质量很好,对被调查者的选择具有引导作用。不如改为：

您认为灯塔牌油漆的质量怎么样？

引导性询问容易使被调查者不假思索地做出回答或选择,也会从心理上产生顺应反应,从而按着提示做出回答或选择。

(六)避免否定形式的询问

在日常生活中,人们往往习惯于肯定陈述的询问,而不习惯于否定陈述的询问。采用否定的询问是:

您不认为灯塔牌油漆的质量很好吗?

而采用肯定的询问则是:

您认为灯塔牌油漆的质量好吗?

否定询问会影响被调查者的思维,或者容易造成相反意愿的回答或选择。因此,在市场调查表中尽量不要用否定形式的询问。

(七)避免敏感性问题

敏感性问题是指被调查者不愿意让别人知道答案的问题。比如,个人收入问题、个人生活问题、政治方面的问题等等。市场调查表中要尽量避免提问敏感性问题或容易引起人们反感的问题。对于这类问题,被调查者可能会拒绝回答,或者采用虚报、假报的方法来应付回答,从而影响整个调查的质量。

对有些调查,必须涉及敏感性问题的,应当在询问的方式上进行推敲,尽量采用间接询问的方式,用语也要特别婉转以降低问题的敏感程度。

二、调查表问题顺序设计中应注意的问题

为了提高市场调查表的回收率,设计市场调查表时,应站在被调查者的角度,顺应被调查者的思维习惯,使问题容易回答。因此在市场调查表设计过程中,安排好问题的顺序也是很重要的。具体来说,设计问题的顺序时,应注意以下几点:

(一)问题的安排应具有逻辑性

设计市场调查表时,问题的安排应具有逻辑性,以符合被调查者的思维习惯。否则,会影响被调查者回答问题的兴趣,不利于其对问题的回答。

(二)问题的安排应先易后难

把简单的、容易回答的问题放在前面,而复杂的、较难的问题放在后面,使被调查者开始时感到轻松,有能力继续回答下去。如果让被调查者一开始就感到很难回答,就会影响他们回答问题的情绪和积极性。

(三)能引起被调查者兴趣的问题放在前面

把被调查者感兴趣的问题放在前面,这样可引起他们填写市场调查表的兴趣和注意力,而比较敏感的问题放在后面。如果一开始就遇到敏感性问题,会引起被调查者的反感和产生防卫心理,不愿意回答或拒绝回答,从而影响整个调查。

(四)开放性问题放在后面

被调查者在回答开放性问题时需要一定的思考时间。因此,一份市场调查表

中的开放性问题不宜过多,而开放性问题一般应放在后面,否则,会影响被调查者填写市场调查表的积极性,从而影响整个市场调查表的回答质量。

三、调查表的版面格式设计应注意的问题

实践表明,市场调查表的版面格式也会影响调查的质量。主要问题有:

第一,调查人员为节省费用而压缩版面,问题的空间太小,不仅调查者提问、被调查者回答时容易疏漏或串行,后期数据编码录入也容易出错。另外,如果开放题留出的用于答题的空间太小,将导致回答者不予以重视,只给出很少的信息。

第二,低档的纸张和粗糙的印刷会引起负效应,尽管说明文中一再强调本次调查的重要性,但低质量的市场调查表外观会破坏被调查者对调查的印象,导致轻视该次调查,从而直接影响调查质量。

第三,市场调查表中重要的地方没有突出,尤其对于自填式市场调查表,如果答题的规则或跳问的提示不醒目,很容易被忽略掉,致使被调查者回答错误。

因此市场调查表版面格式的设计绝不容忽视。外表应当精美;适当的图案或图表会调动被调查者参与的积极性;内部要留出足够的空间以方便提问、回答、编码以及数据处理;文中重要的地方应该加以强调,以引起被调查者的注意。此外,注意把同一份市场调查表装订在一起,防止部分数据丢失。

四、市场调查表模拟试验中应注意的问题

市场调查表设计完成后,在进行大规模正式调查之前,需要对市场调查表的内容、市场调查表的措辞、市场调查表中问题的顺序等进行全面的检查。具体办法是通过模拟调查试验来检查市场调查表中是否存在问题,并进行适当的修改。

模拟调查应按照正式调查的要求进行。主要从两个方面进行检查:一是检查市场调查表中的具体内容,如提问的项目、问题的措辞、问题答案、提问顺序等,对这些逐一进行检查;二是从整体上检查市场调查表中问题的数量是否合适,被调查者回答所需的时间,市场调查表的总体编排等。

五、市场调查表的发放和收集应注意的问题

(一) 现场发放和收集

如果调查表将在一地或某一企业中征集,而此企业的管理者又同意现场集中收集问卷,研究者亲身到现场发放和收回问卷是最有效的办法。其长处在于:可以快速地收集众多的问卷;可以激励被调查者参与答卷,并向参与者强调坦诚答卷的重要性;可以解答有关问卷的问题;可以确保答卷者的真实性;可以提高调查表的回收率。但此方法不适合大规模的多地采样。

(二) 邮寄调查

如果调查表将在多地或多处采集,或企业的管理者不同意将被调查者组织起

来一次性答卷,邮寄调查是切实可行的方法。其长处在于:答卷者可自行决定何时答卷;答卷的环境没有压力,有利于填表的质量。

(三)网上答卷

网上答卷是信息化技术的产物。其长处在于:拥有邮寄调查同样的长处,然而减少了邮寄的费用和手续,更为便捷;数据可以立即计算机化,去除了输入数据的工作量以及输入时可能出现的人为误差。

综上所述,问卷的发放和收集方法是因时、因地和因人而定的,数据的可靠性是选择方法的最主要的出发点。

随着市场经济的发展,市场调查的作用日益突出,市场调查表作为实现调查目的的一种重要工具也就越来越重要。因此从客观、科学、艺术的角度来设计一份有效的市场调查表成为市场调查中的重要环节。本章对市场调查表的设计结构、设计技术、设计技巧以及在应用中应该注意的众多问题进行了讲解与探讨,以帮助初学者和实际应用者更好地把握市场调查表的设计要领。

市场调研公司轿车用户研究调查表

女士/小姐/先生:

您好!我是××市场调研公司的访问员,我们正在进行一项有关汽车使用方面的调查,我想和您谈谈有关的问题,要耽搁您一些时间,谢谢您的支持与合作!

甄别部分

S1.请问您或您的家人有没有在以下行业工作的?

1. 广告、公关机构
2. 市场研究、咨询、调查机构
3. 电视、广播、报纸等媒介机构 终止访问
4. 轿车制造
5. 轿车批发、零售
6. 以上皆无   继续访问

S2.您在近半年之内是否接受过同类访问:

1. 是(终止访问)　　　　　2. 不是(继续访问)

S3. 记录性别
　　1. 男　　　　　　　　　　2. 女

S4. 请问您的年龄是：
　　1. 20 岁以下(终止访问)　　2. 20~30 岁　　　3. 30~40 岁
　　4. 40~50 岁　　　　　　　5. 50 岁以上(终止访问)

S5. 请问您驾驶的这辆车是：
　　品牌_____　　型号_____

S6. 这辆车的车主是：
　　1. 自己　　2. 公司　　3. 单位　　4. 他人

S7. 请问您驾驶这辆车已经有：_____月

主体调查表

Q1. 您觉得自己这部车怎么样：
　　1. 非常满意　　2. 比较满意　　3. 一般
　　4. 不太满意　　5. 不满意

Q2. (注意追问并记录)具体说它的
　　优点是：_____
　　缺点是：_____

Q3. (对车主提问)您当时决定购买这部车时主要考虑到哪些因素：
　　(对非车主提问)如果您自己要买车，主要会考虑哪些因素：

	第一提及	第二提及	其他提及
1. 整车价格	1	1	1
2. 耗油量	2	2	2
3. 启动加速性	3	3	3
4. 外形	4	4	4
5. 乘坐	5	5	5
6. 行驶平稳	6	6	6
7. 操作灵活	7	7	7
8. 制动性好	8	8	8
9. 维修方便	9	9	9
10. 维修费用	10	10	10

续表

	第一提及	第二提及	其他提及
11.零配件价格	11	11	11
12.故障率低	12	12	12
13.车速	13	13	13
14.售后服务周到	14	14	14
15.空调	15	15	15
16.内部装饰	16	16	16
17.其他	17	17	17

Q4. 如果您或您的单位在1年内买车,您认为最合适的价位是:
_____万元到_____万元。

Q5. 您认为这个价格档次的车适合什么身份的人:
1. 出租司机　　2. 大老板　　3. 中小老板　　4. 公司职员
5. 国家公务人员　　6. 县处级干部　　7. 司局级及以上干部

Q6. 就您所知,这个价格档次的车都有哪些品牌\型号:
1. _____　　2. _____　　3. _____
4. _____

Q7. 就您所知,下列车型是哪个厂生产的:

	生产厂家	不知道
捷达		
富康		
桑塔纳		

Q8. 请您就以下几个方面对神龙富康、捷达和桑塔纳三种轿车进行评价:

(评分标准:很满意5分,比较满意4分,一般3分,不太满意2分,不满意1分)			
	神龙富康	捷达	桑塔纳
1. 整车价格合理			
2. 耗油量低			
3. 启动加速性好			
4. 外形好			
5. 乘坐舒适			
6. 行驶平稳			
7. 操作灵活			

续表

（评分标准：很满意5分，比较满意4分，一般3分，不太满意2分，不满意1分）			
	神龙富康	捷达	桑塔纳
8. 制动性好			
9. 维修方便			
10. 维修费用合理			
11. 零配件价格合理			
12. 故障率低			
13. 车速快			
14. 售后服务周到			
15. 空调好			
16. 内部装饰美观			
17. 其他			

Q9. 您认为同类轿车中，最理想的是：_____品牌_____型号_____
其他优点是：

	第一提及	第二提及	其他提及
1. 整车价格合适	1	1	1
2. 耗油量低	2	2	2
3. 启动加速性	3	3	3
4. 外形美观	4	4	4
5. 乘坐舒适	5	5	5
6. 行驶平稳	6	6	6
7. 操作灵活	7	7	7
8. 制动性好	8	8	8
9. 维修方便	9	9	9
10. 维修费用	10	10	10
11. 零配件价格	11	11	11
12. 故障率低	12	12	12
13. 车速	13	13	13
14. 售后服务周到	14	14	14
15. 空调	15	15	15
16. 内部装饰	16	16	16
17. 其他	17	17	17

Q10.(出示捷达20V的资料并介绍其性能及特点)您认为这种车型怎么样？
　　1.很好　　　2.好　　　3.一般　　　4.不太好　　　5.不好
Q11.您对这种捷达新型车有何更具体的看法：
　　_____
Q12.您或您单位在未来的1年内,添置新轿车的可能性是：
　　1.非常有可能　　2.很有可能　　3.可能性不大　　4.不可能
Q13.您或您单位在未来的一年内,更新轿车的可能性是：
　　1.非常有可能　　2.很有可能　　3.可能性不大　　4.不可能
Q14.如果更新或添置新轿车时,您将会考虑选择哪几类车型？
　　1._____　　2._____　　3._____
Q15.您或您的单位会考虑购买捷达新款车吗？
　　1.非常有可能　　2.很有可能　　3.可能性不大　　4.不可能
理由是：_____
Q16.请您对以下几种汽车销售方式进行评价：

销售方式	很好	较好	一般	较差	很差
汽车交易市场	a	b	c	d	e
汽车展示厅	a	b	c	d	e
上门一条龙服务	a	b	c	d	e
大商场	a	b	c	d	e

Q17.您一般从哪些方面得到轿车信息：
　　1.电视广告　　　2.报纸广告　　　3.路牌广告
　　4.杂志广告　　　5.电台广告　　　6.亲朋有这种车
　　7.别人介绍　　　8.自己开过　　　9.展览会　　　10.厂家宣传
Q18.在过去6个月内,您都接触过哪些轿车广告？
　　1.品牌_____　2.品牌_____　3.品牌_____　4.品牌_____
Q19.在轿车广告中您对哪个品牌的轿车广告印象最深？
　　_____

(如果Q19的回答不是捷达,跳至Q22)
Q20.您从哪里看过捷达的广告：
　　_____

Q21.在广告中您看到些什么？
　　_____

Q22.您认为该广告想要向您反映的内容是：
　　_____

M1. 您经常收看的电视台是:
　　1._____　　2._____　　3._____
M2. 您经常阅读哪些杂志?
　　1._____　　2._____　　3._____
M3. 您经常阅读哪些报纸?
　　1._____　　2._____　　3._____
M4. 您经常收听哪些电台的节目?
　　1._____　　2._____　　3._____

背景部分
G1. 请问您的职业是:
　　1. 军人　　　　　2. 党政干部　　　3. 教科文卫部门人员　　4. 商业服务人员
　　5. 企业管理人员　6. 工人　　　　　7. 家务劳动者　　　　　8. 个体经营者
　　9. 公司职员　　　10. 离退休人员　　11. 其他(请注明)_____
G2. 请问您受教育的程度是:
　　1. 小学以下　　　2. 初中　　　　　3. 高中
　　4. 中专/技校　　 5. 大专、大学或以上
G3. 您是属于:
　　1. 政府机关　　　2. 公检司法　　　3. 事业单位
　　4. 三资企业　　　5. 国有企业　　　6. 民营企业
　　7. 出租汽车公司　8. 私人　　　　　9. 其他
G4. 您的车是属于:
　　1. 公务用车　　　2. 商务用车　　　3. 出租/运输用车　　4. 其他

1. 什么是市场调查表?
2. 市场调查表的基本结构由哪几部分组成?
3. 市场调查表设计要考虑哪些原则?
4. 什么是开放性问题和封闭性问题,它们各有什么优缺点?
5. 简述态度测量表的作用以及如何正确使用态度测量表。
6. 市场调查表问题顺序设计中应注意哪些问题?
7. 一家新型家具制造商要想了解以下问题:
(1)潜在市场范围;(2)产品品牌知名度;(3)顾客愿意接受的价格
请你设计一份能够取得必要信息的调查表。

8. 一家大型百货商场的经理想了解顾客对商场服务的看法，他决定设计一份调查表进行一次调查。

(1) 请你帮助这位经理设计这份调查表；

(2) 讲述一下你设计调查表的步骤；

(3) 检查一下你所设计的询问项目是否合适。

第七章

市场调查资料整理、分析与使用

市场调查资料分析是调查结束后的资料整理和数据分析的过程,它为撰写调查报告提供基本的素材。本章主要介绍市场调查资料的整理;市场调查资料的分析;调查资料的使用。

在学完本章之后,应该了解市场调查资料整理、分析的意义;掌握市场调查资料整理的一般程序及方法;熟悉市场调查资料交叉列表分析技术、调查资料的概括技术、调查资料的综合指标分析技术和调查资料的动态分析技术;了解在市场营销工作中如何正确使用市场调查资料分析技术。

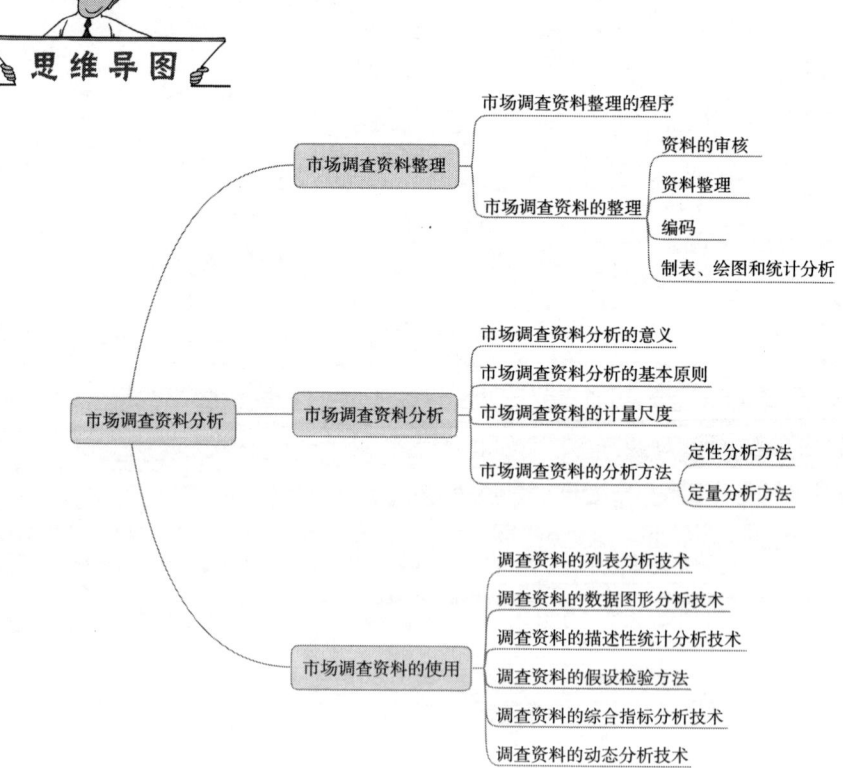

第一节　市场调查资料整理

一、市场调查资料整理的程序

市场调查资料整理是市场调查的收获阶段。在这个阶段,要对经过反复检查、核对、补充并验收合格后的调查表进行资料录入和统计分析。资料整理的基本程序如图7-1所示。

从工作程序上看,资料整理具有承前启后的作用。在市场调查之前,对真实性、准确性均无可挑剔的答卷所提供的有效资料进一步加工;在报告撰写之后,为报告结论提供资料依据。资料整理在整个市场调查中的地位如图7-2所示。

关于资料整理在整个市场调查中的作用,用一个形象的比喻是:现场访问提供原材料,资料整理加工成产品;报告撰写则完成最后的包装。

资料整理有广义、狭义之分。狭义的资料整理的对象是调查表数目、调查表质量都无疑问的、甚至录入误差已经消除的干净资料;而广义的资料整理还包括资料录入、纠错、电脑辅助检查、电脑辅助汇总等内容。本书侧重介绍狭义的资料整理。

二、市场调查资料的整理

(一)资料的审核

1. 审核员的作业方式。较大规模的调研项目回收调查表量大,需要1名以上的审核员进行集中审核。审核员之间的配合关系是在分份的基础上一卷到底,而不该是分段交叉作业。每名审核员各分配若干份调查表,并对每一份调查表从头审到尾,这样做有利于贯彻审核的一致性原则。而分段把关、流水作业可能有提高审核效率的一面,但不利于贯彻一致性原则,因而是不可取的。

审核员一般都是调研机构常年聘用的专职人员,具有较丰富的审核经验和各方面的阅历。为了慎重起见,在审核工作开始之前,调研项目主持人要向审核人员交代清楚本项目的调查内容、调查表设计格式和特点、样本选择方式、访员背景和工作进展状况。

2. 审核工作的重点。实地审核的工作最后归到复查和追访上。集中审核的工作最后归到对查出问题的处理上。尽管在现场作业中有较为严格的管理措施,又经过了负责任的实地审核,集中上来的资料仍不可避免地存在着这样或那样的问题,回收上来的调查表主要存在的问题是:不完全回答、明显的错误答案、因被访人员欠缺兴趣而做的搪塞回答。资料审核的重点应放在这三类问题的查找、区分和处理上。

(1)不完整答卷的对策。不完整的答卷分为三种情况:第一种是大面积的无回答,或相当多的问题无回答,对此应作废卷处理。第二种是个别问题无回答,应为有效调查表,所遗空白待后续工作采取补救措施。第三种是相当多的调查表对

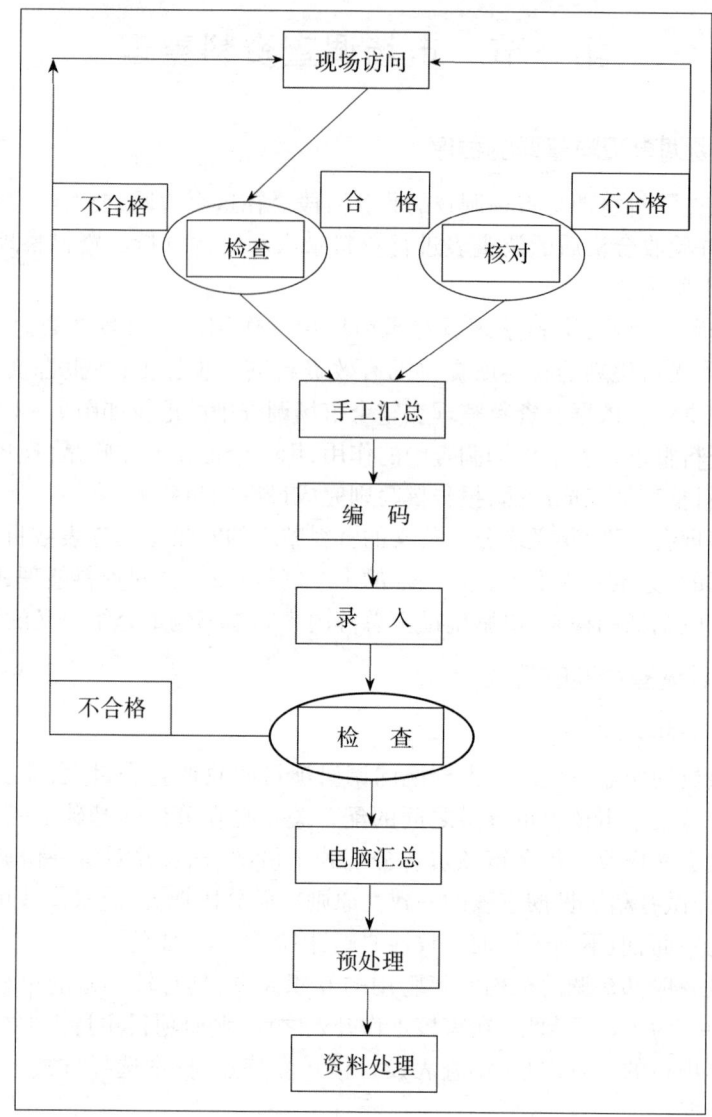

图 7−1 资料整理的程序

同一个问题无回答,仍作为有效调查表,这种"无回答"固然会对整个项目的资料分析工作造成一定的影响,但是反过来也让调查组织者和调查表设计者思考如下问题:为什么相当多的被调查者对这一问题采取了"无回答"的方式？是否是这个问题用词含糊不清而让他们无法理解,还是该问题太具敏感性或威胁性使他们不愿意回答,或是根本就无法给此问题找到现成的答案？

（2）明显错误答案的对策。明显的错误答案是指那些前后不一致的答案,或其他所答非所问的答案。这种错误到了审核阶段很少存在,一旦发现就不好处理

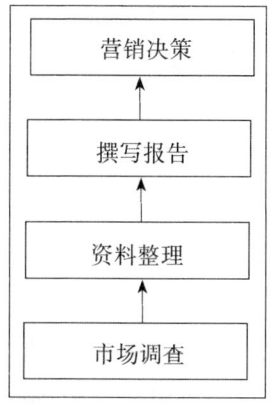

图 7-2　资料整理在市场调查中的地位

了。除了能够根据全卷的答案内在逻辑联系对某些前后不一致的地方进行修改外,其他情况只好按"不详值"对待。

(3) 乏兴回答的对策。有些被调查者对问题的回答反映出他显然对所提问题缺乏兴趣。例如,有人对连续 30 个 7 点量表都选择了"7"的答案,或者有人不按答案要求,在调查表上随笔一勾,一笔带过了若干个问题。如果这种乏兴回答仅属个别调查表,当彻底抛弃。倘若这种乏兴回答的答卷有一定的数目,且集中出现在同一个问题群上,就应该把这些调查表作为一个相对独立的子样本看待,在资料分析时给予适当注意。

对于最后判定按"不详值"处理的答案,审核员要用绿笔明确注明"不详值"字样或其代码。

(4) 纠正对开放性问题的打乱顺序的回答。在回答开放性问题时,被访人可能因兴趣浓厚而讲起来不绝口,在答某一个开放性问题时顺口把将要在该问题之后某处才会出现的另一问题的答案也带了出来。访问员心知这正是我下几步要问的,也就不加制止了。而当访问进行到那个问题时,访员为了节省时间或免听"我上面已经回答过"这样的话,自然跳过此题不问,于是答卷上留下一片空白。

在审核中,如果发现上述情况,就应该把提前给出的答案照抄到它应该出现的地方,填补空白。

3. 对次级资料的审核

(1) 对著述性文献的审核。对于这类以文字为主的文献,当从中摘取资料时要注意两点:第一点是弄清楚作者或编纂者的身份和背景,对那些客观性相对较差的文献要持保留态度,应该尽可能引用客观性较强的文献。第二点是注意文献的编写时间,这对记叙历史事件的文献尤为重要。一般地说,文献编写日期离事件发生时间越近,其具体内容就越可靠;文献编写时间离事件发生时间越远,就越有可能旁引相关情况,并能较大幅度地摆脱当时社会政治影响,站在较高、较新的立场上客观地反映和深入地分析事情的真实情况。

(2)对统计资料的审核。引用现成的统计资料之前,要注意它们的指标口径和资料分组问题。指标口径系指指标的内涵、外延、计量单位空间或时间等因素的总和。要搞清楚从各个方面采集到的资料在统计口径上是否一致或吻合,更重要的是这些资料的统计口径是否与本调研项目所设计的口径相一致或吻合。如果不具备这个前提,则需要进行推算和改算。当然,我们在调研设计阶段的内容中就已指出,要尽可能采用国家统计部门统一拟定的口径。这样做的目的之一就是尽可能减少使用次级资料时可能遇到的麻烦。

统计分组是审核次级资料时需要注意的另一个问题。如果次级资料的分组与调研设计不一致,就不能直接引用而需要做重新分组。

对于次级资料,可以根据其来源出处再划分成直接整理的资料和多次整理的资料。在审核时应根据资料所注来源出处对之进行区别对待。确定为直接整理的次级资料可以直接为调研所用,而对于多次整理的次级资料只能是间接参考,即顺着它的来源去寻求直接整理的次级资料。

(二)资料整理

1.资料整理的含义。资料的整理,究其本身的意义是根据调研目的将经过审核的原始资料进行分组汇总,使资料系统化、条理化,得出能够反映所研究现象总体特征的综合资料,并且以列表的形式反映出这种总体特征的整个工作。在当代市场调查中计算机资料整理技术已经被引入资料整理。因此我们在资料整理时不能离开计算机要求的编码和录入环节以及计算机的分组列表技术。简而言之,所谓资料整理就是借助于计算机手段,对调查所得资料进行初步加工和分组汇总的工作过程。资料整理所要达到的目的是:调查表所载文字资料向机读资料文件的转化;为资料文件建立科学的分级处理手段,并且能够在分组基础上进行统计汇总;以简明的形式展示分组汇总的结果。

2.分组

(1)分组的作用。分组是根据调研目的和所研究现象的本质特征,将现象按照一定的标志分成不同的组别。广义上的分组包括按数量标志分组(量别分组)和按品质标志分组(质别分组)两类,狭义的分组即指质别分组。分组既有"分"的一面;又有"合"的一面。所谓"分"即是将总体区分为类型或程度不同的若干部分;所谓"合"则是针对总体单位而言,即把性质相同或相近的单位组合在一起。

(2)分组的原则。分组的关键是选择和确定分类标志。无论是按数量标志分组,还是按品质标志分组都必须遵循以下原则:①从调研目的出发选择分组标志;②要选择最终反映事物本质特征的标志;③选择分组标志时要考虑事物所处的具体历史条件和现时条件。此外互斥和穷尽原则是资料分组的基石,必须确保落实。

(3)分组与分类的关系。比较复杂的质别分组称为分类。分类通常都是由权威部门根据所研究事物的内在规律加以分类,并公布其分类目录。在市场调研中进行分组时,要尽可能使用国家或行业制定的统一分类法,以便能够直接采用官方来源的次级资料,并体现调研资料的权威性。

(4)前分组与后分组。就调研过程来看,分组有前分组与后分组两种。前分组就是在调研设计阶段,按着调研目的和预计可能面临的现实情况,制定分组方案,并在调查表或观察记录表中作相应的设计。一旦调查工作完成,就可以按既定的分组方案进行资料整理。后分组是在资料采集回来后,根据资料的性质、内容和特征,设计分组方案。后分组适合于次级资料的调查,初级资料调查中的非结构化调查,以及调查表中的开放性问题。

3.资料整理的方法

(1)手工整理方法。通常有划码法和分卡法两种。划码法就是根据原始记录,在整理或汇总表上用划"正"字的方法进行分组和计数。这种方法简单易行,成本较低。缺点是工作量很大,容易出错;只能汇总出各组的单位数,不能将各单位的实际数值汇总为各种的指标数值;一般仅使用于资料不多,内容简单的整理或汇总。分卡法就是将原始记录卡按项目分为若干组,分别填入整理或汇总表内。这种方法的优点是不易出错,手续比划码法简单。缺点是工作量大,费时费力。

(2)机械整理方法。就是用机械在卡片上打孔的整理方法。具体做法是:调查表上每一类资料都要根据一定的标准,在规定的部位打孔,经检查无误后,运用分类机自动将同一部位的卡片分组,并自动在记录器上计算出张数。这种方法的优点是效率比手工整理方法高,而且可以保证资料整理的准确性,通常适用于样本和符合分组较多时的资料整理或汇总。机械整理后来发展成为电脑整理。

(3)电脑整理方法。运用电脑整理数据资料,是当代社会经济信息处理的发展趋势。电脑数据处理包括对原始数据的加工、存储、排列、合并、分类、逻辑检查、运算、制表、绘图以及打印有关结果等等。目前的电脑一般都有上述数据的处理功能,必要时还可以运用 SAS、SPSS 等高级计算机统计软件,进行大规模复杂的数据处理。在计算机处理问卷调查数据资料时,必须将问卷的答案转换成代码(即可用数字来表示,也可用字母来表示)。电脑处理方法不仅速度快、准确性高,而且也能进行大规模复杂的数据处理工作。

(三)编码

编码是对调查所得资料进行计算机录入的前提,又是使用计算机对资料进行整理的手段。编码一词,既可以理解为名词,也可以理解为动词。作为名词的编码,表面上指的是一套数码符号,实质上应理解为对资料进行确认、记录和分组的一套规则。作为动词的编码,则是指设计这样一套规则,并且按照规则把以文字形式记录的资料转化成数码符号形式的资料的全部过程。

例如,为了研究学生学习"市场调查"的成绩是否与其性别和某些先行课有关,我们取得了120名学生的有关资料,见表7-1。因为仅用于分析总体规律,学生姓名无必要出现,故略去,只以学号标记之。

表7-1 120名学生的市场调查成绩及其相关资料

学 号	性 别	统计学成绩	营销学成绩	形式逻辑	市场调查成绩
001	男	85	78	修过	81
002	男	89	87	修过	84
003	女	80	91	未修过	81
004	男	65	78	未修过	81
120	男	69	82	未修过	76

如果想用计算机处理这套资料,就必须把表7-1所载资料转换成数码符号形式的资料。为此可以规定这样一套规则:

学号——按原数码形式;

性别——男以"1"表示,女以"2"表示;

统计学、营销学和市场调查成绩按原成绩分数;

是否学过形式逻辑——"学过"以"1"表示,"没学过"以"0"表示。

再按这套规则将表7-1所载资料转换成数码符号,列入表7-2。

编码与分组有密切的关系。只有选择和确定了分组标志和相应的标志表现,才可以为每一种标志表现指定数值符号。而当我们完成了编码的数码转换工作,并将这些数码输入到计算机存储器内形成资料文件后,计算机的资料整理软件即可对所输入的数据进行分组和汇总工作。

表7-2 以数码形式列出的120名学生市场调查成绩及其相关资料

学 号	性 别	统计学成绩	营销学成绩	形式逻辑	市场调查成绩
001	1	85	78	1	81
002	1	89	87	1	84
003	2	80	91	0	81
004	1	65	78	0	81
120	1	69	82	0	76

1. 资料文件的结构。为了方便资料的录入、存储和处理,资料在计算机存储器内须以一种特定的结构存在。这种结构的最小单元称为字段。一个字段对应着录入资料的一个变量值,同一个观测单位的不同特征表现为不同的变量值,这些变量值对应着的一系列字段就组成了一条记录。通常一条记录含有一个以上的字段。一个观测样本含有许多个样本单位,这些样本单位所对应的记录的总合称为文件。在一个文件中,一条记录通常占一行,记录中的字段按其自有的顺序自左向右排列。无论字段含有几位数码,每个数码只占据一个列的空间,因此,各字段所占据的列视其长度而不同。如果一个记录所含字段在一行容纳不下,可以转接到下一

行。此时,下一条记录要从新的一行开始。

2.文件的格式和自由域格式。一条记录中的所有字段的数码紧密排列在一起,就形成了一个无间隙的资料串。此时,如果不对该记录的一数码串的结构加以说明,人们就无从辨认哪几个数码组成的一个字段,对应于哪个变量,这样的记录一数码串构成的文件对于市场调研不能提供有实际意义的信息。例如,下面给出的一个名为"MARKS.DAT"资料文件就是以无间隙的数码形式存在的。

00118578181
00218987184
00328091081
00416578081
00528183181
00619188194
00715879055
00817586078
00919181079
01028483080
01116878181
……
12016982076

为了使这个文件能提供有意义的信息,需要对其字段和相应的数码存在形式加以说明。说明的方法可因具体的资料整理软件而异,但其依据的原理是一致的。

在使用 SPSS/PC + 软件读取此文件时,需要发出如下命令:

DATA LIST FILE = 'MARKS.DAT'

/V1 1 3 V2 4 V3 TO V4 5 – 8 V5 9 V6 10 – 11。

若由 Minitab 软件来读取此文件,则所需发出的命令是:

READ 'MARKS.DAT' C1 – C6;

FORMAT(A3, F1,2F2, F1,F2)

以上说明的是由存储器将文件读到内存中供资料整理和统计分析之用的方法。如果是把内存中的资料存储到外存中,就需要相反方向的命令。无论是读取,还是存储,对这种无间隙的"数码串"文件,都需要指明其字段和相应的数码存在形式,这在计算机资料处理中称为固定格式(Format)。

相对于文件的固定格式,有自由域格式的文件形式。这种文件每条记录中的各个字段的数码之间以一个空位或逗号隔开。例如,储有与义件'MARKS.DAT'内容相同的自由域格式文件'MARKS – 1.DAT',其数码排列形式如下:

```
001 1 85 78 1 81
002 1 89 87 1 84
003 2 80 91 0 81
004 1 65 78 0 81
005 2 81 83 1 81
006 1 91 88 1 94
007 1 58 79 0 55
008 1 75 86 0 78
009 1 91 81 0 79
010 2 84 83 0 80
011 1 68 78 1 81
……
120 1 69 82 0 76
```

SPSS/PC+读取该文件的命令是：
  DATA LIST FILE ='MARKS—1 DAT' FREE
   /V1 TO V6.

Minitab读取该文件的命令是：
  READ 'MARKS—1 DAT' C1—C6

3.编码明细单。编码明细单是一份说明调查表中各个问题(即变量)及其答案与资料文件中的字段、数码位数及数码值之间一一对应关系的文件。我们可以从下面给出的调查表(片段)和编码明细单来展示这种对应关系。

案例7-1　旅游调查电话访问调查表

您好！我是××调研公司的×××,现在北京给您打电话,向您调查几个旅游方面的问题。对于您的热情合作,我首先表示衷心的感谢！

一、您本人或您家中其他成员有在(　　　　)工作的吗？

  (　)旅行社　　　　(　)广告公司　　　　(　)新闻机构

(若回答有在以上任何一单位工作的人,即终止调查并在调查表上标明)

二、在前一个月,您是否被调查过旅游事项？

  (　)是(终止调查,在调查表上写明)

  (　)否

三、在前三个月内,您本人是否到过100公里以外的什么地方？

  (　)是

  (　)否(跳转到第十题)

四、您的旅行目的是什么?

	最近一次	最近一次的前一次	以前几次
出差	（　）	（　）	（　）
度假	（　）	（　）	（　）
其他因私旅行	（　）	（　）	（　）

对于这样一张调查表，相应地可以编制一份编码明细表，见表7-3。

表7-3 编码明细表

问题	字段所占数码列	问题摘要	编码值含义
	1~4	调查表编号	
	5	调研城市	1 = 北京
			2 = 上海
			3 = 广州
			4 = 成都
			5 = 西安
			6 = 沈阳
一	不录入	工作单位	1 = 旅行社
			2 = 广告公司
			3 = 新闻机构
二	不录入	上个月被调查	1 = 是
			2 = 否
三	6	前三个月内旅行	1 = 是
			2 = 否
四	7	最近一次	1 = 出差
	8	最近一次的前一次	2 = 度假
	9	以前	3 = 其他因私

在编制编码明细表时，需要注意以下几个问题：①所有的资料都必须转换成数值，不允许使用字母或其他字符；②每一个数值码占据一列，要为每个变量留出足

够的列数;③对无信息的答案赋予标准代码,例如,可以用"8"表示"不知道","9"表示"无回答","0"表示"不适合";④对一条记录所占据的第一行第一个字段都要安排被调查人序号码。

4.预编码。调查表中的大多数问题都是封闭式的,其答案为预先设计出来的若干个类别或序次。有时,为了方便计算机录入,在设计调查表时就预先给答案进行了编码。这种编码处理方式称为预编码。大型调查表调查一般采用预编码。编码印在本卷每页的右侧,用纵线将其与问题及答案隔开。例如,一份以住户为单位的居民消费、储蓄调查的调查表中问题与相应的编码按排如下:

```
一、户主的性别  1.男  2.女                          1
二、户主的年龄_____周岁                           2~3
三、户主的文化程度  1.大学
    2.大专  3.高中  4.初中                         4
    5.小学  6.其他
四、本户居住面积(不包括辅助面积)                   5~7
    _____平方米
```

除以上列举的预编码方式外,还有另一种预编码方式,即在调查表之外,另行制作登录卡,供从调查表上的文字答案向数码转化用。登录卡从格式看只不过是一个空白的数码矩阵。编码员根据编码明细表规定的法则将调查表所载答案转化成数码填入适当的矩阵单元内。对于预编码的调查表,经过审核后,即可以直接将答案转换成具体的数码,供录入使用。

5.开放式问题的答案整理及其编码。在描述性调研和因果性调研的调查表中使用开放式问题的目的,除了为深入追问被调查者对特定问题的一些深层次看法之外,也有不得已而为之的原因,那就是调研设计者事先对潜在的多种多样的答案缺少明确的预见,因而无法在调查表中给出数目不太多,且又能互见穷举的一组供选择的答案。我们在调查表设计时就已指出开放式问题对于规范化的资料整理和分析不甚方便,现在不得不面对这一难题,即如何将从各种角度,依据不同标准给出的诸多叙述性和评论性文字答案中,整理出按同一尺度计量的单一系列答案。倘若能做到这一步,接着就可以对调查表所载资料进行编码。由于这种编码只能是在对答案进行整理归纳之后,所以又叫作后编码。

对于开放式问题的答案进行整理和编码,不是机械作业,而是一种艺术。它所依据的不应该仅是答案的文字,更重要的是这些文字所能反映出来的被调查者的思想认识。在理清对一个开放式问题的全部答案所给出的各种思想认识后,才有可能将之归纳成为一个简明有序的分类表,这项工作可以遵循下述步骤进行:

(1)挑选少量具有代表性的答案用以初步观察答案的分布状况。这些答案份数通常占全部调查表数的1/5。

（2）将所有有意义的答案列成频数分布表。

（3）确定可以接受的分组数。此时主要是从调研目的出发，考虑分组的标准是否能紧密结合调研目的。另外也要考虑计算机程序方面的要求。一位数码最多能满足10组，如果超过10组就要占到两位数码。

（4）根据拟定的分组数对列在第（2）步整理出来的答案分布表中的答案进行挑选归并。在符合调研目的的前提下，保留频数多的答案，然后把频数较少的答案尽可能归并成含义相近的几组，对那些或含义相距甚远，或者虽然含义相近但合起来频数仍然不够多的，最后一并以"其他"概括为一组。这一步可以由一个以上的编码员分别来做，然后集中到一起进行核对、讨论，最终形成一致的分组意见。

（5）为所确定的分组选择正式的描述词汇。

（6）根据分组结果制定编码规则。

（7）对全部回收调查表进行编码。

6.复编码。在编码和资料录入形成资料文件后，为资料整理方便，或者为进行深入地开发利用资料文件所载的信息起见，往往需要对文件的某些字段进行再加工，这些工作统称为复编码。复编码所做的主要工作有：

（1）答案资料的导正。态度量表要通过一组问题来测量，这些问题中有的是正面陈述，有的是反面陈述，为使各个问题的打分能够加总，必须将反面陈述的打分调整过来，这就是所谓答案资料的"导正"问题。导正的具体做法是对原录入的变量值进行换算，再以换算后的数值覆盖原值。假设第8个变量是一个7点的反面陈述，这一个变量记作 $V8$。在作导正时，只需要让资料整理软件执行 $V8 = 8 - V8$ 即可。

（2）化简答案。有的问题在调查表中要求提供定比资料，但是在进行某些分析工作时，需要将该问题的答案视为定秩资料。此时即可以通过执行复编码命令来实现。同样，也可以把档次较多的序次变量转变成档次较少的序次变量。

（3）导出新变量。为了深入、全面地进行资料分析，需要将若干个变量结合在一起产生一个新变量，这也属于复编码的工作范畴。

（四）制表、绘图和统计分析

为了便于对调查资料进行有效的分析与对比，必须将经过审核及预处理的数据资料根据调查的目的和重要程度进行必要的分类与整理，列成有关的统计表格和图形（柱状图、趋势图等）并进行各种统计指标的计算。详细内容请见下节。

第二节　市场调查资料分析

一、市场调查资料分析的意义

市场调研资料的分析，是指将收集到的各类信息资料，按照一定的程序和方法,进行分类计算、分析和选择等,使之成为适用的信息资料的过程。

对市场调研资料的分析,既是具体的工作过程,又是市场调研人员的思维活动过程。在这一过程中,不仅要分析各种原始的信息资料,还要采用科学的方法和耗费大量的智力劳动,使原始信息成为加工信息。

市场调研资料的分析具有重要意义:

首先,资料的分析是市场调研过程中十分必要的环节。通常通过各种途径收集的各类信息资料,尤其是各种第一手资料,大都处于杂乱的状态,即使是第二手资料,也很难直接运用,必须经过必要的加工。通过加工会使收集的信息资料统一化、系统化和适用化。可以说,任何收集的信息资料都必须经过一定的处理与分析。

其次,通过资料分析,可以提高市场调研资料的价值。市场调研资料的分析过程是一个去粗取精、去伪存真、由此及彼、由表及里、综合提高的工程。它能提高信息的浓缩度、清晰度和准确性,从而大大提高调研资料的价值。

再次,通过对市场调研资料的分析,可以产生新的信息。在信息加工过程中,通过调查使已有的信息发生交合作用,从而有可能产生一些新的信息。

最后,在对市场调研资料的分析过程中,可以发现市场调研过程中的不足之处。通常市场调研工作的各个阶段,各个具体环节,都会出现计划不周或工作偏差等问题。此时,对市场调研问题的定义可能并不全面,对市场调研的设计可能忽视了某些工作,信息资料的收集可能存在遗漏或者收集方法欠缺等等。这些问题有可能在实施过程中,通过检查、监督、总结等活动被发现,并加以纠正。但是,很难避免有些问题未能被人们所发现。在信息加工过程中往往能发现一些问题,通过及时反馈,就能够采取措施,对存在的问题加以纠正,对已经产生的不良后果加以补救。

案例 7-2 市场调查资料分析帮助百年老店永执牛耳

美国零售巨头西尔斯公司自成立之初,就一直是经营服装、家居、汽车用品及服务的行业领先企业。西尔斯成功的一个关键因素是建立了高质量的现有和潜在消费者数据库。到 2008 年,公司内部庞大的数据库涵盖了美国 75% 以上的家庭用户信息,这些信息来自大量的原始和二手资料。但不同的是,在将信息录入数据库之前,调研人员对这些数据的质量做了认真仔细的检查工作。对于原始数据,调查人员仔细审查了从调查现场返回的问卷,重新编辑、填写不完整或数据不一致的问卷,并采用了多种处理方法来确定不合格问卷对分析结果的影响。这个高级数据库帮助西尔斯公司准确地了解市场需求,制定了有效的营销战略以定位目标市场。

二、市场调查资料分析的基本原则

大量的实践证明,为保证最终形成的信息资料的高质量,必须在资料分析的过程中遵循以下基本原则:

(一)及时性原则

所谓及时性原则,是指在资料分析工程中要强调时间性,尽量提高其速度。

遵循及时性原则的必要性,首先在于信息资料都有一定的时效性。在一定的时间区段内使用信息资料的效果最好,超过这一时间区段,使用效果就会减低,甚至无效。其次是在现代社会经济条件下,市场形势和营销环境的变化十分迅速,它在客观上要求信息资料的处理与分析与之同步。再次是企业的经营决策和市场营销活动要求市场调研工作者能及时提供所需的资料作依据。最后,资料分析本身是一个过程,需耗费一定的时间,如果不提高其效率和加快速度,很容易使资料出现滞后现象,影响其效用。

从整个市场信息工作看,遵循及时性原则应包括及时收集信息、及时加工处理信息、及时反馈信息和及时传输信息等方面。

(二)准确性原则

所谓准确性原则,包含两层含义,一要真实;二要精确。真实是定性的要求,即处理、分析的资料必须是真的而不是假情报、假信息。精确是定量的要求,即处理、分析的资料应尽量减少其误差和模糊度。

资料分析必须遵循准确性原则。准确是信息资料工作的生命。这是因为市场调研预测、资料分析是为企业市场营销人员认识市场、做出决策、实施行动提供依据。只有提供的资料是准确的,才会有正确的认识、正确的决策和正确的行动。不准确的信息资料不但无益,而且十分有害。

(三)系统性原则

所谓系统性原则是指在资料分析过程中必须强调全面客观地反映市场的变化和特征,形成系统化的信息资料。

系统性原则,是在准确性基础上的进一步要求。市场调查资料分析不仅是对收集来的资料进行整理与运算,而且要进行大量的分析、综合、判断、演绎、推理,使处理和分析后的信息更全面、更科学。系统化的资料具有更高的价值,更有利于使用,更能有效地指导企业的市场营销活动。

(四)适用性原则

所谓适用性原则,包含两层含义,一是指采用的资料分析方法要适当;二是指处理和分析后形成的信息要符合实际需要。

资料分析方法很多,它们各自具有优缺点和适用性,就像工厂中对产品的生产加工必须选择先进的、科学的、合理的工艺和方法,才能生产出合格的产品一样,资料分析也必须选择合适的方法。

适用的信息对市场营销者具有重要意义。现代社会是信息爆炸的社会,市场营销者面临着大量的信息资料。不适用的信息资料将会严重干扰营销者的营销活动,浪费其精力。不同层次、不同岗位,解决不同的问题,对市场信息的需求,无论是类型还是内容都不尽相同。针对不同的需求,提供与之相适应的信息资料,才能实现市场调研预测的真正目的。

(五)经济性原则

所谓经济性原则是指市场调查资料分析必须符合经济核算的要求,即以较少的处理分析费用,形成尽可能多的有用的市场信息资料。

任何经济工作都要考虑经济效益,实行经济核算,资料分析也必须遵循经济性原则。对市场信息的处理与分析,需要花费和投入一定的人力、物力和财力。遵循经济性原则,就是在保证一定信息数量和质量的前提下,尽可能节省费用开支,或者在一定的耗费下,形成尽可能多的有用信息,它有利于提高企业的经济效益。

遵循经济性原则,还应考虑投入与产出之间的对比关系。一般而言,对产出的市场信息的数量、质量(如精确度)越高,花费的人力、物力、财力也越多。但是,从市场信息的实际使用效果来看,高的投入并不总是相应地产生高的使用效果。为此,进行投入与产出的比较,寻找一个最佳点是必要的。

三、市场调查资料的计量尺度

对于不同的市场调查资料,我们予以计量的尺度或测度的程度是不同的,有的事物、现象只能或只需对其属性进行分类(称之为定性分析),有些则可以或要求必须用比较精确的数字加以计量(称之为定量分析)。按照我们对客观事物、现象测度的程度或精确程度来看,可将所采用的计量尺度由低级到高级、由粗略到精确分为四个层次,即定类尺度、定序尺度、定距尺度和定比尺度。采用不同的计量尺度可以对不同类型的市场调查资料进行测度。

(一)定类尺度

定类尺度也叫列名尺度或名义尺度,是测量尺度中层次最低的计量尺度。它按照某种属性把事物进行分类,是判断"属于/不属于"的基准。它用于测量定类变量,如性别分为男女两类,用编号1表示男,用编号2表示女。但这里的数据不能区分大小或进行加减乘除运算,只能计算各类别的频率或频数。在市场调查中,定类尺度常被用来度量被访者、品牌、属性、商店等对象。

(二)定序尺度

定序尺度也叫顺序尺度,比定类尺度高一级,它不仅能将不同的事物分为不同的类别,还可以确定这些类别的优劣或顺序,是判断"A比B……"的基准。它用于测量定序变量,如文化程度分为大专及以上、高中、初中和小学以及以下四类,所给编号分别为4,3,2,1。这里的数据除可以计算各类别的频数与频率外,还可以比较大小,但不能进行加减乘除运算。在市场调查中,定序尺度常被用来度量相对态度、意见、感觉和偏好等。

（三）定距尺度

定距尺度也叫间隔尺度,度量层次高于定序尺度,它不仅能把事物分为不同类别并进行排序,而且可以准确地计量他们之间的差距。它用于测量定距变量,如考试成绩,90分比80分高10分。这里的数据除可以分类和比较大小以外,还可以进行加减运算。由于没有绝对零点,因此乘除运算是没有意义的。在市场调查中,等级量表中的态度数据经常被作为定距变量处理。

（四）定比尺度

定比尺度也称为比率尺度,是最高层次的度量尺度,除具有以上几种尺度的所有特性外,它还有绝对零点。因此,对于定比变量,除了可以分类、比较大小以及进行加减乘除运算外,还可以计量测度值之间的比值。不仅可以计算1 000元比800元多200元,500元比300元多200元,还可以计算1 000元是500元的两倍。而对于定距变量,如数学考试成绩为0并不能说其没有数学知识,也不能说分数为100分的人的数学水平是分数为50分的人的两倍。在市场调查中,销售额、成本、市场份额、消费者人数等变量都是定比变量。

以上四种尺度对事物的度量层次是由低级到高级、由粗略到精确逐步递进的。高层次计量尺度的数据可以转化成低层次计量尺度的数据,但反过来,低层次计量尺度的数据不能化成高层次计量尺度的数据,见表7-4和表7-5。

表7-4　市场调查资料四种计量尺度的比较

尺度	基本性质	一般案例	市场案例	适用的统计方法	
				描述统计方法	推论统计方法
定类尺度	表明对象或其类别的数字	单位性质	性别、品牌、商店	比例、众数	检验、二项式 x^2 检验
定序尺度	表示对象的相对位置,但不能表示差异大小的数字	质量等级	偏好排序、在市场中的位次、社会层次	比例、中位数	顺序相关系数、Friedman ANOVA
定距尺度	可以比较对象间的差异,但不存在绝对零点	温度	态度、意见、索引号	全距、均值、标准差	积距相关系数、t检验、ANOVA回归、因子分析
定比尺度	存在绝对零点,可以计算对象间的比率	重量	年龄、收入、成本、销售量、市场份额	几何均值、调和平均数	变异系数

表7-5 市场调查资料计量尺度的应用实例

定类尺度		定序尺度		定距尺度		定比尺度
编号	商店	偏好排序		偏好等级 1~7	11~17	上个月的销售额（元）
1	××	7	79	5	15	0
2	××	2	25	7	17	200
3	××	8	82	7	17	0
4	××	3	30	6	16	100
5	××	1	10	7	17	250
6	××	5	53	5	15	35
7	××	9	95	4	14	0
8	××	6	61	5	15	100
9	××	4	45	6	16	0
10	××	10	115	2	12	10

四、市场调查资料的分析方法

根据不同的分类标准，市场调查分析方法可进行不同的分类。任何事物都是质和量的统一，相应的市场调查分析方法可以分为定性分析和定量分析的方法。

（一）定性分析方法

定性分析是对事物质的规定性进行分析研究的方法，即主要根据的是科学的观点、逻辑判断和推理，从非量化的资料中得出对事物的本质、发展变化的规律性的认识。定性分析可以确定事物质的界限，是区分事物和认识事物的基础，但不能从数量关系上精确地把握事物的总体。任何事物都是质和量的统一体，一定的质决定着一定的量，同时任何事物的质都受其数量的限制。因此，在市场调查中，必须坚持定性分析和定量分析相结合的原则，这样才能全地地认识事物。

（二）定量分析方法

定量分析是指从事物的数量特征方面入手，运用一定的统计学或数学分析方法进行数量分析，从而挖掘出事物的数量中所包含的事物本身的特性及规律性的分析方法。定量分析中最常用的方法是统计分析方法。根据不同的划分标准，统计分析可分为以下几种：

1. 根据研究目的划分。根据研究目的的不同，可以把统计分析分成描述性统计分析和推论性统计分析。

（1）描述性统计分析，主要着重于对数量水平或其他特征的描述，可能是通过某具体指标反映某一方面的特征，也可能通过若干变量描述他们的相互关系。因此比较关心测量的准确性,对数据的准确性、可靠性和测度的选择有一定要求。其结果重于数量描述,但不具有推断性质。

(2)推论性统计分析,主要用于推断总体、解释事物、检验理论等。因而对变量的选择、测度的决定、资料的时间空间范围有严格限制,必须符合严格的假设条件,其结果不仅可用于描述数量关系,还可以推断总体、进行预测、揭示原因、检验理论等。

2. 根据设计变量多少划分。根据设计变量的多少,还可将统计分析分为单变量统计分析和双变量统计分析。

(1)单变量统计分析,即通过某一变量数据的计算,对其数量水平或其他特征进行概括,或对总体进行推断。

(2)双变量统计分析,即分析两个变量之间的联系。测量程度不同,使用的分析方法也不同。

在本章中,我们主要学习单向频次表、交叉列表分析技术、数据图形分析技术、描述性分析技术、综合指标分析技术、动态分析技术等市场调查资料分析方法。

第三节 市场调查资料的使用

一、调查资料的列表分析技术

(一)单向频次表

最基本的图表是单向频次表。表7-6为这种表的一个例子。单向频次表显示了对每一问题做出每种可能回答的人的数量。表7-6表明,有144人(占48%)说他们会选择A医院,有146人(占48.7%)说他们会选择B医院,有10人(占3.3%)说他们不知道选择哪家医院。电脑输出资料将会显示出调查中每一问题的单向频次表。在大多数情况下,这份表是调研分析人员看到的统计结果的首次概括。

表7-6 单向频次表

问题:如果将来您和您的家人需要住院,并且只能在A或B医院,您会选择哪一家?		
	总数	比例(%)
总数	300	100
去A医院	144	48.0
去B医院	146	48.7
不知道或未回答	10	3.3

单向频次表通常还表明每一可能答案的被调查者人数的百分比。在使用单向频次表示需要解决的一个问题是选择百分比的基数。有三种选择：

第一，全部被调查者人数。如果总共调查了300人，并决定把全部被调查者人数作为计算百分比的基数，则每张单向频次表的百分比都将以300作为基数。

第二，需回答特定问题的人数。问卷一般都有跳答模式，即不是所有的被调查者都被询问全部的问题。例如，一项调查的问题4也许会问被调查者是否有狗或猫，其中回答有的为200人，而问题5和6是专门问这200人的。在这种情况下，用200作为单向频次表中问题5和6的百分比基数较为恰当。

第三，做出回答的人数。在单向频次表中计算百分比的另一个可选择基数是实际回答特定问题的人数。如300人被问及某个特定问题，但28人表示"不知道"或没有回答，则要以272人作为百分比的基数。

一般以上述第二种基数作为制表中计算所有百分比的基数，但也许在一些特殊场合，使用其他的基数会更合适。利用三种不同基数计算百分比的例子见表7-7。

表7-7 使用被调查者总数、要求回答特定问题的人数及实际回答问题的人数
（除去回答"不知道"的人数）计算百分比的单向频次表

问题：您为什么不打算去A医院治疗？	被调查者总数	被问者总数	回答者总数
总数（人）	300	60	52
	100%	100%	100%
A医院不好/服务质量差	18	18	18
	6.0%	30.0%	34.6%
A医院缺少一些B医院有的服务项目/设备	17	17	17
	5.7%	28.3%	32.7%
A医院太小了	6	6	6
	2.0%	10.0%	11.6%
公众形象差	4	4	4
	1.3%	6.7%	7.7%
其他	11	11	11
	3.7%	18.3%	21.2%
不知道/未回答	8	8	
	2.7%	13.3%	

总共调查了300人，只有60人回答了这个问题。因为在先前的问题中，他们说不打算去A就医总数加起来多于60(64)，因为一些被访者给出了多个回答。一些问题，由其本身性质所然，要求被调查者给出多个回答。例如，某问题要求被访者列出所有记忆中的医院名称，多数人会列举不止一家医院。因此，对这些回答进行制表时，答案的数量会超过被访者的人数。如果200名被访者中，平均每位列出

3家医院,则200名被调查者会给出600个答案。问题是,单向频次表中的百分比应以被调查者的人数为基数还是以答案的数量为基数?在市场调研中,一般的算法是已被调研者的人数为基数计算百分比,因为我们对给出的某一答案的人数比例更感兴趣。

（二）交叉列表

交叉列表分析技术是同时将两个或两个以上具有有限类目数和确定值的变量,按照一定顺序对应排列在一张表中,从中分析变量之间的相关关系,得出科学结论的技术。变量之间的分项必须交叉对应,从而使交叉表中每个结点的值反映不同变量的某一特征。交叉列表分析技术在市场调研中被广泛地应用,其原因一是交叉列表分析及其结果能很容易地为那些并不具有较深统计知识的经营管理人员接受和理解；二是许多市场调研项目的资料整理分析可以依赖交叉列表分析方法得到解决；三是通过一系列的交叉列表分析,可以深入分析和认识那些复杂的事物或现象；四是清楚明确的解释能使调研结果很快成为制定经营管理措施的有力依据；五是这种技术简便易行,尤其一般市场调研人员更易接受。

比如,国外曾对城市居民的居住年限长短同对该地区百货公司熟悉与否之间的相关联系进行过一次研究,所有被调查的居民,其居住年限的长短分为三个档次,即小于13年、13～30年和30年以上；对该地区百货公司的熟悉情况分为熟悉和不熟悉两类。表7-8是用交叉列表法列出的该项调研的结果。

表7-8 居住时间与对百货公司熟悉程度关系表

熟悉情况	居住时间			行总计
	小于13年	13～30年	30年以上	
不熟悉	45	34	55	134
熟 悉	52	53	27	132
列总计	97	87	82	266

表7-8中,45名被调查者在该地区居住不满13年并对该地区的百货公司不熟悉,而52名居住期不满13年的调查对象则熟悉百货公司,在总共266名有效的调查对象中,共有134名对百货公司不熟悉,132名熟悉；从居住时间看小于13年的97人,13～30年的87人,30年以上的82人。

（三）交叉列表分析中变量的选择和确定

在运用交叉列表分析时,对变量的选择和确定是否正确,是关系到分析结果是否正确的关键性因素之一。下面的例子说明了这一点,同时也说明如果交叉列表法使用不当,也会产生错误的结果。

国外某保险公司关于交通事故调查的最初记录显示,该公司有62%的保户从未在驾车时出过事故。如表7-9所示。

表7-9 交通事故调查表

	百分比(%)
从未在驾驶中出过事故	62
在驾驶中至少出过一次事故	38
列总计	100
被调查总数(人)	14 030

上述资料进而被分为男性和女性的事故比率,以确定性别同事故的多少是否有某种联系。表7-10显示了具体的情况。

表7-10 交通事故与性别关系调查表

	男性(%)	女性(%)
从未在驾驶中出过事故	56	62
在驾驶中至少出过一次事故	44	38
列总计	100	100
被调查总数(人)	7 080	6 950

表7-10显示,男性的事故率要高于女性,有人开始怀疑调查的正确性,有人觉得应该把其他因素加入进去一并考虑。一个可能的解释是:男性开车多,所以事故也多。从而把驾驶里程作为第三个变量加进去进行研究,如表7-11所示。

表7-11 事故发生率与驾驶里程数关系表

	男性驾驶公里数		女性驾驶公里数	
	大于15 000	小于15 000	大于15 000	小于15 000
至少出过一次事故	52%	25%	52%	25%
被调查总数(人)	5 010	2 070	1 915	5 035

表7-11显示,事故发生率多少与驾驶的里程多少相关,而与性别不相关。表7-10显示的男性驾驶员的事故概率高于女性,是因为男性的驾驶里程多于女性。

选择和确定交叉列表分析中的变量,包括其内容和数量,应根据调研项目的特征而异。

在简单的事实收集型调研项目中,需考虑的变量因素通常在调研要求中已明确列出,调研人员只要按照要求把各项资料列入已设计好的表格之中即可。比如,某项市场调研是关于某城市居住的家庭收入水平与摄像机的拥有率之间的关系,则最终资料整理分析时交叉列表的两个变量无疑应该是摄像机拥有率和家庭收入水平。

在应用型的调研项目中,调研人员具有较多选择和确定交叉列表分析变量的自由度。假设有一家大公司想确定是否有一些关键的因素影响和制约其推销人员的工作。应考虑的变量因素可能包括推销人员的年龄、推销工作年限、公司对其能力测试的记录等。调研人员也可以决定把推销人员的学历、专业、性格等作为考虑的因素。总之,在这一类情况中,交叉列表的变量取决于客户的要求和调研人员的分析判断。

在基础性调研项目中,调研人员应该把所有与问题相关的因素都选作交叉列表分析的变量。比如,在一项消费者研究项目中,调研人员应把可能影响消费者购买行为的因素,比如年龄、性别、家庭生命周期、收入、教育等等都加以考虑。

不管调研人员本身在选择和确定交叉列表分析变量因素上有多大的自由度,变量因素的确定仍应在资料收集之前,这是因为,只有掌握足够的资料,交叉列表分析才能实际操作。

（四）双变量交叉列表分析法

双变量交叉列表分析法是最基本的交叉列表分析法。表7-8所进行的居民居住时间和对地区百货公司的熟悉程度的分析就是一个实例。是否居住时间越长对百货公司越熟悉？表7-8显示,居住时间小于13年和13~30年之间的居民,对该地区百货公司熟悉的人多于居住时间超过30年的居民。

通常,把双变量交叉列表中各项绝对数转换成百分数,能更清楚地显示相关关系。计算百分数可以按列进行,也可以按行进行。值得注意的是,并非两种形式的计算结果都有现实意义,其基本原则是以自变量为基准来计算百分数。比如,在表7-10中,居住时间可以看作是自变量,对百货公司的熟悉情况则可看作是因变量。按自变量为标准,即按列进行计算百分比,见表7-12。

表7-12 按居住时间计算对百货公司的熟悉度

熟悉度	居住时间		
	小于13年	13~30年	30年
不熟悉	46.4%	39.1%	67.1%
熟 悉	53.6%	60.9%	32.9%
列总计	100%	100%	100%

从表7-12中可以清楚地看出,居住期在13年以下的居民中的53.6%和居住期在13~30年的居民中的60.9%对地区的百货公司熟悉,而居住期在30年以上的居民中则只有32.9%熟悉该地区的百货公司。这似乎能得出这样的结论:在同一地区中,那些居住期最长的居民对购物环境反而不太熟悉,这在表面上看起来同人们的假设相矛盾,但很可能有其内在理由。比如,由于在某地区居住期很长而变得不大活跃,从而较少关心百货公司的情况,或者是在居住期与熟悉百货公司这两者之间还有第三个变量因素在起着作用,这个变量因素可能是年龄,因为居住期长的居民年龄通常大些,而年龄大的居民可能不如年龄小的居民那样熟悉百货公司。所以,进一步的调研就显得必要了。

对表7-8如果按行计算百分数,见表7-13。

表7-13 对百货公司熟悉度计算的居住时间

熟悉度	居住时间			行总计
	小于13年	13~30年	30年	—
不熟悉	46.4%	39.1%	67.1%	100%
熟 悉	53.6%	60.9%	32.9%	100%

表7-13显示,按行计算实际上是以因变量为基准计算,其结果没有实际意义,因为它说明居民由于对百货公司不熟悉,影响了居民在该地区居住了很长时间,这是违背逻辑的。

（五）三变量交叉列表分析法

在许多情况下,在二变量交叉列表分析的基础上需加入第三个变量做进一步分析。通过加入第三个变量,原有二变量交叉列表分析的结果可能出现四种情况。

一是更精确地反映原有二变量之间的联系。

二是可以说明原有二变量之间不相关,尽管用二变量交叉列表分析结果显示两者之间相关,换言之三变量交叉列表分析说明原二变量交叉列表分析显示两者之间的联系是假的。

三是可能使原二变量之间通过二变量交叉列表分析得出的两者不相关的结论通过加入第三个变量,显示原二变量之间存在某些相关联系。

四是可能显示原有的联系没有改变。

以上情况可用图7-3概括表示。

1. 更精确显示原有联系。以某项研究时装购买和婚姻状态之间关系的市场调研项目为例,变量时装购买情况分为高和低两种状态,变量婚姻状态也分为已婚和未婚两种状态。对1 000个消费者样本调查资料,以二变量交叉列表分析得到表7-14。

表7-14 婚姻状况与时装购买状况的关系

时装购买现状	婚姻现状	
	已婚	未婚
高	31%	52%
低	69%	48%
列总计	100%	100%
被调查者数(人)	700	300

表7-14显示,被调查者中52%的未婚者属高档时装购买者,而在已婚者中只有31%属于高档时装购买者。结论是未婚者比已婚者购买更多的时装。

当购买者的性别作为第三个变量引入后,得到三变量交叉列表分析结果,如表7-15所示。

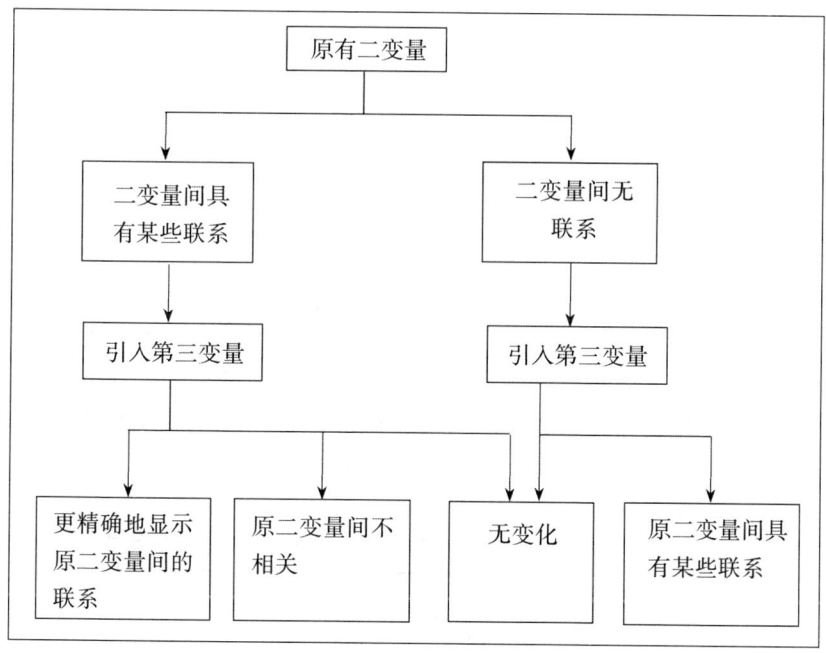

图 7-3 三变量交叉列表

表 7-15 婚姻状况、性别与时装购买状况的关系

婚姻现状\时装购买状况	男性		女性	
	婚姻状况		婚姻状况	
	已婚	未婚	已婚	未婚
高	35%	40%	25%	60%
低	65%	60%	75%	40%
列总计	100%	100%	100%	100%
被调查者数(人)	400	120	300	180

表 7-15 中显示,女性中 60% 的未婚者属于高档时装购买者,而已婚女性中的比例只有 25%;就男性而言,则 40% 的未婚者和 35% 的已婚者属于高档时装购买者,两者的比例比较接近。显然,通过引入性别这一变量后,原有结论得到了更准确地反映。

2. 显示原有联系是虚假的。以某项研究价格昂贵的小汽车的拥有量情况的市场调研为例。最初以被调查者受教育程度和拥有昂贵小汽车两个变量进行分析,对 1 000 个人的调查结果用二变量交叉列表分析得到的结果如表 7-16 所示。

表7-16 教育程度与拥有昂贵小汽车的关系

拥有昂贵小汽车	教育程度	
	大学程度	低于大学
是	32%	21%
否	68%	79%
列总计	100%	100%
被调查者数(人)	250	750

表7-16显示,大学程度的被调查者中32%拥有昂贵小汽车,低于大学程度的被调查者中只有21%拥有这种车。当准备做出教育程度是影响昂贵小汽车拥有的因素的结论时,调研人员意识到收入水平也可能是一个重要的影响因素。于是把收入水平作为第三个变量引入,得到的研究结果如表7-17所示。

表7-17 教育程度、收入水平与昂贵小汽车拥有之间的关系

拥有昂贵小汽车	收入水平			
	低收入		高收入	
	教育程度		教育程度	
	大学程度	低于大学	大学程度	低于大学
是	20%	20%	40%	40%
否	80%	80%	60%	60%
列总计	100%	100%	100%	100%
被调查者数(人)	100	700	150	50

表7-17中显示收入水平是影响昂贵小汽车拥有的因素,而教育程度并非影响因素。这说明,原先通过二变量交叉列表分析得到的结论是虚假的。

3. 显现被隐含的联系。以某项研究年龄与出国旅游愿望之间关系的调研项目为例。以变量年龄和出国旅游愿望研究分析结果如表7-18所示。

表7-18 平均年龄与出国旅游愿望之间的关系

出国旅游愿望	年 龄	
	小于45岁	45岁或以上
有	50%	50%
否	50%	50%
列总计	100%	100%
被调查者数(人)	500	500

表7-18显示,年龄不是影响人们出国旅游意愿的因素。但当把性别作为第

三个变量加入以后，却得到新的研究成果，如表 7-19 所示。

表 7-19　年龄、性别与出国旅游愿望之间的关系

出国旅游愿望	男性		女性	
	年龄		年龄	
	小于 45 岁	45 岁或以上	小于 45 岁	45 岁或以上
有	60%	40%	35%	65%
否	40%	60%	65%	35%
列总计	100%	100%	100%	100%
被调查者数（人）	300	300	200	200

表 7-19 告诉我们，在加入第三个变量以后，原先隐含的年龄与出国旅游愿望之间的关系得到了明确的反映。

4. 不改变原先反映出的联系。在一些情况下，第三个变量的加入并不改变原来二变量交叉分析的结果。这种情况说明新的变量不对原来二变量之间的联系产生影响。以某项研究家庭规模和经常外出吃快餐之间关系的调查为例，二变量交叉列表分析的结果如表 7-20 所示。被调查家庭分为小和大两种规模，各调查 500 户，总共 1 000 户。结果家庭规模与是否经常到外面吃快餐之间没有直接相关联系。

表 7-20　家庭规模与经常外出吃快餐之间的关系

经常外出吃快餐	家庭规模	
	小	大
是	65%	65%
否	35%	35%
列总计	100%	100%
被调查者数（户）	500	500

当把收入水平作为新的变量加入分析后，其结果如表 7-21 所示。

表 7-21　家庭规模、收入与经常外出吃快餐之间的关系

经常外出吃快餐	收入水平			
	低收入		高收入	
	家庭规模		家庭规模	
	小	大	小	大
是	65%	65%	65%	65%
否	35%	35%	35%	35%
列总计	100%	100%	100%	100%
被调查者数（户）	250	250	250	250

显然，新变量收入水平的引入并未改变原先得出的结论。

二、调查资料的数据图形分析技术

图形描述使用"图"而不是"表"来展示调研的结果，正如俗语所说"一图抵千字"。特别重要的结果，可以用图形更充分有效地表达。交叉分组表和统计分析有助于我们识别重要的发现，而图形则是将那些发现提供给客户的最好的办法。

市场调查人员可能一直都很明白，最好将调研结果用图形来表示。然而，直到几年前，图形的准备仍是困难和耗时的。个人电脑的普及、图表软件和激光打印机的出现，改变了这一切。所有主要的电子图表软件（Lotus-2-3 和 Excel）都具有强大的图形处理能力，特别是它们的 Windows 版。另外，用于演示的程序（Powerpoint 和 Freelance）可使用户轻松制作出花样繁多且质量很好的图形来。有了这些程序，就可以快速生成图形；在电脑显示器上展示图形；改变图形和重新显示；使用激光打印机打印出最后的稿样。

（一）线形图

线形图或许是所有图形中最简单的一种，尤其适用于显示在不同时点上进行的测量。图7-4 显示了一家女子泳衣零售商2003年的月销售纪录。从中可以看出，6月是最高峰，1~3月和9~12月是淡季。这家公司正在根据这些销售数据来分析可能增加的产品线，以便改进淡季销售。

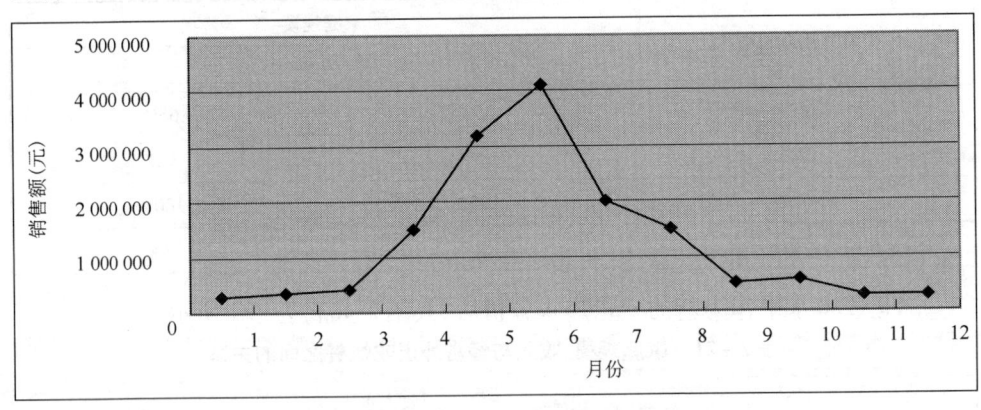

图7-4　A公司2003年销售额线形图

（二）饼状图

饼状图是另一种常用的图形，适合于许多情形。一项关于路易斯安娜、密西西比和阿拉巴马海湾沿岸主要城市居民对电台音乐偏好的调查结果见图7-5。

（三）柱形图

柱形图是这部分讨论的3类图形中最灵活的形式。任何可在线形图、饼状图中表现的数据结果均可在柱形图中表达，而且，许多用其他类型的图不能表达或不

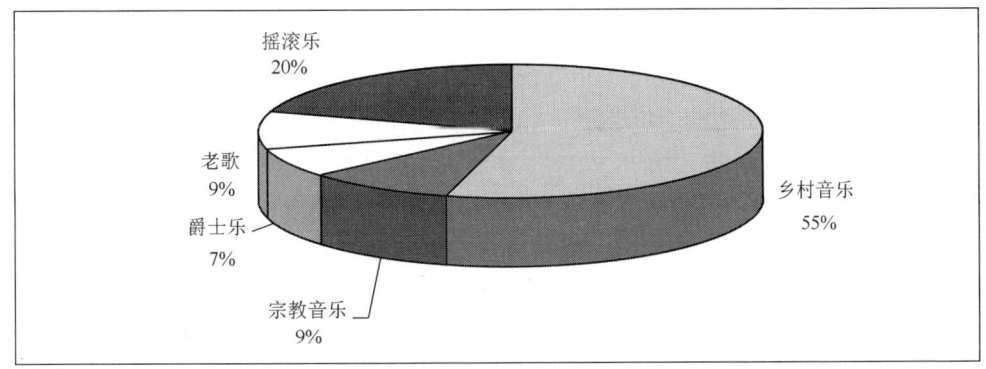

图 7-5　常听的音乐类型

能有效表达的结果,也能在柱形图中方便地表达出来。下面介绍 4 类柱形图。

1. 简明柱形图。顾名思义,简明柱形图是柱形图中最简单的一种。在前面用饼状图所表示的相同信息在图 7-6 中用柱状图表现出来。你可以自己比较一下哪种图表达的信息更加有效。图 7-6 是一个传统的平面图,现在,许多软件已经能够把同样的信息用立体效果展示出来。图 7-7 用立体效果呈现了相同的信息,你可以看出哪种方式更有趣,更吸引人。

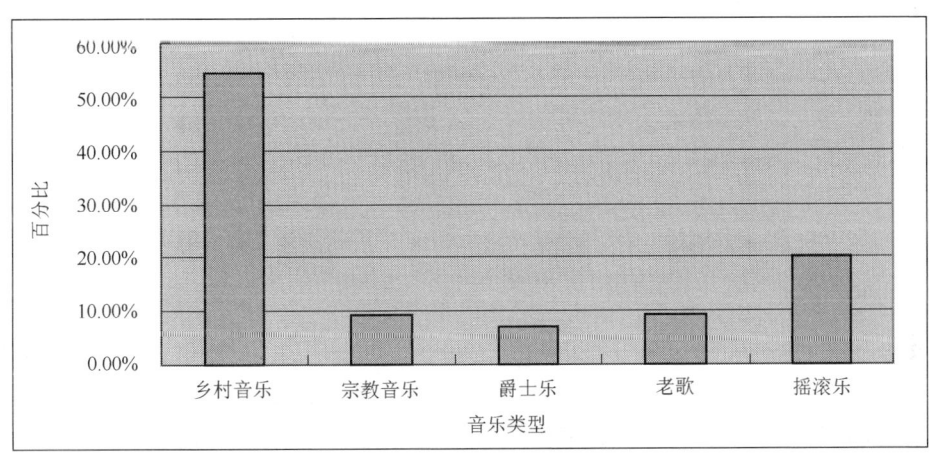

图 7-6　常听的音乐类型(简明平面柱形图)

2. 聚类柱形图。聚类柱形图是可表达交叉分组表内数据结果的 3 种柱形图中的第一种。图 7-8 显示了按年龄对音乐偏好进行交叉分组列表的结果。从图中可以看出,乡村音乐是 35 岁以上和 35 岁以下的人最喜欢的音乐;35 岁及 35 岁以下的人对摇滚乐的喜爱程度远远高于 35 岁以上的人,仅次于乡村音乐处于第二位。结果表明,如果目标听众是 35 岁及 35 岁以下的年龄组,混合播放乡村音乐和摇滚音乐是合适的;对于 35 岁以上的人,集中播放乡村音乐是最合适的。

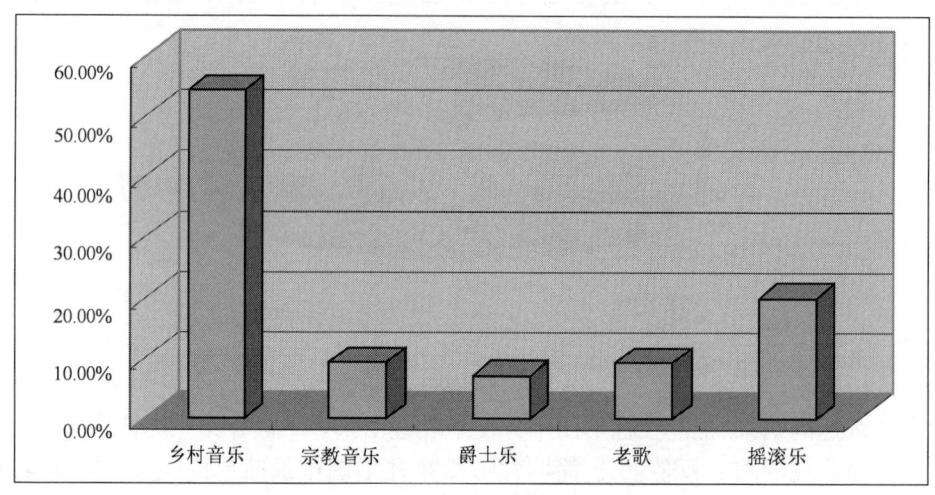

图7-7 常听的音乐类型(简明三维柱形图)

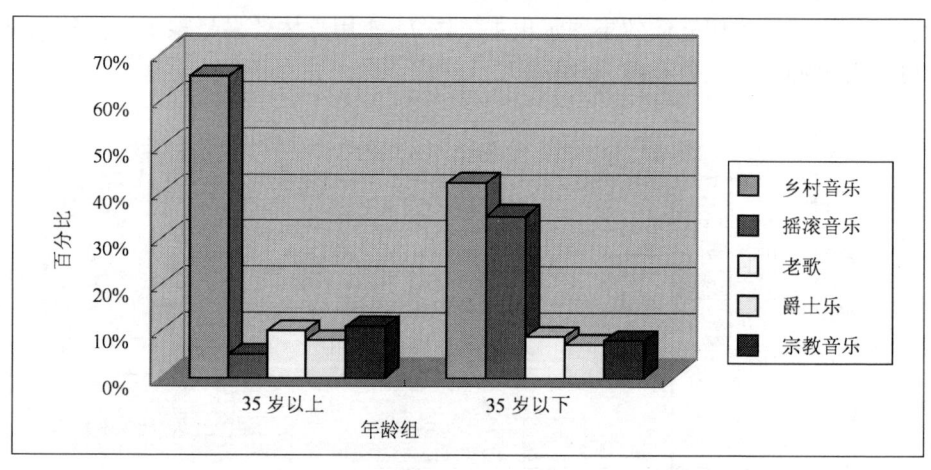

图7-8 按年龄分组常听的音乐类型(聚类柱形图)

3. 堆积柱形图。图7-9以堆积图的形式提供了与图7-8相同的信息。

4. 多行三维柱形图。我们认为这是表达交叉分组信息的最具视觉吸引力的形式。图7-10以多行三维柱形图的形式提供了与图7-8和图7-9相同的信息。

三、调查资料的描述性统计分析技术

描述性统计分析是一种十分常用的资料分析技术。它用于对单个变量的资料进行概括,即属于单变量分析。

调查资料的描述性统计分析包括集中趋势的概括技术和离中趋势的概括技术两种。

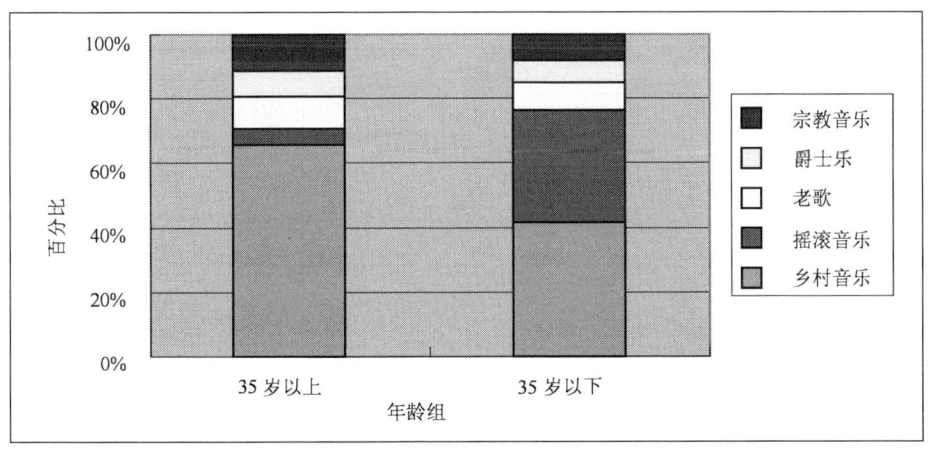

图 7-9　按年龄分组常听的音乐类型(堆积柱形图)

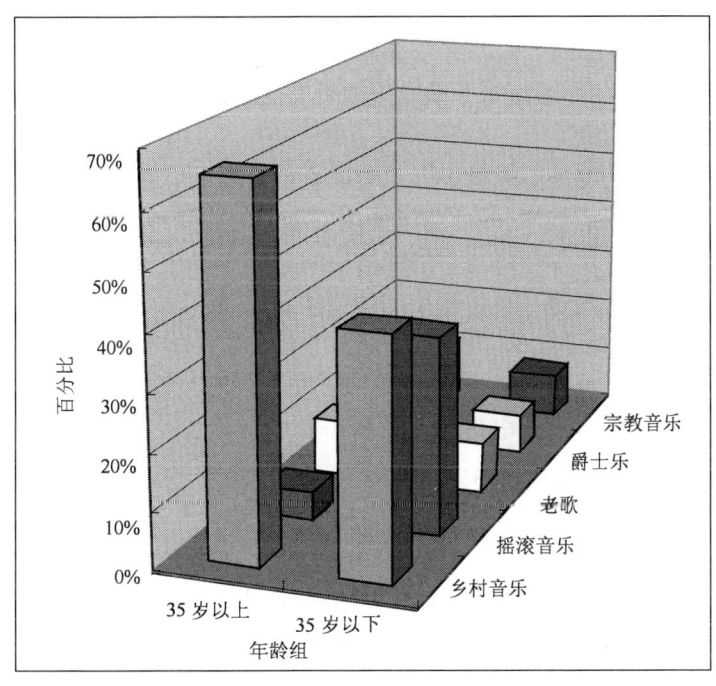

图 7-10　按年龄分组常听的音乐类型(多行三维柱形图)

(一)集中趋势的概括技术

次数分布的集中趋势是指次数的分布趋向集中于一个分布的中心,其表现是次数分布中心附近的变量值的次数较多,而相距次数分布中心较远的变量值的次数较少。比如,某项对 236 名消费者进行的月均生活消费开支额调查所得到的资料整理如表 7-22 所示。

表7－22 月均生活开支额统计表

月均生活费开支(元)（变量值）	消费者数(人)（次数）	各组人数比重(%)（频率）
100～150	11	4.67
151～200	20	8.47
201～250	37	15.68
251～300	46	19.49
301～350	52	22.03
351～400	42	17.80
401～450	21	8.90
451～500	7	2.97
合　　计	236	100.00

以上资料显示,月均生活费开支额在301～350元附近各组的消费者人数较多,这里是次数分布的中心区域。从整个次数分布状况来看,次数集中趋向于变量值为301～350元这个组。

集中趋向资料的特征是总体中各单位的次数分布既有差异性又有趋中性。它反映了社会经济现象的特性,即社会经济现象总体的数量特征存在着差异性,但客观上存在着一个具有实际经济意义的能够反映总体中各单位数量的一般水平的数值。概括技术就是找出这一数值所采用的方法。

最常用的反映总体中各单位数量的一般水平的数值有众数、中位数和平均数三种。

1. 众数。众数是总体中各单位在某一标志上出现次数最多的变量值。比如,某项对大学生上电影院观看电影的调查所得资料显示,大多数学生每月观看电影4次,这一数字即是众数。所以,确定众数的方法比较容易。

2. 中位数。中位数是总体中各单位按其在某一标志上数值的大小顺序排列时,居于中间位置的变量值。比如,某项对消费者去百货公司购物次数的调查,对15个消费者的调查结果按顺序排列是:0,0,0,0,1,1,1,1,1,2,2,2,3,7,9,则中位数是1。

中位数的计算方法也较为容易。首先,应对未经分组的资料按各个标志值的大小顺序排列,然后再根据大小顺序确定中位数的位置。

3. 平均数。平均数是总体中各单位数值的和除以标志值项数得到的数值。如上例中15个消费者去百货公司购物的次数总和为30次,其平均数为2次。

平均数的具体计算方法有简单算术平均数、加权算术平均数、调和平均数、几何平均数等多种。

（二）离中趋势的概括技术

次数分布的离中趋势,是指次数分布呈集中趋势的状态下,同时存在的偏离次数分布中心的趋势。例如,表7－20所示的资料中,消费者月均消费开支额在

100~150元之间这一范围中,尽管大多数消费者的开支额在250~400元之间,但也有少数消费者的开支额偏高或偏低,而使次数分布呈离中趋势。

在市场调研和预测过程中,除了需对集中趋势进行概括以反映事物的一般水平外,也要对离中趋势进行概括以反映各单位标志值之间的差异程度,从而更全面,深刻地认识事物的特征。

离中趋势通常由全距、平均差、平均差系数、标准差、标准差系数等反映。

1. 全距。全距是所有标志值中最大值与最小值之差,即

$$全距 = 最大标志值 - 最小标志值$$

由全距的计算方法可知,全距只受最大值和最小值的影响。如果因特殊原因出现特别大或特别小的数值,全距就不能确切反映标志值真实的变异程度,它只是一个较粗略的测量离中趋势的指标。

2. 平均差。平均差,即平均离差。它是将离差数值的总和除以离差的项数的结果。计算公式为:

$$平均差 = \frac{\sum [X - E(x)]}{n}$$

式中的 $X - E(x)$ 代表离差,即每一个标志值与平均值之间的差数。n 为离差的项数。

由于平均指标处于各标志值的中点,正离差的和与负离差的和正好相等,它们相加的结果为零,因而无法计算离差的平均数。其解决办法是将所有的离差作绝对值处理,这样,平均差的计算公式为:

$$平均差 = \frac{\sum |X - E(x)|}{n}$$

平均差数值的意义在于,平均差越大,反映各单位标志值的离散程度越大;反之,平均差越小,离散程度越小。

3. 平均差系数。平均差系数是将平均差除以相应的平均指标得到的数值。计算公式为:

$$平均差系数(Va^*d^*) = A^*D^*/E(x) \times 100\%$$

式中 A^*D^* 表示平均差,$E(x)$ 为平均指标。

平均差是总体平均指标与各个指标值的平均差额。它同时受到标志值的变异程度和总体平均指标两个因素的共同影响。因此,当对比两个总体的变异程度时,如果它们的平均指标水平不同,就不能简单地将两个平均差进行对比。此外,由于平均差具有与平均指标相同的计量单位,所以,不同现象即计量单位不同的总体的平均差也不能直接比较。平均差系数是一个相对数,它解决了上述平均差的局限,从而能用以比较平均指标水平不同或经济现象不同的总体的标志变异程度。

例如,A,B两组各含五个企业的某月销售收入(万元)资料为:

A组:161,163,165,167,169;

B组:73,74,75,76,77。

平均差和平均差系数计算结果如表 7-23 所示。

表 7-23 平均差和平均差系数表

企业	平均销售收入(万元) $E(x)$	平均差(万元) A^*D^*	平均差系数 Va^*d^*
A 组	165	2.4	1.45
B 组	75	1.2	1.6

从表 7-23 可知,如以两组的平均差相比较,A 组的平均差比 B 组大,但以平均差系数相比较,结果正相反。正确的结论应该是 A 组的平均差系数较小,说明 A 组中各企业之间销售收入的差异程度较小,因而 A 组平均指标的代表性较强。

4.标准差。标准差是各个离差平方的算术平均数的平方根,亦称均方根或均方差,计算公式为:

$$\delta = \sqrt{\frac{\sum [X-E(x)]^2}{n}}$$

式中:δ 为标准差;

$X-E(x)$ 为离差;

n 为离差项数。

计算标准差的基本原理及其含义与平均差相同。它是采用对离差进行平方来消除正负号。下面我们用一个例子来说明平均差和标准差的计算方法及其含义。

假设,A,B 两组各包括 8 个消费者的年消费支出(百元),资料为:

A 组:26,29,33,37,41,44,49,53;

B 组:35,36,37,38,40,41,42,43。

平均差和标准差的计算如表 7-24 所示。

表 7-24 平均差和标准差计算表

A 组				B 组			
年消费支出(百元) X	离差 $X-E(x)$	离差绝对值 $\|X-E(x)\|$	离差平方 $[X-E(x)]^2$	年消费支出(百元) X	离差 $X-E(x)$	离差绝对值 $\|X-E(x)\|$	离差平方 $[X-E(x)]^2$
26	−13	13	169	35	−4	4	16
29	−10	10	100	36	−3	3	9
33	−6	6	36	37	−2	2	4
37	−2	2	4	38	−1	1	1
41	2	2	4	40	1	1	1
44	5	5	25	41	2	2	4
49	10	10	100	42	3	3	9
53	14	14	196	43	4	4	16
合计 312	0	62	634	312	0	20	60

由于 A,B 两组的平均数均为 39(百元),且计量单位相同,所以可将两组比较。

A 组的平均差:$A^*D^* = 62/8 = 7.75$(百元)

B 组的平均差:$A^*D^* = 20/8 = 2.5$(百元)

计算结果表明,A 组的平均差比 B 组大,因此,A 组的平均指标 39(百元)的代表性比 B 组小,这可以从表 7-24 中直观地看到。

再计算各组的标准差。

A 组:

$$\delta = \sqrt{\frac{\sum [X - E(x)]^2}{N}}$$

$= 8.9$(百元)

B 组:

$$\delta = \sqrt{\frac{60}{8}}$$

$= 2.74$(百元)

显然,计算结果也是 A 组的标准差比 B 组大,说明 A 组的平均指标的代表性比 B 组小。

5. 标准差系数。标准差系数是标准差与相应的平均指标对比而得出的相对数值。计算公式为:

$$V_\delta = \delta / E(x)$$

式中:V_δ 为标准差系数;

δ 为标准差;

$E(x)$ 为平均指标。

与平均差一样,标准差也是反映标志变异程度的绝对指标。它受标志值的差异程度和平均指标两个因素影响。标志值平均水平不同,或不同现象即计量单位不同的总体的标准差是不能直接比较的。标准差系数与平均差系数相似,克服了这些局限,能直接用于比较。

仍以计算平均差系数的例子来计算标准差系数,如表 7-25 所示。

表 7-25 标准差系数计算表

企　业	平均销售收入 (万元) $E(x)$	标准差 (万元) δ	标准差系数 (%) V_δ
A 组	165	2.85	1.72
B 组	75	1.41	1.88

表 7-25 中可见,A 组的标准差大于 B 组,由于组的平均指标不同,因而不能直接比较得出 A 组的平均销售收入的代表性比 B 组小的结论;相反,只能以标准差系数做比较,A 组的标准差系数小于 B 组,从而说明 A 组平均销售收入的代表性

比 B 组大。

四、调查资料的假设检验方法

假设可以定义为一个调研者或管理者对被调查总体的某些特征所做的一种假定或猜想。营销调研员常常要面临这样的问题,即调研结果是否与标准有很大的差别,以便决定公司营销策略的某些方面是否需要改变。如,一项跟踪调查的结果表明,顾客对产品的了解程度比 6 个月前所做的类似调查中显示的要低。结果是否表明明显降低?是否低到需要改变广告策略的程度?再如,一位产品经理认为其产品购买者平均年龄为 35 岁。为检验其假设,他进行了一项调查,调查表明购买者平均年龄为 38.5 岁。调查结果与其观点的差别是否足以说明此经理的观点是不正确的呢?

所有这些问题都可以通过一定的统计检验来评估。在假设前提下,调研者测定一个关于总体特征的假设是否有可能成立。如果假设确实正确,统计假设检验便可以让我们计算出观察到某一特定结果的概率。

对于一项特定调研结果与假设值之间的差异有两种基本解释:假设是正确的,差异很可能是因为抽样的错误造成的;或者假设可能是错误的,真正的结果是另外的数值。

(一)假设检验的步骤

检验一个假设主要有 5 个步骤。首先,假设必须被明确。其次,选择适当的统计方法来检验假设。其三,判别标准必须明确,并作为决定是否拒绝或不拒绝(FTR)原假设 H_0 的基础。请注意,我们不说"拒绝 H_0 或接受 H_0",这看似很细微的区别实际上却很重要。这一区别我们在后文中将进一步论述。其四,计算检验同计量的值并进行检验。其五,从初始调查问题的角度陈述结论。

1. 陈述假设。假设主要用两种形式表示:原假设 H_0 和备择假设 H_a,原假设 H_0(有时也叫零假设)在检验时和备择假设 H_a(有时也叫调研兴趣假设)是相对的。例如,某经理认为,他的服务流程会使顾客在汽车购物窗前等待 2 分钟。他在随机选取的时间随机选取的商店对 1 000 名顾客进行观察研究,观察到顾客平均等待的时间为 2.4 分钟,原假设和备择假设可以表述如下:

原假设 H_0:标准等待时间 = 2 分钟

备择假设 H_a:标准等待时间 ≠ 2 分钟

需要注意的是,这样表示的原假设和备择假设不会都是正确的,需要用可靠的证据来确定哪一种假设更可能是真实的。

2. 选择适当的检验统计量。分析人员必须根据调查情况的特征选择适当的统计检验方法。表 7-26 为在不同的情况下选择适当的检验方法提供了一定的指导。表中涉及的所有检验方法将在后面详细论述。

表7-26 本章设计的统计检验方法及它们的用途

应用范围	子群或样本	测量层次	检验	具体要求	例子
关于频次分布的假设	1个	类别	x^2	随机样本	对3种不同促销方式反应的差别是否可能归于偶然
	2个或更多	类别	x^2	随机样本 独立样本	男性和女性对于某种促销方式的反应的差别可能归于偶然
	1个	顺序	$K-S$	随机样本 数据按顺序排列	妇女对一系列化妆品色彩(浓或淡)喜好的分布是否可能归于偶然
关于平均数的假设	1个(大的样本)	计量的(等距或等比)	1个平均值的Z检验	随机样本 $n \geqslant 30$	样本估计平均值与标准的或期望的平均值之间的差别是否可能归于偶然
	1个(小的样本)	计量的(等距或等比)	1个平均值的t检验	随机样本 $n < 30$	举例同上
	2个(大的样本)	计量的(等距或等比)	1个平均值的Z检验	随机样本 $n \geqslant 30$	观察到的两个子群平均值之间的差别(男性和女性平均收入)是否可能归于偶然
关于比例的假设	1个(大的样本)	计量的(等距或等比)	1个比例的Z检验	随机样本 $n \geqslant 30$	样本估计比例(购买人比例)与标准值或期望值之间的差别是否可能归于偶然
	2个(大的样本)	计量的(等距或等比)	2个比例的Z检验	随机样本 $n \geqslant 30$	2个子群间估计比例(大学文化程度的男性和女性的百分比)的差异是否可能归于偶然

3. 显著水平。显著水平(α)在选择原假设和备择假设的过程中是很关键的。显著水平是指一个太低的概率以至于不能判断原假设可接受,如0.10,0.05或0.01。

如果我们决定检验一项显著水平为0.05的假设,这意味着如果检验表明观察结果(例如,抽样平均值与期望值之间的差别)由于偶然或抽样误差而发生的概率小于5%,那么我们将拒绝原假设,对原假设的拒绝等同于支持备择假设。

4. 计算检验统计量的值。在这一步骤中要:①运用适当的公式来计算所选择检验的统计量的值;②根据所选的判定规则,把计算出的值(前面的)与统计量的临界值(从适当的表中查得)相比较;③依据比较,得出是否拒绝原假设H_0的结论。

5. 表述结果。从初始研究问题的角度表述那个结论,以总结检验结果。

(二)假设检验方法

本部分将介绍3种常用的差异统计假设检验:Z分布、t分布和x^2分布。在介绍这3种假设检验之前,我们有必要来明确一下独立样本、相关样本和自由度的内涵。

有时,我们也许需要检验这样一种假设,即一个总体中的某变量值和另一个总体中的该变量值相等。这样,在选择合适的统计检验方法时,调研人员就需要考虑到这些样本是各自独立的还是相关的。独立样本涉及这样的情形,即在一个样本中对我们感兴趣的某一变量的测定不影响在另一样本中对该变量的测定。这里不必进行两次不同的调查,只需要保证对一个总体中该变量的测定不会影响对另一个总体中该变量的测定。而在相关样本中,对一个样本中我们感兴趣的变量的测定会影响对另一样本中该变量的测定。例如,在一项关于外出就餐频率的调查中,如果分别对男士和女士进行采访,一位男士的回答绝没有可能影响或改变一位女士对所调查问题的回答,这是独立样本的例子。另一方面,假如调查者需要测定一项新的广告活动对消费者关于品牌了解程度的影响,为了这个目的,调查者可以在推出此项新广告活动前,随机地选择消费者进行调查,然后在新活动推出 90 天后,调查同一消费者样本。那么,这些样本就不是独立的,90 天后的调查结果受第一次调查的影响。

许多统计检验都要求调查者指明自由度,这样才能在相应的统计表中找出检验统计量的临界值。自由度是一个统计问题中不受约束或可以自由变化的观察值的数目。自由度的数目等于被调查单位数减去计算统计量所必需的假定或约束条件的数目。例如,5 个数相加,已知其平均值为 20。这种情况下,5 个数字中只有一个可以随意变化,因为一旦 4 个数字已知,最后一个数值也就得到了(可以计算出)。假设我们知道 5 个数中的 4 个为 14,23,24,18,那么第五个数一定是 21,这样平均值才为 20,我们可以说这个样本有 $n-1$ 个自由度,就好像样本的观察值个数少一个。在计算中包括自由度可以更好地反映事实。

1. 拟合优度

(1) x^2 检验。调查中收集的数据,经常通过单向频次和交叉分组表的方法来分析。交叉分组表目的是研究不同变量间的关系。问题是,不同类别回答的数目与所期望不相同吗?通常将用户分成不同组,例如,性别(男性、女性)、年龄(小于 18 岁、18~35 岁、大于 35 岁)或收入水平(低、中、高),然后再结合品牌偏好或使用水平等制作交叉表格。x^2 检验能帮助调查分析人员确定观察到的频次形态是否与期望的一致。所谓 x^2 检验,就是对一个变量的观察到的分布于期望分布之间的拟合优度的检验。

(2) 单个样本的 x^2 检验。考虑一种情形,零售电子连锁店的营销经理需要检验 3 种不同促销效果(促销 1、促销 2 和促销 3)。每种促销历时 1 个月,经理想测量每次促销期间顾客的数量,数据见表 7–27。

表 7–27 商店促销情况

促 销	月 份	每月顾客数(人次)
1	4	11 700
2	5	12 100
3	6	11 780
合计	—	35 580

市场营销经理希望了解不同促销期间顾客数量是否存在有意义的差别。单个样本的 x^2 检验是解决这个问题的好办法。检验如下：

①分述原假设和备择假设：

原假设 H_0：每次促销期间来店的顾客数都相等。

备择假设 H_a：不同促销期间来店顾客在数量上有显著差别。

②如果原假设正确，确定每类别顾客的期望数量（E_i）。在本例中，原假设指在不同促销期间顾客数量没有差别，所以，每次促销期间的期望顾客数相等。当然，这是假设没有其他因素影响来店顾客的数量。在原假设下，每次促销期间期望来店顾客数是11 860人次，计算公式如下：

$$E = \frac{TV}{N}$$

式中：TV 表示顾客总数；

N 表示月份数。

在本例中，$E = \frac{35\ 580}{3} = 11\ 860$（人次）。

调查人员必须检查小期望值频次发生的情况，因为它们能扭曲 x^2 的结果。期望频次少于5的类别应不超过20%，而且任何类别的期望频次都小于1。这个问题在本例中不存在。

③计算 x^2 的值。用以下公式计算 x^2 的值：

$$x^2 = \sum_{i=1}^{k} \frac{(O_i - E_i)^2}{E_i}$$

式中：O_i 表示第 Ⅰ 类的观察值；

E_i 表示第 Ⅰ 类的期望值；

k 表示类别数。

本例中，$x^2 = \frac{(11\ 700 - 11\ 860)^2}{11\ 860} + \frac{(12\ 100 - 11\ 860)^2}{11\ 860} +$

$\frac{(11\ 780 - 118\ 600)^2}{11\ 860} = 7.55$

④选择显著水平 α。如果选择显著水平为 0.05（α），那么 x^2 值在2个自由度（$k - 1 = 2$）时的值是5.99。

⑤结论。因为计算的 x^2 值（7.55）比查表得出的值大（$k - 1 = 2$，$\alpha = 0.05$），所以我们应拒绝原假设。我们有95%的把握断定不同促销期间的顾客数有差异。遗憾的是，这种检验只告诉我们不同情形下频次的总变差比期望的大，但不能告诉我们任何一种情形是否与其他情形有显著性差异。

（3）两个独立样本的 x^2 检验。市场调研人员经常需要确定两个或两个以上不同变量间是否有联系。例如，男性和女性是否可以等同的分为大量、中等、少量使用者？或者购买者和非购买者能被等同地分为低、中、高收入人群？这些问题在制定营销战略前都需要回答。在这种情形下,两个独立样本的 x^2 检验是适用的。

下面用表 7-28 中的数据说明这种方法。一家便利连锁店想确定顾客性别与来店频次间关系的性质。来店频次被分为 3 个等级：1~5 次/月(少量使用者)，6~14 次/月(中等使用者)、多于 15 次/月(大量使用者)。

表 7-28 两个独立样本的 x^2 检验

来便利店的男性				来便利店的女性			
来店次数 (x_m)	频次 (f_m)	百分比 (%)	累计百分比 (%)	来店次数 (x_t)	频次 (f_t)	百分比 (%)	累计百分比 (%)
2	2	4.4	4.4	2	5	7.0	7.0
3	5	11.1	15.6	3	4	5.6	12.7
5	7	15.6	31.1	4	7	9.9	22.5
6	2	4.4	35.6	5	10	14.1	36.6
7	1	2.2	37.8	6	6	8.5	45.1
8	2	4.4	42.2	7	3	4.2	49.3
9	1	2.2	44.4	8	6	8.5	57.7
10	7	15.6	60.0	9	2	2.8	60.6
12	3	6.7	66.7	10	13	18.3	78.9
15	5	11.1	77.8	12	4	5.6	84.5
20	6	13.3	91.1	15	3	4.2	88.7
23	1	2.2	93.3	16	2	2.8	91.5
25	1	2.2	95.6	20	4	5.6	97.2
30	1	2.2	97.8	21	1	1.4	98.6
40	1	2.2	100.0	25	1	1.4	100.0
合计		$n_m = 45$				$n_t = 71$	
男性平均来店次数：$\bar{x}_m = \dfrac{\sum x_m f_m}{45} = 11.49$(次)				女性平均来店次数：$\bar{x}_t = \dfrac{\sum x_t f_t}{71} = 8.51$(次)			

以下是进行该项检验的必要步骤：

① 表述原假设和备择假设：

原假设 H_0：在性别和来店频次间没有关系。

备择假设 H_a：在性别和来店频次间有显著关系。

②将观察到的样本频次填入 $k \times r$ 表中(交叉表)。k 列代表样本组数,r 行代表条件和处理。计算每一行和每一列的总和,将这些总和记录在表的边缘处(称为边缘总和)。另外,计算整个表格的总和(N)(见表 7-29)。

表 7-29

来店频次	男性	女性	合计
1~5 次	14	26	40
6~14 次	16	34	50
15 次以上	15	11	26
合计	45	71	116

③确定表中每单元的期望频次。将每单元对应的两个边缘总和的积除以总和 N(见表 7-30)。

表 7-30

来店频次	男性	女性
1~5 次	$\frac{45 \times 40}{116} = 15.52$	$\frac{71 \times 40}{116} = 24.48$
6~14 次	$\frac{45 \times 50}{116} = 19.40$	$\frac{71 \times 50}{116} = 30.60$
15 次以上	$\frac{45 \times 26}{116} = 10.09$	$\frac{71 \times 26}{116} = 15.91$

如果表中20%以上的单元的期望频次少于5或任何一个单元的期望频次小于1,x^2 的值将被扭曲。这种情形下,不应该使用该检验。

④计算 x^2 的值:

$$x^2 = \sum_{i=1}^{r} \sum_{j=1}^{k} \frac{(O_{ij} - E_{ij})^2}{E_{ij}}$$

式中:O_{ij} 表示 i 行 j 列中的观察值;

E_{ij} 表示 i 行 j 列中的期望值。

在本例中,$x^2 = \frac{(14-15.52)^2}{15.52} + \frac{(26-24.48)^2}{24.48} + \frac{(16-19.4)^2}{19.4} +$

$\frac{(34-30.6)^2}{30.6} + \frac{(15-10.09)^2}{10.09} + \frac{(11-15.91)^2}{15.91} = 5.12$

⑤结论。x^2 表中显著水平 α 为 0.05,自由度为 $(r-1)(k-1) = 2$ 时,x^2 值为 5.99。由于计算出的 $x^2 = 5.12$ 比表中 x^2 的值小,我们不拒绝原假设(FTR),可推出结论,从来该连锁店的频次看,男性和女性无显著差别。

2. 关于比例的假设。在许多情形下,调研人员关心的是用百分比表达的情况。例如,营销人员也许希望检验在被调查者中偏爱 A 品牌的比例和偏爱 B 品牌的比例;或者品牌忠诚者的比例与非忠诚者的比例。比例假设检验是指检验由于抽样误差造成的差异是否大于期望差异。

(1)一个样本的比例检验。一家大银行对500名顾客所做的调查表明,稍高于74%的人其家庭年收入高于50 000美元。如果这符合事实,该公司将为这个群体开发一套专门服务。在开发和推出新的服务之前,管理层想确定真实的百分比是否大于60%。调查结果显示,在被调查的顾客中,74.29%的顾客年家庭收入大于或等于50 000美元。下面是比例假设检验的过程。

①表述原假设和备择假设:

原假设 $H_0:P \leqslant 0.60$

备择假设 $H_a:P > 0.60$

其中,P为年家庭收入大于或等于50 000美元的顾客的比例。

②设定允许的抽样误差水平(α)。$\alpha = 0.05$时,表中Z(临界值) = 1.64,自由度 = ∞,0.05显著水平,单边检验。因为$t = Z$适用于样本容量大于30的情形。

③用原假设中指定的P值计算估计的标准差:

$$S_P = \sqrt{\frac{P(1-P)}{n-1}}$$

式中:P表示原假设比例;

n表示样本容量。

所以,$S_P = \sqrt{\dfrac{0.6 \times (1-0.6)}{35-1}} = 0.084$

④计算检验统计量:

$$Z = \frac{样本比例 - 原假设比例}{估计的标准差(S_P)} = \frac{0.7429 - 0.6}{0.084} = 1.7$$

⑤结论。因为计算出的Z值大于临界的Z值,所以原假设不成立。银行可在95%的概率下确信($1 - \alpha = 0.95$)多于60%的顾客年家庭收入高于50 000美元,管理层可推出针对目标群体的新服务。

(2)样本的两比例间差异的检验。在不少情形中,管理层感兴趣的是两个不同群体中从事某活动或具有某种行为特征的人的比例是否存在差异。例如,根据一项调研,便利连锁店的管理层有理由相信每月来店大于等于9次(大量使用者)的人中,男性百分比比女性百分比大。下面是表达和检验此假设的过程。

①原假设和备择假设:

原假设 $H_0:P_m - P_t \leqslant 0$,每月来店大于或等于9次的男性比例($P_m$) $\leqslant$ 每月来店大于或等于9次的女性比例(P_t)。

备择假设 $H_a:P_m - P_t > 0$,每月来店大于或等于9次的男性比例(P_m) > 每月来店大于或等于9次的女性比例(P_t)。

样本比例和差异能从表7-29中的计算得出:

$$P_m = \frac{26}{45} = 0.58$$

$$P_t = \frac{30}{71} = 0.42$$

$$P_m - P_t = 0.58 - 0.42 = 0.16$$

②确定抽样误差水平:$\alpha = 0.10$(管理层决定)。对于$\alpha = 0.10$,表7-29中Z值(临界值) = 1.28(自由度 = ∞,0.10显著水平,单边检验。因为$t = Z$适用于样本容量大于30的情形,所以使用t表)。

③计算两比例间差异的估计标准差:

$$S_{P_{m-t}} = \sqrt{P(1-P)\left(\frac{1}{n_m} + \frac{1}{n_t}\right)}, \text{其中}, P = \frac{n_m P_m + n_t P_t}{n_m + n_t}$$

式中:P_m表示男性样本比例;

P_t表示女性样本比例;

n_m表示男性样本容量;

n_t表示女性样本容量。

所以,$P = \dfrac{45 \times 0.58 + 71 \times 0.41}{45 + 71} = 0.48$

$$S_{P_{m-t}} = \sqrt{0.48 \times (1 - 0.48) \times \left(\frac{1}{45} + \frac{1}{71}\right)} = 0.10$$

④计算检验统计量:

$$Z = \frac{\text{样本比例差} - \text{原假设比例差}}{\text{两比例间差异的估计标准差}} = \frac{(0.58 - 0.42)}{0.10} = 1.60$$

⑤结论。因为算出的Z值(1.60)大于临界Z值(1.28,$\alpha = 0.10$),所以原假设不成立。管理层可以有90%的把握确信每月来店大于等于9次的男性百分比大于女性。需注意,如果抽样误差水平被设为0.05,临界Z值为1.64,那么,Z(计算值)小于临界值,我们就无法拒绝原假设。

3.ρ值及显著性检验。在本节讨论的不同检验中,我们先设立标准,即显著性水平和相应统计量的临界值,然后计算统计量的值并将其与统计量的临界值进行比较。如果计算所得的统计量的值超过临界值,那么就称被检验的结果在该水平上具有统计显著性。

然而,这种方法未说明计算所得的统计量由于偶然因素引起的确切概率。计算这种概率所需的计算过程是很冗长的。幸而,用电脑处理就方便多了。这种概率通常被称为ρ值。ρ值是指根据计算所得的值所能满足的统计(而非管理意义的)显著性水平的最高标准。

在许多电脑统计软件包输出结果中看到如下符号:ρ值、≤PROB、PROB = 。这些符号用来识别可能由于偶然因素引起的假设总体参数与观察到的检验统计量之间存在巨大差距的概率。ρ值越小,观察结果是由于偶然因素(抽样误差)引起的概率越小(参见表7-31)。

表7-31 ρ 值计算过程

基本统计状况	分组:性别 组1:G_1:1 组2:G_2:0						
变量	平均值 G_1:1	平均值 G_2:0	t 值	自由度	ρ 值	有效单位 G_1:1	有效单位 G_2:0
愿意付款	16.82292 美元	20.04717 美元	-1.32878	200	0.185434	96	106

表7-31 显示了包括 ρ 值的计算机输出结果的例子。它表明了两个独立样本平均值之间差异的 t 检验的结果。在此例中,原假设认为男性与女性对于一种新的通信服务愿意支付的价格是相同的(变量名是性别,用 0 代表男性,1 代表女性)。他们被问及每月愿意为一种新的无线通信服务支付多少钱,这种新的通信服务已通过录像带向他们做了介绍。结果表明,妇女平均愿为此项服务支付 16.82 美元,男人则愿支付 20.05 美元。这个差别显著吗? 计算的 t 值为 -1.329,相应的 ρ 值为 0.185,显示这个差别有 18.5% 的可能性是由样本造成的。如果此例的检验标准被设定为 0.10(表示愿意错误拒绝 H_0 的可能性为 10%),那么,这个例子中分析人员就不能拒绝 H_0。

五、调查资料的综合指标分析技术

前面已提到,综合指标分析法是根据一定时期的资料和数字,从静态关系上对总体的各种数量特征进行分析的方法。综合指标的表现形式有:总量指标、绝对指标、相对指标、平均指标等,这些指标是统计分析的基础和工具。综合指标法可以说明总体的规模、水平、速度、效益、结构、比例关系等综合数量特征。通过总体数量的汇总、运算和分析,可以排除个别、偶然因素的影响,认识经济现象的本质及其发展变化的规律性。

(一)总量指标

总量指标反映的经济现象是在具体时间和空间条件下的总规模或总水平。一般以绝对数表示,又称做绝对指标。总量指标是人们认识社会经济总体的起点,也是领导层进行决策、检查下级执行情况的依据,还是计算相对指标和平均指标的基础,因此总量指标又称基础指标。

总量指标按其反映的时间不同可分为时期指标和时点指标,按其反映的内容不同分为总体单位总量和总体标志总量,其计量单位分为实物单位、价值单位、劳动量单位。

(二)相对指标

相对指标是指两个有联系的指标数值对比的比值,用抽象化了的数值来表示两个指标之间的相互关系或差异程度。相对指标能说明现象和过程的比重、比率、速度和程度;也可以使原来不能直接对比的指标,找到共同比较的基础。

相对指标的计量形式有百分数、系数、倍数和成数等。选用何种计量形式,要根据它所表示的内容而定。

（三）平均指标

平均指标是指在一定的条件下同质总体内各单位某一数量标志的一般水平。通过平均指标能使总体各单位标志值的差异抽象化,以说明总体综合数量特征的代表值。利用平均指标能对同一总体的某些数量特征在时间上的变化进行比较,反映其变动过程和发展趋势;利用平均指标,可以进行数量上的推算和作考核事物的依据,还可以作为分析现象之间的依存关系等。平均指标表现形式有:算术平均数、倒数平均数、众数和中位数等。

六、调查资料的动态分析技术

如前文所述,动态分析法是指经济现象发展变化的一系列数字,按时间先后顺序排列所组成的一组动态数列,对其进行分析的一种方法。经济现象是随着时间的进程而不断变化的,因此,要进行动态分析。

动态分析法应用时要注意各指标所属的时间长短要相同,指标内容、计算方法、计量单位等要统一。有些指标还要根据具体情况进行调整,不可沿袭套用。动态分析法要计算一系列动态指标,它包括发展水平指标、动态比较指标和动态平均数指标等。

（一）发展水平指标

发展水平指标指某一指标数值反映它在不同时期上发展所达到的水平,称为发展水平,这个指标是表明社会经济现象发展规律的重要指标,也是计算各种动态分析指标的基础。发展水平一般是指总体指标,也可用相对指标或平均指标来表示。时间数列中第一项指标数值叫最初水平,最后一项叫最末水平,其余各项指标数值叫中间水平。进行动态比较时,作为对比基础时期的发展水平叫基期水平,而要与基期水平进行对比的那个时期的发展水平称为计算期水平或报告期水平。如用符号 $a_0, a_1, a_2, a_3, \ldots, a_n$ 代表数列中各个发展水平,a_0 是最末水平,其余就是中间各项水平。

最初水平和最末水平以及基期和报告期都不是固定不变的,随着人们研究的目的和对时期的要求不同而改变,发展水平在文字说明上,习惯用"增加到"或"增加为","下降到"或"下降为"来表示。

（二）动态比较指标

动态比较指标是根据两个发展水平的比较计算而得来的。这种比较可以是相除的关系也可以是相减的关系,或是相除和相减相结合的关系。动态比较指标可以用绝对数表示也可以用相对数表示。①绝对数中如果报告期水平减基期水平得出的差值是正值,则为增量;如为负值则为减少量。②相对数是报告期水平与基期水平对比而得的发展程度的相对指标,可以用百分数表示,也可以用倍数表示。由于所采用的基期不同,发展速度可以分为定基发展速度和环比发展速度。定基发展速度是指报告期水平对某一固定时期水平(通常为最初水平)之比,表明该现象在较长时期内总的发展速度,所以又称为"总速度"。环比发展速度是指报告期水平与前一期水平之比,说明该现象报告期较前一期水平已发展到百分之几或几倍,也是逐期的发展速度。定基发展速度和环比发展速度是有区别的,但它们之间存在着一定的换算关系。定基发展速度等于相应时期内各个环比发展速度的乘积;两个相邻的定基发展速度相除,即得环比发展速度。发展速度减1,可得增减速度,当发展速度>1,叫增长速度,反之,叫降低速度。

（三）平均指标

平均指标又称动态平均数指标,是把时间数列中的各个指标数值在时间上的变动加以平均,计算出平均数来反映某种现象在一段时间内的平均速度或一般水平。

本章小结

通过各种调查方法取得的原始资料都是从各个被调查单位收集来的、零散的、不系统的资料,只能反映被调查单位的情况和事物的表面现象,而不能说明被研究总体的全貌和内在联系。要想说明调查对象的总体特征,就必须对调查资料进行加工整理。如果说通过调查得到的资料是收割的话,那么对调查资料的加工整理就是做到颗粒归仓。本章重点介绍了调查资料整理的过程和分析的方法,这对撰写调查报告和得出调查结论是必不可少的。

案例分析

市场调查资料分析是市场调查的重要组成部分。通过市场调查收集到的原始资料,处于一种零散、模糊、浅显的状态,只有经过进一步的处理和分析,才能使零散变为系统、模糊走向清晰、浅显发展为深刻,分析研究其规律性,可以达到正确认识社会现象的目的,为准确的市场预测提供参考依据,最终为调查者正确决策提供有力的依据。

随着居民生活水平的提高,私车消费人群的职业层次正在从中高层管理人员和私营企业主向中层管理人员和一般职员转移,汽车正从少数人拥有的奢侈品转变为能够被更多普通家庭所接受的交通工具。了解该市家用汽车消费者的构成、消费者购买时对汽车的关注因素等对汽车产业的发展具有重要意义。

本次调研活动中共发放问卷400份,回收有效问卷368份,根据整理资料分析如下。

一、消费者构成分析

1. 有车用户家庭月收入分析

表1　有车用户家庭月收入

家庭收入	比重(%)	累积(%)
2 000元以下	28.26	28.26
2 000~3 000元	33.70	61.96
3 000~4 000元	10.87	72.83
4 000~5 000元	18.48	91.31
5 000元以上	8.69	100.00

目前该市有车用户家庭月收入在2 000~3 000元间的最多;有车用户平均月收入为2 914.55元,与该市市民平均月收入相比,有车用户普遍属于收入较高人群。61.96%的有车用户月收入在3 000元以下,属于高收入人群中的中低收入档次。因此,目前该市用户的需求一般是10万~15万元的经济车型。

2. 有车用户家庭结构分析

表2　有车用户家庭结构

家庭结构	比重(%)	累积(%)
夫妻	36.96	36.96
与子女同住	34.78	71.74
与父母同住	8.70	80.44
单身	17.39	97.83
其他	2.17	100.00

Dink家庭(double income no kid),即夫妻二人无小孩的家庭,占有车家庭的比重大,为36.96%。其家庭收入较高,负担较轻、支付能力较强,文化层次高、观念前卫,因此Dink家庭成为有车族中最为重要的家庭结构模式。核心家庭,即夫妻二人加上小孩的家庭,比重为34.78%。核心家庭是当前社会中最普遍的家庭结构模式,因此比重较高不足为奇。联合家庭,即与父母同住的家庭,仅有8.70%。单身族占17.39%,这部分人个人收入高,且时尚前卫,在有车用户中占据一定比重。另外已婚用户比重达到了81.5%,而未婚用户仅为18.5%。

3. 有车用户职业分析

调查显示有29%的消费者在企业工作,20%的消费者是公务员,另外还有自由职业者、机关工作人员和教师等。目前企业单位的从业人员,包括私营业主、高级主管、白领阶层仍是最主要的汽车使用者。而自由职业者由于收入较高及其工作性质,也在有车族中占据了较高比重。详见图1。

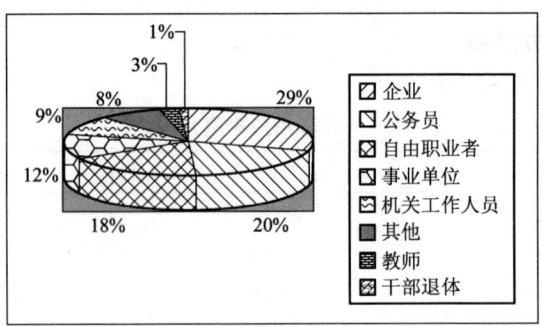

图1　消费者职业构成

4. 有车用户年龄及驾龄分析

在我们所调查的消费者中,年龄大多在30~40岁或是30岁以下,所占比重分别为43%和28%,年龄在40~50岁的占23%,仅有6%的消费者年龄在50岁以上。可见,现在有车一族年轻化的趋势越来越明显,这是因为大多数年轻人没有太多的家庭负担,正处于购买力和消费需求同样旺盛的时候,而越来越低的购车门槛,也给了他们足够的购车理由。

该地区有车用户的驾龄平均为5.294年,而在本次接受调查的消费者中,有61.94%的用户驾龄在3年以上,由此可见,本次调查的有车用户驾龄普遍较长,因而对汽车也比较熟悉,对汽车相关信息掌握的也相对全面,这就使得我们对有车用户青睐的品牌的调查有了较高的可信度,而他们在汽车使用方面的经验,也能够为今后该地区家用汽车市场营销策略的制定提供一定的帮助。

二、消费者购买汽车时关注的因素分析

调查显示,顾客购买汽车会考虑许多因素,如价格、品牌、性能、售后服务、汽车外观、耗油、汽车配置、排量、排档方式、车内空间、内部装饰、座位数量、行李箱空间等22个大小因素。但这些因素并非都同等重要,我们按照顾客对理想车型具体要求的重要性进行排列,如图2所示。

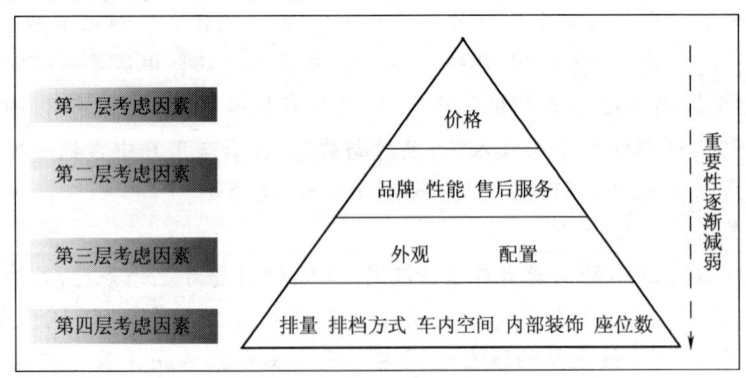

图2　顾客对理想车型具体要求

然后对现有顾客和潜在顾客对所有因素的重要性进行排列,如图3、4所示。最后对现有顾客和潜在顾客的重要性进行对比分析,如图5所示。通过对比分析,可以看出购车重要性排在前5位的,现有顾客是发动机性能、售后服务、安全性能、油耗、价格;而潜在顾客是安全性能、发动机性能、售后服务、油耗、乘坐舒适性。因此,汽车制造商应该针对不同的顾客群实施不同的价值创造。

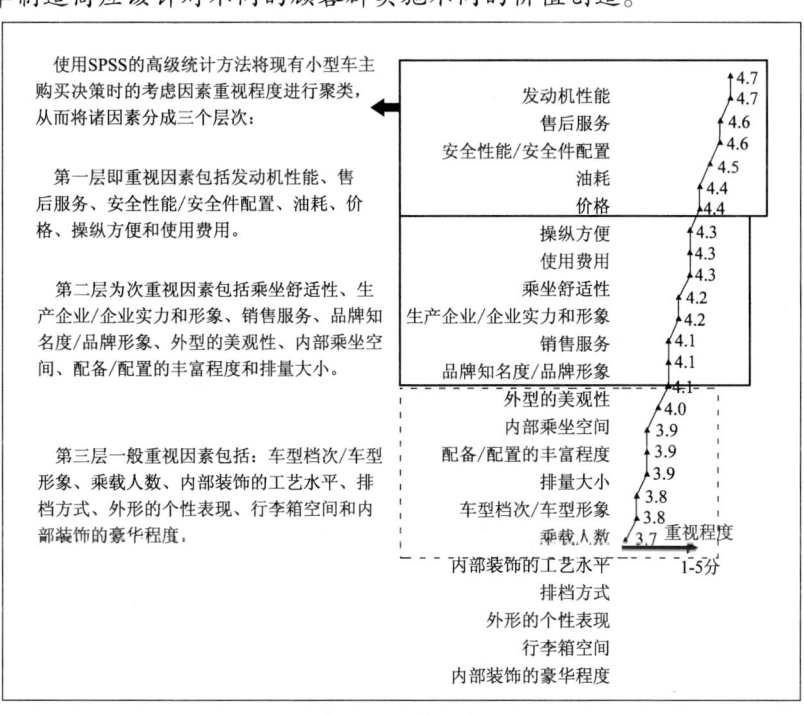

图3 现有用户购买决策因素的重要性分析

三、消费者在购车前获取信息的渠道

通过汽车报纸杂志获取信息的消费者占总数的27%,还有23%的消费者是通过电视、广播获取信息的,此外,上网查询和广告等也都是消费者获取信息的主要渠道。由此可见,在传媒业越来越发达的今天,任何媒介都能够加以利用,成为推动营销的帮手。消费者获取信息的渠道请见图6。

在大型汽车市场、品牌专卖店、综合销售点和其他销售点这几种汽车销售点中,目前消费者最为信赖的还是品牌专卖店,选择在品牌专卖店购买汽车的消费者比重竟高达74%,相信这与品牌专卖店舒适的购车环境、良好的信誉、有保障的售后服务都是分不开的。而目前消费者在支付方式的选择上大多还是选择一次付清,也有33%的消费者选择分期付款,但选择向银行贷款买车的消费者仅为7%,这一方面反映出大部分消费者的购车计划是在对自身收入合理估算后的可行选择;另一方面也说明了目前我国信贷业的不发达与不完善。消费者最信赖的购车场所请见图7。消费者满意的支付方式请见图8。

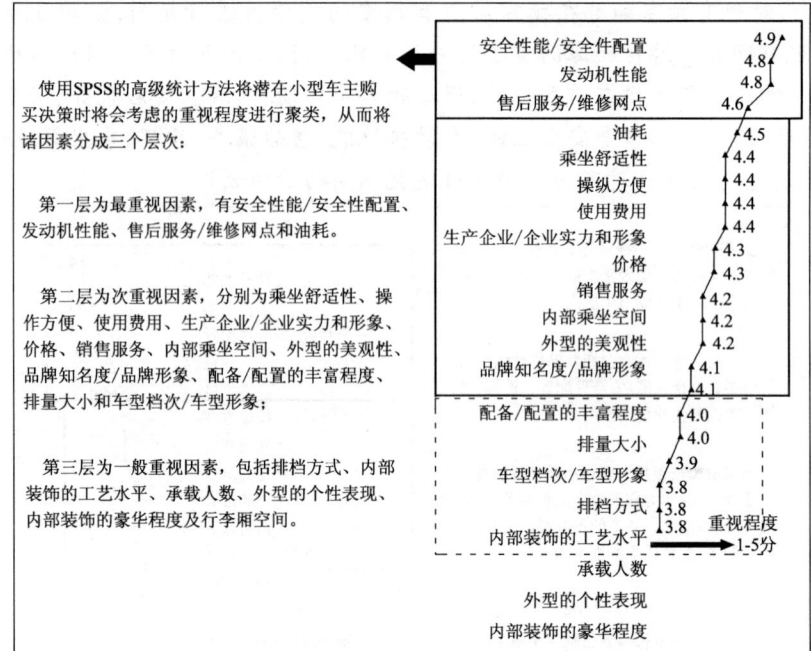

图 4 潜在新用户购买决策因素的重要性分析

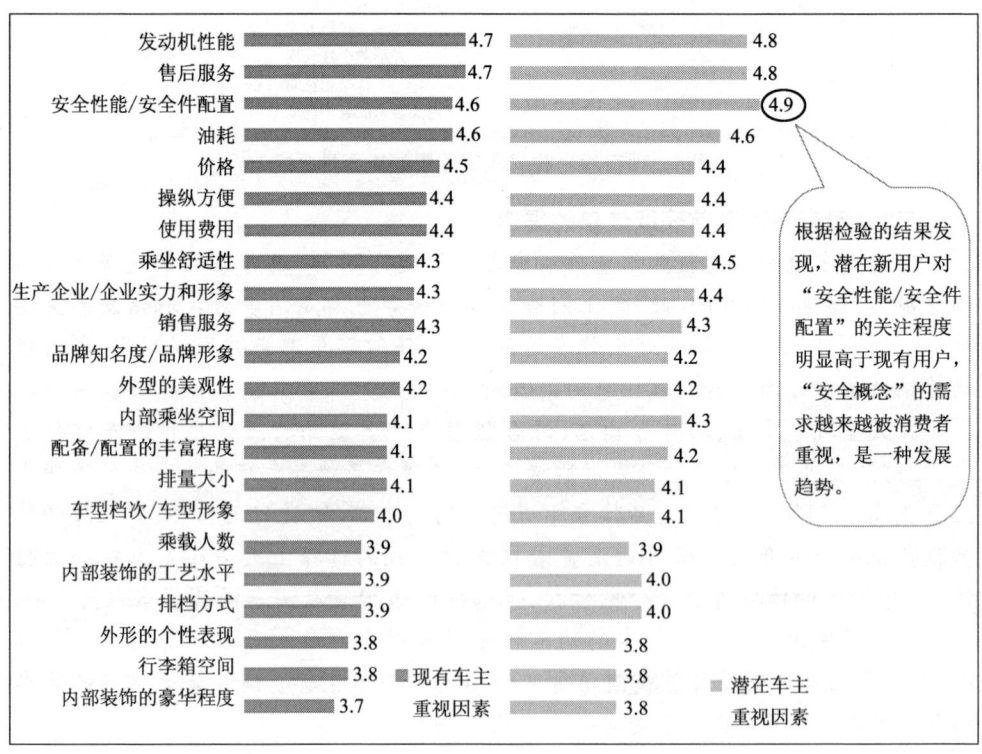

图 5 现有用户 VS 潜在新用户购买决策因素的重视程度分析

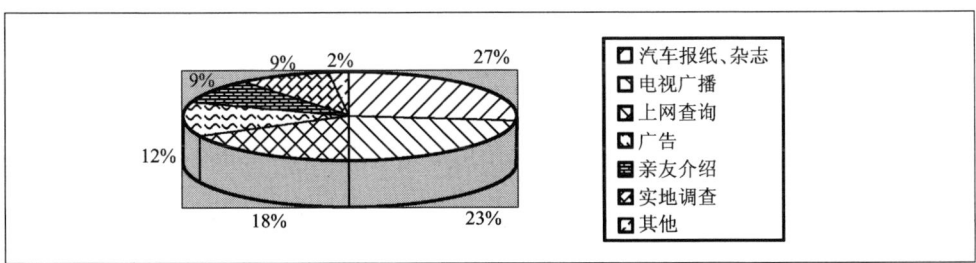

图6 消费者获取信息的渠道

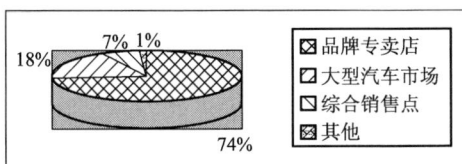

图7 消费者最信赖的购车场所

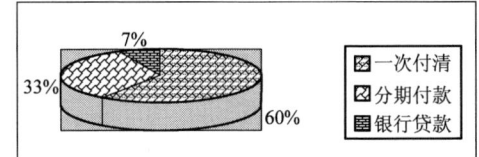

图8 消费者满意的支付方式

四、初步建议

通过对本次调查结果的分析,就反映出的问题和现象特提出以下建议:

1. 在家用汽车消费群体中,女性消费者还具有很大的市场潜力,汽车生产商可以在汽车的整体设计中加入一些符合女性需求的细节设计,使汽车设计更富人性化,也更能受到女性消费者的青睐。

2. 从目前家用汽车市场的实际情况来看,消费者在选购汽车的同时,首先会考虑到汽车的安全性能和售后服务,因此生产商应加强对安全性能和售后服务的提高,以争取更多消费者。

3. 在购车地点的选择上,大部分消费者选择了品牌专卖店,因为那里的环境、服务等都比别处更胜一筹,但综合销售点实际上更有利于消费者进行实地考察,从而客观地对汽车品牌进行对比。但目前该地区的几个综合销售点的经营状况都远不如品牌专卖店,综合经销商应考虑如何采取对策。

4. 目前通过银行贷款的方式买车的消费者还是较少,这与中国人的消费观念有关,但就目前中国的形势来看,通过贷款的方式买房、买车都是非常合适的选择,经销商若能做足这方面的"文章",也可促进家用汽车消费市场的长足发展。

分析问题:该案例中市场调查资料分析的要点是什么?

 思考题

1. 市场调查资料整理由哪几个步骤组成?

2. 市场调查资料审核过程中的工作重点是什么？
3. 市场调查资料分析的意义是什么？
4. 简述四种市场调查资料的计量尺度的异同点。
5. 在交叉列表分析中如何进行变量的选择和确定？
6. 如何进行双变量交叉列表分析？
7. 在运用动态分析法时要计算哪些动态指标？说明每一种动态指标的使用方法。

第八章

市场调查专题

本章学习重点

本章分别就广告调查、购买动机调查和固定样本调查的含义和应用方法等内容进行具体的讲解。这章内容可以看作是市场调查理论与方法的具体应用与必要补充。

理解企业为何要进行广告调查、购买动机调查和固定样本调查;熟悉企业进行广告调查、购买动机调查和固定样本调查的内容;掌握科学进行广告调查、购买动机调查和固定样本调查的方法。

思维导图

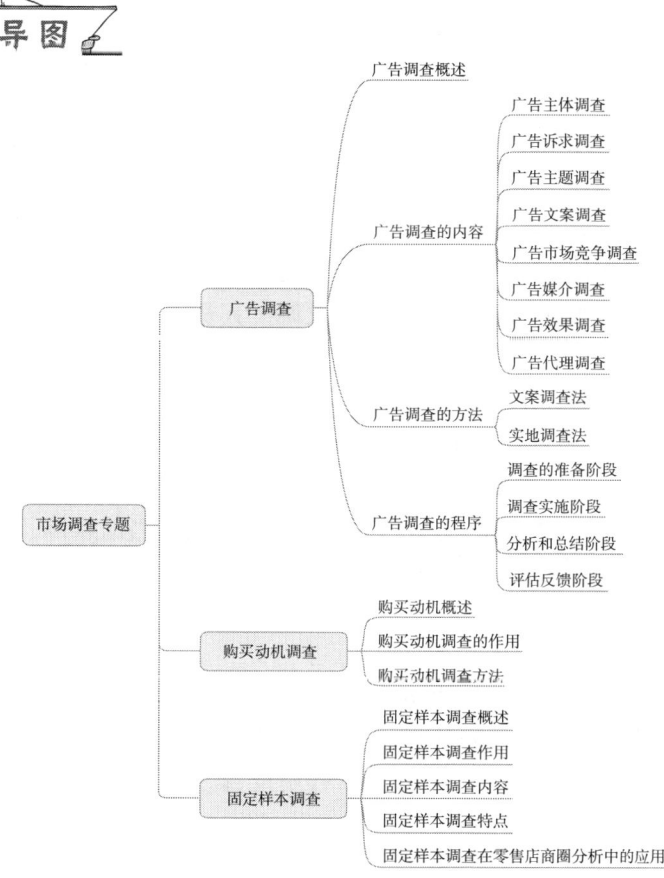

第一节　广告调查

现代市场经济中,企业为了在激烈的竞争中生存与发展,开展强有力的广告活动是必不可少的。如何提供与广告有关的资讯,作为广告决策的依据,制作定位准确的广告策划,评价广告实施的效果,离不开严格科学的广告调查。

一、广告调查概述

广告调查是为了制作有效的广告和为了测定广告效果而有目的地对市场进行具体的了解和认识的考察活动。广告调查不同于一般的市场调查,它有两层含义:一是广告活动的前期调查,即为了使广告有针对性和有的放矢而做的调查;二是为了评价广告的作用、检验广告效果而进行的调查。一般来说,前者更受重视,而后者被许多企业和广告商所忽略,实际上后者对长期广告活动更有意义。

（一）广告调查的分类

广告调查按不同的标准,可以划分为若干种类。

1.按调查在整体广告活动中的顺序划分。按照调查在整体广告活动中的顺序,广告调查可以分为前期调查与后期调查。

前期调查是企业或广告商为了制作广告,对企业、产品及消费市场进行的调查;后期调查是通过广告媒介传播一段时间后,为测定广告效果而进行的调查,这种调查既是此次广告活动的总结,亦是改进下次广告的依据。

2.按调查信息来源划分。按照调查信息来源不同,广告调查可以分为文献调查和实地调查,或称为间接调查和直接调查。

文献调查（或间接调查）是对有关机构收集、选择的有用信息加以整理供企业广告活动使用;实地调查（或直接调查）要求调查人员直接接触调查对象,取得第一手资料。

此外,根据调查的工作方式不同,广告调查还可以分为访谈调查、电话调查、邮件调查、仪器调查、实验调查等多种调查方法。

（二）广告调查的意义

广告调查活动就是将诉求对象所需要的信息,透过适当的媒体,有效地传达给设定的对象,进而检查其效果,作为下次广告活动的参考。实施有效的广告调查对企业的广告活动有着深远的意义。

具体来说,广告调查的意义有以下几点:

第一,广告调查是整体广告活动的起点。在广告活动的程序中,广告调查是排在第一位的,它左右着广告计划的制订、广告媒介的选择、广告主题的表现、广告的制作和广告预算等一系列工作。不进行广告调查,就无法开展这一系列工作,所以说,广告调查是广告活动的起点。

第二,广告调查是确定广告定位的依据。所谓定位就是利用商品的某一特征使商品在消费者心中占据一定的位置,广告定位就是为了突出广告商品的特殊个性,即同类商品所没有的优异之处,而这个特点正是特定用户所需要的。广告定位包括实体定位(如功效定位、品质定位、价格定位等)和观念定位(正向定位、逆向定位、是非定位等)。广告定位往往确定了广告商品在消费者心中的位置,而如何正中消费者心扉,符合消费者的心理需求,则取决于广告调查。如20世纪60年代后期,美国人在口味上已经习惯于可口可乐饮料,而在思维上也拘泥于可乐才是饮料,如何打破可乐在消费者心中的统治地位呢?七喜公司通过广泛的调查,大胆地提出了"非可乐"的产品定位,以清新的品位赢得了消费者,夺取了部分可乐饮料的市场。

第三,广告调查是整体广告策划的依据,是制作有效广告的保证。广告策划是整体广告活动的核心和灵魂,它是指对广告整体战略与策略的运筹规划,是从对广告调查、计划、实施到检测的全过程的考虑与设想,是广告决策的形成过程。在广告策划中,广告调查是整个过程的前提和基础,只有对市场和消费者有着透彻的了解,对有关信息和数据有着充分的掌握,才有可能做出全面的实际的策划。例如,1973年,能源危机席卷西方世界。当时美国通用汽车公司缺乏对市场的了解,在广告中仍大肆宣传其新推出的高档、高油耗的"迷你型"汽车的独到之处,而丰田公司通过市场调查,分析油价提高后消费者的购车心理,把广告宣传定位在"节油"二字上,结果,丰田的小型节油车很快就占领了世界市场。

第四,广告调查为广告创意提供资料。广告创意就是广告中的新思想。成功的广告离不开好的创意,好的创意来自广告调查提供的关于市场行情、产品以及消费者的各种资料。这些资料包括特定资料和一般资料两部分。特定资料是那些与产品和服务直接有关的信息。广告创意者必须对特定资料有深入的了解,才能发现产品或服务与某些消费者之间存在着的特殊关联性,从而导致创意的产生。一般资料即是生活中能引起人兴趣的事情,虽同企业的产品并无直接的关系,但往往都可能成为广告创作的源泉。

第五,广告调查是广告效果评价的手段。为了检验广告的作用大小,测试广告效果好坏,更好地改进和完善以后的广告活动,广告主必须进行广告效果调查。通过广告效果调查得到的市场信息,可以检验广告表现主题是否正确,广告媒体选择是否恰当,广告发布时间和频率是否适宜,广告预算费用是否合理等。

案例 8-1 速溶咖啡的新形象

咖啡是西方人日常生活中常饮的饮料,产销量十分巨大。为适应人们生活的快节奏,雀巢公司率先研制出速溶咖啡并推入市场。这种速溶咖啡免去磨咖啡豆、煮咖啡等烦琐的制作工序,用开水一冲即可饮用,而且保持了普通咖啡的优点。但是这种速溶咖啡尽管有这么多的优点,在市场上还是遇到了顾客的抵制,虽然花费了巨额的广告费用，人们仍然购买普通咖啡而不买速溶咖啡。速溶咖啡的消费量仅占整个咖啡消费量的极小部分。为弄清速溶咖啡为什么会受到消费者的排斥，雀巢公司派出了大量的调查人员，通过访问、交谈、问卷等多种形式，对各个年龄段的消费者做了调查，得出原委。原来，人们普遍认为，购买速溶咖啡的妇女肯定不是好妻子，也就是说，速溶咖啡的产品形象是——它的使用者是懒惰的家庭主妇。速溶咖啡广告中大量采用的快速、方便、省事、经济等词语来描述速溶咖啡，加重了这种不利形象。相比之下，普通咖啡一再强调咖啡的味道、芳香，使人置身于它的香味和令人愉快的煮咖啡的乐趣中，结论是：速溶咖啡缺乏温暖感。

得出此结论后，雀巢公司立即调整广告宣传，改变原来不利的产品形象，将宣传重点放在让速溶咖啡饱含感情色彩，并具有能代表更高的社会地位的形象上。根据这一宗旨，公司重新挑选了最具温柔、善良、贤惠形象的女模特做广告，并主要以杂志作为广告媒体，加之精美的页面设计，设计了："百分之百纯正咖啡""满足您的咖啡瘾"等醒目的广告词。广告一出，立竿见影，速溶咖啡的新形象立即获得了广大公众的认可，消费量迅速增加，市场逐渐变成了速溶咖啡的天下。

由雀巢公司的这一案例我们看出，在现代市场经济中，企业为在竞争中求得生存和发展所进行的广告活动必须针对最需要重视的目标市场，必须针对消费者最感兴趣的方面，才能使广告投资获得最佳经济效益，而要达到这一目标，不能靠主观臆想和经验来实现，必须靠客观实际的广告调查。由此足见科学、正确的广告调查对一个企业的广告效益以至经济效益的巨大作用。

二、广告调查的内容

广告活动是通过广告媒介向目标市场宣传产品的一项复杂的信息传递活动。它需要很多环节的相互配合，也受到许多因素的影响。因此广告调查包括的内容也比较多，主要有：

（一）广告主体调查

广告主体是企业及其产品。只有充分了解企业和产品，才能创作出定位准确的广告。企业调查应侧重了解企业的发展历史、综合实力、同行业地位等内容。企业何时创立、创立背景如何、未来发展状况、发展战略、现有规模、管理模式以及企业文化等，看似与广告无关，但对广告人来说却是不可缺少的。这对于宣传企业形象，把握企业特色，提高广告影响力具有极重要的作用。

广告所要达到的最终目的是为了推销产品。在广告发布的有限时间和空间内，要给公众留下强烈而美好的印象，直至激起购买欲望，就必须准确地传达产品最主要的特点、最与众不同的特征等信息。而要做到这一步，就必须在创做广告之前对产品进行详细的调查。

（二）广告诉求调查

广告诉求调查就是确定广告告知对象的调查，是广告定位的基础工作，是广告策划的依据。

首先了解消费者的基本情况，包括年龄、性别、民族、职业、生活方式、文化程度、价值观念、收入状况等。

其次了解消费者的购买习惯，包括消费动机、消费地点、消费时间、购买者等。

最后在了解消费者的基础上，对消费者进行分类，也就是进行市场细分，从中选出自己的目标市场。广告调查的重点应放在购买者和决策者上。

（三）广告主题调查

广告主题就是要决定向广告诉求对象宣传的内容。任何一个产品都有很多宣传点，消费者一般只能从一个广告中记忆一个内容。为使消费者能对其产品留下深刻印象，所传达的信息，一定要有一个焦点，也就是诉求的主题或诉求点。

进行广告主题调查，广告创作人员首先要充分试用该产品，并和企业产品开发部的人员交谈，以了解产品特性和生产技术，然后以消费者的眼光来看该产品，向正使用该产品的消费者、零售商了解他们对产品的评价等。其次要了解顾客主要的购买动机是什么。有了这些材料，就能发现"广告亮点"，制作富有创意的广告。

（四）广告文案调查

所谓广告文案就是广告作品。广告的主要任务就是把广告的内容宣传给消费者。广告文案的功能就是要把传递者的意图正确地传达给消费者，并向消费者心理做强力的诉求，提高其对广告商品的评价，引起购买欲望。但是广告文案是否能达到创作者的要求，必须用科学的方法加以测定，这也就是文案测定。具体说，文案测定是对已完成的广告作品，在正式原稿发稿之前进行测定，要在所创作出来的广告作品中，判断何者最易被消费者接受，何者最易被拒绝，在众多的草案中选择优秀者。具体调查项目有：

1. 记忆。接触某一广告的消费者，记忆广告的程度如何，直接体现广告的传达力度，通常测定记忆的内容包括：产品名称、企业名称、诉求重点、广告内容等。

2. 理解。了解消费者看过广告之后，是否接受传播者的意图，通常询问这部广告作品希望表达给消费者的是什么以及广告商品有些什么特色等。

此外还包括对广告所宣传产品的印象和评价；对广告本身的评价；消费者的购买意向。

（五）广告市场竞争调查

广告市场是一个竞争激烈的市场，不进行市场竞争的调查，不了解竞争对手的状况，闭门造车，做出的广告不仅浪费钱财，而且会弱化企业的竞争力。

广告市场竞争调查主要是调查同类企业与产品的广告状况。查明主要竞争对手的企业及产品的广告情况，如主要竞争对手的年度广告预算，其广告代理商、广告内容、广告媒体及广告效果等，研究他们在广告活动中的方式、方法，以创作出独具匠心的广告。

(六)广告媒介调查

广告媒介又叫广告媒体,就是在广告发布过程中,借助用来传递广告信息的物质手段。不同广告媒体对广告宣传会产生不同的效果。因而选择最佳的媒体就成为企业广告活动中的重要一环。广告媒体调查是对广告传播中介的物质、技术手段所做的调查。具体内容包括:

1.印刷媒体调查。印刷媒体是借助于印刷、书写、绘画、喷涂等方式表现广告内容的广告媒体物。印刷媒体主要包括报纸、杂志、画册、招贴画等,其需调查的内容有:

(1)印刷品的发行量。印刷品的发行量是读者接触率中的一个重要指标,发行量大的印刷品,其传播面广,广告宣传也广泛。读者接触率是衡量读者对印刷品刊登广告及其文字内容的注目程度的指标。

(2)印刷品的发行频率。这也是影响印刷品读者接触率的重要指标,一般来讲就报纸和期刊而言,读者接触率最高的是日报。

(3)印刷品的传阅人数。每份印刷品的传阅人数是不同的。一般来讲,公开订阅的报刊传阅人数多,自费订阅的报刊传阅人数少。传阅人数多的读者接触频率高,用这个指标乘上发行量就可以得出各印刷品实际拥有的读者数量。

(4)平均阅读每份印刷品所花费的时间。这是衡量读者接触率高低的指标,将报刊、传阅人数和阅读时间相乘可以得出一个衡量各份印刷品读者接触率的综合指标。

(5)印刷品读者构成的特点,包括读者的性别、年龄和文化程度等。

2.电视广播媒体调查。电视广播媒体广告的共同特点是:传播面广、覆盖率高、费用较大,一般表现为瞬时记忆。调查内容包括:

(1)视听者印象。电视广播媒体根据播放的形式、时间和内容的不同而存在着相应的视听者,通过意见征询和问卷调查的方式,弄清视听者对广告的印象和感受。

(2)视听率。视听率是指在某时段内的收视者人数及收视率。例如,某市一电视台某时段的收视率为:

$$\text{收视率} = \frac{\text{该时段广告节目收视人数}}{\text{该市拥有电视机的家庭总人口数}} \times 100\%$$

(3)覆盖率。覆盖率是指电视广播媒体所覆盖的人中有多少是这次广告的目标消费者,这个指标在选择媒体时很重要。如 ATV 的观众有 100 万人,而其中目标消费者可能只有 1%,即 1 万人,而 BTV 的观众只有 50 万人,但其中目标消费者可能占到 40%,达到 2 万人。那么这时到 BTV 做广告便是明智之举。

3.其他传播媒体。包括交通广告、灯箱、招牌和现在日益成熟的网络媒体等,通过调查这些媒体的设备和装置数及使用或看到这些媒体的人数,来确定这些媒体的宣传效果。

> **案例 8-2　贝克啤酒的广告策略**
> 　　具有良好创意的广告,就一定能得到应有的效果吗?未必。因为,广告媒体的选择同样会对广告效果产生影响。"广告要作给买家看",广告主必须选择买家看的媒体,如此广告才能有效果。
> 　　贝克啤酒的广告代理是上海奥美广告公司。为使贝克啤酒迅速地占领海南市场,上海奥美公司为贝克啤酒精心制作了三个颇有创意的广告片陆续在海南电视台播放。但出人意料的是三则广告播放后的收效甚微。经过一番实地市场调查,奥美公司恍然大悟,原来海南人不爱看电视,因为海南年轻人多,流动人口多,大多数人为实现淘金梦无时无刻不在奋斗,看电视的时间和人数都很少,自然电视广告效果不理想。然而海南人却十分爱看报纸,针对这一特点,奥美公司在海南迅速变换广告媒体,推出新的系列报纸广告,取得了极佳的广告效果,获得了不菲的经济效益。

（七）广告效果调查

广告效果调查就是通过各种媒体发布广告之后,调查广告在目标市场上的传播效果,测定广告对产品销售影响的过程。它主要包括以下三个层次:

1. 广告效果的事前调查。广告效果的事前调查就是在广告计划活动实施之前,对广告创意、广告作品和广告媒体组合进行评价,以了解顾客的反应,预测广告在市场中的效果。企业常用实验法、专家意见法、面谈法等手段开展事前调查。

2. 广告效果的事中调查。广告效果的事中调查就是在广告活动的实施过程中,调查广告投放市场及在市场上的执行情况。主要调查内容是广告作品和广告媒体的组合方式是否得到消费者的认可,广告活动是否影响了顾客的态度。

3. 广告效果的事后调查。广告效果的事后调查就是在广告活动告一段落之后,根据对广告目标实现情况的调查来了解产品的市场占有率,通过与广告量的比较,了解广告的总体效果。另一方面是调查广告受众对广告的记忆程度、认知程度和理解程度,评价广告最终是否能唤起消费者的注意,并在多大程度上影响了顾客的购买行为。

（八）广告代理调查

实行广告代理制是我国广告业的发展趋势。广告代理制是指广告主把自己的广告宣传工作委托广告公司去完成,广告公司为客户提供广告宣传的全方位服务。为此广告主需要进行广告代理调查,以在众多的广告业竞争者中选择一个合适的广告代理商。调查内容包括:调查代理公司的历史和发展现状;调查代理公司的能力水平和业务特点;调查代理公司与广告主的合作状况。

广告代理调查一般没有什么硬性指标,广告主往往通过招标会听取广告代理公司人员发言和参考代理公司以往业绩和广告作品来做出印象判断。

三、广告调查的方法

所谓广告调查方法是在为制作广告或测定广告效果而进行的市场调查中发掘资料来源、捕捉相关信息和收集资料的途径与方法。

广告调查方法多种多样,按其资料来源可分为文献调查和实地调查两大类。

(一)文献调查法

文献调查法也叫间接调查法。它利用已有的各种文献、档案等文字资料进行调查。这种方式在调查工作中常被忽视,而实际上它是一种高效率、高质量的调查方式,也是对调查人员素质要求较高的方法,在市场调查中应受到高度重视。

文献调查法中最主要的内容是要求熟知文献来源和资料检索方法。广告调查的文献来源主要有企业内部、图书馆、研究所、情报中心(咨询中心和信息中心)以及政府机构、行业协会和商会等。

1. 企业内部资料。包括有关企业的情况介绍、产品目录、商品说明书、价格清单、经销商名单、财务报表、市场报告以及客户函电等资料,有关本行业竞争对手的资料亦可从企业资料中获得。

2. 图书馆。图书馆包括公共图书馆、高校图书馆和一些专业图书馆。图书馆书刊种类齐全,可以集中获取所需资料。在图书馆调查的资料包括相关书籍中的论述,有关报刊上的文章,如市场评述、调查报告等;另外年鉴(地方统计年鉴和行业统计年鉴)上的统计资料,联合国出版物中的统计资料也都是重要的资料来源。

3. 研究所。许多经济、工业研究所,特别是某一行业的情报研究所,经常发表一些市场调查、市场评论的文章,可以提供整个行业或某个地区的市场背景资料,这对市场调查非常有意义。

4. 情报中心(咨询中心、信息中心)。此类机构从事信息咨询服务,是营利性机构。其资料比较齐全,专业性比较强。如果需要某一专题资料,请此类机构提供帮助,则比较经济可靠。

5. 政府机构。从政府的某些部门,如统计部门、工商行政管理部门、税务部门、专业委员会和工业主管部门可以获得当地社会经济发展的有关资料,以及有关的经济政策法规和行业发展规划等。

6. 行业协会和商会。行业协会和商会可以提供会员名单、会员经营状况和发展水平、行业贸易状况以及同行业内部交流的一些资料。

另外,消费者组织也是有关广告调查资料的重要来源。消费者组织经常检查在当地销售的产品质量和服务状况,并不定期地在报刊上公布有关结果,他们与消费者联系密切,能反映出消费者的要求,这对广告调查来说是不能忽视的。

市场调查人员根据实效性、准确性、可取性的原则,对各种文献档案资料进行核查、筛选形成一份综合意见,既是广告宣传策划的依据,也是进行实地调查十分有益的参考资料。

（二）实地调查方法

文献调查的结果反映了企业（行业）与产品在市场上的一般状况以及整体的发展趋势。使广告主对宏观市场情况有了整体的了解与认识。但是对于具体的企业、具体的产品，要想准确把握其在市场中的位置，必须还要进行有针对性的实地调查，从现实中搜集反映市场现状及变化的"第一手资料"。

根据调查问题的不同和具体市场的变化，可采用的实地调查的方法很多，下面介绍几种具体方法。

1. 认知调查法。企业发布的广告是否被消费者看到，看过之后有多少内容被接受，这些都涉及广告的认知效果。所谓广告认知调查是指广告传达到消费者手中后，广告信息被消费者接受的程度。

例如，针对在某种媒体上的广告，从当地消费者中，用随机抽样法选出调查对象，由调查员对被调查者做访问调查。

首先把所刊出的广告提示给调查对象，询问：

"请问您看过这个广告吗？请在后面圈出相应的数字"（ ）

不记得是否看过————————————————1

似乎看过——————————————————2

看过照片、图片、文字，但未读过文章细节————3

只读过文章的一部分————————————4

其他（看过广告但举不出看过的部分）——————5

然后根据回答情况计算有关指标。

(1) 如果是报纸杂志上的广告，则计算广告注目率和广告精读率：

$$广告注目率 = \frac{的确看过该广告的人数（选2、3、4、5的人数）}{刊载该广告的报纸（杂志）的读者数} \times 100\%$$

$$广告精读率 = \frac{仔细读过广告部分或全部的人数（选3、4、5的人数）}{刊载该广告的报纸（杂志）的读者数} \times 100\%$$

(2) 如果是电视上的广告就计算到达率：

$$到达率 = \frac{看过该广告的人数}{该市拥有电视机的家庭总人口数} \times 100\%$$

由于电视广告通常会多次连续播放，因而有积累的效果，为此需要将到达率进一步细分为：

$$单一到达率 = \frac{播放一次广告看到该广告的人数}{该市拥有电视机的家庭总人口数} \times 100\%$$

$$积累到达率 = \frac{至少看过一次广告播放的人数}{该市拥有电视机的家庭总人口数} \times 100\%$$

此外，根据看过一次广告的人数的多少，计算平均收视次数。

$$平均收视次数 = \frac{总到达人数}{至少看过一次广告播放的人数} = \frac{总到达率}{积累到达率}$$

$$总到达率 = 积累到达率 \times 平均收视次数$$

在总到达率一定的情况下，积累到达率和平均收视次数较为理想，广告传播才有一定的广度和深度。

2. 电话调查法。电话调查法是由调查者用电话向被调查者询问的一种方法。首先要从电话簿中按随机抽样法，选出所要调查的家庭，然后按照事先准备好的调查问题进行广告内容调查。在电话已进入普通家庭的今天，电话调查法对调查电视广告有特殊的作用。调查员给样本家庭逐一打电话，询问其是否在看电视，如果在看，则询问在看什么节目、谁在看等问题。电话调查的优点是调查费用较低，资料搜集方便、迅速、及时。缺点是无法观察调查对象回答问题时的表情和心理反应，难以得知其对问题的实际态度；并受通话时间限制，难以询问比较复杂的问题。

3. 邮件调查法。邮件调查法指向特定的调查对象或任意的调查对象邮寄调查问卷的调查方法，是广告调查中较常用的方法之一。

邮件调查一般分为两种，一种是选定样本邮寄问卷，一种是不选定样本随赠问卷。选定样本邮寄问卷，就是根据广告调查的具体内容从总体中选定若干样本，直接将调查问卷邮寄至其手中，要求调查对象填写然后寄回。这种方法由于是有意识的选定样本，调查的资料较为准确，针对性比较强。但是，这种方法由于逐一邮寄，工作量较大。

不选定样本随赠问卷，是在广告发布媒介（如报纸、杂志）上刊登调查问卷或单独印刷，随报纸、杂志赠送到读者手中，要求其填写寄回。这样调查起来不仅范围比较广，而且针对性比较强，是一种有效的调查方式。缺点是问卷回收率不能保证，偶然性大。

4. 回忆调查法。在产品销售过程中，把能够说出对消费者最有诉求力的特色称之为销售重点。用销售重点作为广告主题，展开广告活动，可使消费者对商品产生深刻印象。

回忆调查法是用随机抽样方法，抽出调查样本家庭，然后派访问员访问，询问每个家庭收看节目的情况。如果要调查的节目在下午及晚上播放，须在播映的次日上午进行访问；如果要调查的节目在上午，须在当日内访问完毕，以免被访者忘掉。记忆调查法得出的某电视台的收视率可以家庭为单位，也可以个人为单位，两者所得到的收视率是不同的，一般用后者较多。记忆调查法除可以测定收视率外，还可以测定收视者对电视节目内容的记忆。

5. 访问面谈法。访问面谈是调查者与被调查者进行面对面的交谈来收集有关广告信息资料。调查者一般根据事先准备好的问题顺序提问，也可以以自由交谈的形式进行，甚至通过讨论来获得有关信息。

访问面谈法可以采取个人面谈或小组面谈、一次面谈或多次面谈的方式进行。

由于当面交谈可以创造出一种融洽和谐的气氛,便于深入交换意见,因此了解到的信息全面、深刻、真实,并富有启发性。缺点是调查费用较高,调查结果容易受调查人员水平影响而产生显著差异。

6. 仪器调查法。仪器调查法具体包括:

(1)机械测定法。用机械测定法调查某城市的电视收视率需要从该市全部家庭中,用随机抽样法抽出一部分家庭作为调查样本。在家庭样本的电视机中装上一只收视记录器,当用户打开电视机时,仪器就同时记录下用户收看的频道、时间等情况,并将这些情况传给予仪器相连的调查单位的计算机中,随时得出观众的收视情况。随着调查仪器功能的扩大,调查仪器可以记录有多少人在看,观众是男是女,是老是少等信息,这就为广告主寻找准确的目标消费者提供了可靠的依据。

(2)汗腺仪器法。将特制的测定汗腺的仪器连接在被调查者的手指上,然后用幻灯放映广告稿,如果被调查者因受刺激而出汗,仪器上可以显示出汗程度,从而测定某一广告稿的效果。

(3)摄影机法。利用有特殊性能的摄影机追踪被调查者的眼睛,注意广告稿的程度和停留时间,作为判断广告好坏的依据。

7. 实验调查法。实验调查法就是选择某一个特定的市场进行某项小规模实验,通过实验对比来取得资料的方法。实验法的应用范围很广,任何一种产品在改变品质、包装、广告、价格及陈列方法等因素时都可先用实验法进行测验,以调查市场的反应。广告调查中常用的实验方法有:

(1)市场反应实验,就是找出两个在多方面都很相似的细分市场,将广告在其中的一个市场上推出,然后比较观察市场的反应。

(2)广告信息实验,就是在同一市场或几个市场上推出信息不同的广告,然后比较实验结果,从中确定出最有吸引力的广告信息。

(3)媒介效果实验,就是在两个相似的测试市场上,使用不同类型或程度的媒介推广,在其他因素不变的情况下,分别测定视听率、知名度等,以评价媒介的传播效果。

需要指出的是,因受许多不可控因素的影响,实验效果会受到影响,而且费用较高,所以其应用会受到一定限制。

8. 广告活动效果测定方法。广告活动效果测定方法有事前事后测定法和比较组测定法等。

(1)事前事后测定法是指在看到广告之前和之后,分别就广告的接受者的心理及行为上的变化加以测定比较,作为衡量广告效果的依据。

顾客的态度改变是在广告接触之后,实施购买及使用经验等的变化。行为改变则是在接触广告后经过一定时期在购买实施阶段产生。事前调查是在广告实施之前,在消费者尚未接触到广告作品之前,针对他们的态度与行为进行的调查,这时候要考虑避免让被访者产生不自然的广告接触和态度改变。广告的事后调查，是从广告的接触效果调查开始，经过了情报接受效果调查、事后态度调查和事后行为调查的过程。

(2)比较组测定法。为研究广告效果，并不一定是在广告接触的前后进行两次调查，比较组法就是采用事后调查，对广告接触者与非接触者的态度、行为加以比较。例如，将同质的消费者分为 A,B,C 三组，让 A 组看 A 广告，B 组看 B 广告，C 组不看广告，在事后进行测定，而以测定结果所显示的组间差异，作为广告 A 及广告 B 效果差异的衡量依据。

四、广告调查的程序

广告调查，是准确获取广告活动相关信息资料的重要途径，因而必须遵循一定的程序，运用科学的方法，才能顺利完成。它包括四个阶段。

(一)调查准备阶段

调查准备阶段是广告调查工作的开端，准备是否充分周到，对于随后的实际调查工作的开展和调查质量影响很大，这一阶段分为以下几个步骤：

1. 确定调查的基本目的及必要的调查内容。在拟定正式广告调查计划之前，先要对调查的问题进行初步分析。初步分析依据的资料是现有的基础资料、企业运转的实际情况、生产经营活动和产品的现状，或是临时搜集的有关外部资料；提出几个假设目标，然后缩小范围，选出最主要的目标，也就是明确广告调查的目的；必要时还应限定调查范围以避免由于选错调查目的而导致调查方向失准及贸然投入调查的失误。

2. 拟定周详的调查计划及安排相关人员培训。调查目标确定后，要拟定详细的调查计划。把要调查的目标按主次排列调查顺序；详细列出各类协助调查人员须具备的学识和能力。

调查计划的主要内容有：调查目的要求、调查项目、调查对象、调查方法、调查费用、调查时间安排、调查人员组成及其分工等。与此同时，对参加调查活动的人员进行相应的培训。

3. 设计调查问卷。设计调查问卷是一项科学性、操作性较强的活动，一般要注意提问内容要简单；使用概念要清楚、明确，切忌模棱两可；避免向被调查对象提出不合理要求，询问语言不应有任何暗示或引导。

(二)调查实施阶段

这一阶段，是广告调查活动的关键一步。主要是组织调查人员，深入实际，按照调查方案或调查提纲的要求，系统地收集各种可靠的资料和数据，听取被调查者的意见。调查实施阶段一般采用文献调查法和实地调查法。

(三)分析和总结阶段

这一阶段，大体分为以下几个步骤：

1. 整理分析调查资料。编辑、整理、衔接、汇总所收集的资料,必要时可对收集得到的资料、问卷进行抽样核查、复查,把各种数字计算成绝对数、相对数、列表、制图等,用归纳和演绎的方法对资料予以分析研究,提出意见。

2. 提出调查报告。调查报告可以分成两种:一种是给广告业务的最高主管人的汇报,内容应尽可能简明扼要;另一种是给广告设计制作部门的技术资料报告,资料要尽可能详细完整。

（四）评估反馈阶段

广告调查结束后,应对广告调查的各个阶段、各个步骤进行总的评估,包括调查方案、计划、方法等,以便改进、提高今后的调查评估工作及其质量。

第二节 购买动机调查

消费者购买动机是消费者需求或欲望的表现,是消费者购买活动的动力,也是消费者实现购买行为的基础。它直接促进和推动了消费者的购买行为。因此,对于消费者购买动机的调查,已成为市场调查不可缺少的重要内容。

一、购买动机概述

（一）购买动机的产生

动机原意是引起动作的念头。在普通心理学中把推动和指引人们去从事各种活动的内部原因或动力叫作动机。在消费心理学中,把能够驱使消费者进行某种商品购买活动的内在动力称之为购买动机。

消费者购买动机产生的原因不外乎内因和外因,即消费者的内部需要和外部诱因两类。

1. 需要刺激动机。由于消费者个体正常生活的某个方面出现了"缺乏",就会产生"需要",当这种需要被个体意识到后,它的整个能量便会动员起来,有选择地指向可以满足需要的外部对象,于是"动机"出现。有了动机,就要选择或寻找。当目标找到后,就要进行满足需要的活动。行为完成的过程,就是动机和需要不断满足的过程。然后又会有新的需要产生,新的动机形成,新的行为活动开始。所以,购买动机是由个体消费需要引起的为达到满足的行为动力,是消费需要的具体表现。

2. 外部诱因。在现实消费中,并不是所有的动机都是由内部刺激产生的。如某消费者受商场里其他购买者的影响,买了一件自己本来并不想买的商品。消费心理学把这种能够引起个体需要或动机的外部刺激叫作诱因。但诱因毕竟只是消费者的外因,他终究还是要通过消费者的内因——需要起作用。当然,并不是所有的需要都能被消费者意识到。因此,营销人员的营销活动就起到了很大的推动作用。一般来说,刺激越强,诱因越强,购买越有可能。

（二）购买动机的具体类型

1. 求实动机。求实动机倾向的基本点是着重于消费品和服务对购买者的实际价值。此类消费者购买商品时特别重视商品的实际效用和功能质量，讲求经济实惠，不大追求外观的美丽或品牌的名气。

2. 求新、求美、求异动机。这种动机倾向是由消费者追求新奇的审美意识决定的。此类动机的消费者在经济条件较好的青年男女中较为多见。

3. 求便动机。此动机倾向的核心是消费者把消费品使用方便和购买方便与否作为选择消费品和服务以及消费形式的第一标准，以求在消费活动中尽可能地节约时间。

4. 求廉动机。此种动机以追求价格低廉为主要目标，其主要表现在购买活动中对商品价格的敏感反应。

5. 储备动机。此种动机的消费者以占有一定量的紧俏商品为主要目标。

6. 惠顾动机。此种动机的消费者因对特定商店或品牌产生特殊的信任与偏好而重复地、习惯地前往特定的商店，或反复地、习惯地购买同一厂家、同一品牌的商品。这类动机具有经常性和习惯性的特点。

7. 求名动机。此类消费者以追求能显示自己地位和名望的商品为主要目标的购买动机，其核心是"炫耀""显示"。以产品的名贵来显示自己的经济实力和社会地位，从中满足被人羡慕的心理。

8. 好胜心理动机。这是一种以争赢斗胜为主要目标的心理动机。这种人购买某种商品往往不是由于急切地需要，而是为了赶上、超过别人，以求得心理上的满足。这种购买往往具有偶然性的特点和浓厚的感情色彩。

9. 嗜好心理动机。这是一种与满足个人偏好为目的的购买动机。如有人喜爱古董字画，有人喜爱花鸟鱼虫。这种动机是建立在消费者对于商品的客观认识基础上的，是经过分析之后产生的购买动机。因此这种动机的购买行为比较理智和稳定，并具有集中和持续性的特点。

10. 安全心理动机。这种动机的核心是要求消费品或服务的消费不会给自己带来健康危害。这种动机在消费者对药品、食品、家用电器等用品的选择上表现得更为突出。

11. 自尊心理动机。人都有一种自尊心，都期望自己的消费行为能得到社会的承认和其他消费者的尊重。这种心理表现在具体消费行为中，就是尽量使自己的消费行为不被别人看不起，从而使自己的自尊心得到满足。

12. 攀比心理动机。具有攀比心理的消费者都有一个基本的特征，就是不管自己的实际消费能力，而片面强化个人的消费欲望。持这种购买动机的消费者，往往没形成量入为出的习惯。

（三）购买动机的特点

1. 转移性。转移性是指主导动机和辅助动机的相互转化。一个购买行为往往为多种动机所驱使,其中的主导动机起主要作用,但如在决策或选购过程中出现了较强的刺激,如商品质量不合格、价格不理想等问题,主辅动机就会相互转化。

2. 内隐性。内隐性是指消费者虽然知道自己的购买动机,但不愿对人讲明。比如,有人在院子里建游泳池,虽然对别人讲是为了锻炼身体,但实际上可能是为了炫耀自己的财富和生活档次。

3. 模糊性。消费者的购买动机可能是在有意识的状态下体现的,也可能是在潜意识的状态下体现的,有时还可能是由许多动机交织在一起,连消费者自己也不知道的状态下体现的。

4. 冲突性。冲突性是指在购买时内心出现矛盾而左右为难的情形。这种状态也叫动机斗争,是指在个体活动时,同时产生两个或两个以上的动机,当满足其中一个而使其他动机受阻时,所产生的抉择心理状态。

二、购买动机调查的作用

(一)购买动机调查的含义

每位消费者在购买商品时,都出于某种购买动机。而了解消费者购买动机原因及动机过程的活动就是购买动机调查。进行购买动机调查时需要借助行为科学,研究消费者潜在的购买动机与需求以及购买决策的心理活动过程,使企业产品的形象符合消费者的心理状态,并经有力的销售诉求,将潜在消费者转变为现实消费者。简单而言就是调查消费者行为的"5W"问题,即为何购买(why),何时购买(when),何地购买(where),何人购买(who),如何购买(how)的问题。

(二)购买动机调查的作用

1. 购买动机调查有助于企业发现和把握市场机会。市场机会是指市场上存在着现实和潜在的需求,而这种需求乃是消费者动机的基础,只有把握各种需求动机才能抓住市场机会,从而获得领先优势。例如,有一段时间,美国流行假首饰,其原因不仅是由于其漂亮、价格低,更主要的是在当时的美国,许多妇女怕戴真首饰被抢,而戴假首饰,可以大大减少心理负担,因此生产假首饰的企业在当时的营业额迅速上升。

2. 购买动机调查有助于企业制定正确的营销策略。企业要制定切实可行的营销策略,很好地为目标市场服务,就必须了解消费者的购买动机,摸准消费者的需求脉搏,及时有效地制定营销策略来满足消费者的需要。在实际中,成功的企业大都能够抓住消费者的心理需求。比如现在的消费者有一种普遍的消费心理,就是追求档次、追求品牌,抓住这一消费动机,企业就会很快赢得这些消费者的信赖。

3. 购买动机调查有助于企业的市场定位。每个企业的产品都有自己特定的目标市场,都要将自己的产品定位在最有力的市场位置上。通过市场定位,企业的产品在消费者心目中占据的地位越重要,越与众不同,也就越有竞争力。如何才能确定最有力的市场定位呢？这就需要洞悉消费者的真实购买动机。

案例 8-3　购买动机调查让惠而浦公司保持创新

　　惠而浦公司是全球领先的大家电制造商。在 2007 年,该公司的年销售额超过了 194 亿美元。2008 年,公司通过入户访谈,对巴西洗衣机设备的市场和需求进行了调查。通过调查得知,人们需要大量便宜的设备,而且在多数巴西人眼中,洗衣设备也被看作是身份的象征。而且调查对象有着强烈的意愿去向朋友们炫耀自己的洗衣机。他们想让自己的朋友能够看到洗衣机是如何工作的,于是惠而浦公司花费了 18 个月,投入了 3 000 万美元研发了一种便宜的洗衣机,而且最大的特点是有一个塑料盖子,人们可以通过它看到洗衣机工作的情况。这种洗衣机推向市场后,得到了巴西消费者的广泛青睐。

三、购买动机调查方法

　　购买动机调查方法有直接法和间接法两大类。直接法包括：详细面谈法、深层面谈法、小组面谈法、语意差别法；间接法包括：文字联想法、文句完成法、漫画测验法、图片测验法、词语配对实验法和态度测量法。

　　（一）直接调查法

1. 详细面谈法。为了发现问题的症结所在而不需追求深层次原因就可达到调查目的时,可使用详细面谈法。详细面谈法的程序如下：

（1）企划阶段：

① 选定面谈者即担当询问的人员。这类人员只要了解详细面谈的内容并具有一定的经验即可,人数一般为 1∶10,即 1 个面谈者可询问 10 个被调查者。② 确定被调查对象。以何人作为调查面谈的对象,要视调查目的而定。如进行健身器使用动机调查,可做如下选择：

A　健身器使用者和非使用者

B　35 岁以上和 35 岁以下

为获得不同分组的综合结果,每一分组大约需要 10 个样本。以上例而言,共需要 40 个样本。每一分组所以用 10 个样本是凭经验推测出来的,如表 8-1 所示。

表 8-1

	使用者	非使用者
35 岁以下	10 人	10 人
35 岁以上	10 人	10 人

另外,在选定调查对象时,应准备所需样本数量的3~4倍,以便弥补缺席者。召集方法大多利用邮寄或直接访问的方法。

③确定面谈时间。面谈时间大约为1.5~2小时。

④布置会场。要求面谈会场环境比较安静,相关设备比较完备。

(2)面谈进行阶段。在面谈时,要根据面谈的目的,掌握对方的发言,由于被调查者的背景各不相同,所以说没有能适合各种情形的固定方法,这需要面谈者根据自己的经验掌握好面谈的进程。在面谈时要注意以下事项:①面谈要在一种轻松的环境下进行;②访问者要利用一些技巧了解到被调查者的真实意见;③发言要在自由、友好的气氛中进行。

(3)分析解释阶段,就是将面谈过程中调查的资料进行收集、整理、分析和解释。

2.深层面谈法。深层面谈法在动机调查中是常用的一种方法。消费者在购买商品时,往往受两种行为支配。一种是有意识的行为,即购买任何商品都是深思熟虑的结果;另一种是无意识的行为,这种无意识的动机调查应采用深层面谈法,以把握被调查者的生活背景、个性、态度、信念等,借以了解其特定的行动。

深层面谈法最常用的两种形式是:

(1)开放询问法。所谓开放询问法就是不准备任何答案的一种询问法,由调查员记录对方回答问题的重点。为了促使对方回答问题正确,调查员也可补充适当的问题,但不得诱导对方发言。

(2)行为抽样法。实际中,当消费者购买某种商品时,为何选择该商品,其动机意识经过一段时间后已忘记,为使调查对象回忆起购买该商品时以及使用时的情况,可采用行为抽样法。

3.小组面谈法。这是一种以极少费用便可获知更多资料的一种有效的方法。其程序为:

(1)选择面谈主持人。面谈主持人一方面要整理每个人发言的内容;另一方面要巧妙地引导面谈,使面谈顺利、正确地进行下去。为此,一般由一位经验丰富的心理学者主持。

(2)确定面谈对象。确定面谈的对象,以什么样的阶层为样本必须视问题而定,基本原则是应尽量缩小范围。一般而言,同一阶层最好分为两个小组,以减少误差。一个小组内的构成分子,其性质要尽量相同,才能产生团队意识,从而发挥群体功能。召集面谈对象的方法与详细面谈法相同,但是小组面谈较易召集,发出的通知单的数量可以少一些。

(3)布置会场。要求利用好隐蔽的录音装置;利用圆桌效果,即按集体力学原理,圆形可消除不合理的对立和上下关系;利用摄像仪器观察座谈者的自然状态。

(4)面谈时应注意的事项:①小组面谈不仅仅是面谈者与被面谈者双方的关

系,而且还有被面谈者相互之间的关系。因此主持人应设法将这些不同的被调查者融合在一起,形成团体意识,促进其交流。②力求使每人发言次数平均。③主持者要竭力促使发言回归主题。

(5)小组面谈法的功能:①凭集体的力量使思考问题的领域扩大,可以产生更好的效果。②在众人的场合可以互相解除内心的抑制,容易出现真实的态度。③由于小组的压力,大家会竭力对问题做深入思考。④采纳他人的发言内容,整理解决问题的对策,容易发现有效的构想。

实施小组面谈法也有不易达到目的的情形,如隐藏在内心深处的问题或对于根深蒂固行动的说明,都不易用小组面谈法来探出实际问题。但是,小组面谈法作为大规模的事先调查,或作为发现文案创意的问题是有效的。

案例8-4 成功开展小组面谈的经验

1. 永远不要为小组讨论做太多事先规划。
2. 积极控制招募过程,设法保证小组里有适当的人。
3. 不要凭外貌预先对参与者做出判断。
4. 小组讨论能给调研项目的实施过程带来客观性和专业知识。
5. 要想让调研实现它的目标,协调人和客户之间就要在每个阶段开展协作。
6. 大多数客户组织开展的小组讨论的数量都多于实现调研目标所必需的数量。
7. 讨论协调人能提供的最重要服务之一是提供让讨论报告迅速得到传阅。
8. 客户观察员应该在讨论开始之前就透彻地了解调研目标。
9. 讨论协调人能提供的最可贵的服务是根据调研的解释得出客观的结论,而不要管客户听到的结论是什么。

4.语义差别法。语义差别法是美国伊利诺伊大学奥斯古发明的测量态度的方法,它适用于对商品、品牌、公司、商标等印象的调查。在使用这种方法时,首先准备几组形容商品或公司的正反义形容词。如,好—坏、真—假、新—旧等。其次对该形容词作7阶段量表比较,让被调查者根据对正反义形容词的感受在适当的尺度上做记号,最后根据这些记号从被调查者中获得对不同商品或公司的印象。

在使用语义差别法时,一般将构成消费者态度的因素划分为三种:评价因素,如"明亮""好"等形容词;力量因素,如"大""强"等形容词;活动因素,如"活泼的""兴奋的"等形容词。

(二)间接调查法

1.联想法。联想是人们的一种重要心理活动,是指人们在事物之间建立暂时的联系,留下痕迹,以后就能够由一个事物引起对另一个事物的回忆。

联想法按其方式可分为:

(1)自由联想法。这种方法最简单易行,也是了解被调查者内心所想的最好方法。该方法可以使被调查者无拘无束地说出他脑子中所想的东西。在进行调查时,要仔细观察被调查者在听到某一个词或看到某一种商品时所产生的各种反应,然后进行分析。

比如,当听到"鸟"这个词时,人们就会联想到鸟发出的优美的叫声。于是许多乐器的名称都用鸟的名字,如"鹦鹉"牌手风琴。

(2)控制联想法,就是限制被调查者在某种范围内进行联想,它有助于准确地联想到所要调查的问题。如"当你听到阿司匹林这个词时,你会想到什么疾病?"这个问题就是将应答者的答案限于"疾病"范围之内。

(3)引导性联想法,就是调查员给应答者一张已拟好的单字的问卷,然后逐一询问应答者,在各单字中选出一些适当的字眼来形容所要表达的商品。

引导性联想包括:

心情联想——反应字包括主观感情、好恶、愿望等。如"好—坏"。

叙述联想——反应字多带有客观评价的色彩。如"小鸟—会唱歌"。

性质状态联想——反应字包括客观的性质形态。如"冬天—很冷"。

动作联想——反应字为叙述习惯性动作。

因果联想——如"互殴—受伤"。

要素联想——如"钟表—发条"。

场所联想——如"电影—影院"。

相反联想——如"战争—和平"。

间接联想——如"钟表—迟到"。

无意义联想——如"钢笔—水杯"。

2.文句完成法。文句完成法是给被调查者一些不完整的句子,让被调查者迅速完成这些句子,根据所选答案调查购买动机。

案例8-5　一项独特的调查方法

某汽车以豪华高贵见称。购车者为上流人士,某汽车广告公司为确切了解购买者的购买动机,向购车的用户提出询问,如:"您购买该车是因为＿＿＿＿＿"要求在3秒钟内把留空的部分用下列各种句子填入:(1)故障少;(2)座位舒适;(3)价格公道;(4)有钱人的车。

结果以选择(4)项者占多数,可以推知购买者主要是在炫耀富有的虚荣心。于是汽车广告商针对一般消费者的心理,特别强调乘坐这种汽车者的高贵与上流社会地位,收到很好效果。

运用文句完成法要注意的问题是应尽量避免使用第一人称或第二人称,以减少对方的抵触感。

3. 漫画测验法。这是利用漫画来反映动机的调查方法。在实际中,凡使用语言表达不出来的感受,利用漫画法可以把心中所想明白地表达出来。这种方法在家庭访问时普遍使用,能提高被调查者的兴趣。

使用漫画时要注意:①判断的主题不是画面而是文句;②画面内容,特别是人物脸部,只需画出轮廓不需表示出感情,以免被调查者受画面的情调影响;③调查结果不能用统计方法处理。

4. 图片测验法。预先准备若干张图片或照片,给受测验的人看,然后要求对方说出对图片或照片的看法或感想,以此来了解消费者的需求动机。如图上绘有一家庭主妇,面对罐头食品陈列架,将此图片交于被访者,要求将此图片中的主妇的内心想法说出来,由于图上无任何资料,回答者也不知道图上的人想什么,因此,被访者说出的主妇的想法恰恰反映了他本人的想法。最后可从对图片的各种反应中分析出动机类型。

5. 语词配对实验法。在调查实验时,给被调查者一份问卷,问卷一边引出不同品牌的同类商品,另一边引出形容词汇,然后要求被调查者将这两组文字作适当搭配,以了解不同产品在消费者心目中的地位。

6. 态度测量法。在消费者购买决定的形成过程中,态度的产生即表示消费者已经开始对某一产品(服务)形成了具体的行动意向。态度测量法就是调查消费者购买意愿及购买行动的形成过程。消费者态度的形成一般需要三个条件:一是认知条件,即了解特定对象存在,对特定对象特征的信任,对特定对象重要程度的判断;二是感情条件,即对特定对象产生偏好心态与爱好;三是行动条件,即决定购买意愿强度及购买优先顺序。三个条件之间,相互作用的结果产生正面态度时,将能促成消费者有兴趣去接触并购买心目中的产品;使用产品后能满足消费者需求,则会强化消费者的正面态度,对产品产生忠诚心,有重新购买的意愿。反之若无法满足消费者需求,则产生负面态度,会影响消费者继续购买该产品。

态度测量法具体有以下三种方法。

(1)配对比较量表法。如果想测量几种不同牌子的产品在消费者心目中的顺序地位,当牌子数量不多时,可采用配对比较量表法。其方法是将这几种品牌的产品分别配对组合,要求被调查者逐对比较,分别指出偏好哪一个,将结果进行统计分析,即可得出这几种牌子在消费者心目中的顺序地位。

(2)沙斯通量表法。沙斯通量表是一种间接量表,即问卷所采用的问题或语句,先由调查员提出一组,由选定的评定者评定,测出评定者对每条语句的看法或态度,并借此选择采用哪些问题或语句,再制定出正式问卷对消费者进行调查。

沙斯通量表法可分为以下两个步骤进行：首先，测量评定者对各个问题或语句的态度差距，并由此选择决定问卷所采用的问题或语句；然后将选出的语句放在问卷中的适当位置，对消费者态度进行调查。

（3）赖克梯量表法。赖克梯量表法的主要特点，一是可以测量消费者的态度强度；二是直接将调查人员所拟定的语句放入问卷中；最后根据被调查者的态度决定取舍，不再经由评定人员评定。

第三节　固定样本调查

无论进行广告调查还是消费者购买动机调查，不仅仅需要一定时点的静态资料，还需要一定时期连续的动态资料。由于市场情况是不断变化的，通过其他有关市场调查方法取得的市场资料则是某一横断面上的静态资料。但有些商品的市场情况变化很快，如消费品市场，可能刚开始进行调查了解到的市场情况，到调查结束后市场就已经不一样了。另一方面，市场变化的发展也有其内在的规律，要掌握和了解这种规律，以指导经营决策，也只有靠占有长期的市场资料。因此固定样本调查则成为获取这些动态资料的有效方法。

一、固定样本调查概述

固定样本调查是指在市场调查中，将按某种抽样方式抽出的样本作为调查对象固定下来，进行长期连续的观察、记录，以了解和掌握消费者以及与其相关的市场状态在时间历程中的变化规律和趋势的一种调查方法。

固定样本调查已成为市场调查中重要而常用的方式，是获取市场动态资料的重要手段。美国著名的尼尔逊调查公司从1933年开始，用固定样本连续调查的方法收集食品、药品的销售资料，该公司从全美的食品店和药品店中，分别随机抽出1 600家食品店和750家药品店组成固定的样本小组进行调查。调查人员每两个月亲自上门一次，了解商品的盘存情况，登记进货传票，了解商品进货额、商品库存额、顾客分布情况、售货品种、商品价格、商品包装及服务质量等情况。尼尔逊公司根据这些信息，出版了《市场占有率》的刊物，受到厂商的欢迎，公司也从中获得了大量的利润。

日本电通广告公司从1958年起，就开始了固定样本调查，他们从东京和大阪两个城市中各随机抽取出600户家庭作为样本单位，调查酱油、醋、食油、香皂、奶粉、洗衣粉等日用消费品的购买量和支出额，使资料用户及时获得了市场信息，受到用户的欢迎。

在我国，固定样本调查一般用于城乡居民家庭收支调查。采用这种方法进行调查可以比较迅速而准确地获取城乡居民的收支变化情况、消费水平和消费结构的变化状况以及季节需求变动等信息。这些都是市场预测、营销决策不可缺少的资料。

固定样本调查是市场调查中最基本的调查方法。进行这种调查,一般是把印好的调查表发给调查对象,由被调查者按要求如实填写,然后由调查人员定期收回。以消费者作为固定样本调查,可以取得同一消费者在不同时期的比较真实的消费资料,进而了解市场发展趋势、商品购买情况、购买力及其投向、市场占有率等。以销售者做固定样本调查,可以了解生产者的发货情况、批发商的进货情况、零售商的销售情况等。

二、固定样本调查的作用

固定样本调查的优点是将所获得的资料,如同底片一般加以保存,而后视其必要,或将部分放大,或将各部分加以组合,或连续上映以观察其动态变化情况。这是固定样本连续调查的目的。因此,固定样本调查可发挥的作用相当广泛,借此可以了解到许多情况。

(一)新产品渗透过程

固定样本调查是长期连续不断地进行的,因此随着时间的推移,可以了解新产品到达消费者手里的时间以及渗透过程。

(二)广告投入量与购买的关系

企业投入的广告费,究竟对市场能产生多大的影响,是企业经营者急于获悉的重要资料,借助固定样本调查所进行的连续不断的资料分析,即可获得相当客观的结果。

(三)品牌忠诚度

品牌忠诚度就是指购买者的诚意和意志。这种品牌忠诚度只有从固定样本调查中才能获得。购买某公司产品的顾客,由一群忠诚和不忠诚的顾客组成,如果商品本身能吸引顾客,其顾客是忠诚的,而不忠诚的顾客常是以提供赠品、打折扣等短期推销手段来吸引的。

(四)购买路线和购买方法

关于消费者的购买路线和购买方法等购买习惯,短期内不易观察,只有从连续的固定样本调查中,才可获得比较准确的资料。

(五)购买周期

大部分调查资料,只是代表各个家庭的瞬间购买率及使用率,而对随时间而变化的情况无法把握,只有固定样本调查才能获知顾客每隔几天购买一次,单位商品量可使用几天等信息。

(六)每户购买率和购买金额

根据固定样本调查得到的统计数字,可分析每户对各种产品购买率的高低,以比较各商品的销售情形。同时根据每户购买金额的统计数据,可计算出同一商品不同品牌的市场占有率。

(七) 购买理由分析

通过固定样本调查资料,可以更客观、准确地分析出消费者购买某一品牌的商品是受哪些因素的影响,从而决定其广告策略。

案例 8-6　固定样本调查使泰诺速效药获得巨大成功

最近,美国强生公司采取固定样本调查方法,成功地推出了一种称为泰诺速效止痛剂的新产品。首先,公司将泰诺止痛剂使用者组成一个固定样本组,确定了消费者对产品药效的认同感;同时通过调查固定样本组成员,确定了该产品营销成功的关键是药物能够快速起效。减少病痛是每位病人梦寐以求的事情,因此药效发挥最快的药物肯定是受欢迎的。于是泰诺超强止偏头痛药采用独特的包装设计,在其药锭胶帽顶端设有小孔,用于快速释放药物。胶囊包装色彩也是采纳固定样本组成员的意见,设计为蓝色和红色。大多数样本组成员认为这两种颜色具有镇静和镇痛的双重效果,可缓解精神上的紧张和肉体上的疼痛,并使人联想到关怀和慰藉。其次,又对同一固定样本组成员针对产品的广告宣传等问题进行了三次调查,采取了让普通老百姓担任广告代言人,并在内容上强调快速止痛药是日常生活中的必需品,这种营销方式大大地加强了公司与广大消费者的联系,使其在激烈的市场竞争中取得了骄人的业绩。

三、固定样本调查的内容

固定样本调查可根据不同的调查事项分为:消费者固定样本调查和零售商固定样本调查。

(一) 消费者固定样本调查

消费者固定样本调查是一种最基本的调查,通过这种调查可迅速而正确地获知消费者市场的种种动向。

1. 消费者固定样本调查的程序

(1) 根据随机抽样法从调查群体中选出若干样本作为小组,样本小组选出后,为了能获得最佳的效果,要对样本小组成员做一次直接的面访,以求取得对方的合作。这样的面访一次不够时可连续去访,务必得到合作者的大力支持,否则会影响调查结果。样本小组的成员一旦决定,这个样本小组就是资料的基本来源。

(2) 把印有各种项目的日记簿,送给调查对象,请他们把每日购买的商品,逐日记录,内容包括种类、品牌、包装单位、价格、数量、购买场所、购买者的基本特征。表 8-2 是一饮料购买情况调查日记簿的一页:

表8-2 饮料购买情况日记簿

购买日期	品牌名称	制造厂商	容器				容量	购买数量	价格	购买场所			
			瓶装	罐装	塑装	纸包装				超级市场	百货商店	便民店	其他

(3)调查员每周访问被调查者一次,收回记录过的日记簿。收回来的购物日记,经过统计,做成统计表。

(4)调查员根据整理的资料,分析每一种产品的市场状况,以及每一种品牌的产品在市场上的变化情况,如顾客的增加情况、购买产品的数量、购买产品的费用等。

2.美国和日本实施消费者固定样本调查的情况

(1)美国是从1942年开始进行消费者固定样本调查的,是由美国市场调查公司(简称MRCA)策划实施的。其方式是对1万户样本数据实行全国有代表性的固定样本连续调查。调查表格称为购物记录,被调查者于周一上午寄回,每月按商品类别、品牌占有率、购买量、购买地点等详细资料统计成报告。按期寄到各个企业,使众多企业受益匪浅。当然报告是有价的,售价视内容而不同。最低每项费用大约为1 250美元,原则上如不签订5个项目以上的购买契约者,不能享受特定的服务。美国市场调查公司对客户的主要服务包括提供地域性分析、时间序列分析以及品牌移动情况及原因分析等资料。

(2)日本电通广告公司实施消费者固定样本连续调查始于1958年,其企划内容如表8-3所示。

表8-3 日本电通广告公司的固定样本调查

调查意图	本调查是以位于东京都23区及大阪市的一般家庭为对象,就食品、肥皂、牙膏、药品等日用品的使用、购买情况进行持续调查,用作时间系列的资料,供业务参考用
调查对象	从居住于东京都23区及大阪市的一般家庭,以分层抽样法,各抽出600户为调查户,而后以所确定的样本定期更新记录实施调查
调查方法与时间	调查员于每月的第一周,拜访被选定的对象,直接访问主妇或家务的担当者,以记忆方式,调查所定项目中的各种品牌上一月份的购买情况及购买量,以及使用的情况
调查项目	酱油、醋、奶油、食油、奶粉、乳酪、香皂、洗剂、洗衣粉、牙膏、药品等

固定样本调查作业过程如图8-1所示。

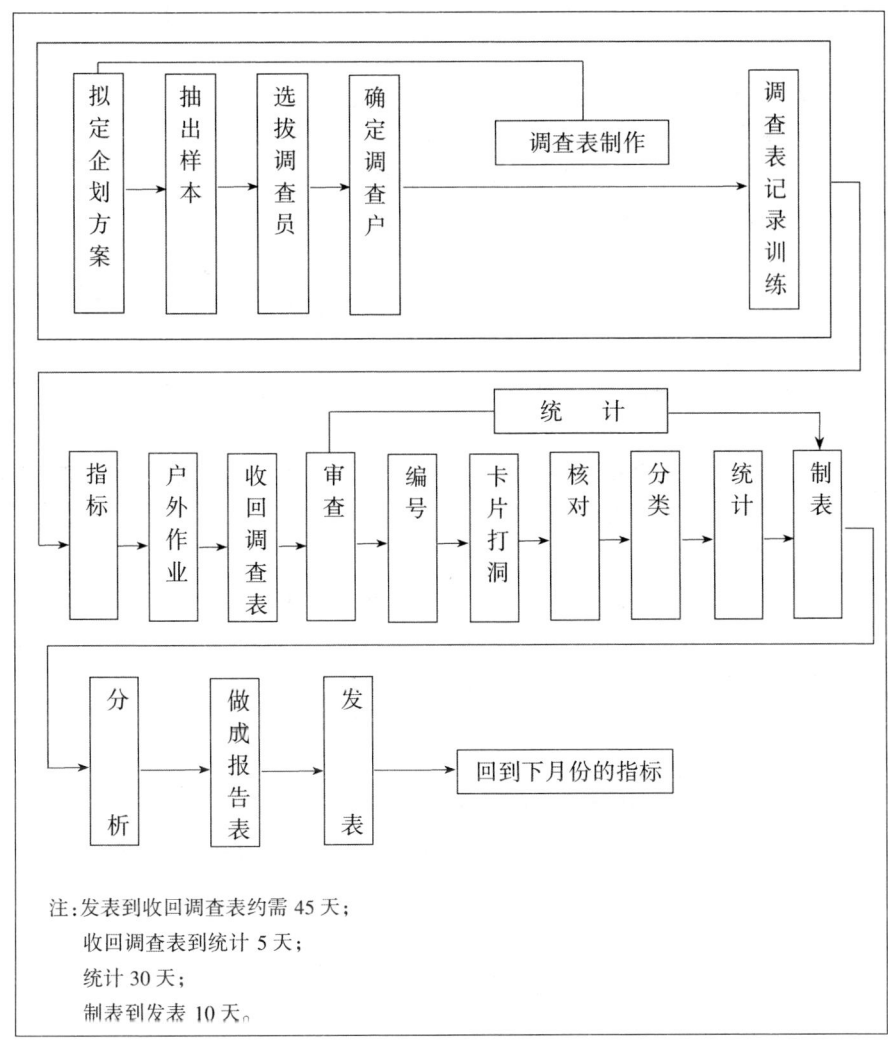

图 8-1　电通广告公司消费者固定样本调查作业过程

(二) 零售商固定样本调查

零售商固定样本调查主要是指商家销售量和消费者购买量的调查,可经下列四个阶段进行调查:①厂商对批发商的发货;②批发商进货、库存、对零售商的发货;③零售商的进货、库存、对消费者的销售;④消费者的购买、储藏、消费。

若以长期观之,厂商的发货量和消费者的购买量可以视为一致。如果限定某一期限,则这两个数量会有相当的差距,这是因为厂商、批发商、零售商之间有存货调整的关系。日用品销售量调查是以零售店为调查对象而进行的,零售店的销售量和同一时期消费者的购买量是一致的。因此零售店销售量调查和消费者固定样本调查就是对同一内容的两个方面所进行的测定。

对固定零售商的调查可以向产品制造者提供市场信息。其具体做法是以零售商的发票存根和存货来估计销售情况。这种调查要每两个月进行一次，调查可提供如下情况：①向消费者出售商品的情况；②零售商的进货情况；③零售商的存货情况；④存货的周转情况；⑤售出商品与存货之间的比例关系；⑥批发和零售价格；⑦零售商的毛利润；⑧订货情况；⑨零售商的总销售情况。

下面以广州市零售店销售量调查为例来说明调查的步骤。

第一步：在广州市属八区内，进行零售网点普查，对各类型零售商店逐一进行访问，其内容包括：店名、地址、区属、营业面积、商店类别、地理位置、楼房数和主要经营商品的种类。

第二步：根据普查统计资料对零售商店进行抽样，第一次是对经营有关产品的商店，按商店的类型用按比例分层随机抽样法抽取样本商店，其抽样比例是按普查统计资料显示的不同类型商店的销售量（或销售额）来确定。第二次再根据首期各类型商店的销售量比例再调整样本商店。至于样本容量可根据不同产品其经营商店的覆盖范围来确定，一般在80～300家左右。

例如，广州市经营咖啡产品的零售店647家，其商店类型划分及其商店数如下：大型百货／自选食品／糖酒商店12家，中型百货／自选食品／糖酒商店55家，小型自选食品商场／糖酒商店419家，食品零售摊档161家。如果样本容量为80家，可根据上述四类商店中咖啡产品的销售金额比例，来确定各类型商店中抽取的样本数。

第三步：进行调查。由专职核查员每两个月一次到固定样本商店作连续问卷调查，登记有关商品购、销、存的情况，并现场核对上期末与现期购、销、存的数字，如有问题，马上现场纠正。

调查问卷格式可参考表8-4。

表8-4 家用电器零售店购、销、存调查问卷

商店编码：　　　　　　　　　　　　　　　　核查员编号：
访问期数：　　　　　　　　　　　　　　　　访问时间：

代　号	品　牌	型　号	规　格	上期存货	期末存货	本期总销售量

调查过程中还需对固定样本店进行管理，如果有个别样本店已不再经营有关商品或不再合作，调查者将会在附近地区找一家与其规模和经营商品种类相近的零售店做替补。样本店的维护与管理是通过具有丰富经验和调查实施管理能力的核查员定期完成的，核查员负责反馈有关商品信息和奉送小礼品，以达到互相信任和相互沟通。

第四步：对资料进行统计。所有回收的商品购、销、存的记录表，将由零售部主管审核再输入电脑，使用零售研究专用分析程序进行自动统计分析并打印统计分析表。

统计分析表的内容包括：①某类产品每月在全部样本商店和各类型样本商店的总销售量、总销售金额；②某类产品各品牌的销售比例、销售额比例；③某类产品每月在全部样本商店和各类型样本商店的进货量、进货额、存货量、存货额；④某类产品各品牌的进货额比例，存货额比例；⑤某类产品各品牌的市场覆盖率（即某品牌产品出现在样本商店的数目除以样本商店总数）。

第五步：进行综合分析。对电脑统计分析报表作综合分析，评估广州地区零售店有关商品购、销、存的每期动态，推测消费动向，分析各时期、各品牌的市场占有率及其变化情况。当然，每期零售网点的研究报告资料，还可以用于探测零售网点对销售、广告策略的反应，观察试验的效果等。

利用零售店销售量估计市场规模的方法是：首先利用调查得到的某类商品在各类型商店的销售总额除以样本商店数，得到各类型商店的平均销售额，然后乘以广州市该类型商店数，得到各类型商店的销售额，最后将所有销售总额相加即得该商品的市场规模。其计算公式为：

$$\text{市场规模（以金额表示）} = \sum i \text{类型商店数} \times \frac{i\text{类型样本商店销售总额}}{i\text{类型样本商店数}}$$

四、固定样本调查的特点

固定样本调查已成为市场调查中的一种重要调查方法，采用这种方法，可以比较迅速而准确地获取居民家庭收支、消费水平和消费结构的变化情况，以及季节变化等情况，这对预测市场变化，进行营销决策都是不可缺少的资料。

（一）固定样本连续调查的优点

1. 调查资料有一定的可比性、连贯性和长期性，能在时间上反映市场现象的发展趋势，这是一种动态资料，对于预测市场走势，认识市场变化规律极有价值。

2. 调查表回收率高。由于样本单位固定不变，因而样本单位能与调查者保持固定的联系，而且该种调查还经常采取一些鼓励措施，因此基本能保证调查表有较高的回收率。这对一项调查是否能够成功非常重要。

3. 调查样本群固定，便于进行纵向和横向的对比，而且可以根据调查的需要，随时增加调查的项目，及时掌握市场变化情况，调查比较灵活。

（二）固定样本连续调查的缺点

1. 调查费用高。由于固定样本调查的样本户要坚持记录每天的收支情况，这些工作繁杂枯燥，为使样本户能按要求准确地登记，调查组织者必须提供一定的报酬和奖励，长期下去，成本必然升高。

2. 调查样本不易坚持，易出现漏报、错报，影响调查资料的质量。这主要是由于日常记录繁杂,长期坚持实际上不容易,故时间一长,有些样本户会产生厌烦情绪,从而导致各种情况的调查质量下降。

3.调查样本的代表性会受到时间的影响。这主要是由于,样本户在调查初就确定下来,但时间一长,会出现样本户容量的减少和样本结构的变化,使样本的代表性受到影响,进而影响调查进程。

五、固定样本调查在零售店商圈分析中的应用

商圈是指零售店以其所在地点为中心,沿着一定的方向和距离扩展,吸引顾客的辐射范围,简单来说,也就是来店顾客所居住的地理范围。

零售店的销售范围通常都有一定的地理界线,也即有相对稳定的商圈。为便于分析研究,一般将商圈视为以零售店本身为中心的同心圆。所谓商圈分析,就是经营者对商圈的构成情况、特点、范围以及影响商圈规模变化的因素进行实地调查和分析,为选择店址,制定和调整经营方针政策提供依据。

商圈分析是零售店进行合理选址界定经营区域的前提;商圈分析有助于零售店制定竞争经营策略;商圈分析有助于零售店制定市场开拓战略;商圈分析有助于零售店加快资金周转。

商圈一般由以下三部分组成:

(1)核心商圈。核心商圈是最接近零售店的区域,其中顾客数占商店顾客总数的70%。

(2)次级商圈。次级商圈是位于邻近商圈以外的区域,其中顾客数占商店顾客总数的20%。

(3)边缘商圈。边缘商圈是位于次级商圈以外的区域,其中顾客数占商店顾客总数的10%。

图示如图8-2所示。

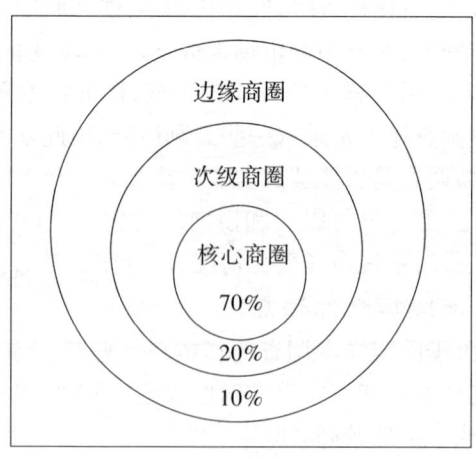

图8-2 商圈的构成

零售策划者在确定商圈时,要充分进行市场调查研究。其调查对象主要是居住地顾客,根据调查结果来界定经营地域和探讨渗入现有商家的市场问题。这种方法被称为"顾客定位法"。

利用这种方法,先要对商家的典型顾客进行抽样,确定调查的固定样本数,然后根据调查资料统计各个顾客每周前来购物的次数,平均每次购物的金额,并将顾客住址作为重要数据记录下来。统计时,先将商家的位置在地图上标出,然后以每周购物若干金额为一个圆点,将来自各地的顾客及购买金额用圆点画在地图的相应位置上。如以 100 元为一个单位,现有来自 A 地的一名顾客买了 500 元商品,于是应在 A 地范围内标五个点,接下来,可以商家为圆心,在这张地图上画出半径分别为 1 000 米、2 000 米和 3 000 米的三个同心圆,以便把这些顾客来源点都覆盖起来。半径可调整以便将来源点全部覆盖。现在用一个地点或地带的点数乘以 100 元,就得到了商家在该地获得的销售额。反之,将商家在某个地带的销售额除以来自该地带的顾客人数,就可以得到商家对该地带顾客的人均销售额。

要了解商家在整个经营地域内的市场渗透情况,即在哪些地区赢得的顾客和销售额较多,哪些又较少,需要首先计算市场份额。为了确定市场份额,可以用来自各地带的顾客占地带人口的比例代表商家在该地带占有的市场份额。比如说,在 1 000 米半径所形成的地带内有 20% 的人口来商家购物,就可以认为商家占有该地带 20% 的市场份额。但这只是大体估计。更为精确的方法是,用商家在该地区的人均销售额去除以人均潜在销售额。人均销售额的计算如上述,而人均潜在销售额的计算,则可利用市场调研,确认理论上某一种或几种商品在该地区能够达到的人均潜在销售额有多大,比如利用一个地带的食品零售行业每年每月营业额除以在该地带居住的人口数,得到的就是人均潜在食品销售额。于是商家在各地带的市场份额可以用下式计算:

$$商家市场份额 = \frac{人均实际销售额}{人均潜在销售额} \times 100\%$$

利用如此获得的市场份额,可以把一个零售商家的经营地域划分为核心、次级和边缘三个地带,办法是将商家在经营地域内的各地区的市场份额从高到低进行排列,按 70%、20% 和 10% 的比例依次衡量和界定。

六、固定样本调查技术的发展

固定样本调查,由于是对样本家庭长期进行观察,会引起样本调查资料失真和样本的代表性下降等问题,这个问题不解决,最终将影响到样本估计的结果。解决这一问题的方法是实行样本轮换技术。

样本轮换是指对某一时期抽出的固定样本进行调查估计,到一定时候,对原有的样本按照一定的方法保留其中的一部分样本单位,淘汰另一部分样本单位,再在该总体中抽出与被淘汰的样本单位规模相同的新样本单位,对这个样本进行调查,做出估计。过一段时间,再对这个样本用同样的方法进行轮换。这种样本轮换技术,一方面可以利用原样本的有关资料;另一方面,由于新样本单位的加入,可以减少样本单位因长期使用而代表性下降的问题。

实践证明,样本轮换技术对固定样本调查会起到较好的效果,这种技术已被广泛采用,如美国普查局的人口调查和零售贸易调查;加拿大和意大利的劳动力的调查;日本家庭收支调查等,都采用这种技术。市场调查中,对固定样本的调查也应该积极采取这种技术。

（一）样本轮换层次

在多阶抽样情况下,样本轮换一般是保留较高层次,轮换较低层次。对范围或规模较大且层次明显的总体进行市场调查,通常都设计成多阶抽样,对这种样本进行固定调查。实施样本轮换技术时,较高层次样本一般不进行轮换,而对较低层次样本进行轮换,通常是对最底层,即最后一阶抽取的基本单位进行轮换。这是因为若对较高层次进行轮换,实际上几乎成为全盘轮换,从抽样设计、组织实施的工作量以及人力、经费的耗用都非常大。若从第一阶轮换则基本上是重新进行抽样设计,已不是样本轮换了。故一般的做法是对最基层的样本进行轮换。如日本的家庭收支调查,对第一阶样本市和第二阶的抽样区采取固定样本,对第三阶的样本户进行样本轮换。

（二）样本轮换方式

样本轮换方式有很多,较常用的轮换方式有以下两种。

1. r 型方式。这种轮换方式是对样本 n 中的一部分单位 K,每隔 r 个调查长度进行一次轮换,即每隔 r 个调查长度,就有 K 个样本单位退出样本,而由另一部分新的样本单位(亦为 K 个)取代。这里要注意两个数值,一是调查长度 r;另一个是样本轮换比例 $f=K/n$。每隔一个季度轮换一次,即 $r=3$ 个月,则一年可以完成这个样本的轮换,而且每个季度中都能保证样本中有 25% 的新样本单位。样本的轮换设计,可用以下模式直观表示。设轮换的周期为 r,则:

(1)轮换的比例为 $f=1/2$ 时,可表示为:
$$ab - bc - cd - de - ef - \ldots$$

即每隔 r 调查长度,轮换掉 $1/2$ 的样本单位,两个周期可以完成对一个样本的轮换。若 $r=6$ 个月,则一年可以完成样本的轮换。

(2)轮换的比例为 $f=1/3$ 时,则有:
$$abc - bcd - cde - def - efg - \ldots$$

即每隔 r 调查长度,轮换掉 $1/3$ 的样本单位,作三个周期的轮换,便可轮换掉原始样本。若 $r=6$ 个月,则要用 18 个月的时间轮换掉原始样本。

(3)若轮换比例为 $f=2/3$ 时,则轮换模式为:
$$abc - cde - efg - gfi - igk - \ldots$$

即每隔 r 调查长度,轮换掉 2/3 的样本单位,每次轮换后样本中都有 2/3 是新样本单位,显然每两个周期便可更新原始样本。

由 r 型轮换基本方式可以类推到其他模式。选择何种模式要根据具体情况而定,一般一次轮换规模不宜太大,否则会失去固定样本调查的意义,成本也会较高。至于调查长度 r 的确定,要考虑样本调查资料的质量,但也不要太频繁。

2. $r-m-r$ 方式。这种方式是指,在一个样本中,每隔 r 个调查长度将一部分样本单位暂时退出样本,在接下来的 m 个时期长度中不接受调查,之后再重新进入样本单位,接受 r 个调查长度的调查。如 3-6-3 模式为样本在持续了 3 个月后,有 K 个样本单位便要停止 6 个月的调查,之后再接受调查,再进行 3 个月后,开始另一个循环。这种方式实际上是对一个样本中的样本单位,为避免其因时间太长而厌倦记账等进而影响调查资料质量而作的轮换调整,它并不改变样本的结构,并没有新的样本单位进入。故这种方式的成本不高,但它解决了原样本因结构发生变化而使其代表性下降的问题。

(三)样本轮换点的确定

被轮换的 K 个单位的确定,主要有以下几种方法。

1. 随机轮换。设确定的轮换比例为 f,轮换的样本单位为 K,则从样本 n 中随机抽出 K 个单位,作为被轮换样本的单位,再从总体未包含在样本中的其他单位中,随机抽出同样规模的单位数 K 个,作为新入样本单位。

2. 等距轮换。设样本轮换比例为 f,轮换的样本单位数为 K,则根据总体抽样框的原排序(通常是选择排序)方式和具体的情况,确定被轮换的样本的单位位置,再在相应的段位中,确定对应的样本单位,可视为用系统样本对其进行轮换。这种轮换因是依选择排序确定轮换的样本单位,故可以保证样本中高、中、低水平的单位都能相应轮换。

3. 子样本轮换。这是先从总体中一次抽出许多子样本,每个子样本的容量为 K,一个样本可视作由若干子样本组成。进行轮换时,将总体中事先抽出的某一子样本,去轮换样本中的某 K 个样本单位。这种轮换方法和随机轮换本质上是一样的。

(四)样本轮换的比例

样本轮换比例的确定,是样本轮换技术中的重要问题。考虑到样本结构和耗费成本,确定一个适当的样本轮换比例显得非常重要。

假设,样本容量为 n,需轮换的样本单位数为 K,保留在样本中的单位数为 u,则样本的轮换比例为 $f=K/n$,保留比例为 $g=u/n$,则 $f+g=1$。由于样本轮换的假设之一是样本结构会发生变化,这实际上意味着总体结构发生了变化,原样本所代表的总体与现作轮换时的总体,从抽样技术上看是两个不同的总体,这两个总体相关程度对轮换比例有重要影响。用相关系数 ρ 表示这两个总体的相关程度。

可以证明,保留比例 g 与相关系数 ρ 之间有如下关系:

$$g = \frac{1 - \sqrt{1-\rho^2}}{\rho^2}$$

轮换比例:$f = 1 - g$

显然保留比例是相关系数 ρ 的函数,g 值的大小随 ρ 的变化而变化,而且其变化的方向是正方向变化,即原总体与现总体之间的相关程度小,则保留的比例就小些;反之,原总体与现总体相关程度大,则保留的比例也大些。又由于轮换比例与保留比例之间具有的关系,故轮换比例 f 与两总体的相关系数 ρ 呈反方向变化,ρ 越大,轮换比例 f 越小;ρ 越小,轮换比例越大。

根据上式可做出表 8-5 的部分计算。

表 8-5 保留比例 g 与相关系数 ρ 之间的关系

相关系数 ρ	保留比例 g	轮换比例 f
0.1	0.501 3	0.498 7
0.2	0.505 1	0.494 9
0.3	0.511 8	0.488 2
0.4	0.521 8	0.478 2
0.5	0.535 9	0.464 1
0.6	0.555 6	0.444 4
0.7	0.583 4	0.416 6
0.8	0.625 0	0.375 0
0.9	0.696 4	0.303 6
0.95	0.762 0	0.238 0

从表 8-5 计算可以看出,若相关系数很小,如 $\rho = 0.2$ 则轮换比例 $f = 0.494\ 9$,表明要做近 1/2 的样本单位的轮换;而相关系数很大时,如 $\rho = 0.9$,则 $f = 0.303\ 6$,表明样本单位轮换不到 1/3。在市场调查的实践中,原总体与现总体的相关系数通常都会较大,原因就是社会经济现象有其内在的稳定性和连续性,在一定的时期内变化不太大。

至于原总体和现总体的相关性的确定,即相关系数根据某一指标或某几个指标,在原总体和现总体的各个单位表现出的水平(即变量值)来计算。

例如:某 7 个地点,居民收入水平 1998 年和 2000 年的资料如表 8-6 所示。

表 8-6 居民收入水平情况

地区	I	II	III	IV	V	VI	VII
1998 年	1 492	922	819	1 218	1 010	486	991
2000 年	1 517	1 164	1 033	1 367	1 029	802	1 179

可将1998年视作原总体,将2000年视作现总体,根据这两组变量值,可计算出相关系数$\rho=0.977$,两总体的相关系数很高,根据公式计算,保留比例为:

$$g = \frac{1-\sqrt{1-\rho^2}}{\rho^2} = \frac{1-\sqrt{1-0.977^2}}{0.977^2} = 0.8242$$

故轮换比例:$f = 1 - g = 1 - 0.8242 = 0.1758$

即轮换比例为17.58%。

样本轮换技术与固定样本调查技术是相关联的,是固定样本调查技术的发展,在实践中其还将得到不断的发展。

本章小结

广告调查是广告活动的起点,为广告定位和策划提供依据,为广告创意提供资料,同时对广告效果做出恰当的评价。广告调查方法包括文献调查法和实地调查法。

同广告调查密不可分的消费者购买动机调查是指了解消费者购买动机原因及动机过程的活动。购买动机调查方法有直接调查法和间接调查法。

作为获取市场动态资料的固定样本调查是指将按某种抽样方式抽出的样本作为调查对象,并相对固定进行长期、连续的观察、记录,以了解和掌握消费者以及其相关的市场状态在时间历程中的变化规律和趋势的一种调查方法。固定样本调查包括消费者固定样本调查和零售商固定样本调查。考虑到固定样本调查中的调查样本会随时间的变化而出现不利于调查的变化,因此,作为固定样本调查技术的发展,出现了样本轮换技术。

消费行为调查帮助企业确定广告形式

汉密尔顿动力工具公司吞并了一家生产经营链锯的小企业而扩大了自身的经营项目。20世纪80年代初期,美国西部的链锯行业也正经历着急剧变化。变化是挑战,也是机遇,可就链锯产销而言,汉密尔顿公司等于是白手起家,困难很多。顾客是什么人,销量如何,产品质量怎么样,主要市场在哪,选择何种广告形式,全都心中无数。在这种情况下,公司主管聘请了芝加哥消费者评估公司进行两项市场调查。

第一项是对链锯主顾的一般情况进行调查，以便为公司建立长期合作关系与开发新的潜在用户提供基本信息。第二项是"图片测验（简称TAT）"，这种测验运用消费心理学知识和营销研究成果，用以揭示人们的购买动机。

汉密尔顿动力工具公司的主要销售范围在美国西部，那里由于气候、地形等客观条件早就形成了门类齐全、分布合理的各种木工用品的零售网点和维修店家，所以很适合该公司扩大业务。第一项调查主要是在过去两年内购买了汉密尔顿手提式动力链锯的人中间抽样进行。抽样的根据是两年中收到的产品保修卡回执，但是其中只有单位名称而没有个人姓名的买主排除在外，因为这次调查的目的是考察链锯消费的购买行为，并不单单限于了解使用情况。总共寄出问卷463份，回收201份，占43.4%，第一项调查即以整数200份为基数进行。这项调查共涉及15项内容。

第1~5项与顾客个人情况有关，主要有：

1. 链锯买主的年龄层；
2. 被调查者的年收入；
3. 被调查者的受教育程序；
4. 被调查者使用链锯的目的，有作为谋生手段而使用，有在自己农场上使用，而70%以上的用户是"偶尔使用者"，另外还对用户的职业和单位进行了调查；
5. 调查顾客对汉密尔顿链锯的质量和服务的满意程度。

调查表将满意程度分为优、良、中、差四个等级。

第6~8项调查了零售方式，其目的仍是研究顾客。这三项内容可帮助零售商调整广告促销手段，增加针对性。

6. 零售地点的调查，主要分为链锯专门商店、设备和工具店、五金店、百货店、农用具店、运动器材店以及邮购等其他方式；
7. 询问链锯买主在购买链锯之前光顾链锯商店的次数，试图分析顾客的购买决定时间；
8. 询问顾客购买链锯前光顾不同零售店的次数。

第9~15项围绕顾客的购买行为进行调查。

9. 研究买主如何获知经销链锯的商店，分为亲自光顾、朋友亲属推荐、通过报刊广告了解、电话黄页查号簿提供、广播电视广告、零售店家招牌和其他等项目；
10. 此项调查探讨潜在链锯买主在购买之前，对此用具的熟悉程度。

分为完全熟悉、只听说过和根本不了解几项进行。

11. 调查实际购买前考虑购买的具体时间；
12. ~13 对顾客购买时对某一特点品牌认可的情况进行调查，从而结合第8、11两项研究产品的市场知名度和顾客的喜好程度。
13. 调查链锯零售商对链锯实际买主的影响程度，主要指标分为很大、较大、有些、无所谓、几乎没有、毫无影响几种。

15.调查潜在的买主第一次走进商店时的表现或反应。主要的反应或表现有：与店主或售货员谈论链锯、观看陈列的链锯、询问价格、了解有关链锯的情况、询问适合自己用的某一型号,观看链锯的使用实况表演,租赁或借用链锯等。

以上是对顾客一般情况的调查,从中可以看出相当有价值的市场情况。第二项调查是就链锯的潜在买主进行"图片测验"。

这种测验提供一系列图画或相片,要求受测人就画中人物面临的问题提出自己的看法,根据回收的材料可以归纳出一系列来自不同职业、背景、收入的人们对同一问题的各种看法,从而发现解决这一问题的最佳途径。

我们以芝加哥消费者评估公司为汉密尔顿动力工具公司进行的测验为例。评估公司的专业人员设计了4张漫画式的图画。第一幅画:有个男人面对一棵或几棵大树发愣。要求答题人就下列问题提出看法:(1)画中男人可能在想什么?(2)假设此人出于某种理由需要砍倒这棵树,如果是你,或者如果此人向你寻求建议,你是否会想到并推荐他购买一台动力链锯?(3)你会不会建议他设法不要砍倒这棵大树?(4)仅为一棵树购买一台链锯是否划得来?(5)如果不用或不买链锯,有无别种方式砍倒它?如可以使用手锯,雇佣林木工人或租用链锯等。第二幅画:这个男子正在链锯商店里与售货员讨论链锯的性能、价值、使用方法、链锯重量、马力大小、注意事项、保修条件、使用年限、是否安全等问题。要求回答人依据自己的重视程序依次谈谈看法。第三幅画:这个男人正用链锯整理锯倒的大树。问题涉及画中男人使用链锯时的想法。第四幅画:画中男人正与妻子坐在壁炉跟前,享受温暖的炉火和恬适的家居生活。这两幅画中各附许多问题,当然也收到了五花八门的猜测、解释和评判意见,其中包括使用链锯节省了时间;亲自动手显示了男人的阳刚之气;家中炉火正旺反映了购买链锯带来的成就;妻子看到成果必然认为这笔钱花得值;等等。

对调研人员及链锯生产厂家来说,这一调查至少有两大好处。一是了解了潜在买主的购买心理和一般决策过程及影响购买的各种因素;二是收集了消费者关于链锯的生动语汇,可以吸收用于日后的广告宣传。

案例 分析2

1905年,波士顿炸鸡的市场似乎不会出现任何差错。就像是从鸡蛋里孵出来一样,一夜之间,沿着美国的各主要公路由他们开设的餐馆突然间变得到处都是。人人似乎都在购买他们那快捷而又便宜得出奇的食物,而且人们还似乎都在争着购买他们那价格不断增长的昂贵的股票。到 1996 年 12 月 4 日，股价已飙升到 41 美元以上。然而，天随之便坍塌了。股价在 6 个月里跌到了 15.25 美元。又过了 18 个月，在 1998 年的新年前夜，你只要用 33 美分就能购买到这些连锁店的母公司——波士顿炸鸡的一张股票。到底发生了什么事呢？因为这家母公司一直相信一个古老的谚语："价格吸引顾客，美味使他们流连忘返。"1996 年，他们寄出了几百万的折扣赠券。由于每个人都想得到这种赠券，于是他们排起了长长的队伍，这使得服务变得缓慢了，餐厅里挤满了人，充满了喧嚣。这种情况的结果就是餐馆变得拥挤、吵闹而令人不舒服。这种赠券战略的本意是"来我们这里尝试一下吧，您会喜欢上我们的服务的"，但人人都在同一天来餐馆尝试一下的话，就没有人会喜欢上这里了。情况可能会更坏，那些队伍里还挤满了保持着错误观念的顾客：即为价格而来的购买者。更明确地说，这些顾客为价格型的顾客，当另一家餐厅向他们提供更优惠的价格时，他们就会毫不犹豫地快速离你而去。这种情况肯定会发生，而且经常会发生的。几个月后，由于认识到了自己在赠券的道路上已走得太远了，公司开始回收赠券。到 1997 年 8 月，公司把所有的赠券都收回了。这些为价格而来的顾客失望了，离开了；而那些真心喜爱这些食物的顾客可能已带着对该店拥挤与嘈杂的用餐环境的记忆，喜欢上了新的环境而再也不会回来了。所以波士顿炸鸡的市场可能再也无法恢复了。

无独有偶，吉布森世代都在制造那享有盛名的吉他。它还为电吉他开了先河，包括著名的 Les Paul Custom 在内，每一位使用吉布森吉他的演奏家都注意到了 Eric Clapton 吉他。但是 20 世纪 60 年代以来，随着以吉他演奏为基础的摇滚乐和流行音乐的发展，吉他市场竞争日益激烈，这主要是因为日本制造商的加入。到 20 世纪 80 年代中期，这种知名吉他的制造者几乎已处于自己传奇故事结束的边缘了。

日本人进入吉他市场所采用的战略和他们在汽车市场上采用的一样，即：提供制作精良、毫无瑕疵、低价格、高竞争力的产品。而吉布森从这种战略里找到显而易见的解决办法，它采用了这样的对策：降低自己的价格，使它的吉他更富有竞争力。显然，所有购买日本吉他的人都传递着这样一个清楚的信号：吉他购买者对于高价是非常敏感的。吉布森的决策者们根据这一信号做出推理，他们认为采取降价的对策后，即使遇到最坏的情况，他们也能提高吉他的销售量并巩固市场份额。

但随后发生的事情让吉布森的决策者们真正认识到了吉他市场的真面目。吉布森的降价行为不仅没有提高销售量反而使它降低了。因为降价策略深深地伤害了公司仅存的市场号召力。购买吉他的顾客关心的不仅仅是产品的价格，更关心的是购买吉他而获得的价值。于是，吉布森决定放弃降价策略，改换提价策略。吉布森吉他涨价的结果，导致需求有了大幅度的增长。实际上，吉布森涨价的幅度越大，卖出去的吉他越多。

案例分析：总结以上两个案例的得与失，揭示顾客真正需求的是什么？

1. 如何理解广告调查在广告活动中的作用?
2. 如何通过广告调查提高企业的广告活动效益?
3. 如何理解购买动机?
4. 如何有效地应用购买动机调查的诸多方法?
5. 如何在实际中使用固定样本调查技术?
6. 如何评价和改进固定样本调查技术?

第九章

市场预测原理

本章学习重点

本章所介绍的内容是市场预测工作的基本原理,是开展市场预测工作的前提和基础。本章重点是要掌握预测的定义、预测的影响因素、预测的要求、预测的原则及程序。

在本章的学习过程中,一定要注意其内容的关联性,不要单一地去理解某一部分的内容,一定要融会贯通。只有这样才能真正掌握预测的原理,才能在实际的操作过程中将理论应用于实践,起到指导性的作用。

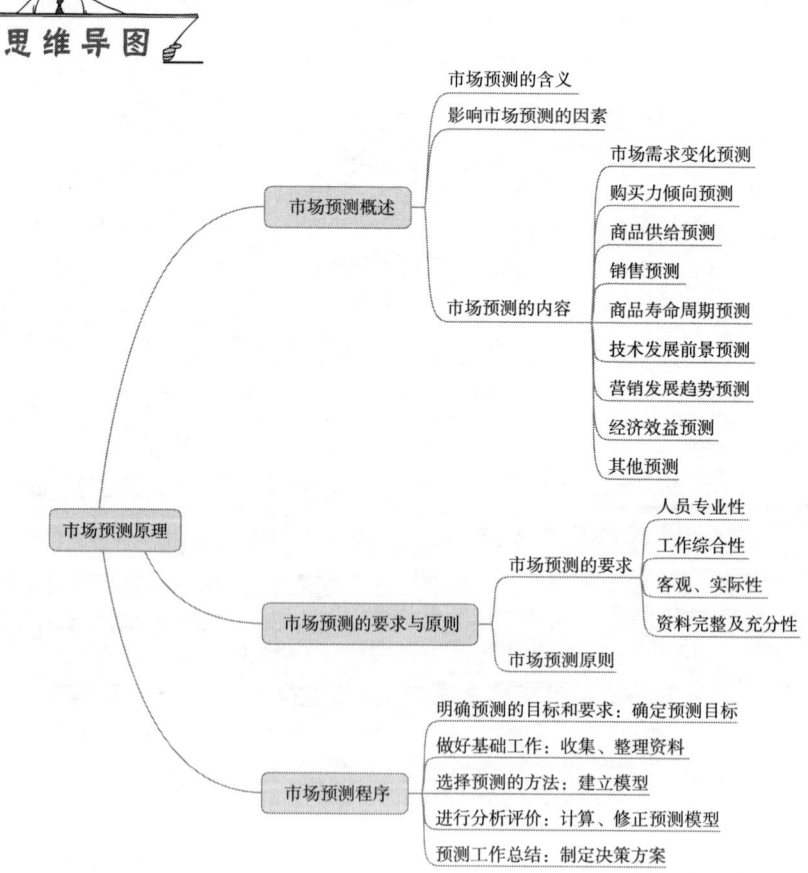

第一节 市场预测概述

市场是国民经济的综合反映。市场供需取决于储蓄和消费的比例关系以及财政收支、信贷、基建投资、物资供应、贸易进出口等国民经济各种比例的变化。因此,市场预测的内容必然与整个国民经济的预测密切相关,故而市场预测是经济预测的重要组成部分。在市场经济条件下,市场预测是经济预测的基础和核心内容。为深入准确地理解市场预测的内在含义,必须首先明确什么是预测,什么是经济预测,进而更深入地了解市场预测。

一、市场预测的含义

(一)市场预测定义

预测是人类研究客观事物未来发展变化的行为,是人类根据客观事物发展变化的内在联系及规律性推测未来不确定事物的认识活动。具体说就是对未来不确定事件的推断和测定,是研究未来不确定事件的理性表述,是对事物未来发展变化的趋向以及人类实践活动后果事先所做的估计和测定。预测研究的范围极为广泛,几乎涉及人类社会的各个领域,其中的一项内容就是经济预测。

经济预测是指对未来不确定的经济过程或经济事物的变动趋势做出合乎规律的推测和预见,揭示经济现象错综复杂的内在联系及其发展变化趋势。市场预测可以说是在市场经济条件下经济预测的最基本、最主要的内容。

市场预测是指在市场调查的基础上,运用预测理论与方法,对决策者关心的变量变化趋势和未来可能的水平做出估计与测算,为决策提供依据的过程。市场预测是宏观经济管理和微观经济决策的重要职能,是科学组织社会化大生产、有计划指导经济活动、有效利用市场机制、合理配置资源、提高经济效益的重要手段;是企业按市场经济发展规律,科学制定企业市场营销发展战略和营销计划的客观依据。

案例9-1

20世纪中叶施乐公司发明了复印机,掀起了一场划时代的办公室革命,购买复印机的公司趋之若鹜。昂贵的售价为施乐公司带来了巨大的利润。面对广阔的发展前景和巨大的利润诱惑,在日本的佳能、理光等企业更是处心积虑的筹划进入复印机制造领域,为了对抗强大的施乐这个庞然大物,这几家公司联合了其他几家公司准备与施乐竞争。而这时的施乐公司为了阻止这些公司的加入,先后为其研发的复印机申请了500多项专利,几乎囊括了复印机的全部部件和所有关键技术环节。当时美国的专利保护有效期为10年,也就是说在10年内,佳能、理光等企业要想参加竞争游戏就变得遥远了起来。

> 在施乐公司强大的实力和几乎无懈可击的专利保护面前,佳能们没有消极的等待,也没有盲目的正面对抗。而是选择了从施乐为消费者提供的利益点组合中去寻找切入点,然后重新定位出能够令到消费者心动的兴奋点来,以获得进入该领域的机会。
>
> 佳能公司对购买施乐复印机的客户进行了调查,终于发现了在施乐提供给现有消费者的利益组合中,一些现有客户对施乐复印机的潜在抱怨,诸如:施乐复印机的价格昂贵;施乐复印机操作太复杂;施乐复印机的体积太大;用施乐复印机复印保密性不强等。在所有的顾客抱怨和期望之中,都表现出了如果有一种复印机能够解决这些问题那该是一件多么令人兴奋的事情啊!
>
> 通过对施乐公司产品利益点组合的深挖分析,在听取了消费者期望之后,佳能公司具有前瞻眼光看到了小型复印机的前景,佳能们进行了专门的研发,成功地开发了小型办公和家用复印机,联合理光等公司一举杀进了复印机市场,由此佳能掀开了人类的又一场"办公室革命"和它的合作公司一起赚了个盆满钵满。

(二)市场预测的属性

正确地认识市场预测必须要认识、了解市场预测的属性,市场预测有三大属性,即:服务性、描述性和局限性。

1. **市场预测的服务性**。根据市场预测的定义我们可以得知,市场预测是为决策者服务的。中国有句哲言叫作"凡事预则立,不预则废"。早在20世纪60年代,陈云同志就明确指出:"我们做工作,要用90%以上的时间研究情况,用不到10%的时间决定政策"。决策应是以科学预测结果作为基础,通过分析比较,趋利避害,选取最优方案。所以预测是决策的先导,是决策科学化的前提。没有准确、科学的预测要取得决策的成功是不可能的。预测的最终目的是要取得决策的成功。因此在作预测时一定要把握好服务性这一特点,根据不同的要求,选择不同的方法,采用不同的手段,真正使市场预测成为决策的前提和基础。

2. **市场预测的描述性**。市场预测是认识客观事物,掌握客观规律的一种科学方法。它按一定的程序,通过不同的方法,取得关于事物未来发展变化趋势的各种信息。即对各种可能出现的情况、结果和水平做出客观、科学的描述。在预测过程中,无论是建立定量预测的数学模型,还是定性预测的逻辑思维模型,都是人们对客观事物认识的一种描述。这种描述,一方面反映了预测具有科学性,不是主观随意的猜想;另一方面也反映了预测具有近似性,即这种描述是肯定会有误差的。因为这种描述是建立在人们对于事物过去和现在情况的基础上对未来发展变化情况的描述。但未来情况并不是过去和现在的简单重复,所以这种描述会在一定程度上和将来发生的实际情况有偏差。

3. **市场预测的局限性**。人们在从事预测工作时,由于受到经验、知识、时间、条件、认识、工具等诸多方面的限制,对未来的认识总会有一定的局限性。任何事物的发展都会有其规律,但这种规律也只能在事物的发展过程中逐步地明显化和逐步地被人们所认识。因此市场预测的误差是在所难免的。

(三) 市场预测的作用

市场预测同商品经济的发展紧密相关。科学的市场预测是商品经济发展到一定历史阶段的产物。随着商品经济向专业化、社会化、国际化的发展,市场预测的重要作用将日趋明显,其具体表现形式为:

1. 有利于更好地满足消费要求。人们日益增长的物质和文化生活需求集中体现为市场需求。市场需求是不断发展变化的,它通过与需求变化相适应的有效供给(生产)来满足。但是商品的生产需要有一个过程,有一定的时间,若按当时的市场需求组织生产,当产品上市时,市场需求可能已发生了很大变化,这就要求必须分析和预测需求的变化,以需求来组织生产,最大限度地满足市场需求。

2. 有利于发挥市场的调节作用,合理配置资源。市场调节是市场经济条件下资源配置的一种形式。在价值规律的作用下,某种商品供不应求时,该商品往往会按高于其价值的价格出售,当某种商品供大于求时,该商品往往会按低于其价值的价格出售。供需之间严重的不平衡和不同形式的竞争格局,必然引起商品价格与价值的分离。通过科学的市场预测,判断市场供需和竞争格局的变动趋势,就可运用经济手段、经济杠杆调节市场供求矛盾,调整产业结构和产业政策,充分发挥市场调节的积极作用,繁荣社会主义市场经济。同时通过科学的市场预测能使企业自觉、正确地选择和调整经营方向,合理组织人、财、物的比例和流向,减少资源在使用过程中的浪费,促进企业资源最佳组合,保证企业合理地自我发展、自我约束,使市场活而不乱,生产协调发展。

3. 有利于提高企业竞争能力。企业竞争是市场经济的一大特点,而这种竞争随着时代的发展其观念已发生了根本变化。传统的竞争观念认为,一个企业是否具有较强的竞争能力,关键看企业的技术、人才、资金占有的实力。而现代竞争观念认为,决定企业竞争能力的关键是看企业对信息情报占有的多少和质量的高低。在激烈的市场竞争中,谁能先占有高质量的信息情报,谁就能在竞争中处于主动地位。如果一个企业技术先进、人才济济,但不能及时开展预测工作获得高质量的信息情报,正确选择经营战略及经营策略,就不能使企业的有利因素充分发挥作用,有时还会造成更大损失。

4. 有利于改善经营管理,提高企业素质。市场预测是企业在商品经济海洋中航行的"望远镜"和"罗盘",是提高企业素质、增强企业应变力和竞争力的重要途径。企业决策者通过市场预测,可减少经营决策中的主观性、盲目性和随意性,掌握市场竞争的主动权,提高经营管理水平,克服产品"滞销""脱销"、流通受阻等不良状态,提高劳动生产率,降低成本和流通费用,加速资金的周转,使企业获得良好的经济效益。

(四) 市场预测的种类

在社会主义市场经济条件下,为使企业生产经营活动适应瞬息万变的市场需

求,市场预测工作应从不同的角度进行多种类型的预测,以适应企业经营决策的需求。市场预测可按不同标准进行分类:

1.按时间长短分类。按时间长短分类,市场预测可分为长期预测、中期预测和短期预测。

5年以上的市场预测为长期预测,它可适用于市场长期趋势分析;1年之内的预测为短期预测,它适用于制定年度、季度和月计划工作;1~4年为中期预测,它是制定年度计划和修订长期计划的依据。

2.按预测要求分类。按市场预测要求的质与量的侧重点不同,市场预测可分为定性预测和定量预测。

定性预测是指对预测对象目标运动的内在机理进行质的分析,据以判断未来质的变化情况,并辅之以量的表述。定量预测是运用一套严密的预测理论和根据这些理论所建立的数学模型,对预测目标运动质的变化规律进行描述,据以预测未来量的变化程度。

3.按预测主体分类。按市场预测的主体分类,市场预测可分为宏观预测和微观预测。

宏观预测是从国民经济全局出发,对商品的生产和流通总体的发展方向做出的综合性经济预测和市场预测;微观预测是企业从生产经营环境出发,对生产和经营的商品及市场占有率等方面进行的预测。

4.按预测结果分类。按市场预测结果的条件分类,市场预测可分为条件预测和无条件预测。

条件预测是指预测的结果必须以满足一定条件为前提;无条件预测是指预测结果无须任何先决条件可直接获得。

5.按预测目的分类。按市场预测的目的分类,市场预测可分为单项商品预测、同类商品预测和商品总量预测。

单项商品预测是指对某一种具体商品或具体品牌商品的市场前景所进行的分析与判断;同类商品预测是指对一类商品的市场需求变化趋势的预测;总量预测是对消费者在未来的一定时期内,对各种商品需求变动趋势进行总量分析和判断。

6.按预测的空间层次分类。按市场预测的空间层次分类,市场预测可分为国内市场预测和国际市场预测。

国内市场预测可分为全国市场、城市市场、农村市场预测;国际市场预测可分为欧美市场、亚洲市场预测等多种类型。

二、影响市场预测的因素

市场预测目标是否能够实现,取决于多方面的因素,其主要有:

（一）对客观事物的认识能力

客观事物发展变化的规律性是可以认识的。人类通过实践—认识—再实践—

再认识这一无限反复过程,可以解决主观与客观,认识与实际之间的矛盾,不断认识事物的本质,揭示客观事物发展变化的规律性。如果客观事物发展变化的规律性是不可知和无法认识的,市场预测也就毫无意义了。但是人们对客观事物的认识能力直接影响预测目标的实现程度。对客观环境和市场变化规律了解得愈充分、愈透彻,对未来发展趋势的判断和分析就愈准确。所以人们在从事市场预测这一工作时一定要对事物的变化趋势、内在规律、影响因素等有充分地了解和认识,这样才能取得市场预测的良好结果。

（二）事物受外来因素干扰的状况及程度

在市场预测工作中一定要充分认识事物受外来因素干扰以及程度。从系统论的观点来看,事物是在普遍联系中存在和发展的。任何一种事物都是一个完整的系统,它不仅与其他事物之间存在相互联系、相互制约的关系,在事物内部各个组成部分也存在着相互联系、相互作用的关系。市场的动态瞬息万变、纵横交错,受各方面因素的羁绊和冲击,比如气候恶化会使农产品供需发生变化,国内重大政策的调整、社会心理因素等都会给市场某些商品的供需带来很大的影响。一个事物受外来干扰因素越多,干扰程度越强,人们对这一事物未来变化的趋势分析的准确程度就越难把握。对于这一类事物,在预测过程中一定要充分考虑各种因素的影响,同时也应利用各种方法和手段对预测的结果加以分析和修正,以期能够取得较准确的预测结果。

（三）有没有选择合适的科学预测方法

由于市场因素复杂,选择合适的科学预测方法可获得较好的预测效果。市场预测的方法很多,必须针对不同的预测种类,不同的预测要求和具体情况选择不同的预测方法。为了使预测的结果有较真实的可信程度,可交替使用几种预测方法,并将定性分析和定量分析配合使用。

（四）市场商品不同的供需形态

市场供需形态就是指各类商品市场供需趋向的规律性。分析不同的供需形态对于正确选择科学的预测方法,认清预测的特点是十分重要的。根据一般的市场状况,市场商品供需形态大体可分为以下四种：

1. 稳定形态。稳定形态是在所预测的区域范围内商品基本处于供需之间的平衡状态。在这种状态下,此地区范围在某一时段(可以是一年、一季度、一个月)对某些商品的需求量基本上是稳定的。每个周期的需求量变化不大。这些商品基本上是指生活必需品。其需求量的绝对数、平均数或增长系数都处于均衡状态。这类稳定性商品,可变程度小,可控制程度大,对市场供需影响较小,需求弹性较小。

2. 趋势形态。趋势形态也称为倾向性形态,其特点是各个时段的需求量或供应量呈直线上升或下降趋势。此类商品以电器类商品为主要代表。其因变量 Y 值将随着自变量 X 值(表示时间)的变化而变化,这说明其成长或下降数量是有一定规律的。

3.季节性形态。季节性形态指商品需求量或供给量的变化是随着时间的推移、季节的不同而呈现出周期性的变化,在每年出现相似的周期曲线。由于某些商品受生产条件的限制、气候条件的变化、人们消费习惯的形成、各种时令节日等因素的影响,消费不是全年性的、均衡性的,而呈现季节性。这种季节性的消费就不同类商品也有强弱之分,如冬、夏季商品就非常之强,儿童玩具虽然全年都有消费,但在六一儿童节前后就有极强的季节性消费。而像糕点、服装、鞋帽等商品虽然也是全年都有消费,但也有其季节性的特点,只不过其季节性消费相对较弱。如果在市场预测中不考虑这些类商品的季节性特点,其预测结果必然会与实际有较大的差距。

4.随机形态。随机形态是指某些商品在某些时候的需求量呈现不规则的变化,没有一定的规律性可循。此类商品主要是中、高档商品,特殊消费品。其消费往往受到众多外部因素的影响。对于这类商品的预测是较为困难的,需用各种不同的方法、方式,用概率来判断、分析未来的变化。

三、市场预测的内容

市场预测的内容十分广泛。从宏观到微观,从生产到销售,从供应到需求,从企业到市场,为使企业生产经营活动适应瞬息万变的市场需求,市场预测工作必须要从不同的角度、不同的侧面进行多方面的预测。

(一)市场需求变化预测

市场需求变化预测是预测消费者在一定时期,一定的市场范围内,有货币支付能力的对某种商品的需求,同时也包括对这种需求的趋向分析和预测。市场需求预测包括质与量两个方面。从质的方面看,市场需求预测要解决"需求什么"的问题;从量的方面看,市场需求预测是要解决"需求多少"的问题。

市场需求应是企业一切经营活动的出发点和中心,其中对消费者的调查分析是市场预测的重要内容。对消费者的调查分析首先应确定谁是商品的消费者,谁是商品的潜在消费者;消费者和潜在消费者的数量、分布、消费心理活动和购买动机;消费者的购买行为、购买程度和一次购买量;消费者的收入来源和支出构成;消费者消费结构的变化。

消费者的市场需求受多种因素的影响,其中主要因素是消费者收入的变化。消费者收入的变化必然带来消费结构、消费倾向的变化。而这种变化会给商品的生产者和经营者带来挑战与机遇,只有通过预测准确把握住这种变化,企业才能把握机遇、战胜挑战。

通过上述内容的分析及在对历史资料分析的基础上,我们就可以建立起需求与其各主要影响因素之间的函数关系,就可预测出未来市场需求数量,结合其他的一些预测分析方法就可分析需求变化趋向和确定市场需求水平。

日本汽车业的繁荣是在 20 世纪 80 年代。日本汽车业的"起点"应该是在 20

世纪60年代,但20世纪60年代的汽车是美国垄断的客车,日本汽车行业要与美国相竞争,取胜的概率极小。因此,日本汽车行业想了解80年代汽车市场应该是什么样的。通过调查研究后,做出了如下的描述:20世纪80年代汽车市场主要受到以下四个环境的影响,即能源越来越紧张;通货膨胀加剧;交通日益拥挤;环境保护高度重视。于是日本汽车业判断80年代的汽车购买者的价值驱动因素是顾客需要节油、经济、小型安全、排气量小的汽车。因此,在80年代推出汽车后,形成了"车到山前必有路,有路必有丰田车"的畅销景象。

（二）购买力倾向预测

购买力倾向预测也就是需求结构的预测,是指商品购买力在各类商品之间的分配比例。各类商品主要是指按商品性质和用途分类的各大类商品。例如,食品类、衣着类、日用品类、电器类、文具用品类、书报杂志类、医药类、燃料类等。其中每一类当中都包含着若干种商品。由于社会的发展,人类文明程度的提高,消费者对商品的需求在种类上、数量上是不断变化的。当然这种变化针对不同商品是不同的,有的商品变化小,有的商品变化大,有的商品是上升的趋势,有的商品是下降的趋势。但总的来说商品需求结构的趋势是由低转高、由粗转精,向高级化、多样化、复合化、微型化方向发展。

在预测需求结构时,除了要研究消费者购买力、偏好、生活习惯外,还要研究消费者的心理状态和社会风尚的变化。

（三）商品供给预测

商品供给也就是商品的资源,它是指在一定时期内可以投放市场以供出售的商品数量。这些商品数量主要来自生产企业,其次是国家、商业部门的商品储备,再有就是可以利用的各类代用品,另外就是进口。

商品供给预测,就是对进入市场的商品资源总量及其构成和各种具体商品可供量的变化趋势的预测。它同市场需求预测结合起来,就可预见未来市场供求变化的趋势。一般来说,商品供给预测主要研究预测生产单位可以提供的商品量及其构成。

预测生产的发展及其变化趋势,就要了解各类商品的生产能力、生产组织、生产技术、设备条件、生产状况以及资源、交通条件、科学研究等,并预测它们的潜在能力和发展趋势。只有在摸清商品资源的基础上,才能结合市场需求的变化,较精确地预测市场供求关系的发展趋势,才能做出正确的经营决策。

在商品供给的预测中,要重视关联性商品的相互变化和新产品的开发销售及需求预测。有的商品的变化会引起相关产品的变化。例如,在鞋类商品中,布鞋类的增加就会引起皮鞋类的减少;新的制鞋面料的出现,就会引起原有制鞋面料的减少。随着科学技术的进步,新技术、新材料、新工艺的不断涌现,必然引起商品的寿命周期缩短。由于商品更新速度加快,销售周期越来越短,如不了解市场商品资源和销售变化的形势,还在继续生产已将过时的产品或大量的进货,都将给企业带来经营危机。

(四)销售预测

销售预测是在市场需求总量预测中有关企业自身产品的销售量,以及花色、品种、规格、款式的一种单项商品预测,其目的是如何满足消费者的需求,使商品销售顺畅。

通过销售预测,可以了解消费者的具体需求,并可通过销售预测找出商品在市场上所存在的问题,从而修正经营策略。在销售预测中,市场占有率是一个非常重要的指标,通过对市场占有率的增加或减少的预测,可以帮助企业了解在市场中的竞争情况,了解本企业的经营状况以及是否应当改进、调整本企业的经营策略。

通过市场销售预测,了解消费者需求的新动向,研究开发新产品、开拓新市场、制定营销策略,包括市场发展策略,目标市场选择策略及市场销售组合策略等。

通过市场销售预测可深入分析及研究影响市场需求量的各种因素,判断商品需求变化的趋势,以使企业更有针对性、更有计划性地开展营销活动。

> **案例9-2　康师傅方便面的成功之道**
>
> 　　台湾顶新食品公司打算进入大陆方便食品市场,但不知道大陆市场究竟需要哪一种方便食品。当时大陆方便面食品工厂已有上千家,竞争比较激烈。顶新公司没有贸然投资,而是委托大陆市场调查机构进行方便食品需求调查。调查分两部分,一个是消费者对方便面的需求情况;一个是生产者生产的品种、规格和口味情况。结果发现,消费者对方便面食品除非不得已,并不感兴趣,主要原因是口味较差,而且食用不很方便,而生产者生产的方便面大都是低档的,调料基本上是味精、食盐和辣椒面等原料。根据这些情况,该公司大胆预测,大陆下一个方便面食品市场将是高档、注重口味、更为方便的产品。于是在天津经济开发区投资500万美元,成立了顶益食品公司,生产高档方便面食品。结果一炮打响,尤其是碗式包装更为方便,人们使用方便面不再是一种权宜之计,而成为快餐食品中一种优先选择的品种。小小的方便面硬是卖出了70亿元的销售份额。

(五)商品寿命周期预测

商品寿命周期是指商品从开发成功—投入市场—被淘汰退出市场的全部过程。这一过程是指商品的经济寿命。商品寿命周期,主要是从销售量、获利能力的变化上来进行分析,是研究商品的需求量和利润随时间变化而变化的趋势。当然这一过程还受价格、国民经济发展、科学技术进步、市场竞争、新产品投入时间、供需平稳等多种因素影响。

通过商品寿命周期预测,有利于企业做出比较正确的经营决策和经营计划,以促使商品销路顺畅,减少商品积压,帮助企业制定新产品开发研制及投入市场时间的策略,以扩大市场,增加市场占有率。同时通过商品寿命周期预测,使企业认清企业经营的商品所处的市场寿命周期的各个不同阶段,根据商品寿命周期各个阶段的不同特征,有目的、有重点地加强销售措施,以扩大商品销量。

(六)技术发展前景预测

技术发展前景预测是指对科学技术的未来发展及其对社会、生产、生活的影响,对企业生产经营活动的影响,尤其是与本企业产品有关或与材料、工艺、设备有关的学科的科技发展水平、发展方向、发展速度和发展趋势等方面情况的分析研究和预测。企业面临的诸多环境中,科学技术是一种十分重要而且有长远影响的因素。科学技术的发展能够使企业出现质的变化,它可以使企业走向成功,也可使企业走向失败(当然是在不能认清科学技术的发展及水平的情况下)。所以企业要想取得成功,就必须预测科学技术的发展可能引起的问题和变化,可能带来的机遇和威胁,为企业制定科学技术决策及科研发展规划服务。

(七)营销发展趋势预测

营销发展趋势预测主要是指对流通领域中商品营销组织、营销设施、营销人员数量和素质、商业网点的设置与布局、销售方式的变化、商品流通渠道及环节等方面发展趋势的预测。

通过营销发展趋势预测可为国家宏观决策提供客观依据,对扩大商品销路、加速商品流转、节约流通费用、方便群众、繁荣市场、满足需要都有重要意义。

通过营销发展趋势预测可使企业了解营销网络的变化对企业销售的影响,可为企业制定营销策略、选取适合的销售方式、确定营销人员的数量和素质、选择正确的流通渠道及环节、商业网点和销售终端的设立及布局等方面提供客观依据。

(八)经济效益预测

企业从事生产经营活动的一个重要目的就是要获取经济效益,就是要在完成商品经营过程中以最小的劳动成本获取最大的经济效益。经济效益预测,就是指对未来一定时期内企业经营活动所获得的收益和劳动成本这两者进行预测。

通过经济效益预测可使企业了解商品的销售额、劳动生产率、资金占有及资金周转率、流通费用及流通费用率、利润和利润率等。使企业不但可以在经营后和经营中分析,还可以进行预测分析。通过这种分析对企业提高经营管理水平,合理调整投资和产品结构、扬长避短、发挥优势、减少市场风险、扩大市场份额、扩大经济效益具有重要意义。

(九)其他预测

市场预测除了上述内容外,还有其他一些预测内容。如经济形势的发展对商品供需影响的预测;国家宏观经济政策的制定与调整对市场影响变化的预测;商品的价格变动预测;外贸进出口情况的预测等。

第二节 市场预测的要求与原则

一、市场预测的要求

市场预测工作是一项复杂细致、涉及层面很广的工作。它既要有经过专业培训的人员从事预测分析工作,以保证预测工作的科学性;又要有决策人员的参与,以保证预测工作的完整性及有效性;同时又需要各单位、各部门人员建立预测网点,提供完整有效的资料,以保证预测工作的可靠基础。为使这项系统性很强的工作真正成为决策者进行科学决策的前提和依据,应注意以下几点要求。

(一) 人员专业性的要求

市场预测工作是一项经常性、持久性的工作,因此需要拥有必要的专业人员,建立和健全市场预测机构。预测人员必须具有较高的综合性知识,既有一定的经济理论和社会科学知识,又要具备一般自然科学的基础知识,懂得财务、统计、业务经营和经济活动分析、经营管理知识,又熟悉市场营销学、消费心理学、经济法、经济地理、商务学等方面的知识,并有较丰富的实际经验,熟悉市场商品供需各种因素的相互关系,具有预算、综合、分析等各种能力,能根据实际情况和经验对市场需求变化做出科学而正确的判断。

预测人员除了需具有上述多种专业、多种学科的知识外,还需要有大量的信息吞吐能力,同时还需有非常敬业的精神,良好的道德观念和奉献精神。只有同时具备以上条件的人,才能成为真正高素质的预测人员。

(二) 工作综合性的要求

市场预测工作并不是一项游离于企业其他工作的单项工作。要想真正做好预测工作,发挥这一管理职能的作用,在从事预测工作时,一定要把预测工作同企业管理、商业运作经营紧密结合起来,防止为预测而预测的现象发生。否则,不仅难以发挥预测成果的作用,甚至有时会干扰或影响企业经营决策者的正常决策工作,这就是工作综合性的要求。

(三) 客观、实际性要求

客观和实际性是市场预测工作必须遵循的一条基本要求。客观、实际性在市场预测中取决于三个方面:

1. 要按照经济发展规律分析市场的变化和发展趋势。经济发展是客观规律在经济工作中的具体表现形式,我们所从事的工作是对未来经济事物发展的一种推测和分析,即使在某一阶段,经济事物在某种因素的影响下会有违背经济发展规律的情况,但这必定是短暂的和暂时的。如果不能认清这一点,我们所得出的预测结果就不能帮助我们进行科学的、正确的决策。

2. 要依据国家的方针、政策来指导对市场变化的分析。因为国家的重大政治、经济措施都会给人民生活和市场商品供需带来一定的变化。

3. 要从实际出发,实事求是,既要防止以盲目乐观、浮夸的情绪来观察、分析市场趋势,又要防止以悲观、保守的情绪来观察、分析市场发展和变化。

(四) 资料完整及充分性要求

掌握全面而可靠的数据资料是进行企业预测的基础。数据资料不全或不准确将会大大影响预测的准确性和精确度,当预测的准确性和精确度降低到一定程度时,预测工作也就失去了价值。所以这就要求企业建立良好的预测资料收集网点和从事资料统计、分析、归纳的数据库,以确保企业预测所需的各类资料和数据,不能等到要预测的时候,才去临时收集数据资料,这样不仅资料收集不全面,而且无法保证所收集资料的可靠性。

二、市场预测原则

科学的市场预测不是随心所欲、杂乱无章的,它必须在一定的原则指导下进行。开展科学的市场预测必须遵循下列原则。

(一) 连续性原则

连续性原则是指一切客观事物的发展都具有符合规律的连续性。任何事物的发展都与其过去的行为有联系,过去的行为不仅影响事物的现在,而且还会影响事物的未来。市场作为一个客观经济事物也不例外,市场的发展变化同任何事物一样都有它的前因后果和来龙去脉,具有一定的历史连贯性,其变化过程中的各个阶段,既有区别又有联系,甚至有极大的相似性。现在的市场需求状况是过去市场需求历史的演进;未来的市场需求状况是今天需求发展的继续。收集和掌握市场历史和现实的资料,分析其发展变化的规律,按照连续性原则进行逻辑推理,就可预测、分析未来市场的需求情况。在预测模型中,因果关系预测模型和趋势预测模型就是以这一原则为前提而建立起来的。

我们在运用连续性原则时,为了确保预测结果的准确性应注意以下两点:

1. 分析历史和现在发展的数据所显示的变化趋势要遵循一定的规律性。如果市场过去及现在的资料是不规则的,预测目标的变化带有较大的偶然性,因此就要看是否能对市场过去的历史资料依一定的原理进行修正,若可以,就可依据连续性原则,若不能,就不能依据连续性原则进行预测。

2. 应用连续性原则应以经济系统的稳定性为前提。因为只有在系统稳定时,事物的内在联系及基本特征才能连续下去。当然这种稳定性是相对的,绝对稳定性的经济系统是不存在的,一般只要认为企业系统处于相对稳定状态或预测对象处于相对稳定阶段的条件下,连续性原则就可以采用。

(二) 类推性原则

类推性原则是根据经济结构及其变化的模式和规律推测未来经济发展的变化

情况。许多事物相互之间在发展变化上常有类似之处，人们根据已知事物的基本结构和发展模式，通过类推的方法对事物发展的前景作推断和分析。这种类推的方法既适用于同类事物之间，也适用于不同类事物之间。这是因为客观事物之间存在着某些类似性，这种类似性表现在两个事物之间在结构、模式、性质、发展趋势等方面相互接近。

世界上有许多相似、类同的事物，当人们掌握了其中一种事物的发展变化规律，就可以去类推和它类似的事物的发展变化情况。在应用类推性原则时，我们应注意以下情况：

1. 利用类推性原则进行预测，应分析用于类推的两事物之间其发展变化是否有类似性。一般说类似性越相同，类推预测的效果越好。

2. 在使用类推性原则时，我们所说的类似性并不同于相同性。由于两事物可能在发生的时间、地点、范围及其他方面的条件不同，会使两事物的发展变化有差异。这就要求我们在使用类推性原则进行预测时，必须考虑哪些是可比因素，哪些是不可比因素，尽量去修正不可比因素所带来的偏差，然后再进行类比。

3. 当用局部去类推整体时，应注意这个局部的特征是否能代表整体的特征。当我们发现局部的特征与整体的特征有较大差距时，就不能使用类推性原则。因为用这种局部去类推整体，会出现较大的误差。

（三）关联性原则

关联性原则是指根据事物之间的直接或间接的联系或构成一种事物的各因素之间存在的或大或小的相互联系、相互依存、相互制约的关系，当一种事物或一种因素发生变化时，去分析预测与之相联系、相依存、相制约的另一事物的发展变化趋势。这是由于世界上任何事物的发展变化都不是孤立的，都是与其他事物的发展变化相互联系、相互影响的。人们通常所说的因果关系就是这种关联性中诸多表现形式中最重要、应用最广的一种形式。在预测中人们经常使用的一元回归和多元回归模型就是根据这一原则建立起来的。当然在事物的发展过程中有时还存在着一因多果、一果多因，互为因果的相互关联形式。这就要求我们在应用关联性原则时，要分析二者之间的关联形式，唯此才能正确选择预测方法，求得适用的预测结果。

（四）可控制原则

可控制原则是指对所预测的事物未来发展趋向和过程，在一定程度上是可以控制的。其依据是唯物主义的认识论和反映论，即世界是可知的，人们可以发挥主观能动性在认识客观世界的基础上有意识地改造客观世界。在预测工作中，在影响预测对象发展变化的诸多因素中，有些是可控因素，有些是不可控因素，有些因素可以直接控制，有些因素可以间接控制。利用可控性原则就是要利用可控制因素，研究分析不可控因素，尽量避免不可控因素对预测目标产生的干扰。

（五）取样原则

取样原则是指任何一个市场状况都可通过样本（典型资料、指标、数据）表现出来,研究分析这一样本进而分析整个事物的发展变化趋势。在预测工作中,人们所选取的样本越具有代表性、容量大而且全面,越能反映整个事物的实质,所得到的预测结果越能和实际情况相接近,市场预测的结果也越真实。当然如果我们所选取的样本越大越全面,则所做的分析统计工作就越复杂,时间就拖得越长,有时这是时间、人力不允许的。因此应该强调适度,做到所选取的样本既能反映整个事物的本质,又适合我们的人员和时间要求。

(六)投入——产出原则

市场预测工作是一项复杂的超前性研究工作,必然要耗费一定的人力、物力、财力和时间。同时市场预测工作又是企业经营管理职能的重要内容,而企业的经营管理工作所依据的一个重要原则就是投入——产出原则。市场预测工作也不例外,按照投入——产出原则进行市场预测,就是要在保证预测工作所需精度的前提下,合理选择制定样本容量,挑选计算方法和工具,正确确定预测模型,以最低的费用和最短的时间,获取最适用的预测结果。切忌过于追求预测目标的精确度,而不顾费用和时间的耗损,破坏投入——产出这一经济管理工作的重要准则。

第三节 市场预测程序

市场预测具有一定的策略性、长远性和复杂性,为了使市场预测工作更具有科学价值,提高预测工作的效率,提高预测工作的精度和质量,有效地为企业经营决策服务,必须要遵循一定的程序,采用严谨、科学的工作步骤。

一、明确预测的目的和要求——确定预测目标

进行市场预测,首先要确定预测对象,对象要具体、准确、清楚。其次要确定预测的目标是短期预测还是长期预测,是需求预测还是销售预测等。有了明确的目标才能合理制定预测的计划,才能确定参加预测工作的人员及其素质。

具体说预测目标应规定预测的对象、内容、范围、要求、期限、参加的人员、编制预测计划。确定预测目标是预测的主题,直接影响预测结果。

明确了预测工作的目标和要求,即为全面开展预测工作从组织上、行动上做好了充分准备。

二、做好基础性工作——收集、整理资料

市场预测工作是在市场调查基础上开展的,因此必须重视市场调查工作,重视资料的搜集和研究,掌握充分的历史资料和现实情况,打好预测的基础工作。拥有资料越充分,分析就能越深刻、越详细,预测的准确度就越高。

市场调查是市场预测的基础。通过市场调查应该收集和整理如下两大类资料:

(一) 历史资料

历史资料是指预测期以前各观察期的各种有关的市场资料。这些资料反映市场或影响市场的各种重要因素的历史状况和发展变化规律。如全国或各地区历年的有关资料，这些历史资料是进行市场预测的基本依据，因为事物的发展从时间上看都是有联系的，事物过去的发展水平、规模、速度、比例等，必然要影响到事物的现在，而事物过去和现在的表现又必然影响到它的未来状况和变化规律，市场现象与众多的社会经济现象一样，也具有这种时间上的连续性。分析和研究市场及各种影响因素的历史资料，充分运用历史资料，是保证市场预测客观地对市场未来状况和发展变化趋势做出估计的基本条件。

(二) 现实资料

市场预测的现实资料指进行预测时或预测期内市场及各种影响因素的资料。市场预测所需的资料一般是预测者根据需要对市场进行调查的结果，也可以是各种调查机构的已有资料。市场预测必须收集有关现实资料，才能使市场预测的结果既不脱离市场现象的长期发展规律，又能对市场的现实变化做出及时的反应，使市场预测结果更加符合客观实际。市场现实资料在内容上主要包括市场及影响市场因素的最近表现，如全国或各地区在市场预测期的各种资料等。

在取得市场预测所需的历史和现实资料后，还必须对这些资料进行加工整理，按照预测的要求和目的，使其系统化、条理化，更好地反映市场现象总体特征。

三、选择预测的方法——建立模型

在预测时，方法的选择及模型的建立首先应根据预测内容和目标、市场供需形态和掌握的资料情况而定。并注意连续性、类比性和关联性原则。如时间的连续性、资料的连续性、商品的类推性、地区的类推性、客观条件的类推性、各种事物及因素的关联性。另外要注意投入—产出的关系，考虑预测费用的多少和对预测精度的要求。预测过程是建立在调查研究或科学实验基础上进行的研究分析，借助于经验判断、逻辑推理、统计分析、数学模型、电子计算机的运算等。不能简单地、机械地根据某一种模型的测算即得出结果。因为影响预测的因素众多且经济事物本身非常复杂、瞬息万变，因此要将定性和定量分析结合使用，并应采用几种不同的预测方法进行比较和验证。

在预测工作中为使用各种数学模型，应对有关数据进行必要的修正，剔除由于某些偶发因素而产生的异常数据。同时对于降价及涨价等可变因素也应充分考虑，必要时也应剔除。再有在确定预测方法和建立数学模型后，应对预测可能出现的误差有所估计，对影响预测误差的因素应有明确的分析。

四、进行分析评价——计算、修正预测模型

在对选定的预测方法和确定的数学模型进行分析计算和预测的过程中，当预

测结果和预期值差异较大时,应具体分析产生误差的原因,并及时加以修正、重新测算和预测。必要时应调整预测方法和重新确定数学模型。

对于有些预测指标在重新测算和预测的基础上还应根据具体情况,使用一些特殊的修正方法修正预测结果,以期能更正确地反映未来实际发生的情况。例如,季节性的修正、随机性的修正。

五、预测工作总结——制定决策方案

市场预测的最终目的是为决策进行服务,故而预测工作的最后阶段就是对预测工作进行全面的总结。一是为了制定不同的决策方案,并说明各种决策方案的根据和利弊得失,供决策者进行比较和选择,以便最后择优选定。二是通过预测工作总结出经验和不足,为今后的预测提供依据。

市场调查是市场预测的基础,市场预测是调查活动的延续,是对未来市场情况的预计和估计,因而是研究市场的重要工具。为使市场预测能够有效地服务于企业的营销活动,必须掌握市场预测的含义、内容、运用的原则和程序,从而为下一章学习市场预测的各种方法奠定基础。

三次失测　苦汁自饮

美国西部的佩珀尔基农庄(Pepperldge Farm)从1979年至1984年连续三次预测失误,使农庄自食其经营的苦果。

70年代末,佩氏农庄几乎成了传统、优质副产品的代名词,无论是新鲜的蔬菜或冰冻制品,只要是冠以佩氏牌子,在市场上总是很抢手。

1979年,佩氏农庄准备扩大战果。农庄的董事们云集一起,进行了长时间的酝酿,他们认为:人们的饮食模式正在改变,传统的家庭饮食已经过时,人们需要在无规则的时间里食用味道鲜美、数量不多却又饶有趣味的"非餐食"食品。1980年3月,这条食品线在加州的贝克斯菲尔德经过了小型试验,试验结果表明,这种食品与三明治相比更能引起人们的食欲,烹饪方便,价格便宜。于是他

们将其命名为"得利"食品。董事们预测,这种食品上市1年后,销售额不会低于4 000万美元。

可是一年之后,"得利"食品的销售额只有3 500万美元,大大低于佩氏农庄董事们的事先预测。这是佩珀尔基农庄有史以来的第一次严重失利。农庄的老板克鲁奇先生承认:"得利"食品的牛肉馅肉质太老,令人极不满意;消费者并没有真正接受"得利"的新风味;更主要的是"得利"食品在早期决策过程中没有一个明确的定位策略,目标顾客在哪儿,是谁,至今尚不清晰。

"看来,我们的运气不佳,我们必须寻求新的机遇"克鲁奇说,"产品也要有特色!"1982年5月,佩氏农庄的董事们又坐到了一起,重新设计着新的方案。"我们一直销售别人的优质饼干,为何自己不能生产呢?"一位董事说。董事们对这一提议很感兴趣,他们决心将此次的目标市场找准。"据可靠消息,3部系列电影《星球大战》将于1983年春上映,这将赐予我们开发儿童饼干市场的良机。"另一位董事开口了。后经考察,证实了《星球大战》上映的内容和时间,董事会又形成了一个所谓"万无一失"的方案。

就在《星球大战》第3部《杰迪人的归来》上映的1983年春天,佩氏农庄的"星球大战饼干"批量上市。起初确实迎合了儿童的心理,销势看好,佩氏农庄信心十足地加快了生产步伐。"当时,我们确有垄断儿童饼干市场的雄心壮志"克鲁奇先生回忆。但是,时隔几个月,形势急转直下,很多超级市场都不愿销售这种饼干。这些零售商认为佩氏农庄的饼干出厂价太高,他们不得不将零售价定为1.39美元,这在当时已超过了任何儿童饼干的价格。佩氏农庄设法降低生产成本,这样又使"星球大战饼干"的一些质量标准低于正常标准,由于已与卢卡斯电影公司签订了专利许可协议,因而在亏本情况下,佩氏农庄不得不硬着头皮生产。这个老名牌农庄又遇到了新问题。

在"星球大战饼干"刚刚滞销的同时,佩氏农庄的董事们又进行了"拯救佩珀尔基"商讨会,计划引进一种新的高质量产品——非过滤优质苹果汁。当时,美国消费者们购买的80%的苹果汁都是经过过滤的,十分干净,且儿童消费占据很大的比重。他们将新产品投入于康涅狄格州的哈福特和新哈劳两地试销,取得了令人鼓舞的结果。于是,佩珀尔基就地购买了一家大型食品加工厂。1984年初,印有佩珀尔基农庄名称的苹果汁在康涅狄格州铺天盖地地上了市。但是,当农庄将这种所谓"味美甘润的天然苹果汁"推向美国其他市场时,却招致不幸。那时,美国人对天然饮料并未产生浓厚的兴趣,人们对这种未经过滤的、有很多絮状物的东西望而生畏;另外,产品名称和广告中没有一点"适宜于儿童"的宣传字样。销售不畅使农庄不得不以优惠价格出售产品,而降价又引起人们更大的猜疑。这种恶性循环使佩氏农庄陷入第三次困境。1984年财政年度,佩珀尔基农庄的经营利润下降了18%。1985年,那家巨型食品加工厂整个关闭,至此,优质苹果汁只能作为自饮的苦汁了。

分析问题:该公司三次预测失误,应从中吸取什么教训?

思考题

1. 如何理解市场预测的定义和作用?
2. 市场商品四种供需形态各自的特征是什么?
3. 市场预测的内容有哪几个方面?
4. 连续性原则、类推性原则、关联性原则在市场预测中如何应用?
5. 市场预测的程序有几个步骤,每个步骤的作用是什么?

第十章

市场预测方法

本章主要介绍凭借预测者的经验、综合分析能力做出主观判断的定性预测方法和依据历史资料的规律建立数学模型进行数量分析的定量预测方法。这两种方法由于预测活动的需要，又派生出许多具体的方法，其中，经验估计法、移动平均法、季节指数法、指数平滑法和回归分析法在本章中将做详细说明。

通过本章的学习要掌握定性预测法和定量预测法的基本原理；应注意区分不同形式的预测方法的使用条件和步骤，注意将定性预测方法与定量预测方法有效地结合起来。在定性预测中加入量化分析以提高预测的准确性；在定量预测中加入定性判断，以避免非量化因素对预测结果的影响。

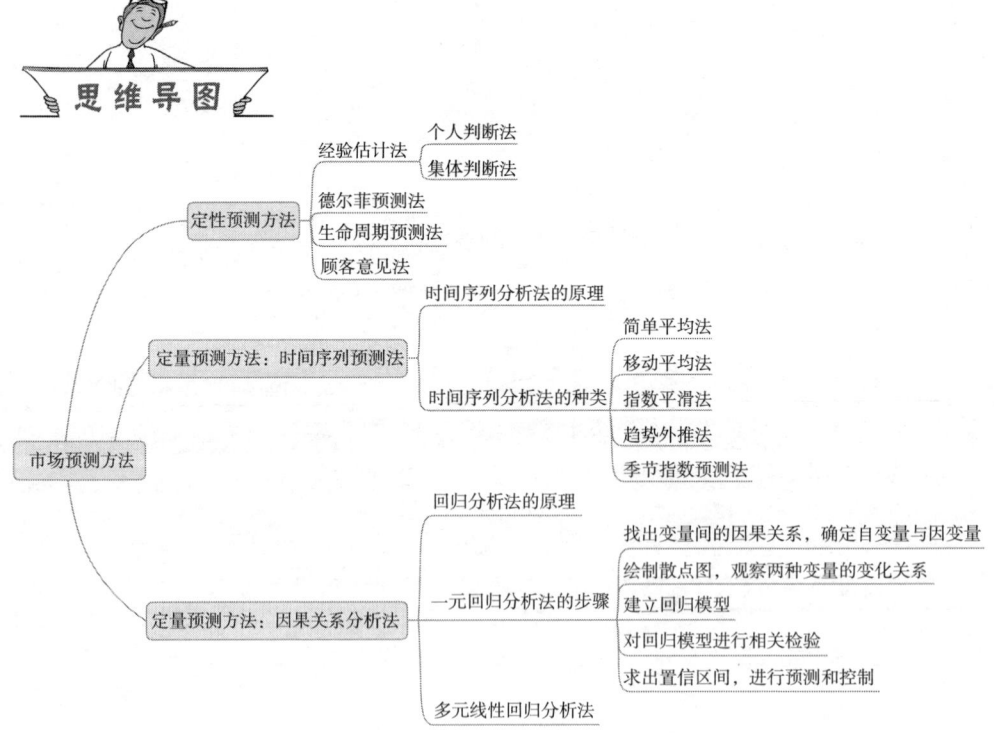

第一节 定性预测方法

定性预测主要依靠预测者个人的专门知识、经验和直观材料,对市场做出分析判断来确定未来市场发展的趋势。由于这种预测主要依靠预测者的直观判断力,难免存在片面性,因此也称判断预测法。

在实际经济活动中,有时由于缺乏历史资料或准确的数据,或者是预测目标受外界因素的强有力的作用,错综复杂,难以数量化,无法用定量指标来表示。如在一定时间内对市场形势发展变化的估计、市场消费倾向、企业战略规划、经营环境等问题的判断,一般采用定性预测方法。

定性预测方法使用简便,易于掌握,而且成本低,费时少,因此使用范围广,但由于缺乏数量分析,预测精度会受到影响。因此,在采用定性预测时,应尽可能结合定量分析的方法,使预测结果更准确、更科学。

在市场定性预测方法中,经常采用的方法有经验估计法、德尔菲预测法、生命周期预测法、顾客意见法等。

一、经验估计法

经验估计法按照参加预测的人员数量又可分为个人判断法和集体判断法。

(一)个人判断法

1. 个人判断法的产生与发展。个人判断法是预测者根据所收集的资料,凭借自己的知识和经验对预测目标做出符合客观实际的估计与判断。在企业的市场预测中,使用个人判断预测法的是企业的经营管理人员、销售人员以及一些特邀的专家。

个人判断法是最古老的市场预测方法。《史记》中记载着范蠡、白圭、计然等人运用五行生息之理,推测出农业生产周期及相应的市场供求状况,并由此提出治国安邦之策。随着经济的发展,市场日渐成为企业生产经营的出发点和归宿点。企业要生存、发展,都必须了解市场,分析其发展规律,预测其发展趋势。个人判断法作为企业分析、预测市场的最简便的方法在我国日益受到重视和发展,并且派生出许多适合我国国情的预测分析方法。

2. 个人判断法的依据

(1)根据事件的相关关系进行推断。所谓事件的相关关系是指从事件的因果关系出发,根据已知事件的发展趋势来推测其相关事件的未来变化趋势。一般说来,这种相关关系有以下几种:

第一,根据时间上先行、后行关系和平行关系进行推断。在市场中,某些事件发生变化之后,经过若干时间才会引起其相关事件发生相应的变化,这种相关关系被称为时间上先行、后行关系。它说明了某些事件的因果关系具有顺序性。如石油价格的上涨先于化工原料价格的上涨;购房数量的增加会带来家具业的兴旺等。

有时,某些事件与其他事件的因果关系先后出现的时间间隔很短,几乎可以看作是同时出现,这种事件的相关关系被称为时间上的平行关系。

第二,根据事件相关关系的变动方向进行推断。市场上各类事件的相关关系可分为正向变动关系与反向变动关系。正向变动关系是指两个事件的发展变化表现出同增同减。如,录像机的销售量增加,录像带的销售量也会增加;反之,录像机的销售量减少,录像带的销售量也会减少。具有这种连带关系的商品(即互补品)往往呈正向变动关系。反向变动关系是指两个事件的发展变化表现出此起彼伏、此长彼消的变动关系。如咖啡的销售量增加,茶的销售量就会减少;反之,咖啡的销售量减少,茶的销售量就会增加。具有这种连带关系的商品(即替代品)往往是反向变动关系。

(2)根据事件的类推关系进行推断。所谓事件的类推关系是指根据市场及事件发展的类似性,从其在一个市场的发展变化情况推断其在另一个市场的变化趋势。一般说来,这种类推关系有以下几种:

第一,相似产品之间的类推。在市场中,有些产品在功能、结构、材质等方面具有较大的相似性,这种相似性决定了产品的市场发展可能出现某种相似。例如,彩色电视机与黑白电视机功能相似,因而可以从黑白电视机的发展规律来判断彩色电视机的发展趋势。又如市场上档次相近的高级化妆品在功能上、构造上有相似性,这些商品之间可能存在相似的发展规律。

第二,地区之间的类推。由于功能上的特点,同类产品在同一地区的市场发展存在时差,在不同地区的市场发展也具有时间上的先后顺序,因此预测者可以根据领先地区的市场情况类推滞后地区的市场情况。例如,就服装而言,上海、广州、大连等地区的市场可以说是领先的,这些地区服装市场的发展情况可以作为推测其他地区服装市场发展的依据。又如,产品在城市市场的发展变化规律可以作为推测产品在农村市场发展变化的依据。当然,在进行地区之间的类推时,为使预测结果更准确,通常应考虑到不同地区消费者的消费心理、消费习惯、风俗以及各地区有关的经济政策、经济增长、经济结构等因素。

总之,个人判断法带有浓重的个人主观色彩,预测的结果与预测者个人的知识、经验、分析能力、推理能力等相关联。面对纷繁复杂的市场,企业必须时刻关注这些市场的变化情况,及时调整自身的经营决策以适应市场,因此在多数情况下使用个人判断法往往可使企业抓住时机,"当机立断"。

(二)集体判断法

集体判断法是由企业集合有关人员依靠搜集到的市场情报、资料、数据,运用科学的思想方法和数学运算手段对预测目标进行分析、讨论,判断市场未来发展趋势的一种方法。

集体判断法是个人判断法的发展。它能够集思广益,相互启发,避免了个人判断的局限,并且由于对各预测者分析的结果进行了数学处理,排除了预测结果的主观性,提高了预测的精度。

一般说来,对预测结果的数学处理大致有三种形式。

1. 三点估计法。三点估计法是指将预测结果分为三种可能值来估计,即最高值、最低值和最可能值,将三个值的平均值作为预测结果,其计算公式是:

$$E = \frac{a + 4b + c}{6}$$

式中:a 表示最低估计值;

　　b 表示最可能估计值;　　　（其中 $a < b < c$）

　　c 表示最高估计值;

　　E 表示三点估计值。

其中,4 代表最可能估计值的权数,6 是最高值、最低值、最可能值的权数和。

例 10－1　某商场经理对下一季度商场销售额做出估计,最低值为 1 300 万元,最高值为 1 900 万元,最可能值为 1 500 万元,则使用三点估计法预测下一季度的销售额为:

$$E = \frac{1\ 300 + 1\ 500 \times 4 + 1\ 900}{6} = 1\ 533(万元)$$

2. 相对重要度法。针对参加预测过程的预测人员的不同经验水平,确定各自的重要度,并以此为依据对不同预测者的预测结果予以平均的一种方法,其计算公式为:

$$E = \frac{\sum W_i X_i}{\sum W_i} \qquad (i = 1, 2, \cdots, n)$$

式中:W_i 表示第 i 位预测人员的重要度;

　　X_i 表示第 i 位预测人员对预测目标的估计值;

　　E 表示预测值。

例 10－2　某服装厂派甲、乙、丙、丁四个销售人员对明年服装市场上某类服装销售状况做出了如下估计:甲 34 000 件;乙 28 000 件;丙 42 000 件;丁 39 000 件,甲、乙、丙、丁相对重要度为 1∶1.5∶2.5∶1,则明年某类服装的销售量估计为:

$$E = \frac{1 \times 34\ 000 + 1.5 \times 28\ 000 + 2.5 \times 42\ 000 + 1 \times 39\ 000}{1 + 1.5 + 2.5 + 1} = 36\ 667(件)$$

3. 主观概率法。主观概率法是指预测人员对预测事件发生的概率做出主观的估计,然后通过计算它的平均值预测事件的结论。

人们常说"心中有数",在实际生活中,人们对于某些事件发生的可能性,都会持有个人的看法或信念,这些看法或信念如果用数量来衡量,就是主观概率。例如,某人对某事发生的可能性估计为 60%,即这一事件发生的可能性为 60%,那么 0.6 就是主观概率。

例 10－3　某企业生产的电冰箱 2019 年销售增长率在 5%～15%,据此预测 2020 年的销售增长率,参加预测的是该企业的 5 位部门负责人,预测结果如

表10-1所示。

表10-1 企业预测人员估计情况

概率 预测人 增长率	甲	乙	丙	丁	戊	总计
5%	0.2	0.1	0.3	0.2	0.4	1.2
10%	0.6	0.5	0.4	0.5	0.4	2.4
15%	0.2	0.4	0.3	0.3	0.2	1.4
总计	1.0	1.0	1.0	1.0	1.0	

$$2020\text{年销售增长率} = \frac{5\% \times 1.2 + 10\% \times 2.4 + 15\% \times 1.4}{5} = 10.2\%$$

主观概率法中所采用的概率虽然是靠人们的经验做出的主观估计,但它仍然遵循概率论的基本原理,即:

(1)任何事件的概率都介于0和1之间。

(2)样本空间中所有事件的概率之和等于1。即:$\sum P(E_i) = 1$

$E_i(i=1,2,\cdots,n)$表示样本空间中的各种事件。

因此,若要预测某事件发生的可能性,可以将各预测者的主观概率相比,求平均值,即为该事件发生的概率,用公式表示为:

$$P = \frac{EP_i}{n}$$

式中:P表示预测事件发生的概率;

P_i表示第i位预测者的主观概率;

n表示参加预测的人数。

例10-4 某公司要对明年该公司产品的销售额达到750万元的可能性进行估计,预测结果如表10-2所示。

表10-2 企业产品销售额估计情况

预测者	A	B	C	D	E
概率(P_i)	0.7	0.4	0.6	0.8	0.5

$$P = \frac{0.7 + 0.4 + 0.6 + 0.8 + 0.5}{5} = 0.6$$

预测结果表示明年该公司产品销售额达到750万元的可能性为60%。

在预测过程中,对同一预测目标,即使在预测条件完全相同的情况下,不同的人对同一预测结果发生的概率会有不同的估计;或者在同一概率下不同的人会提出不同的预测结果。主观概率法帮助我们进行最合理的或最优的估计。

二、德尔菲预测法

德尔菲(Delphi)预测法,又称德尔菲法或专家预测法。是由美国兰德(Rand)

公司于1964年发明的,并首先应用于技术领域的预测方法。德尔菲是古希腊传说中的一个城市,城中有座阿波罗神殿可以用来预卜未来。德尔菲法由此得名。

德尔菲法实际上就是专家会议意见征集预测法的一种拓展。它是通过匿名函询的方式向专家们征求对某一预测问题的意见,然后将预测意见加以综合、整理和归纳,在反馈给各个专家以供他们分析判断提供新的论证。如此往返多次,预测意见逐步趋于一致。最后再由预测者统计处理后,给出预测结果。

德尔菲法的预测步骤如图10-1所示。

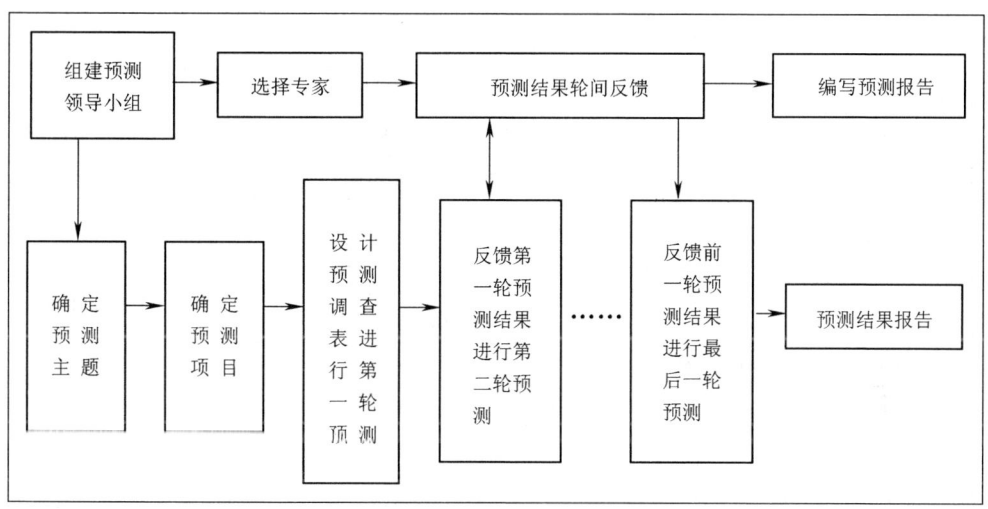

图10-1 德尔菲法预测步骤图

案例10-1

某公司采用德尔菲法预测某工业产品的市场需求量,于是该公司的预测领导小组选择公司的采购经理、销售经理、两位销售人员和三位经销商组成预测专家组(各成员分别以A,B,C,D,E,F,G表示),由营销经理负责分发资料和汇总意见,并把各种预测意见用中位数加以综合。如此往返,直到各专家的预测意见基本趋于一致。

第一轮预测:营销经理将过去或其他有关资料发给各专家作为预测参考,同时各专家也可要求提供所需资料。然后各专家将预测意见以匿名形式送交营销经理。预测结果如下:

轮次	A	B	C	D	E	F	G	中位数 (即预测综合值)	改变意见的 专家人数	差距(极差)
1	1 200	800	710	800	1 200	710	700	800	—	500

第二轮预测:营销经理将第一轮预测结果分发给各个专家,使每个专家都了解其他成员的预测数字,然后做出第二轮预测。他们可修改也可不修改自己的预测结果。如修改,需说明理由。第二轮预测结果如下:

轮次	A	B	C	D	E	F	G	中位数 （即预测综合值）	改变意见的 专家人数	差距（极差）
1	1 200	800	710	800	1 200	710	700	800	—	500
2	1 000	800	900	800	900	760	700	800	4	300

第三轮预测：营销经理将第二轮的预测结果分发给各个专家，做出第三轮预测，结果如下：

轮次	A	B	C	D	E	F	G	中位数 （即预测综合值）	改变意见的 专家人数	差距（极差）
1	1 200	800	710	800	1 200	710	700	800	—	500
2	1 000	800	900	800	900	760	700	800	4	300
3	100	850	900	850	900	760	760	850	3	240

第四轮预测：如下所示：

轮次	A	B	C	D	E	F	G	中位数 （即预测综合值）	改变意见的 专家人数	差距（极差）
1	1 200	800	710	800	1 200	710	700	800	—	500
2	1 000	800	900	800	900	760	700	800	4	300
3	100	850	900	850	900	760	760	850	3	240
4	100	850	900	850	900	760	760	850	0	240

可以看出，在做出第四轮预测时，各个专家已不再修正各自的预测数据，表明他们的意见已趋于一致。

德尔菲预测法存在一些明显的缺陷，如预测专家认识的制约；专家思维的局限性在一定程度上会影响到预测的实际结果；在选择专家人选和设计预测调查表等技术处理上，尚缺乏有效的或是统一的衡量标准等。所有这些，在运用德尔菲法进行预测时都必须加以充分的重视。以便于"趋利避害"，恰当地使用这种预测方法。

三、生命周期预测法

（一）生命周期预测法简述

生命周期预测法是指根据某种事物从产生、成长、成熟到衰亡这一随时间变动的演化规律，来预测某种产品或技术所处的不同发展阶段以及未来的变化趋势，决定企业应该采取什么样的生产、广告、价格、促销和服务等市场营销策略，以提高产品或技术的竞争能力，延长产品或技术的生命周期，从而为企业制定营销战略和长远发展规划提供重要的参考依据。

产品的生命周期可分为投入期、成长期、成熟期和衰退期四个阶段。

其标准如图 10-2 所示。

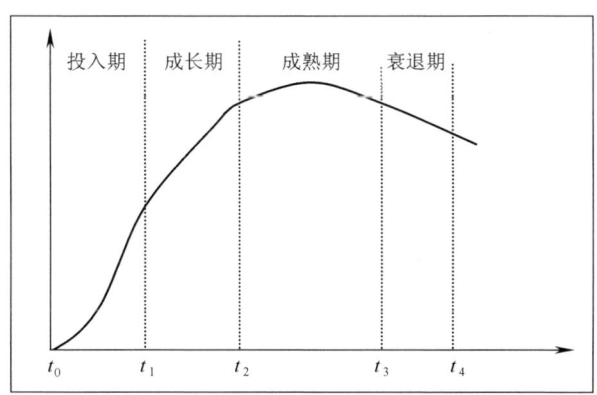

图 10-2　产品生命周期曲线

（二）生命周期阶段的判断预测分析

1. 曲线图判断预测法。将企业有关产品的销售量和利润额以及普及率等数据分别绘制成不同的曲线图,并与产品生命周期的标准曲线图相比较,即可从中判断出产品目前处于生命周期的哪个阶段以及未来的走势如何。

2. 类推判断预测法。即以市场上同类产品的生命周期发展趋势为对比参照系,类推判断本产品所处生命周期的哪一个阶段。为此,首先要能取得同类产品的较为完整可靠的销售资料,以供类比分析;同时,该类产品的变化发展趋势应有比较明显的生命周期特征,否则就难以进行类比推断。类比的指标可以是产品的销售量、利润额,也可以是产品的普及率。

3. 增长率判断预测法。即根据产品的销售量或利润额的增长率 S,判断该种产品所处生命周期各阶段销售量或利润额增长率的理论值或经验值,然后将计算出的实际销售量或利润额增长率的理论值或经验值相对照,即可判断出该产品目前所处的生命周期阶段。见表 10-3。

表 10-3　产品生命周期各阶段的理论值或经验值

判断指标	投入期	成长期	成熟期	衰退期
销售量增长率（判断）	$0 < S < 10\%$	$S > 10\%$	$0 \leq S \leq 10\%$	$S < 0$
利润额增长率（判断）	亏损	扭亏为盈	赢利最大且稳定	赢利锐减至无利可图
产品普及率（判断）	$0 \sim 15\%$	$15\% \sim 50\%$	$>15\%$	基本满足需要
增量比率（判断）	$0 < k < 10\%$	$k > 10\%$	$0 \leq k \leq 10\%$	$k < 0$

以销售量为例,一般销售额直线上升是属于成长期;稳定趋势时属于成熟期;直线下降属于衰退期。但是产品销量的这种升降变化,必须从较长远的趋势来考察。因为其中某一时期的销售量可能受一些客观因素的影响而有所波动,但这并不能说明已经改变了周期阶段。有的产品通过采取一定的措施,其销售量还可以继续上升。当然,也可以用产品利润增长率的变化来判断产品所处的生命周期。

4. 产品普及率预测法。按照产品生命周期不同阶段的普及率的理论值或经验值,来判断该产品所处的生命周期。产品普及率的计算方法有两种:

(1)按生产量计算,计算公式如下:

$$\text{按人口总量计算的平均普及率} = \frac{\text{某地区某产品的社会拥有量}}{\text{某地区的人口总量}} \times 100\%$$

$$\text{按家庭户数计算的平均普及率} = \frac{\text{某地区某产品的社会拥有量}}{\text{某地区的家庭户数}} \times 100\%$$

其中某地区某产品的社会拥有量的计算公式如下:

$$\text{社会拥有量} = \text{历年生产累计量} + \text{历年进口累计量} - \text{历年出口累计量} - \text{历年集团购买累计量}$$

(2)按家计调查资料推算。根据家计调查抽样,得到每百户(或每百人)拥有多少种产品,然后按全地区推算出家庭(或人口)的产品拥有量。

5. 增量比率判断预测法。即以销售增量除以时间增量的比率大小,判断某产品所处生命周期的哪一个阶段。其各阶段的比值参照可按图10-2所示。

四、顾客意见法

顾客意见法是企业为预测顾客的需求变化,对直接使用本企业产品的顾客的购买意向、购买意见进行调查,从而预测顾客的需求变化趋势。由于顾客的购买意向在转化为现实的购买行为之前,会受到很多因素的影响,因此这种方法多用于预测需求较稳定的生产资料市场的发展变化。

第二节 定量预测方法:时间序列预测法

定量预测是根据比较完备的历史和现状统计资料,运用数学方法对资料进行科学的分析、处理,找出预测目标与其他因素的规律性联系,从而推算出市场未来的发展变化情况。

定量预测对所占有的资料和数据主要采用数学统计分析方法,因此定量预测又叫作统计预测。定量预测方法主要是分析预测目标的变动与其相关因素之间的因果关系,在预测目标与影响因素之间建立数学模型,进行分析预测。如假设某种商品的价格稳定,那么,该商品的销售额就由销售量决定,它们之间的关系可以表示为 $y=f(x)$,y 表示销售额;x 表示销售量,这一函数关系式描述了这种商品在价格稳定的条件下,销售额与销售量两种变量之间存在确定性的关系和变化规律。这也说明了定量预测方法要求有充分的关于预测目标的历史资料,并且在保证对预测目标有明显影响作用的各种因素、特征值保持相对稳定的前提下,获得比较满意的预测结果。

定量预测方法可以分为两大类,一类是时间序列分析法;另一类是因果关系分析法。

一、时间序列分析法的原理

时间序列是指同一经济现象或特征值按时间先后顺序排列而形成的数列。时间序列分析法遵循连续性原理,即认为事物发展是延续的,从过去到现在并发展到未来,不发生质的变化,能够延续下去。时间序列分析法的目的是运用数学方法找出数列的发展趋势或变化规律,并使其向外延伸,预测市场未来的变化趋势。由于这种方法考虑影响预测目标的因素只是时间,所以时间序列分析法的目的是力求寻找预测目标随时间变化的规律。

时间序列分析法应用范围比较广泛,如对商品销售量的平均增长率的预测;季节性商品的供求预测;产品的生命周期预测等,都可以采用时间序列分析法。

在编制时间序列时,应考虑以下问题:

第一,时间序列各数据之间的时间间隔应保持一致,否则就失去了可比性。

第二,时间序列反映的是某一类经济现象随时间而发展变化,但这种变化是由众多因素共同作用的结果,不同因素的作用不同,形成的结果相应也不同,形成的时间数列呈现出来的变动趋势也不可能完全一致,通常情况下,时间数列变动一般可以分解为以下几种变动形式:

（一）长期趋势变动

在时间序列中,尽管各个数据在相等的时间间隔中呈现随机起伏的状态,但在一个较长的时期内,时间序列会沿着一个方向变化,呈现逐渐上升或逐渐下降的变动趋势。如人口的出生率高于死亡率引起人口总量有上升趋势,这个变化就带有长期因素。

（二）季节性变动

季节性变动即时间序列受季节影响而发生的变动。如气候条件、风俗习惯、节假日等原因,会引起生产和消费的季节性变动。这种变动的特点是随着季节的轮换会使时间序列呈周期性重复变化。

（三）循环变动

虽然时间序列具有长期的或升或降的变动趋势,但在一定时期内,时间数列会发生周期性的涨落起伏波动,通常这种波动是由于经济发展的周期性而引起的。它与因寒暑温凉相继不息的天时季节变动有着显著的不同。例如,在市场经济中会出现周期性的危机、萧条、复苏、高潮等阶段,这种经济周期性变动会带来社会经济变量的周期性波动。

（四）不规则变动

在时间序列中,除了上述各种变动之外,还有因临时的、偶然性因素引起的非周期性、非趋势性的随机变动,这就是不规则变动。这种变动无法预知,如自然灾害、战争等。

一个时间序列就是上述四种变动成分的混合。由于有些变动类型可以通过图形看出,因此,在运用时间序列分析预测时,应首先绘制历史数据的散点图。所谓散点图是将时间序列历史数据与其对应的时间编制成表,然后再在直角坐标系中,将一组数据用一个点表示,这样所得的图形就是散点图。根据散点图呈现的不同走势确定其趋势变动的类型。

如果时间序列散点图呈现逐渐增加或逐渐减少的变化时,说明时间序列具有趋势变动成分。如图10-3所示。

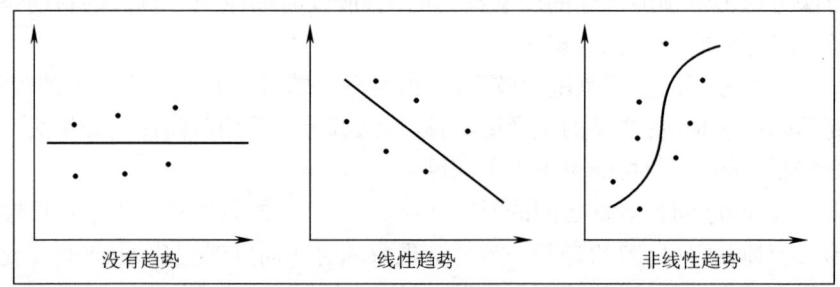

图10-3　时间序列趋势图

如果时间序列散点图除了有明显的趋势成分外,而且还环绕趋势线上下波动,说明时间序列具有循环成分。如图10-4所示。

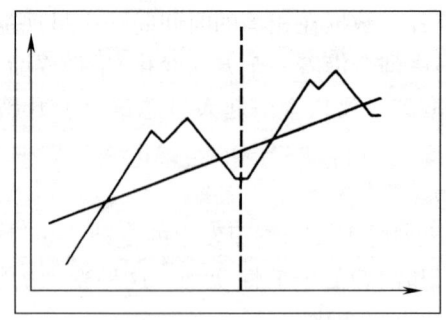

图10-4　时间序列周期图

如果时间序列散点图在一年内呈现有规则的变化,说明时间序列有季节变动成分。如图 10-5 所示。

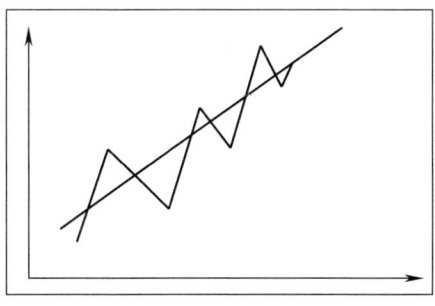

图 10-5 时间序列季节图

二、时间序列分析法的种类

(一)简单平均法

简单平均法就是将一定观察期内预测目标值的算术平均数作为下一期预测值的一种最简便的预测方法,包括简单算术平均法、几何平均法和加权算术平均法。

1. 简单算术平均法。简单算术平均法是将观察期内预测目标时间序列值加总平均,求得算术平均数,并将其作为下期预测值。用公式表示为:

$$X = \frac{\sum X_i}{n} \quad (i = 1,2,3,\cdots,n)$$

式中,X 表示观察期内预测目标的算术平均数,即下期预测值;

X_i 表示预测目标在观察期内的实际值;

n 表示数据个数。

例 10-5 某自行车厂 2019 年 1~12 月自行车销售量分别为 60,50.4,55,49.6,75,76.9,72,68,54.5,44,43.8,47 万辆。利用简单算术平均法预测 2020 年 1 月自行车的销售量。(分全年、下半年、第四季度预测)

解:①根据全年的销售量进行预测,则:

$$X = \frac{\sum X_i}{n}$$

$$= \frac{60+50.4+55+49.6+75+76.9+72+68+54.5+44+43.8+47}{12}$$

$$= 58(万辆)$$

②根据下半年的销售量进行预测,则:

$$X = \frac{\sum X_i}{n}$$

$$= \frac{72+68+54.5+44+43.8+47}{6}$$

$$= 54.9(万辆)$$

③根据第四季度的销售量进行预测,则:

$$X = \frac{\sum X_i}{n}$$

$$= \frac{44 + 43.8 + 47}{3}$$

$$= 44.9(万辆)$$

由例 10-5 可以看出,由于观察期长短不同,得到的预测值也随之不同。故观察期长短的选择对预测结果很重要。一般说来,若时间序列数据的变化倾向较小,或呈现有规律的波动,观察期可以短些,所用的数据可以少一些,当时间序列的变化倾向较大时,观察期应长些,所用的数据可以多一些,预测值相对精确些。

简单算术平均法使用简便、灵活迅速、花费较少,一般适用于短期或近期预测。当对预测值的精度要求不高且预测时间较短时,常常使用这种方法。如果时间序列有特别大或特别小的不均衡数据时,用简单算术平均数来代替预测值,其代表性会受到影响,为体现出时间序列各数据对平均数的不同影响,常使用加权算术平均法。

2.加权算术平均法。加权算术平均法是为观察期内的每一个数据确定一个权数,并在此基础上,计算其加权平均数作为下一期的预测值。这里的权数体现了观察期内各数据对预测期的影响程度。加权算术平均法用公式可以表示为:

$$X = \frac{\sum W_i X_i}{\sum W_i}(i=1,2,3,\cdots,n)$$

式中,X 表示预测目标在观察期内的加权算术平均数,即为下期预测值;

X_i 表示在观察期内的各个数据;

W_i 表示与 X_i 相对应的权数。

使用加权算术平均法预测的关键是确定权数,而权数的确定完全是预测者个人经验的判断。一般而言,离预测期越近的数据对预测值的影响就越大,应确定较大的权数,离预测期越远的数据对预测值的影响就越小,应确定较小的权数。当时间序列数据变动幅度较大时,为体现出各数据之间较大差异,可以由远及近选取等比数列作为权数;当时间序列数据变动幅度较小时,数据之间差异不大,可以由远及近选取等差数列作为权数。

例 10-6 根据例10-5的资料,并且确定2019年下半年各月销售量的权数为等差数列,试运用加权算术平均法预测2020年1月份自行车的销售量。

由时间数列的分布可以看出,2019年下半年各月数据变化不稳定,最大值与最小值差别较大,使用加权算术平均法可以体现出不同数据对平均数的影响。

解:设2020年1月自行车的销售量为 X。

$$X = \frac{\sum W_i X_i}{\sum W_i}$$

$$= \frac{1 \times 72 + 2 \times 68 + 3 \times 54.5 + 4 \times 44 + 5 \times 43.8 + 6 \times 47}{1+2+3+4+5+6}$$

$$=49.9(万辆)$$

通过预测,该厂2020年1月份自行车的销售量为49.9万辆。

从简单算术平均和加权算术平均的计算上看,二者既有区别又有联系。简单算术平均法将时间序列各数据对平均数(预测值)的影响视为相同,对于较稳定的时间序列,其预测值具有一定代表性。加权算术平均法没有把观察期内的历史数据简单地同等对待,而是予以不同的重视程度,考虑了预测目标随时间变化呈现出的长期发展趋势,因此,当时间序列各数据呈现长期发展趋势或是历史数据随时间变化有周期性规律时,应用加权算术平均法预测比简单算术平均法预测有一定的优越性。二者的联系就是简单算术平均法可以看作是加权算术平均法的一种特殊形式。在加权算术平均法中,权数的大小体现了时间序列各数据对平均数(预测值)的影响作用,若权数相同,这种影响作用就消失了,这时,加权算术平均数就等于简单算术平均数。

3. 几何平均法。几何平均法首先要计算出一定时期内预测目标时间序列的发展速度或逐期增长率,然后以此为依据进行预测。用公式表示为:

$$G = \sqrt[n]{X_1 \cdot X_2 \cdot X_3 \cdots X_n}$$

式中:G 表示几何平均数,即发展速度的预测值。

X_i 表示观察期内各期环比发展速度或逐期增长率。

n 表示数据的个数。

此公式用观察期内各期实际数据还可表示为:

$$G = \sqrt[n]{\frac{a_1}{a_2} \cdot \frac{a_2}{a_3} \cdots \frac{a_n}{a_{n-1}}}$$

式中:$a_1, a_2, \cdots, a_n$ 表示从第1期到第 n 的数据;

$\frac{a_1}{a_2}, \frac{a_2}{a_3}, \cdots, \frac{a_n}{a_{n-1}}$ 表示环比发展速度。

例 10-7 某商场2009~2019年的销售额资料如表10-4所示,试用几何平均法预测该商场2020年的销售额。

表 10-4 2009—2019年销售额　　　　　　　　　　　万元

年 份	2009	2010	2011	2012	2013	2014	2015	2016	2017	2018	2019
销售额	90	89	87	92	96	100	95	145	105	120	142

预测步骤如下：

①首先求出各期环比发展速度，见表10-5。

表10-5　各期环比发展速度　　　　　　　　　　　　　　　万元

年　份	2009	2010	2011	2012	2013	2014	2015	2016	2017	2018	2019
销售额	90	89	87	92	96	100	95	145	105	120	142
环比发展速度(%)	—	98.9	97.8	105.7	104.3	104.2	95	152.6	72.4	114.3	118.3

②利用几何平均数预测2020年发展速度。

$$G = \sqrt[10]{98.9 \times 97.8 \times \cdots \times 118.3} = 104.6\%$$

③预测2020年的销售额。

2020年的销售额的预测值为：$142 \times 104.6\% = 148.5$（万元）

（二）移动平均法

移动平均法是将观察期内的数据由远及近按一定跨越期进行平均，随着观察期的"逐期推移"，观察期内的数据也随之向前移动，每向前移动一期，就去掉最前面一期的数据，而新增继原来观察期之后的那一期的数据，以保证跨越期不变，然后逐个求出其算术平均数，并将预测期最近的那一个平均数作为预测值。

移动平均法与简单平均法虽然都以观察期内数据的平均数作为预测的依据，但是二者存在着很多的差别。简单平均法将时间序列的总变动混合在一起，移动平均法消除了时间序列历史数据随时间变化引起的不规则变动的影响，修匀了时间序列，揭示出预测目标随时间的变化所表现出的长期变动趋势规律。在预测时，随着观察期的增加，用于计算预测值平均的期数也随之增加。但事实上，当新增一个数据时，远离预测期的第一个数据的作用已不大，可以不考虑，所以简单平均法只反映了预测目标在观察期内的平均变化水平，并没有揭示其变动趋势。

常用的移动平均法有一次移动平均法和二次移动平均法。一次移动平均法只计算一次移动平均数，并将移动平均数作为预测值。一次移动平均又可分为简单移动平均和加权移动平均两种。二次移动平均就是在一次移动平均的基础上，再计算一次移动平均数，并在一次移动平均值与二次移动平均值的基础上建立数学模型，从而确定出预测值。

下面仅对一次移动平均法做一简单介绍。

1.简单移动平均法。简单移动平均法指对由移动期数的连续移动所形成的各组数据，使用算术平均法计算各组数据的移动平均值，并将其作为下一期预测值。用公式表示为：

$$M_t = \frac{X_t + X_{t-1} + \cdots + X_{t-n+1}}{n} = \frac{1}{n} \sum_{i=t-n+1}^{t} X_i$$

式中：M_t 表示时间为 t 的移动平均数，作为下期 X_{t+1} 的预测值；

X_t 表示观察期内时间序列的各个数据，即预测目标在观察期内的实际值；

n 表示数据的个数，也即移动平均期数。

例 10-8 表 10-6 是某副食商店 2019 年各月食用油的销售量，试用简单移动平均法预测 2020 年 1 月食用油的销售量。（设 $n=3,4,5$）

表 10-6 2019 年各月食用油销售量 公斤

月份	销售量(X)	三期移动平均 $n=3$	四期移动平均 $n=4$	五期移动平均 $n=5$
2019.1	68.0			
2	84.0			
3	76.0			
4	92.0	76.0		
5	72.0	84.0	80.0	
6	64.0	80.0	81.0	78.4
7	83.0	76.0	76.0	77.6
8	72.0	73.0	77.8	77.4
9	88.0	73.0	72.8	76.6
10	80.0	81.0	76.8	75.8
11	60.0	80.0	80.8	77.4
12	88.0	76.0	75.0	76.6
2020.1		76.0	79.0	77.6

当 $n=3$ 时，

$$M_4 = \frac{X_3 + X_2 + X_1}{3} = \frac{76.0 + 84.0 + 68.0}{3} = 76.0 (公斤)$$

$$M_5 = \frac{X_4 + X_3 + X_2}{3} = \frac{92.0 + 76.0 + 84.0}{3} = 84.0 (公斤)$$

……

2020 年 1 月销售量的预测值：

$$M_{13} = \frac{X_{12} + X_{11} + X_{10}}{3} = \frac{88.0 + 60.0 + 80.0}{3} = 76.0 (公斤)$$

当 $n=4$ 时，

$$M_5 = \frac{X_4 + X_3 + X_2 + X_1}{4} = \frac{92.0 + 76.0 + 84.0 + 68.0}{4} = 80.0(公斤)$$

$$M_6 = \frac{X_5 + X_4 + X_3 + X_2}{4} = \frac{72.0 + 92.0 + 76.0 + 84.0}{4} = 81.0(公斤)$$

……

2020年1月销售量的预测值：

$$M_{13} = \frac{X_{12} + X_{11} + X_{10} + X_9}{4} = \frac{88.0 + 60.0 + 80.0 + 88.0}{4} = 79.0(公斤)$$

当 $n=5$ 时，

$$M_6 = \frac{X_5 + X_4 + X_3 + X_2 + X_1}{5} = \frac{72.0 + 92.0 + 76.0 + 84.0 + 68.0}{5}$$
$$= 78.4(公斤)$$

$$M_7 = \frac{X_6 + X_5 + X_4 + X_3 + X_2}{5} = \frac{64.0 + 72.0 + 92.0 + 76.0 + 84.0}{5}$$
$$= 77.6(公斤)$$

……

2020年1月销售量的预测值：

$$M_{13} = \frac{X_{12} + X_{11} + X_{10} + X_9 + X_8}{5} = \frac{88.0 + 60.0 + 80.0 + 88.0 + 72.0}{5}$$
$$= 77.6(公斤)$$

由此可以看出，不同的移动平均期数，所得到的预测值也不同。一般地，如果时间序列观察值越多，则时间序列具有较明显的长期变动趋势，应选用较长的移动平均期数，这样既能较大程度地修匀时间序列，又能将数列的趋势明显地表现出来。如果时间序列各个观察值具有周期性的波动，则时间序列除了有趋势变动还有循环变动，所以可将时间序列的循环周期作为移动平均期数以剔除循环变动，从而揭示出趋势变动。然而，在实际的预测中，考虑到预测精度，需要对不同移动平均期数下所得到的预测值进行误差分析，选取误差最小的那个移动平均期数。常用的误差分析有平均绝对误差分析和标准误差（均方差）分析。

若设 X_i 为第 i 期的实际值；M_i 为第 i 期的预测值，N 为观测次数，绝对误差为 $|X_i - M_i|$；平均绝对误差为 $\frac{1}{N}\sum_1^N |X_i - M_i|$；标准方差为 $\frac{1}{n}\sqrt{\frac{\sum_1^N |X_i - M_i|^2}{N}}$。

下面分别对 $n=3, n=5$ 所得到的预测结果进行误差分析，见表 10-7 所示。

表 10-7 预测结果误差分析　　　　　　　　　　　公斤

月份	销售量	n = 3			n = 5		
		预测值	绝对误差	方差	预测值	绝对误差	方差
2019.1	68.0	—	—	—	—	—	—
2	84.0	—	—	—	—	—	—
3	76.0	—	—	—	—	—	—
4	92.0	76.0	16	256	—	—	—
5	72.0	84.0	12	144	—	—	—
6	64.0	80.0	16	256	78.4	14.4	207.36
7	83.0	76.0	7	49	77.6	5.4	29.16
8	72.0	73.0	1	1	77.4	5.4	29.16
9	88.0	73.0	15	225	76.6	11.4	129.96
10	80.0	81.0	1	1	75.8	4.2	17.64
11	60.0	80.0	20	400	77.4	17.4	302.76
12	88.0	76.0	12	144	76.6	11.4	129.96
平均绝对误差		—	11.1	—	—	9.9	—
标准方差		—	—	12.8	—	—	10.9

从所计算的平均绝对误差和方差来看，$n = 5$ 时移动平均值误差最小，应选 $n = 5$ 为移动平均数。

前面讲到，移动平均法可以揭示时间序列长期趋势变动。当时间序列趋势变动较平稳时，可以将移动平均值作为预测值，当时间序列各数据之间差别较大且有明显的趋势变动时，则需要计算出趋势变动值，并将其作为确定预测值的依据，仍根据上例资料加以说明，见表 10-8 所示。

表 10-8 趋势变动值　　　　　　　　　　　公斤

月份	销售量	n = 5		
		移动平均值	趋势变动值	移动平均趋势变动值
2019.1	68.0	—	—	—
2	84.0	—	—	—
3	76.0	78.4	—	—
4	92.0	77.6	-0.8	—

续表

月份	销售量	n = 5		
		移动平均值	趋势变动值	移动平均趋势变动值
5	72.0	77.4	-0.2	—
6	64.0	76.6	-0.8	-0.2
7	80.0	75.8	-0.8	-0.2
8	72.0	77.4	1.6	-0.04
9	88.0	76.5	-0.8	
10	80.0	77.6	1	
11	60.0	—	—	—
12	88.0	—	—	—

预测值由下面的公式确定：

$$预测值 = \frac{最后一项}{移动平均值} + \frac{最后一次移动平均值}{距离预测期的间隔数} \times \frac{趋势}{变动值}$$

按照公式，2020年1月份销售量 = 77.6 + 3 × (-0.04) = 77.48（公斤）

2. 加权移动平均法。加权移动平均法是对由移动期数的连续移动形成的各组的权数，使用加权平均法计算每组数据的移动平均数，并将其作为下一期预测值。用公式表示为：

$$M_{t+1} = \frac{W_1 X_t + W_2 X_{t-1} + \cdots + W_n X_{t-n+1}}{W_1 + W_2 + \cdots + W_n} = \frac{\sum_{j=1}^{n} \sum_{i=t-n+1}^{t} W_j X_i}{\sum_{j=1}^{n} W_j}$$

式中：M_{t+1} 表示时间为 t 的加权移动平均数，即 X_{t+1} 的预测值；

X_i 表示观察期内时间序列的各个数据，即预测目标在观察期内的实际值；

W_j 表示与观察期内时间序列各个数据相对应的权数。

例10-9 利用例10-8的资料，使用加权移动平均法预测2020年1月份食用油的销售量，见表10-9。设 $n = 3$，$W_1 = 0.2$，$W_2 = 0.3$，$W_3 = 0.5$。

表10-9 1月食用油销售量 公斤

月份	销售量	n = 3
2019.1	68.0	—
2019.2	84.0	—
2019.3	76.0	—

续表

月份	销售量	$n=3$
2019.4	92.0	$68.0 \times 0.2 + 84.0 \times 0.3 + 76.0 \times 0.5 = 76.8$
2019.5	72.0	$84.0 \times 0.2 + 76.0 \times 0.3 + 92.0 \times 0.5 = 85.6$
2019.6	64.0	$76.0 \times 0.2 + 92.0 \times 0.3 + 72.0 \times 0.5 = 78.8$
2019.7	80.0	$92.0 \times 0.2 + 72.0 \times 0.3 + 64.0 \times 0.5 = 72.0$
2019.8	72.0	$72.0 \times 0.2 + 64.0 \times 0.3 + 80.0 \times 0.5 = 73.6$
2019.9	88.0	$64.0 \times 0.2 + 80.0 \times 0.3 + 72.0 \times 0.5 = 72.8$
2019.10	80.0	$80.0 \times 0.2 + 72.0 \times 0.3 + 88.0 \times 0.5 = 81.6$
2019.11	60.0	$72.0 \times 0.2 + 88.0 \times 0.3 + 80.0 \times 0.5 = 80.8$
2019.12	88.0	$88.0 \times 0.2 + 80.0 \times 0.3 + 60.0 \times 0.5 = 71.6$
2020.1	—	$80.0 \times 0.2 + 60.0 \times 0.3 + 88.0 \times 0.5 = 78.0$

为提高预测精度,加权移动平均也需要进行误差分析以便确定一个较理想的移动平均期数,而且当时间数列各数据之间有明显差别时,为了减小误差也需要通过加权移动平均计算出趋势变动值,然后再确定预测值。上述过程与简单移动平均法一样,这里不再赘述。

加权移动平均法中的权数的确定也是预测者个人的经验判断,但是应该注意的是加权移动平均中各权数之和为1。

(三) 指数平滑法

指数平滑法是市场预测中常用的方法,它是用预测目标历史数据的加权平均数作为预测值的一种预测方法,是加权移动平均法的一种特殊情形。用公式表示为:

$$S_{t+1} = \alpha X_t + (1-\alpha) S_t$$

式中:S_{t+1}——$t+1$ 期预测目标时间序列的预测值,即 t 期的平滑值;

X_t——t 期预测目标的实际值;

S_t——t 期预测目标的预测值;

α——平滑系数。 $(0 \leq \alpha \leq 1)$

公式表明,$t+1$ 时期的预测值是 t 期实际值和预测值的加权平均数,t 期实际值的权数为 α,t 期预测值的权数为 $1-\alpha$,权数之和为1。

简单移动平均法对移动期内的各组数据都用相同权数,加权移动平均法改进了这一做法,对移动期内各组数据都确定不同的权数,但是确定一个合适的权数需要预测者花费大量的时间和精力反复计算、比较,从经济的角度讲是不划算的。指数平滑法是对加权移动平均法的改进,它只确定一个"权数",即距离预测期最近的那期数据的权数,其他时期数据的权数按指数规律推算出来,并且权数由近及远逐期递减。

例 10-10 某自行车厂2011—2019年销售额如表10-10所示,利用指数平滑法预测2020年的销售额。

表 10-10 某自行车厂 2011—2019 年销售额　　　　　　万元

年 份	销售额	平滑值 α=0.1	平滑值 α=0.6	平滑值 α=0.9
		4 566.67	4 566.67	4 566.67
2011	4 000	4 510.0	4 226.67	4 056.67
2012	4 700	4 529.0	4 510.67	4 635.67
2013	5 000	4 576.1	4 804.27	4 963.57
2014	4 900	4 608.49	4 861.71	4 906.36
2015	5 200	4 667.64	5 064.68	5 170.64
2016	6 600	4 860.88	5 985.87	6 457.06
2017	6 200	4 994.79	6 114.35	6 225.71
2018	5 800	5 075.31	5 925.74	5 842.57
2019	6 000	5 167.78	5 970.3	5 984.26

预测步骤如下:

1. 确定初始值 S_0。这是使用指数平滑法的重要一步,由指数平滑法的公式看出,要计算 S_{t+1} 就需要知道 S_t,计算 S_t,就要知道 S_{t-1},依此类推。要知道 S_1,那么就要知道 S_0,S_0 是没有办法计算出来的,只能估算。一般情况下,时间序列的数据越多,初始值距离预测期就越远,权数就越小,对预测值的影响也就越小。初始值可以用最早的观察值代替。然后按照上述递推规律,求出 S_{t+1};若时间序列数据较少,初始值对预测值的影响较大,可以选择前几个观察值的平均数作为初始值。如本例可以将 S_0 确定为前三期数据的平均数,即:

$$S_0 = \frac{X_1 + X_2 + X_3}{3} = \frac{4\ 000 + 4\ 700 + 5\ 000}{3} = 4\ 566.67(万元)$$

2. 选择平滑系数 α。指数平滑法中平滑系数体现了对时间序列各数据的修匀能力,α 值的大小与预测结果有直接关系。通常情况下,α 值的确定可以依据时间数列的波动进行选择。

(1) 如果时间序列有较大的随机波动或大幅的升降时,应选择较小的平滑系数,以消除这种不规则变动对预测值的影响。

(2) 如果时间序列有较小的随机变动或数据以固定比率上升、下降时,应用较大的平滑系数。

(3) 如果时间序列变动呈水平趋势,预测值与 α 的取值关系不大,可以选择居

中的 α 值。

本例中,确定了 $\alpha=0.1,\alpha=0.6,\alpha=0.9$,通过计算,可以比较它们对时间数列的修匀程度。

当 $\alpha=0.1$ 时,

$$S_0 = (4\,000 + 4\,700 + 5\,000)/3 = 4\,566.67(万元)$$
$$S_1 = 0.1 \times 4\,000 + (1-0.1) \times S_0 = 4\,510.0(万元)$$
$$S_2 = 0.1 \times 4\,700 + (1-0.1) \times S_1 = 4\,529.0(万元)$$
$$\cdots\cdots$$

2020 年销售额预测值(2019 年指数平滑值) $= 5\,167.78(万元)$

当 $\alpha=0.6$ 时,

$$S_0 = (4\,000 + 4\,700 + 5\,000)/3 = 4\,566.67(万元)$$
$$S_1 = 0.6 \times 4\,000 + (1-0.6) \times S_0 = 4\,226.67(万元)$$
$$S_2 = 0.6 \times 4\,700 + (1-0.6) \times S_1 = 4\,510.67(万元)$$
$$\cdots\cdots$$

2020 年销售额预测值 $= 5\,970.3(万元)$

当 $\alpha=0.9$ 时,

$$S_0 = (4\,000 + 4\,700 + 5\,000)/3 = 4\,566.67(万元)$$
$$S_1 = 0.9 \times 4\,000 + (1-0.9) \times S_0 = 4\,056.67(万元)$$
$$S_2 = 0.9 \times 4\,700 + (1-0.9) \times S_1 = 4\,635.67(万元)$$
$$\cdots\cdots$$

2020 年销售额预测值 $= 5\,984.26(万元)$

3.,确定预测值。根据本例中 α 对时间序列的修匀程度,当 $\alpha=0.9$ 时,指数平滑值基本反映了时间序列各数据的情况,修匀程度小,应确定 $\alpha=0.9$ 时的平滑值作为预测值,即 2020 年销售额预测值为 5 984.26 万元。

此外,在使用指数平滑法进行预测时,如果对预测精度要求较高,还需要对不同平滑系数下取得的平滑值进行误差分析,分析的方法与移动平均法中误差分析一样。

(四)趋势外推法

趋势外推法是对拥有长期趋势变动的时间数列进行预测。利用预测目标过去和现在的资料,找出预测目标随时间变化呈现出长期发展变化的规律,从而推断出市场未来的发展变化趋势。趋势外推法将预测目标随时间变化的规律用函数的形式加以量化,通过函数的对应关系实现预测的目的。

按照时间数列呈现的不同趋势形态,将趋势外推法分为直线趋势外推法和曲线趋势外推法。

1. 直线趋势外推法。直线趋势外推法就是假定预测目标随时间变化的规律近似为一条直线。通过拟合直线方程描述直线的上升或下降趋势来确定预测值。设直线方程为：

$$y_t = a + bt$$

式中：Y_t 为预测值；

t 为时间序列编号；

a, b 为常数。

运用最小二乘法，确定出 a, b 的值，求出这个直线方程。具体步骤如下：

设 y_i 为时间序列预测目标的实际值；Y_t 为预测值；e_i 为实际值与预测值的误差；Q 为离差平方和。根据最小二乘法原理有：

$$e_i = y_i - y_t = y_i - (a + bt)$$

$$Q = \sum e_i^2 = \sum (y_i - y_t)^2$$

为使 Q 最小，使用偏导数求极值的方法，求 $\frac{\partial Q}{\partial a}, \frac{\partial Q}{\partial b}$ 并令 $\frac{\partial Q}{\partial a} = 0, \frac{\partial Q}{\partial b} = 0$。得到两个标准方程：

$$\sum y_i = na + b \sum t_i$$

$$\sum t_i = a \sum t_i + b \sum t_i^2$$

解得：$a = \frac{1}{n}(\sum y_i - b \sum t_i)$

$$b = \frac{n \sum t_i y_i - (\sum t_i)(\sum y_i)}{n \sum t_i^2 - (\sum t_i)^2}$$

t_i 是时间序列的编号，为了简化计算，通常按 $\sum t_i = 0$ 的原则编号。这样，原公式简化为：

$$a = \frac{\sum y_i}{n}$$

$$b = \frac{\sum t_i y_i}{\sum t_i^2}$$

在计算时，为保证 $\sum t_i = 0$，通常对于不同的资料的时间间隔是不同的。

当 n 为奇数时，确定资料的中央一期为 0，与中央一期对称的其他各期之和也应为 0，则时间序列的时间间隔为 1。即 $-2, -1, 0, 1, 2, \cdots$

当 n 为偶数时，中央两期之和应为 0，与这两期相邻的其他各期之和也应为 0，则资料的时间间隔为 2。即 $\cdots, -5, -3, -1, 1, 3, 5, \cdots$

例 10-11 表 10-11 是一家航空公司 2013—2019 年的总收入情况，试利用趋势外推法预测 2020 年该公司的总收入。

表 10–11　航空公司 2013~2019 年的总收入　　　　　　　百万元

年份	总收入(y_i)	t_i	$y_i t_i$	t_i^2	y_t
2013	2 428	−3	−7 284	9	2 559.85
2014	2 951	−2	−5 902	4	2 904.1
2015	3 533	−1	−3 533	1	3 248.35
2016	3 618	0	0	0	3 592.6
2017	3 616	1	3 616	1	3 936.85
2018	4 264	2	8 528	4	4 281.1
2019	4 738	3	14 214	9	4 625.35
∑	25 148	0	9 639	28	—

根据 $\sum t_i = 0$，计算出

$$a = \frac{\sum y_i}{n} = 3\ 592.6$$

$$b = \frac{\sum t_i y_i}{\sum t_i^2} = 344.25$$

则直线趋势方程为 $y_t = 3\ 592.6 + 344.25t$

利用直线趋势方程可知 2020 年的总收入。即：$t = 4$ 时，$y_t = 4\ 969.6$（百万元），即 2020 年的总收入为 4 969.6（百万元）。

2. 曲线趋势外推法。市场中许多经济现象随时间变化的规律并非都是线性的，有时也会呈现出不同形状的曲线变动趋势。曲线趋势外推就是根据时间序列随时间变化的曲线规律确定曲线方程，利用曲线的性质确定出预测值，常见的曲线趋势外推法有二次曲线趋势外推法和指数外推法。

（1）二次曲线趋势外推法。二次曲线趋势外推法适用于时间序列各数据的分布呈抛物线的情况。设二次曲线方程为：

$$y_t = a + bt + ct^2$$

其中，y_t 为预测值；t_i 时间数列的编号；a, b, c 为常数。

同样，设 e_i 为 y_i 与 y_t 的离差，Q 为离差平方和，按照极值原理分别求出 $\frac{\partial Q}{\partial a}$，$\frac{\partial Q}{\partial b}$，$\frac{\partial Q}{\partial c}$ 并且令：$\frac{\partial Q}{\partial a} = 0$，$\frac{\partial Q}{\partial b} = 0$，$\frac{\partial Q}{\partial c} = 0$，

$$a = \frac{\sum y_i \sum t_i^4 - \sum y_i t_i^2 \sum t_i^2}{n \sum t_i^4 - (\sum t_i^2)^2}$$

$$b = \frac{\sum y_i t_i}{\sum t_i^2}$$

$$c = \frac{\sum y_i t_i^2 - \sum y_i \sum t_i^2}{n \sum t_i^4 - (\sum t_i^2)^2}$$

例 10-12 某面粉厂2011—2019年的销售额如表10-12所示,预测2020年的销售额。

表 10-12 某面粉厂 2011~2019 年的销售额　　　　万元

年 份	2011	2012	2013	2014	2015	2016	2017	2018	2019
销售额	520	550	530	510	570	700	690	720	740

列表计算如下:

年 份	销售额(y_i)	t_i	t_i^2	t_i^4	$y_i t_i$	$Y_i t_i^2$	y_t
2011	520	-4	16	256	-2 080	8 320	512.39
2012	550	-3	9	81	-1 650	4 950	525.58
2013	530	-2	4	16	-1 060	2 120	544.05
2014	510	-1	1	1	-510	510	567.8
2015	570	0	0	0	0	0	570
2016	700	1	1	1	700	700	596.83
2017	690	2	4	16	1 380	2 760	670.73
2018	720	3	9	81	2 160	6 480	715.6
2019	740	4	16	256	2 960	11 840	765.75
Σ	5 530	0	60	708	1 900	37 680	

$$a = \frac{\sum y_i \sum t_i^4 - \sum y_i^2 t_i \sum t_i^2}{n \sum t_i^4 - (\sum t_i^2)^2} = 596.83$$

$$b = \frac{\sum y_i t_i}{\sum t_i^2} = 31.67$$

$$c = \frac{n \sum y_i t_i^2 - \sum y_i \sum t_i^2}{n \sum t_i^4 - (\sum t_i^2)^2} = 2.64$$

则二次曲线方程为:$y_t = 596.83 + 31.67t + 2.64t^2$

当 $t = 5$ 时,$y_t = 821.18$

2020年销售额的预测值为821.18万元。

(2)指数趋势外推法。指数趋势外推法是利用预测目标呈指数变化的趋势建立数学模型,通过指数变化规律确定预测值。这种方法的使用条件是时间序列各数据几乎按相等的比例增长或下降。

预测的数学模型:$y_t = a + bt$

为了计算简便,通常将指数方程两边取对数,则:$\lg y_t = \lg a + t \lg b$。若设 $y = \lg y_t$,$A = \lg a$,$B = \lg b$,那么原方程就转化为直线趋势外推的形式。

例 10-13 某汽车公司2013—2019年汽车销售量资料如表10-13所示,试预测该公司2020年汽车销售量。

表 10-13　某汽车公司2013—2019年汽车销售量　　　　　万辆

年份	2013	2014	2015	2016	2017	2018	2019
销售量	12	60	260	500	850	1 020	2 005

预测步骤如下:

①将历史资料绘制成散点图。如图10-6。

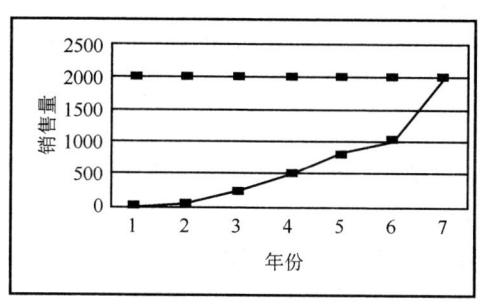

图 10-6　资料绘制图

依据图形的变化趋势,建立指数趋势预测模型:$y = ab^t$

②计算 a, b,确定指数预测模型。计算栏如表10-14。

表 10-14　指数预测模型

年份	销售量	t_i	t_i^2	$\lg y_i$	$t_i \lg y_i$
2013	12	-3	9	1.08	-3.24
2014	60	-2	4	1.78	-3.56
2015	260	-1	1	2.41	-2.415
2016	500	0	0	2.69	0
2017	850	1	1	2.93	2.93
2018	1 020	2	4	3.01	6.02
2019	2 005	3	9	3.30	9.91
Σ	4 707	0	28	17.21	9.64

利用公式:

$$\lg a = \frac{\sum \lg y_i}{n} = 2.46$$

$$\lg b = \frac{\sum t_i \lg y_i}{\sum t_i^2} = 0.34$$

则预测方程:$\lg y_t = 2.46 + 0.34t$

③确定预测值,完成预测。

$$\lg y_t = 2.46 + 4 \times 0.34 = 3.8$$

查反对数表,$y = 6\ 309.6$,即 2020 年的预测值为 6 309.6 万辆。

(五)季节指数预测法

在市场经济活动中,一些商品的供求状况随着季节变化的影响而呈现出季节性的变动规律。季节指数法就是描述时间序列的季节性变动规律,并以此为依据预测未来市场商品的供应量、需求量及价格变动趋势。

利用季节指数预测法的关键是计算时间数列的季节指数,常用的计算季节指数的方法有两种:按月(季)平均法和连环比率平均法。下面对这两种方法做一介绍。

1. 按月(季)平均法。按月(季)平均法是以历年各月(季)平均数占全年总平均数的比率求得季节指数。

例 10-14 某家电销售部 2017—2019 年电风扇的销售量资料如表 10-15 所示。已知 2020 年 1 月份的销售量为 3 台,试预测 2020 年其他各月的销售量。

表 10-15 某家电部 2017—2019 年电风扇销售量 台

月 年	1	2	3	4	5	6	7	8	9	10	11	12	年平均
2017	5	4	10	22	40	108	94	85	62	20	5	6	38.4
2018	4	5	11	23	51	110	96	80	57	15	4	4	38.3
2019	3	3	6	18	32	100	92	81	58	13	3	2	34.3
月平均	4	4	9	21	41	106	94	82	59	16	4	4	37
季节指数(%)	10.8	10.8	24.3	56.8	110.8	285.5	250.1	221.6	159.5	43.2	10.8	10.8	

预测步骤如下:

(1)计算历年同月(季)的算术平均数。

$$1\text{月份的平均值} = \frac{5+4+3}{3} = 4$$

(2)计算全年月(季)的总平均数。

$$\frac{4+4+9+\cdots\cdots+4}{12} = 37$$

(3)计算各月(季)的季节指数。

$$季节指数 = \frac{各年同月(季)平均数}{全年月(季)总平均数} \times 100\%$$

$$1月份的季节指数 = \frac{4}{37} \times 100\% = 10.8\%$$

(4)调整各月(季)的季节指数。从理论上讲,各月的季节指数之和为1 200,但是由于计算中出现的各种误差(如四舍五入)会使得季节指数之和小于或大于1 200,应予以调整。

$$调整各月系数 = \frac{理论季节指数之和}{实际季节指数之和} \times 各月实际季节指数$$

$$1月份调整后的季节指数 \frac{1\ 200}{1\ 199.5} \times 10.8\% = 10.8\%$$

$$2月份调整后的季节指数 \frac{1\ 200}{1\ 199.5} \times 10.8\% = 10.8\%$$

(5)计算预测值。

$$某月(季)的预测值 = 上月(季)实际数 \times \frac{预测月(季)的季节指数}{实际月(季)的季节指数}$$

$$2020年2月份的预测值 = 3 \times \frac{10.8}{10.8} = 3(台)$$

$$2020年3月份的预测值 = 3 \times \frac{24.3}{10.8} = 7(台)$$

依此类推,可以求出2020年各月的需求量。

2. 连环比率平均法。连环比率平均法是历年各月(各季)数值与全年月(季)平均数之间的比率予以平均求得季节指数,进行预测的方法。

仍以上例资料为例,预测步骤如下。

(1)首先计算历年各月(季)数值与全年各月(季)平均数之间的比率。

$$历年各月(季)的比率(\%) = \frac{各月(季)的数值}{该年各月(季)平均数} \times 100\%$$

$$2017年1月份的比率 = \frac{5}{38.4} \times 100\% = 13\%$$

$$2018年1月份的比率 = \frac{4}{38.3} \times 100\% = 10.4\%$$

$$2019年1月份的比率 = \frac{3}{34.3} \times 100\% = 8.7\%$$

依此类推,求出各年各月(季)的比率。

(2)将各年同月(季)的比率加以平均,求得季节指数。

$$1月份季节指数 = \frac{13 + 10.4 + 8.7}{3} \times 100\% = 10.7\%$$

这样就可以求得12个月的季节指数。

(3)调整季节指数。

$$调整系数 = \frac{1\ 200}{1\ 199.85} = 1.001$$

按照调整系数,1月份的季节指数 $= 10.7\% \times \dfrac{1\,200}{1\,199.85} \approx 10.7\%$

(4)求预测值:

$$某月(季)预测值 = 上月(季)实际数 \times \dfrac{预测月(季)的季节指数}{实际月(季)的季节指数}$$

$$2020年2月预测值 = 3 \times \dfrac{10.7}{10.7} = 3$$

$$2020年3月预测值 = 3 \times \dfrac{24.1}{10.7} = 7$$

在计算时间数列的季节指数时,如果时间数列有很明显的长期趋势变动,如果忽略这种趋势变动规律,直接计算数列的季节指数,误差很大。一般的做法是先使用移动平均法反映出这种趋势变动,使用趋势外推法研究趋势变动规律,然后再剔除趋势变动计算出各月(季)的季节指数,进行预测。这种预测模型称为移动平均季节预测模型。

例10-15 某服装商店2017—2019年4个季度的销售情况如表10-16所示,试预测2020年4个季度的销售情况。

表10-16 某服装店2017—2019年4个季度销售情况　　　千件

年份	季度	销售量 (X)	移动平均 (四期)(T)	编号	剔除趋势变动 (X/T)	同季平均数 $(\bar{S})(\%)$	季节指数 $(S/\bar{\bar{S}})$	剔除季节影响 $(X \times \bar{\bar{S}}/S)$
2017	1	1.05		-11	—	—	—	1.032
	2	0.85		-9	—	—	—	0.583
	3	2.04	1.355 / 1.52	-7	1.342	—	—	2.902
	4	1.48	1.675 / 1.79	-5	0.827	—	—	1.344
2018	1	2.33	1.905 / 2.21	-3	1.054	96.57	0.983 1	2.290
	2	1.77	2.51 / 2.72	-1	0.651	67.38	0.685 9	1.214
	3	4.46	2.931 / 3.07	1	1.453	139.75	1.422 7	6.345
	4	3.17	3.201 / 3.31	3	0.958	89.23	0.908 4	2.879
2019	1	3.21	3.421 / 3.66	5	0.877	98.23	—	3.156
	2	2.85	3.89 / 4.09	7	0.697	—	—	1.955
	3	6.33	4.298	9	—	—	—	9.006
	4	4.80		11	—	—	—	4.36

具体预测步骤如下:

第一,计算4个季度的移动平均数,修匀后的序列的数据就是消除了随机变动的长期趋势值。

第二,将各项实际支出以对应的趋势值,得出消除趋势变动反映季节变动和随机变动的修匀比率。

第三,将各年同月(季)的趋势值加总求得月(季)平均数。

第四,将各月的平均数加总算出总的月平均数,计算季节指数。

第五,利用季节指数消除时间序列的季节影响。然后利用消除季节影响的时间序列用最小二乘法拟合直线趋势方程。

第六,根据趋势方程计算预测各月(季)的趋势值。

根据最小二乘法拟合的直线方程是:

$$Y = 3.088 + 0.213t$$

计算过程从略,结果参见表10-17。

表 10-17 预测结果   千件

2020年		趋势值	季节指数	预测值
季度	t			
1	12	5.644	0.983 1	5.549
2	13	5.875	0.685 9	4.017
3	14	6.07	1.422 7	8.636
4	15	6.283	0.908 4	5.707

第三节 定量预测方法:因果关系分析法

在社会经济现象中,许多经济变量除了受时间变化的影响外,还可能受很多因素的影响,如广告投入量与产品销售量、原材料价格与产品成本、居民收入变化与购买力投向变化等。当一个经济变量发生变化后,会带来另一经济变量发生相应的变化,两种经济变量之间的这种相互影响、相互依存的关系,称为因果关系。因果关系分析法就是研究变量间这种相互关系的一种定量预测方法。常用的因果关系分析法有多种,这里着重介绍回归分析法。

一、回归分析法的原理

回归分析法是研究变量间是否存在相关关系,以及相互依存的程度的一种定量预测方法。

在经济活动中,许多变量都具有一定的联系,如原材料价格、产品成本、产品价格、销售量、产品销售额、企业利润等。这些变量之间存在连带关系。若设某种商品的价格一定,随着销售量的增加,销售额就会增加,这种变化关系可以表示为 $Y=PX$,其中 Y 表示销售额;P 表示价格;X 表示商品的销售量。如果已知一个变量,通过这个函数关系就可以知道另一个变量,这种变化关系被认为是确定性的变化关系。但是商品的销售量与价格是有关系的,从函数关系式中看出,二者呈反比,即商品的价格上升,销售量就会减少;价格下降,销售量就会上升。然而商品的这种确定性的量化关系还可能受非量化因素的影响,如商品价格上升时,销售量由于受季节、收入、个人偏好等非量化因素的影响可能也会增加,因此,不能断言商品价格上升多少,销售量就一定下降多少,或是价格下降多少,销售量就上升多少。这样价格与销售量的关系不是确定性的而是非确定性的关系。

回归分析法就是研究变量之间的因果关系,并将这种关系用函数或数学模型表示出来,通过分析两种变量的相关程度进行预测的一种方法。这种函数关系式称为回归模型。即:

$$Y=f(X_1,X_2,\cdots,X_n)$$

其中,Y 是因变量,也是预测对象;X_i 是自变量,也是影响预测对象变化的因素。

按照自变量的个数,回归分析法可分为一元回归分析和多元回归分析。一元回归分析法就是研究一个因变量和一个自变量的因果关系,用函数形式表示为:$Y=f(X)$。多元回归分析就是研究一个因变量和两个或两个以上自变量的因果关系,用函数形式表示为:$Y=f(X_1,X_2\cdots X_n)$。

按照自变量与因变量之间的关系是线性关系还是非线性关系,又可分为线性回归和非线性回归。其中线性回归是市场预测中的一种重要的预测方法,多数非线性回归可以化为线性回归来处理。

综上,回归分析法的种类可以概括为:

$$回归分析法\begin{cases} 一元回归\begin{cases} 一元线性回归 \\ 一元非线性回归 \end{cases} \\ 多元回归\begin{cases} 多元线性回归 \\ 多元非线性回归 \end{cases} \end{cases}$$

二、一元回归分析法的步骤

运用一元回归分析法进行预测时,一般经历以下五个步骤:

(一)找出变量间的因果关系,确定自变量与因变量

因变量是我们的预测目标,自变量是引起预测目标发生相应变化的各种影响因素。根据预测目的,因变量不难确定,关键是自变量的选择。由于影响因变量的因素可能很多,也比较复杂,一般选择与因变量关系最为密切的因素作为自变量。例如,居民收入与商品销售额、劳动生产率与工人工龄等。

（二）绘制散点图，观察两种变量的变化关系

将历史资料的自变量与因变量的实际数据，在直角坐标系上表示出来就是散点图，从变量变换形态上来看可以拟定回归模型。

（三）建立回归模型

根据散点图中变量的变化趋势，初步建立回归模型，并使用最小二乘法将模型中的各种系数确定下来。例如，若散点图呈现的变化趋势是直线的关系，可以建立直线方程 $Y = a + bx$，利用最小二乘法确定出 a, b。

（四）对回归模型进行相关检验

相关检验即对变量间相关程度进行检验，以证实模型的准确性，为下一步预测做准备。

（五）求出置信区间，进行预测和控制

按照回归模型所确定的预测值是一个点值，实际值可能高于它也可能低于它。置信区间就是根据预测的精度给出预测值可能出现的范围。控制是预测的逆过程，即根据预测模型求出自变量的范围来确定。

举例说明回归分析的各步骤。

例 10 – 16 表 10 – 18 是某市 2009—2019 年职工工资总额与年销售总额之间的关系情况，已知 2020 年职工工资总额预计比 2019 年增加 30%，试使用回归分析法预测 2020 年的销售总额。

表 10 – 18　某市 2009—2019 年职工工资总额与年销售总额关系　　百万元

编号	年份	职工工资总额	年销售总额
1	2009	61	19.5
2	2010	75	22.5
3	2011	94	24.9
4	2012	107	25.2
5	2013	146	29.1
6	2014	174	34.5
7	2015	211	41.1
8	2016	244	46.2
9	2017	298	53.1
10	2018	349	61.5
11	2019	380	66.9

根据资料，首先确定自变量与因变量。根据预测目标很容易知道年销售总额

为因变量,居民收入水平的变化会影响年销售总额。因而居民收入水平为自变量,二者的关系可用图10-7表示。

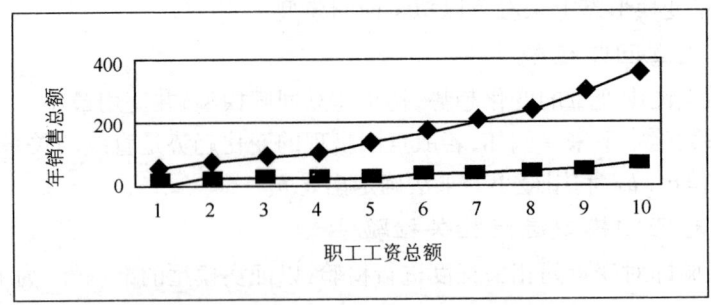

图10-7 年销售总额与职工工资总额的关系

从图10-7看出,年销售总额与居民总收入呈线性变化的关系,可以设回归模型为:

$$Y = a + bx$$

当然,用于表示这种线性关系的直线可能有很多种,而我们所求的这条回归直线应该是最接近实际值的一条,换句话说,在这条直线上预测值与实际值的误差比其他任何直线要小。如果用 e_i 表示预测值与实际值之间的离差,即 $e_i = y_i - \hat{y} = y_i - (a + bx_i)$,为避免相互抵消的情况,通常用离差平方和 Q 来表示预测值与实际值的离差程度,即 $Q = \sum e_i^2 = \sum [y_i - (a + bx_i)]^2$,根据最小二乘法原理,为使离差平方和最小,按照极值原理,a, b 必须满足方程组:

$$\frac{\partial Q}{\partial a} = -\frac{\partial \sum (y_i - a - bx_i)}{\partial a} = 0$$

$$\frac{\partial Q}{\partial b} = -\frac{\partial \sum (y_i - a - bx_i)x_i}{\partial b} = 0$$

整理得:

$$\sum y_i = na + b\sum x_i$$

$$\sum x_i y_i = a\sum x_i + b\sum x_i^2$$

解这个线性方程组,得:

$$a = \bar{y}_i - b\bar{x}_i$$

$$b = \frac{n\sum x_i y_i - \sum x_i \sum y_i}{n\sum x_i^2 - (\sum x_i)^2}$$

那么此回归直线的 a, b 可由上述公式获得,计算如表10-19所示。

由公式:$a = 9.98, b = 0.147$

这样,拟合的回归模型为:

$$y_i = a + bx_i = 9.98 + 0.147x$$

这个模型表示了居民总收入与年销售额的变化关系,其中 b 表示居民收入每增加1元,年销售额增加 b 元。

表 10-19　回归直线的计算　　　　　　　　　　　百万元

编号	居民收入	年销售总额	$x_i y_i$	x_i^2	$x_i - \bar{x}$	$y_i - \bar{Y}$	$(x_i - \bar{x})(y_i - \bar{y})$
1	61	19.5	1 189.5	3 721	-133.5	-19.1	2 549.85
2	75	22.5	1 665.0	5 625	-119.5	-16.1	1 923.95
3	94	24.9	2 340.6	8 836	-100.5	-13.7	1 376.85
4	107	25.2	2 696.4	11 449	-87.5	-13.4	1 172.5
5	146	29.1	4 248.6	21 316	-48.5	-9.5	480.75
6	174	34.5	6 003.0	30 276	-20.5	-4.1	84.05
7	211	41.1	8 672.1	44 821	16.5	2.5	41.25
8	244	46.2	11 272.8	59 836	49.5	7.6	376.2
9	298	53.1	15 823.8	88 804	103.5	14.5	1 500.75
10	349	61.5	21 463.5	121 801	154.5	22.9	3 538.05
11	380	66.9	25 422.0	144 400	185.5	28.3	5 249.65
∑	2 139	424.5	100 797	540 885	-0.5	-0.1	18 293.85

为了验证回归直线的拟合效果,需要使用数理统计的方法对两个变量的相关程度进行显著性检验,检验的方法如下:

第一,计算相关系数。相关系数是用来衡量两个变量之间是否存在线性相关以及相关程度的强弱。用公式表示为:

$$\gamma = \frac{\sum_i (x_i - \bar{x})(y_i - \bar{y})}{\sqrt{\sum (x_i - \bar{x})^2 \sum (y_i - \bar{y})^2}} \quad (|\gamma| \leq 1)$$

当 $0 < |\gamma| < 1$,并且回归系数 b 与 γ 同号时,有两种情况:$b > 0$ 且 $\gamma > 0$,表明是正方向变化,x 与 y 是正相关;若 $b < 0$ 且 $\gamma < 0$ 时,表明 x 与 y 是反方向变化,则 x 与 y 是负相关。

当 $\gamma = 1$ 时,称 x 与 y 是完全相关,即回归直线经过所有实际的观察点。

当 $\gamma = 0$ 时,称 x 与 y 是完全不相关,基因变量完全不受自变量的影响。

第二,选择检验的显著性水平 α。通常社会经济预测的显著性水平 α 取 5% 或 1%,其意义是利用历史资料计算的相关系数说明总体客观的相关系数,其错误概率是 5% 或 1%。那么其置信度 $1-\alpha$ 具有 95% 或 99% 的程度。

第三,根据给定的显著性水平,查相关系数临界值表,得到临界值 γ_α。

第四,做出判断。若 $|\gamma| \geq \gamma_\alpha$,表明两个变量之间存在着显著的线性相关关系,

检验通过,若$|\gamma|<\gamma_\alpha$,则表明两个变量之间不存在显著的线性相关关系,用历史资料计算出的γ有偶然性。

上例中的相关系数 $\gamma = \dfrac{\sum(x_i-\bar{x})(y_i-\bar{y})}{\sqrt{\sum(x_i-\bar{x})^2 \sum(y_i-\bar{y})^2}} = 0.998$

取$\alpha=0.05$,自由度为$n-2=9$,查相关系数临界值表得$\gamma_\alpha=0.602$,由于$\gamma \geqslant \gamma_\alpha$,所以在5%的显著性水平上,检验通过。说明居民总收入与年销售额有很明显的线性正相关关系,有95%的置信度。

在实际预测活动中,我们所计算出来的预测值是一个估计值,它不可能正好等于实际值,这样预测值与实际值之间总会存在误差。为此,除了计算出预测值外,我们还需要确定预测值的可能范围,这个可能范围被称为预测值的置信区间。

如果用e_i表示预测值与实际值之间的离差,将所有的离差加总平均就是标准离差,为避免出现相互抵消,通常情况下计算平方和。则标准误差用公式表示为:

$$\delta = \sqrt{\dfrac{\sum(y_i-\hat{y_i})^2}{n}}$$

其中,$(y_i-\hat{y_i})^2$被称为方差;y_i表示i期实际值;$\hat{y_i}$表示i期预测值。利用预测值$\hat{y_i}$与标准误差δ,根据不同的置信度,对置信区间有不同结论:

置信度为68.3%,预测值的置信区间为$[\hat{y_i}-\delta, \hat{y_i}+\delta]$,即预测值在此区间的可能性为68.3%。

置信度为95%,预测值的置信区间为$[\hat{y_i}-2\delta, \hat{y_i}+2\delta]$,即预测值在此区间的可能性为95%。

置信度为99%,预测值的置信区间为$[\hat{y_i}-3\delta, \hat{y_i}+3\delta]$,即预测值在此区间的可能性为99%。

上例中,由回归直线$\hat{y_i}=9.98+0.147x$,则2020年的年销售总额的预测值为$y_{2020}=82.598$百万元。由标准误差公式得$\delta=1.1$,若给定95%的置信水平,则其置信区间为:$[80.4,84.8]$。

在回归模型中,自变量是控制变量,必要时预测值落在置信区间内,那么x应控制在什么范围内,可以看出,控制是预测的逆过程。若设控制范围为$[x_1,x_2]$,则由预测模型得:

$$y_1 = \hat{y_i} - 2\delta = a + bx_1 - 2\delta = 80.4$$

$$y_2 = \hat{y_i} + 2\delta = a + bx_2 + 2\delta = 84.8$$

解得，$\begin{cases} x_1 = 479.05 \\ x_2 = 508.98 \end{cases}$

也就是说，要使预测值落于置信区间内，居民总收入应控制在[479.05, 508.98]内。

三、多元线性回归分析法

一元线性回归只是分析一个自变量对因变量的影响，而在实际的经济活动中，往往影响预测目标的因素是很多的。例如，预测商品的销售量时，就要考虑职工的人数、商品的价格、该商品的替代品的销售情况等多种因素，因此应该用多元回归来解决。多元回归分析法在分析和计算上都是很复杂的，作为特例，我们着重讨论二元线性回归。

二元线性回归是指两个自变量对因变量影响的回归分析方法，它是一元线性回归的自然推广。其预测步骤与一元线性回归相类似。

首先，确定自变量与因变量。因变量仍是预测的目标，而影响因变量的因素可能很多，需要对这些影响因素逐个分析，判断它们对预测目标的影响程度，舍弃次要因素，选取主要影响因素作为自变量。

其次，拟合线性回归方程：$\hat{y_i} = a + b_1 x_1 + b_2 x_2$，其中，$a$ 是常数；b_1, b_2 分别是 y 对 x_1, x_2 的回归系数。确定这二个系数仍然使用最小二乘法，即 $\delta = \sum (y_i - \hat{y_i})^2 = \sum (y_i - a - b_1 x_1 - b_2 x_2)^2$ 取最小值，用多元函数求极值的方法，解方程组：

$$\frac{\partial Q}{\partial a} = -2\sum(y_i - a - b_1 x_1 - b_2 x_2) = 0$$

$$\frac{\partial Q}{\partial b_1} = -2\sum(y_i - a - b_1 x_1 - b_2 x_2)(-x_1) = 0$$

$$\frac{\partial Q}{\partial b_2} = -2\sum(y_i - a - b_1 x_1 - b_2 x_2)(-x_2) = 0$$

变形后可得如下方程组：

$$\sum(x_1 - \bar{x}_1)^2 b_1 + \sum(x_1 - \bar{x}_1)(x_2 - \bar{x}_2) b_2 = \sum(x_1 - \bar{x}_1)(y - \bar{y})$$

$$\sum(x_1 - \bar{x}_1)(x_2 - \bar{x}_2) b_1 + \sum(x_2 - \bar{x}_2)^2 b_2 = \sum(x_2 - \bar{x}_2)(y - \bar{y})$$

令：

$$G = \sum(x_1 - \bar{x}_1)^2, M = \sum(x_1 - \bar{x}_1)(x_2 - \bar{x}_2), T = \sum(x_2 - \bar{x}_2)^2$$

$$S = \sum(x_1 - \bar{x}_1)(y - \bar{y}), Z = \sum(x_2 - \bar{x}_2)(y - \bar{y})$$

这样原方程变为：

$$Gb_1 + Mb_2 = S$$

$$Mb_1 + Tb_2 = z$$

解得：

$$b_1 = \frac{ST - MZ}{GT - M^2}$$

$$b_2 = -\frac{SM - GZ}{GT - M^2}$$

将 b_1, b_2 代入二元线性回归方程,得:$a = \bar{y} - b_2\bar{x}_2 - b_2\bar{x}_1$

预测方程得到后也需要进行相关分析,其相关系数用公式表示如下:

$$\gamma = \sqrt{\frac{\sum(\hat{y}_i - \bar{y})^2}{\sum(y_i - \bar{y})^2}}$$

该相关系数反映了两个自变量 x_1, x_2 与因变量 y 之间的线性相关关系的密切程度,所以称为复相关系数。有时为了预测的需要,还需要了解单个自变量对因变量的影响程度,这种指标称为偏相关系数。在这里不做介绍。

多元回归分析法用于分析预测时较复杂,如遇到三个或三个以上变量时,在计算时还需要使用矩阵。

本章小结

本章介绍了市场预测的两种基本方法:定性预测方法和定量预测方法。如果资料较缺乏,数据变化较大时,一般使用定性预测法;如果资料较充分,数据可靠时,一般使用定量预测法。在定性预测法中,对于预测范围较窄、预测目标明确的微观预测问题,常常使用经验估计法;对于预测期限较长,预测范围较宽的宏观预测问题,常常使用专家意见法。不管何种形式的定性预测方法,其精度一般不高,所以,若对于预测精度要求较高时,常常使用定量预测方法。在定量预测方法中,首先介绍了时间序列分析法,解释了时间序列总变动的四种变动成分:趋势变动、循环变动、季节变动和不规则变动。通过分离这些变动形式并测量它们的明显影响,可以预测时间序列的未来值。

对于有明显趋势变动的时间序列,可以使用移动平均法测定这种趋势变动并用移动平均数作为下一时期的预测值。对于拥有明显季节变动的时间序列,使用季节指数法计算预测值。对于同时拥有趋势变动和季节变动的时间序列,可以用移动平均季节预测模型首先分离这两种变动,然后再进行预测,时间序列分析法只考虑预测目标随时间变化所呈现的变动趋势,如果要研究预测目标与影响因素之间的变化关系,应使用因果分析法。因果分析法的主要预测模型就是回归分析法,通过确定自变量与因变量,建立回归预测模型,寻找出两种变量的相关关系,最后得出预测结果。

应当指出的是,预测是对未来事物发展变化的估计与推测,不可能十分准确,因此,除了根据预测目标选择实用而有效的预测方法之外,还必须对预测进行误差分析,通过误差分析不但对预测的结果有一个客观评价尺度,同时也能减少预测的误差。

2002年出现了经济复苏的苗头

从2002年的统计数据上看,经济增长出现了相当强健的复苏苗头。由于年末的统计数据可能包括对以前误差的调整,而1～2月的统计数据有受到春节移动因素的影响,所以每年年初和年底的统计数据包括比较大的异常因素。考虑这些情况,现在还不能很确定地形成结论,所以只能说出现了复苏的苗头。但综合多方面的情况,2002年国内经济出现了比较高的增长率的可能性比较大。

从海关发出的一组数字很有意思,2002年头两个月货物贸易顺差达到了59.5亿美元,而上年同期的顺差只有21亿美元,这样的情况出现在中国刚刚加入WTO的头两个月,确实让人感到惊讶。按WTO协定,中国开始要逐步降低很多进口关税,这就应当导致顺差下降。从中长期看,可以出现经济结构的变化,可以使用汇率等杠杆调节进出口,所以WTO对中长期的贸易顺差没有太大的影响。但在短期内由于稳定人民币汇率的政策,就有可能出现进口大增的情况。2002年头两个月出现的这种情况,很难说没有偶然因素的影响,但可以说世界经济的变化对中国的进出口产生了相当大的影响。

其实,中国的贸易顺差从2001年中即开始恢复,只是由于同比增长率指标产生的错觉,才形成了2001年三季度以前顺差下降的结论。在从2001年9月份以前至2002的6个月累计贸易顺差为171.5亿美元。在从2001年9月份以前的6个月累计贸易顺差为93.7亿美元。这就是说,半年中贸易顺差增长了83%!按照过去的6个月的数字来推算,即使不考虑经济增长的因素,2002年的贸易顺差也要达到350亿美元,2001年增加了100亿美元左右。这样一个增加量相当于一个百分点的GDP,从这一点来看,可以大幅度调高经济增长率的预期。

从2001年第三季度就已经注意到我国贸易顺差出现恢复势头,但世界经济不景气的持续和中国加入WTO,使我们更加倾向于悲观估计2002年的贸易顺差情况。大多数分析家都对2002年的情况很不乐观,这点也同样可在2002年的财政预算中看出。在九届五次全国人大会上财政部部长做的报告中,2002年的财政赤字为3 098亿元,比2001年的2 473亿元增长了25.3%。与前几年的实际增长率相比,2002年的财政收支增长率都很低。这也得以说明,2002年年初在确定计划时,有关政府机构对2002年经济增长不乐观。决策层现在选择继续较大幅度扩大财政赤字刺激总需求,在这个政策被证实后,就有理由调高对2002年经济增长率的预测。

2002年开始的这两个月工业增加值合计比上年同期增长10.9%,明显高于1998年以来的平均增长率,由于2001年头两个月的合计基数比较低,所以,3月份工业增加值的同比增长率可能回落。但即使这样,2002年第一季度的GDP增长率还是会有较高的增长。工业增长率的提高得益于贸易顺差的扩大,因为去年以来贸易顺差的稳定增长,为工业品提供了比较好的需求。

除季节因素外,1月份的消费价格指数比上月下降0.4%,而2月份比1月份又上升了0.5%,回到2001年12月份的水平。从这点推测2002年的消费价格指数的增减率在零左右。下半年可能有小幅度的变化,因此可以推算2002年继续降息的可能性不会太大。

问题讨论：

(1)在这篇文章中对中国在2002年的哪些经济现象做出了预测？采用了什么预测方法？

(2)如果请你对这些经济现象也来做一预测,并且要有相应的准确性保证,你会提出需要再给你提供哪些有关资料？

(3)案例中所做的预测利用了哪些相关的经济数据。

思考题

1. 市场预测的方法有哪些？
2. 什么是因果分析法？它有哪些类型？
3. 相关系数与回归系数各代表什么含义？
4. 某公司2010—2019年进出口贸易总额资料如下：

年份	贸易总额(万美元)	年份	贸易总额(万美元)
2010	293.3	2015	535.5
2011	381.4	2016	696.0
2012	440.2	2017	738.5
2013	416.3	2018	827.3
2014	436.2	2019	1 027.9

试用移动平均计算3年、4年的移动平均数,编制新的时间数列。

5. 就上题的资料,采用趋势外推法预测1998年的趋势值。

6. 某县城研究居民月家庭人均生活费支出(元)和月家庭收入(元)的相互关系,随机抽样10户进行调查,结果如下表：

人均生活费	85	88	90	94	96	100	106	118	120	124
人均收入	100	110	120	130	140	150	160	170	180	190

利用上述资料,运用回归分析法预测当人均收入为 200 元时,人均生活费应为多少元?

7. 某电视机厂 2016—2019 年各季度电视机销售量情况如下:

销售量＼季度＼年份	一	二	三	四
2016	4.8	4.1	6.0	6.5
2017	5.8	5.2	6.8	7.4
2018	6.0	5.6	7.5	7.8
2019	6.3	5.9	8.0	8.4

试用移动平均季节预测模型预测 1992 年各季度的销售情况。

第十一章

大数据的分析与挖掘

随着物联网、电子商务、社会化网络的快速发展,全球大数据储量迅猛增长,大数据分析挖掘技术发展迅速。本章重点介绍了大数据挖掘的任务、流程、技术体系、跨行业数据挖掘的标准过程以及一些主流处理框架的基本情况。

通过本章的学习,了解大数据的采集、存储、分析挖掘以及可视化呈现等技术的内涵和工具。掌握大数据挖掘的任务和标准过程,了解数据挖掘和可视化常用的技术和工具,为后续进一步的学习奠定基础。

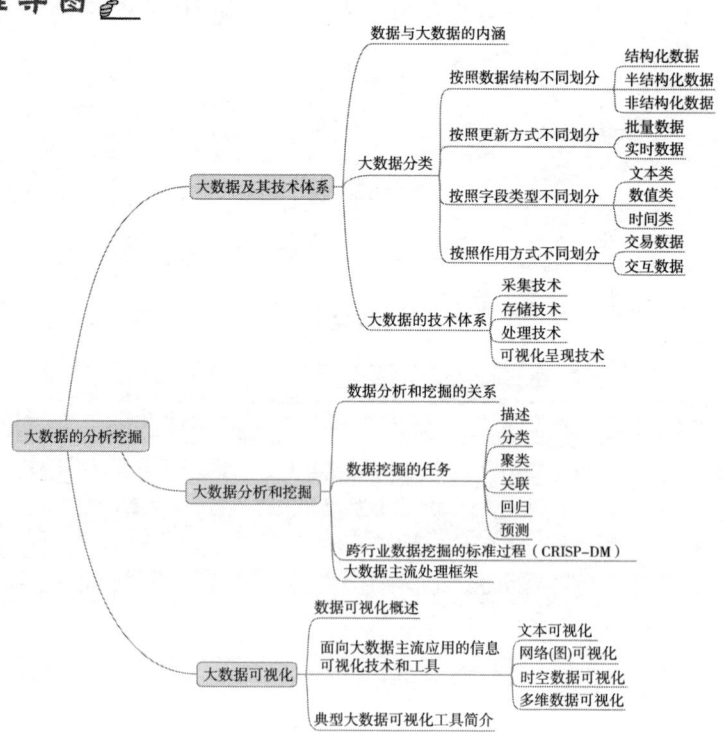

第一节 大数据及其技术体系

一、数据与大数据的内涵

(一)数据

数据(data)是事实或观察的结果,是对客观事物的逻辑归纳,是用于表示客观事物的未经加工的原始素材。数据是信息的表现形式和载体,可以是符号、文字、数字、语音、图像、视频等。数据和信息是不可分离的,数据是信息的表达,信息是数据的内涵。数据本身没有意义,数据只有对实体行为产生影响后才成为信息。

(二)大数据

大数据(big data)概念自提出至今并无统一的定义。目前的定义大多是对大数据的定性描述。维基百科将大数据定义为利用常用软件工具捕获、管理和处理数据所耗时间超过可容忍时间限制的数据集。全球著名的管理咨询公司麦肯锡公司将数据规模超出传统数据库管理软件获取、存储、管理以及分析能力的数据集称为大数据。研究机构 Gartner 认为,大数据是需要具有更强的决策力、洞察发现力和流程优化能力才能处理的海量、高增长率和多样化的信息资产。我国的徐宗本院士在第 462 次香山科学会议上的报告中,将大数据定义为"不能集中存储,并且难以在可接受时间内分析处理,其中个体或部分数据呈现低价值性而数据整体呈现高价值的海量复杂数据集"。

虽然以上各方关于大数据的定义有所不同,但是传递了一些共性的信息,即大数据是一种数据集,在数据的管理与处理方面呈现出与传统数据不同的特性。而数据中蕴含的宝贵价值成为人们存储和处理大数据的驱动力。

(三)大数据的特点

在大数据的定义中,已经包含了大数据的特性。相较于传统的数据,人们将大数据的特征总结为 4 个"V"的表述,即体量大(volume)、数据类型繁多(variety)、高速性(velocity)和价值大密度低(value)。

1. 数据体量巨大是指数据规模大,而且呈现大规模增长态势。截至目前,人类生产的所有印刷材料的数据量是 200PB(1PB = 1 024TB),而历史上全人类说过的所有的话的数据量大约是 5EB(1EB = 1 024PB)。当前,典型个人计算机硬盘的容量为 TB 量级,而一些大企业的数据量已经接近 EB 量级。

2. 数据类型繁多是指数据来源渠道广泛,结构类型复杂多变。这种类型的多样性也让数据被分为结构化数据和非结构化数据。相对于以往便于存储的以文本为主的结构化数据,大数据包含了网络日志、音频、视频、图片、地理位置信息等大量的非结构化数据。这些多类型的数据对数据的处理能力提出了更高要求。

3. 处理的高速性是指数据处理不仅要求采集速度快,而且要求处理速度快。

这是大数据区分于传统数据挖掘的最显著特征。根据 IDC 的"数字宇宙"的报告，预计到 2020 年，全球数据使用量将达到 35.2ZB。在如此海量的数据面前，处理数据的效率就是企业的生命。

4. 价值大密度低是指就大数据的价值而言，数据价值密度的高低与数据总量的大小成反比。真正有价值的大数据系统，数据量不是越多越好，少而精更有利于决策。以视频为例，一部 1 小时的视频，在连续不间断的监控中，有用数据可能仅有一二秒。如何通过强大的机器算法更迅速地完成数据的价值"提纯"成为目前大数据背景下亟待解决的难题。

二、大数据分类

（一）按数据结构划分

按照数据结构的不同，数据可分为结构化数据、半结构化数据以及非结构化数据，其特点如表 11-1 所示。

表 11-1 不同类型数据的特点比较

数据类型	举例	特点
结构化数据（structured）	二维表	先有结构后有数据、行数据
半结构化数据（semi-structured）	HTML 文档、XML 文档、SGML 文档	先有数据后有模式、无规则性结构
非结构化数据（unstructured）	图形、文本、声音、视频	模式具有多样性

1. 结构化数据即行数据，此类数据一般存储在数据库里，可以用二维表结构进行逻辑表达。所有关系型数据库（SQL Sever、DB2、MySQL、Oracle）中的数据都是结构化数据。现实场景中常见的企业 ERP 系统、财务系统、医疗 HIS 数据库等存储的数据都属于结构化数据。

2. 半结构化数据即那些介于完全结构化数据和完全非结构数据之间的数据，例如，XML、HTML 文档就属于半结构化数据。它一般是自描述的，数据的结构和内容混在一起，没有明显的区分。半结构化数据具有可被理解的逻辑流程和格式，但是这个格式并不是顾客友好的。在这类数据里，有价值的信息往往掺杂在大量的噪音和无用数据中。网络日志是半结构化数据典型的例子。

网络日志数据结构解析

Apache 服务器的原始访问日志每一行就是类似以下的记录：

64.10.90.61 - - [04/Mar/2001:11:47:26 -0600] "GET/intro.htm HTTP/1.1" 200 13947 "http://www.yourdomain.com/" "Mozilla/4.0(compatible;MSIE5.0;Windows 98;DigExt)"

> 其含义解析如下
> 64.10.90.61：这是访客（也可能是机器人）的 IP
> [04/Mar/2001:11:47:26-0600]：是访客访问该资源的时间，-0600 是该时间所对应的时区，即与格林尼治时间相差-6 个小时
> GET/intro.htm HTTP/1.1：请求信息，包括请求方式、所请求的资源以及所使用的协议，该语句的意思就是以 GET 方式，按照 HTTP/1.1 协议获取网页/intro.htm，intro.htm 为网站上的某个网页，如果是/，则代表访问的是首页。这里也可能是 POST，PUT 等。
> 200 13947：200 为该请求返回的状态码（http code），不同的状态码代表不同的意思，具体请阅读 HTTP 状态代码；13947 为此次请求所耗费的流量，单位为 byte。
> http://www.yourdomain.com/：为访客来源（referer）。这一段告诉我们访客是从哪里来到这一个网页，有可能是你的网站其他页，有可能来自搜索引擎的搜索页等。通过这条来源信息，你可以找出盗链者的网页。
> Mozilla/4.0（compatible；MSIE 5.0；Windows 98；DigExt）：为访客所使用的浏览器类型（agent），这里记录了用户使用的操作系统、浏览器型号等。
> 资料来源：https://www.ludou.org/learning-how-to-analyse-raw-access-log.html

3. 非结构化数据即非纯文本类数据，没有标准格式，无法直接解析出相应的值。此类数据不易收集和管理，难以直接进行查询和分析。常见的非结构化数据包括 Web 网页数据、即时消息或时间数据（如微博、微信中的消息）、富文本文档（Rich Text Format，RTF）、富媒体文件（Rich Media）、实时多媒体数据（各种视频、音频、图像文件）、事件数据（各个社交媒体的信息）、社交网络中的图数据和语义 Web 等。非结构化数据一般采用文件系统存储。

目前大数据的构成中非结构化数据与半结构化数据占据主体地位，且非结构化数据以及半结构化数据规模呈膨胀式增长态势。

（二）按更新方式划分

按照更新方式不同，数据可分为批量数据和实时数据。

1. 批量数据是指源系统在提供数据时，采用批量方式提供的数据。这种批量提供数据的方式每隔一段时间把该时段内所有变化的数据都提供过来。批量方式时效较慢，大部分传统系统都采用 $T+1$ 方式，业务用户最快只能分析到前一天的数据。

2. 实时数据是指每当数据发生变化或产生新数据，就会立刻提供过来的数据。实时数据时效快，能有效满足时效要求高的业务处理要求，比如，场景营销。但该方式对技术要求更高，必须保证系统足够稳定，一旦出现数据错误，容易造成较严重的影响。

(三) 按字段类型划分

按照字段类型不同,数据可划分为文本类数据、数值类数据、时间类数据。

1. 文本类数据(string,char,text 等类型的数据)常用于描述性字段,如姓名、地址、交易摘要等。这类数据不是量化值,不能直接用于四则运算。在使用时,可先对该字段进行标准化处理(比如地址标准化)再进行字符匹配,也可直接模糊匹配。

2. 数值类数据(int,float,number 等类型的数据)用于描述量化属性,或用于编码。如交易金额、额度、商品数量、积分数、客户评分等都属于量化属性,可直接用于四则运算,是日常计算指标的核心字段。

3. 时间类数据(data,timestamp 等类型的数据)仅用于描述事件发生的时间,时间是一个非常重要的维度,在业务统计或分析中非常重要。

(四) 按作用方式划分

按照作用方式不同,数据可划分为交易数据和交互数据。

1. 交易数据是指来自电子商务和企业应用的数据。例如,商业应用中的 ERP 系统产生的一些数据,随着大数据的发展,此类数据的规模和复杂性不断提高。

2. 交互数据是指具有交互功能的社交网络产生的数据,包括人为生成的社交媒体交互数据和机器设备交互生成的数据。

随着技术和社会的发展,上述两类数据正逐渐走向有效的融合。

三、大数据的技术体系

大数据的出现颠覆了传统数据处理的一系列技术,传统的数据库系统及其索引、查询以及存储技术都面临着严峻的考验。大数据技术首要的能力是存储和计算,其次是洞察数据中隐含的意义。前者依赖于硬件设备的升级,后者依赖于数据挖掘算法的不断优化创新。

针对大数据4V特点的大数据处理技术体系主要涉及大数据的采集技术、存储技术、处理技术、可视化呈现技术四个部分,其处理技术体系如图 11-1 所示。

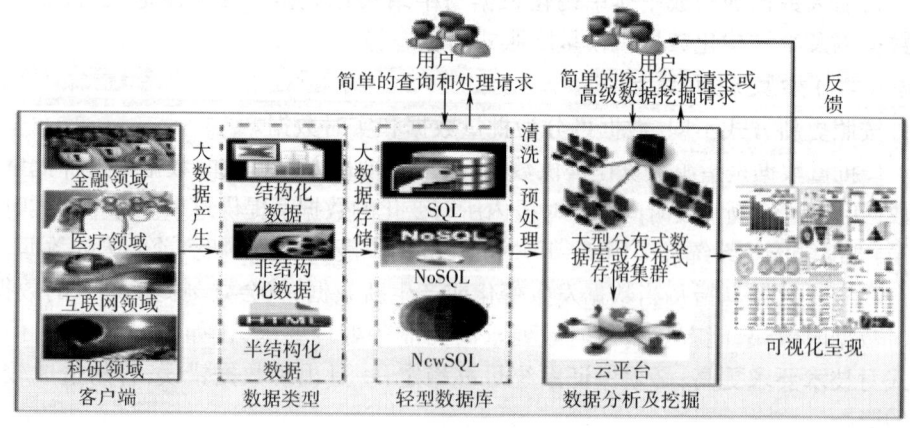

图 11-1 大数据处理技术体系

(一)大数据的采集

数据产生以及采集方式的发展为大数据的获得提供了重要基础。大数据集是与大数据采集密切相关的概念,通常指 PB 或者 EP 级别数量的数据。这些数据来源于人类活动、计算机和物理世界,以交易记录、网络日志、视频和图像等各种形式呈现。据估计,目前全球数据总量在 12ZB 左右。不同领域对应的数据采集方法以及工具有所不同。

互联网领域中,网络数据采集经常被称为"网页抓屏""数据挖掘""网络收割",一般需要通过一种被称为"网络爬虫(Web Crawler 或 Web Spider)"的程序实现。常用的采集日志数据的工具包括 Hadoop 的 Chukwa,Cloudera 的 Flume,Facebook 的 Scribe,Linked In 的 Kafka 等等。用于网络数据采集的工具有网络爬虫或网站公开 API 等。

物联网领域中,MEMS 传感器、光纤传感器、线传感器等是常用的大数据的采集工具。

科研大数据的采集设备有大型强子对撞机(LHC)、射电望远镜、电子显微镜等。科学实验中数据的采集和处理都是在科研人员精心设计下完成的,不管是检索还是模式识别都需要遵循一定的科学规律。

(二)大数据的存储

用于大数据存储的数据库可分为两类:轻型数据库、大数据存储平台。

1. 轻型数据库。当数据量在轻型数据库存储能力范围内,且仅为响应用户简单的查询或者处理请求的情况下可将数据存储至轻型数据库内。

常用的轻型数据库包括:关系型数据库(Structured Query Language,SQL)、非关系型数据库(Not Only SQL,No SQL)以及新型数据库(New SQL)。上述三类大数据轻型数据库详情见表 11-2。

表 11-2 用于大数据存储的不同类型轻型数据库比较

分类	举例		
	现属公司	数据库名称	主要特点
SQL	EMC	Greenplum	关系型数据库集群
	HP	Vertica	分布式 MPP 列式数据库具有数据库内分析功能
	Teradata	Aster Data	结合 SQL 与 MapReduce
NoSQL	Google	HBase	分布式、面向列、开源
	IOgen	MongoDB	操作简单、完全免费、源码公开、随时下载
	Facebook	Cassandra	分布式网络服务、高扩展
	VMware	Redis	超高性能的键值数据库

续表

分类	举例		
	现属公司	数据库名称	主要特点
NewSQL	Google	Spanner	可扩展、全球分布式
	Google	Megastore	融合 NoSQL 的可扩展性和传统的关系型数据库
	Google	F1	动态扩展、并行 SQL 执行引擎

（1）关系型数据库（SQL）。SQL 把所有的数据通过行和列的二元表形式表示出来，具有非常好的通用性和非常高的性能，但是 SQL 并不适宜于以下情况：大量数据的查询、简单查询需要快速返回结果等应用。

（2）非关系型数据库（No SQL）。相对于 SQL，No SQL 具有非常高的读写性能、灵活的数据模型以及高可用性，No SQL 为非关系型数据库，主要分为键值（Key – Value）存储数据库、列存储数据库、文档存储数据库、图形（Graph）数据库。

（3）新型数据库（New SQL）。New SQL 是对各种新的可扩展、高性能数据库的简称，这类数据库不仅具有 No SQL 对海量数据的存储管理能力，还保持了传统数据库支持 ACID 和 SQL 等特性。

2. 大数据存储平台。当用户提出大数据分析以及复杂的挖掘请求或数据量已经远超过轻型数据库的存储能力时，需要将大数据导入大数据存储平台。大数据存储平台分为两类：大型分布式存储数据库和分布式存储集群。

目前典型的大数据存储平台包括 Hadoop 的 Pig 和 Hive、Google 的 Big Table、SAP HANA 以及 Oracle Exadata，等等。

3. 云存储。云存储是在云计算概念上延伸和发展出来的新概念。云存储系统是指通过集群应用、网络技术和分布式文件系统等功能，将网络中大量不同类型的存储设备通过应用软件集合起来协同工作，共同对外提供数据存储和业务访问功能的系统。

云存储不仅是存储设备和技术，更是一种服务。它采用按需服务的模式，将数据放在云上以供使用者在不同的时间、地点、通过任何可联网的设备对数据进行获取。

目前很多公司推出的网盘便是云存储的一种应用。例如，163 网盘、腾讯微云、新浪微盘、360 云盘、百度云、迅雷快传等。虽然各网盘的上传、下载速度以及容量等具有差异性，但网盘的推出以及流行反映了云存储的良好发展趋势。此外，很多公司相继推出的云存储平台也是云存储技术的具体应用，如 Amazon S3、Microsoft 的 Azure，等等。

随着网络技术、应用存储、集群技术、存储虚拟化技术的发展，云环境下的大数据存储将成为未来数据存储的发展趋势。

案例 11-1　大数据云服务助力北京市人民政府"12345"便民服务

为进一步提升部门的调度能力、办理水平和群众满意度,北京市人民政府"12345"便民电话中心选择 Oraclc Exadata 数据库云服务器,升级为北京市非紧急救助服务综合受理调度平台,通过 Oracle Exadata Database Machine 支撑起新平台的数据库访问需求。新平台能够整合全市的便民呼叫服务,不仅支撑公众的各类诉求、求助、批评和建议,并为公众提供快捷的公共信息服务,真正成为全市的舆情中心、信息汇集中心和城市名片。

(三) 大数据的处理

由于大数据所属领域不同,其查询及处理方面的需求存在一定的差异。例如,互联网行业按照其业务需求,可以将大数据处理技术分为在线、近线以及离线,其中在线模式下数据的处理时间一般限定在毫秒甚至是微秒范围内,而离线模式下数据的处理时间可延长至以天为单位,近线模式的数据处理时间则位于二者之间,即可在分钟级以及小时级。

按照处理需求不同划分,大数据的处理需求可分为面向海量数据的分布式处理、非结构化数据处理以及实时数据处理。不同处理模式的核心处理技术存在差异。详见表 11-3 所示。

表 11-3　不同类型大数据处理及其核心技术比较

划分标准	处理模式	内涵	核心技术
按照处理时间	在线	处理时间在秒级甚至毫秒级	流式处理技术
	近线	处理时间在分钟甚至小时级	批量数据处理
	离线	处理时间以天为基本单位	批量数据处理
按照处理需求	海量数据分布处理	批处理	Hadoop 生态系统
	非结构化数据处理	特殊数据处理	文本处理、多媒体处理、图处理技术
	实时数据处理	流处理	流式处理技术

目前典型的批量数据处理系统包括 GFS (Google File System)、MapReduce 编程模型,以及在此基础上 Hadoop 的两个强有力的开源产品:HDFS 和 MapReduce。目前 Hadoop 已经成为典型的大数据批处理架构。

对应的实时处理需求衍生出的典型流式数据处理系统,包括 Twitter 的 Storm 系统、Linkedin 开发的流式数据处理框架 Samza、Berkeley 提出的 Spark 以及 Google 研发的交互式数据分析系统 Dremel。

典型的图数据处理系统有 Graph Lab,Giraph,Neo4j,Hyper Graph - DB,Infinite Graph,Cassovary,Trinity,Grappa 等。

(四)大数据可视化

数据可视化技术诞生于20世纪80年代,是运用计算机图形学和图像处理等技术,以图表、地图、动画或其他使内容更容易理解的图形方式来表示数据,使数据所表达的内容更加容易被处理。

目前数据可视化技术大体可以分为五类:基于几何投影的可视化技术、面向像素的可视化技术、基于图标的可视化技术、基于层次的可视化技术以及基于图形的可视化技术。

大数据时代数据飞速增长,高维数据越来越多,迫切需要新的数据可视化技术和方法对高维数据进行处理。大数据呈现面临数据维度高、需求多样化的挑战。

第二节 大数据分析与挖掘技术

一、数据分析和挖掘的关系

数据分析是指用适当的统计分析方法对收集的大量数据进行分析,提取有用信息和形成结论的过程。它是数据库知识发现(Knowledge – Discoveryin Databases,KDD)中的一个步骤。数据分析是数学与计算机科学相结合的产物。数据分析的数学基础在20世纪早期就已确立,但直到计算机的出现才使得实际操作成为可能,并使数据分析得以推广。

数据挖掘目前已经成为适用于任何形式大规模信息处理的流行术语或泛型描述。从更加准确的角度定义,data mining 被译为数据挖掘,也译为资料探勘、数据采矿。数据挖掘是指通过算法从大量的数据中搜索隐藏于其中的信息的过程。数据挖掘与计算机科学有关,并通过统计、在线分析处理、情报检索、机器学习、专家系统(依靠过去的经验法则)和模式识别等方法实现数据挖掘目标。

从概念上可以认为,数据分析是数据挖掘的一个子集。在通常的概念下,它们之间是有差别的,但是严格意义下,大数据的所有成果都可以纳入数据挖掘的成果范畴。

数据挖掘是通过数据分析找出答案的过程。数据挖掘并不仅仅是针对数据进行分析,还包括前期的数据收集采样、后期的模型研发等。

二、数据挖掘的任务

数据挖掘可以用于完成以下任务:描述、分类、聚类、关联、回归和预测等。

(一)描述

数据挖掘中的描述任务可以帮助使用者对事件进行详细归纳,帮助其发现更多细微的机会和产生灵感启迪,为后续要素提取和归类规则的总结和设计提供支撑。针对客户更愿意通过描述性方法进行查询和检索的习惯,数据挖掘中的描述任务显得尤为重要。

(二)分类

分类是找出数据库中一组数据对象的共同特点并按照分类模式将其划分为不同类别的过程。分类的目的是通过分类模型,将数据库中的数据项映射到某个给定的类别。它可以应用到客户的分类、客户的属性和特征分析、客户满意度分析、客户的购买趋势预测等场景。如一个汽车零售商将客户按照对汽车的喜好划分成不同的类,这样营销人员可以将新型汽车的广告手册直接邮寄到有这种喜好的客户手中,从而增加了商业机会。

典型的分类算法有决策树算法、神经网络算法、贝叶斯算法。

案例11-2 通过大数据分析挽回核心客户

法国电信集团旗下品牌Orange是波兰网民首选的网络服务运营商。公司为了有效预测并解决客户流失问题,决定利用大数据挖掘技术进行客户细分。具体方法是构建一张"社交图谱"来分析客户数百万个电话的数据记录,特别关注"谁给谁打了电话"以及"打电话的频率"两个方面。"社交图谱"把公司用户分成几大类:"联网型""桥梁型""领导型""跟随型"。这样的关系数据有助于公司深入了解诸如:哪些人会对可能"弃用"公司服务的客户产生较大的影响?挽留最有价值客户的难度有多大?……大数据相关技术和方法的应用帮助公司客户流失预测模型的准确率提升了47%。

资料来源:网络资料整理(https://www.zhihu.com/tardis/landing/360/ans/114367736?query)。

(三)聚类

聚类是一种将相似的记录、观察和案例划分到同一类别的方法。它基于一组属性对事例进行分组,同一个聚类中的数据或多或少有相似的属性。

聚类与分类的区别在于,聚类没有目标变量。聚类任务不需要分类、评估或预测目标变量值。聚类分析是发现并将这个数据集划分为相对独立的子集。聚类分析要求属于同子集的数据间的相似性尽可能大,不同子集的数据间的相似性尽可能小。聚类分析可以应用到客户群体的分类、客户背景分析、客户购买趋势预测、市场的细分等。例如,在公司财务审计中,数据分析人员可以将财务行为划分为良好和可疑等不同类别,以便后续有针对性地开展审计工作。

(四)关联

数据挖掘中关联的任务是发现哪些属性"同时出现"。若两个或多个变量的取值之间存在某种规律性,就称为关联。关联可分为简单关联、时序关联、因果关联。关联分析的目的是发现并量化两个或多个属性之间的关联规则。关联规则是一些形如"如果存在前提条件,则产生结果"的规则。测量规则的度量指标主要有支持度和可信度。

例如,某超市发现,周四晚超市购物的1 000名顾客中,有200人购买了尿布,在购买尿布的200人中有50人购买了啤酒。通过关联分析可能产生如下关联规则:如果顾客购买了尿布,则还会购买啤酒。该规则的支持度为200/1 000 = 20%,可信度为50/200 = 25%。

(五) 回归

回归分析是确定两种或两种以上变量间相互依赖的定量关系的一种统计分析方法。按照涉及变量的多少,回归分析可进一步分为一元回归分析和多元回归分析。回归分析技术通常用于发现变量之间的因果关系、时间序列模型以及预测分析。例如,解释市场占有率、价格、促销投入与市场绩效关系时就可以采用回归分析。

(六) 预测

预测是大数据最核心的应用,也是大数据的核心价值所在。它将传统意义的预测拓展到"现测"。大数据预测的优势在于能把非常困难的预测问题,转化为相对简单的描述问题,这是传统数据无法实现的。

与传统预测相比,大数据预测的思维具有以下三大改变:

1. 预测中采用全样本而非抽样样本。传统预测条件下,由于缺乏获取全体样本的手段,人们发明了"随机调研数据"的方法。理论上,抽取样本越随机,就越能代表整体样本。但是随机样本的获取经常费时费力,成本经常极高。例如,传统的全国人口调查就是一个典型例子。一个国家很难做到每年进行人口调查,重要原因之一就是随机调研成本问题。而云计算和大数据技术的出现,使得获取足够大的样本数据乃至全体数据成为可能,预测中采用实样准确度高而且成本低廉。

2. 讲求预测效率而非精确。传统预测由于使用抽样的方法,所以需要数据样本运算非常精确,否则就会出现巨大偏差。例如,在一个总样本为1亿的人口中随机抽取1 000人进行人口调查,如果在1 000人上的运算出现错误,那么放大到1亿总体中时,偏差将会很大。但在全样本的情况下,则不存在偏差被放大的问题。

在大数据时代,快速获得一个大概的轮廓和发展脉络,比严格的精确性更加重要。大数据基础上的简单算法比小数据基础上的复杂算法更加有效。有时候,当掌握了大量新型数据时,即使精确性不高,我们仍然可以掌握事情的发展趋势。大数据分析的目的是用于决策,而非分析本身,因此时效性在大数据分析中显得非常重要。

3. 讲求相关关系而非因果关系。大数据研究不同于传统的逻辑推理研究,它需要对数量巨大的数据做统计性的搜索、比较、聚类、分类等分析归纳,并关注数据的相关性或称关联性。相关性是指两个或两个以上变量的取值之间存在某种规律性。

相关性可以帮助我们捕捉现在和预测未来。如果 A 和 B 经常一起发生,则我们只需要注意到 B 发生了,就可以预测 A 也大概率会发生。

大数据建立的相关性,增加了我们认识事物关系的途径。我们对世界的理解不再仅仅建立在传统假设的基础上。传统假设是指针对现象建立的有关其产生机制和内在机理的假设。例如,我们不需要了解气候和美食销量关系的机理,并建立相关假设,通过对大数据进行相关性分析,可直接发现哪些食物是飓风期间最受欢迎的食品。

相关性分析本身的意义重大,同时它也为研究因果关系奠定了基础。通过找出可能相关的事物,我们可以在此基础上进一步进行因果关系分析。这种便捷的机制通过严格的实验降低了因果分析的成本。

案例 11 - 3 大数据助力能源行业创新和发展

在德国,为了鼓励家庭安装太阳能设备,电力公司除了向家庭用户出售支撑太阳能运转的电力外,当每家的太阳能产生多余电力时,公司还负责回购。上述操作通过大数据挖掘技术支撑的智能电网(智能电表)实现。此外,智能电网每隔5分钟或10分钟收集一次用户数据,收集来的这些数据被用来分析客户的用电习惯等,从而推断出在未来2~3个月时间里,整个电网大概的用电量。公司以此为依据向发电或者供电企业购买相应的电力资源。在德国,电力采购带有期货的性质,提前买比较便宜,买现货比较贵。通过上述预测,电力公司采购成本大幅度降低。

资料来源:网络资料整理。

三、跨行业数据挖掘的标准过程

跨行业数据挖掘的标准过程(cross - industry standard process for data mining,CRISP - DM),由戴姆勒—克莱斯勒公司、SPSS 公司和 NCR 公司的分析人员共同开发,是目前应用最为广泛的知识发现(knowledge discovery in database,KDD)模型。KDD 是从数据集中识别出有效的、新颖的、潜在有用的,以及最终可理解的模式的过程。按照 CRISP - DM 的标准,一项数据挖掘项目一般包括业务(商业)理解、数据理解、数据准备、建模、评估和部署实施六个阶段(见图 11 - 2)。这六个阶段的顺序是不固定的,我们经常需要前后调整这些阶段。

(一)业务理解

业务理解(business understanding)的核心工作在于集中理解项目目标和从业务的角度理解需求,同时将这个知识转化为数据挖掘问题的定义和完成目标的初步计划。

首先,需要根据业务或者研究单元,从总体上清楚地阐明项目目标和要求。其次,将这些目标和约束转换为数据挖掘问题的定义和公式。最后,确定实现这些目

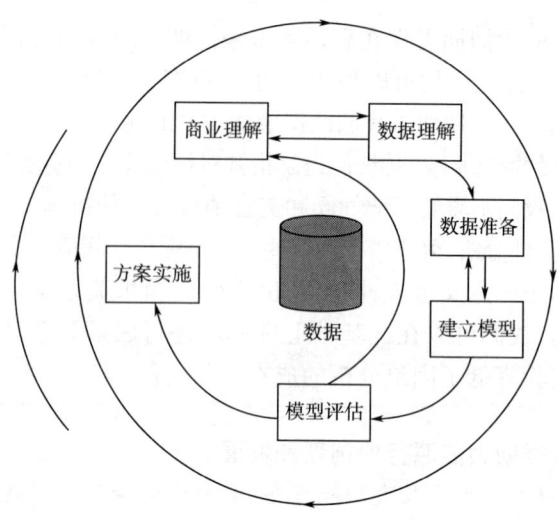

图 11-2 CRISP-DM 流程图

标的基本策略。

在商业领域,大数据处理的主要问题是如何提高流程效率,缩减成本,提高顾客体验。但不同行业又有其独特视角和出发点。例如,保险公司和零售业最关心的问题是如何提升顾客体验,银行和教育类企业更关心风险管理。以下所列是经常借助大数据解决的商业问题:流程效率和成本缩减;品牌管理;税收最大化、交叉销售、向上销售;提升顾客体验;订户流失率监控和顾客招揽;改善对顾客的服务;发现产品和市场机会;风险管理;合规性;强化安全性能。

（二）数据理解

数据理解(data understanding)阶段从初始的数据收集开始,通过探索性数据分析熟悉数据,判断数据的质量,发现数据的内在属性和浅层逻辑,或是探测引起兴趣的子集,形成隐含信息的假设。

（三）数据准备

数据准备(data preparation)阶段包括从未处理数据中构造最终数据集的所有活动。涉及的数据包括初始数据、原始数据和脏数据。该阶段需要投入大量的精力。最终数据集是模型工具的输入值。这个阶段的任务有可能执行多次,没有任何规定的顺序。该阶段具体工作包括:表、记录和属性的选择,模型工具转换和清洗数据。

（四）建模

建模(modeling)阶段需要选择和应用适当的建模技术,将模型参数调整到最佳的数值。一般情况下,对同一个数据挖掘问题可能需要应用不同的技术。有些技术在数据形成上有特殊要求,因此需要经常返回到数据准备阶段,确保数据形式符合特定数据挖掘技术对数据的特定要求。

(五)评估

评估(evaluation)阶段,用于数据分析的一个或多个模型已经建立。在将这些模型部署到现场使用之前,必须对其进行有效性评估。检查构造模型的步骤,确保模型可以完成业务目标。这个阶段的关键目的是确定是否有重要业务问题没有被充分的考虑。在该阶段结束后,一个数据挖掘结果使用的决定必须达成。

(六)部署实施

部署实施(deployment)。模型的创建不是项目的结束。模型的作用是从数据中找到知识,获得的知识需要以便于用户使用的方式组织和展现。根据需求,这个阶段可以产生简单的报告,也可能是一个比较复杂的、可重复的数据挖掘过程。在多数商业应用功能场景中,多由客户而不是数据分析人员承担部署的工作。

四、大数据主流处理框架

处理框架和处理引擎是进行数据计算不可或缺的工具。虽然"框架"和"引擎"之间的区别没有明确的界定,但一般使用者将"框架"定义为实际负责处理数据操作的组件,"引擎"则被定义为承担类似作用的一系列组件。

例如 Apache Hadoop 可以看作一种以 MapReduce 作为默认处理引擎的处理框架。引擎和框架通常可以相互替换或同时使用。例如,另一个框架 Apache Spark 可以纳入 Hadoop 并取代 MapReduce。

(一)Hadoop

Hadoop 是一个由 Apache 基金会开发的分布式系统基础架构,专用于批处理的大数据框架。Hadoop 包含多个组件:HDFS、YARN、MapReduce,通过配合使用可处理批数据。Hadoop 的处理功能来自 MapReduce 引擎。Hadoop 生态系统如图 11-3 所示。

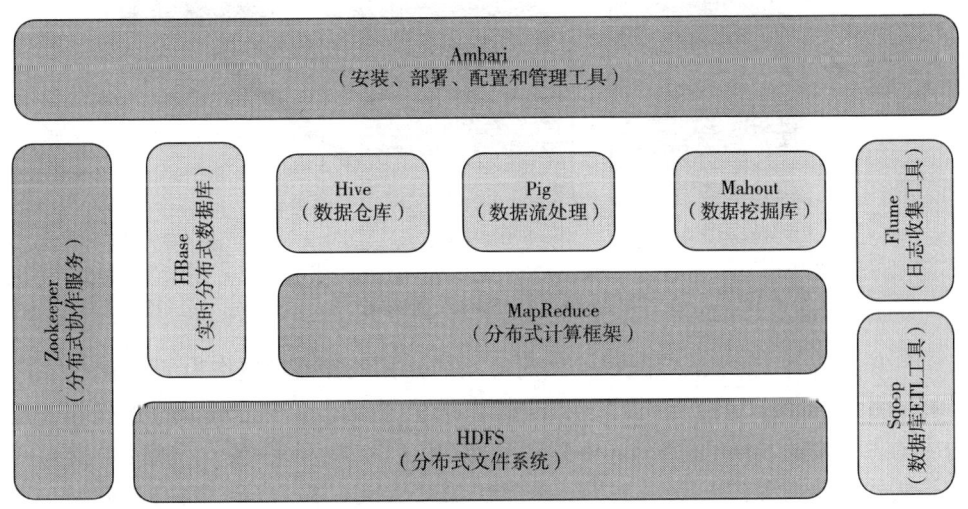

图 11-3 Hadoop 生态系统图

1. HDFS 是 hadoop distributed file system(分布式文件系统)的缩写。分布式文件系统是 Hadoop 最核心的部件,主管数据存储。它是一个高度容错的系统,能检测和应对硬件故障,用于在低成本的通用硬件上运行。HDFS 简化了文件的一致性模型,通过流式数据访问,提供高吞吐量应用程序数据访问功能,适合带有大型数据集的应用程序。

2. MapReduce 是一种计算模型,用以进行大数据量的计算。其中 Map 对数据集上的独立元素进行指定的操作,生成"键—值对"形式中间结果。Reduce 则对中间结果中相同"键"的所有"值"进行规约,以得到最终结果。

3. HBase 是一个针对结构化数据的面向列的数据库。提供了对大规模数据的随机、实时读写访问。HBase 中保存的数据可以使用 MapReduce 处理,将数据存储和并行计算完美地结合在一起。

(二) Storm

Storm 是 Twitter 开源的分布式实时大数据处理框架。Storm 是一种流式处理框架,常用于实时分析、机器学习、持续计算、分布式远程调用和 ETL 等领域。常见的应用功能场景有网站统计、推荐系统、预警系统、金融系统(高频交易、股票)等要求大数据实时处理解决方案(流计算)的场景。Storm 的部署管理简单,性能优越。Storm 架构设计如图 11-4 所示。

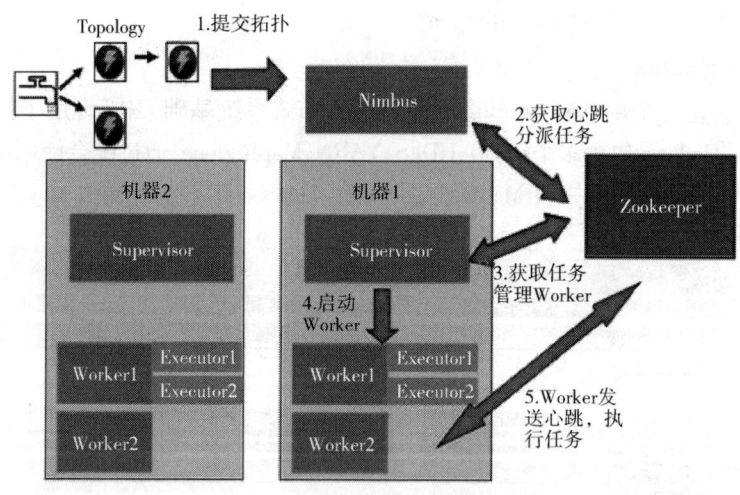

图 11-4 Storm 架构图

1. Topology。在 Storm 中,一个实时应用的计算任务被打包作为 Topology 发布。计算任务 Topology 是由不同的 Spouts 和 Bolts 产生的数据流(Stream)连接在一起构成的。其中的 Spout 是 Storm 中的消息源,用于为 Topology 生产消息(数据),一般是从外部数据源(如 Message Queue, RDBMS, NoSQL, Realtime Log)不间断地读取数据并发送给 Topology。Bolt 是 Storm 中的消息处理者,用于为 Topology 进行消息的处理,Bolt 可以执行过滤、聚合、查询数据库等操作,而且可以一级一级地进行处理。

2. Nimbus 是负责资源分配和任务调度的一个后台程序,负责在集群里面分发代码,分配计算任务给机器,并且监控状态。

3. Supervisor 负责接受 nimbus 分配的任务,启动和停止属于自己管理的 worker 进程。

4. Worker 是运行具体处理组件逻辑的进程。

5. Zookeeper。Nimbus 和 Supervisor 之间的所有协调工作都是通过 Zookeeper 集群完成的。

(三)Spark

Spark 是加州大学伯克利分校 AMP 实验室开发的通用内存并行计算框架。Spark 在 2013 年成为 Apache 孵化项目,8 个月后成为 Apache 顶级项目。

Spark 使用 Scala 语言实现,是一种面向对象、函数式编程语言,能够像操作本地集合对象一样轻松地操作分布式数据集。

Spark 是包含流处理能力的批处理框架,可作为独立集群或与 Hadoop 集成并取代 MapReduce 引擎。与 MapReduce 不同,Spark 的数据处理工作全部在内存中进行,且所有中间态的处理结果均存储在内存中。Spark 整体架构如图 11 – 5 所示。

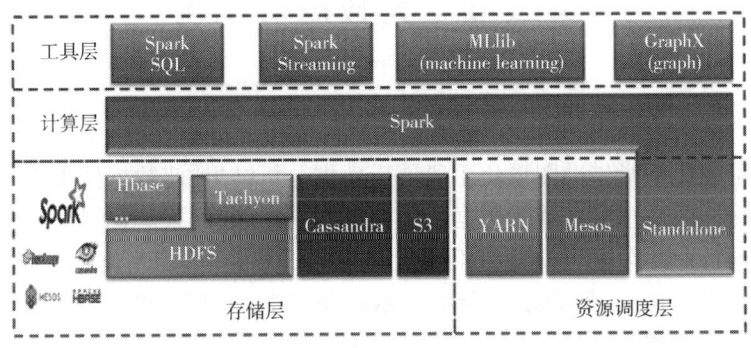

图 11 – 5　Spark 整体架构图

Spark 相比 Hadoop 具有高效性、易用性、全面性和无缝衔接的特点:

(1)高效性。Spark 基于内存的计算比 Hadoop 的 MR 快近 100 倍,基于硬盘的计算比 MR 快 10 倍。

(2)易用性。Spark 提供了大量的数据操作算子,不像 Hadoop 只有 map 和 reduce 两种操作。Spark 支持 Java,Scala,Python API,支持交互式的 Python 和 Scala 是 Shell。

(3)全栈性。Spark 可以提供全栈性(full – stack)的解决方案:Spark 的内存计算、基于 Spark SQL 的交互式查询、基于 Spark streaming 的流式计算，基于 Mllib 的机器学习。

（4）无缝衔接。Spark 可以与 Hadoop 无缝结合。Spark 使用 YARN 作为它的资源管理器，并可以读取 HDFS，Hbase 等 Hadoop 的数据。

（四）Samza

Samza 是由 LinkedIn 开源的一项技术，是一个分布式流处理框架，是基于 Kafka 消息队列实现类实时的流式数据处理的，非常像 Twitter 的流处理系统 Storm。不同的是 Samza 基于 Hadoop，而且使用了 LinkedIn 自家的 Kafka 分布式消息系统，并使用资源管理器 Apache Hadoop YARN 实现容错处理、处理器隔离、安全性和资源管理。

Samza 由流媒体层、一个执行层和处理层组成，详见图 11-6。其中，Kafka 是消息队列组成的流媒体层；YARN 负责执行；Samza API 负责处理。

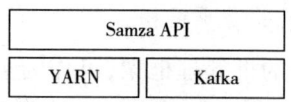

图 11-6　Samza 结构图

第三节　大数据可视化

一、数据可视化概述

数据可视化是指借助图形化手段展示数据分析结果，使数据清晰有效地表达，使人们快速高效地理解并使用数据的过程，它集成了数据采集、统计、分析、呈现等环节。不同行业的数据可视化有不同的呈现形式和要求，但最终的目的都是挖掘出数据深层次的含义，把纷繁复杂的大数据集、晦涩难懂的数据报告变得轻松易读、亲切、易于理解。

案例 11-4　一幅图胜过千言万语

人从外界获得的信息约有 80% 来自视觉系统。当大数据以直观的可视化图形形式展示在分析者面前时，分析者往往能够一眼洞悉数据背后隐藏的信息并转化成知识以及智慧。研究者将 196 个国家的 3 万个网站数据整合起来，并根据 20 多万个网站关系链制作了一幅互联网星际图（Http://internet-map.net/），如图 11-7 所示。图中每个星球的大小根据其网站流量决定，而星球之间的距离远近则由链接出现的频率、强度和用户跳转时创建的链接确定。从图中可以看出，

Facebook 以及 Google 是流量最大的网站。此外异常点、相似的图形标记等,也可"一眼"识别图形的特征,有助于研究者及时发现一些隐藏信息和知识。

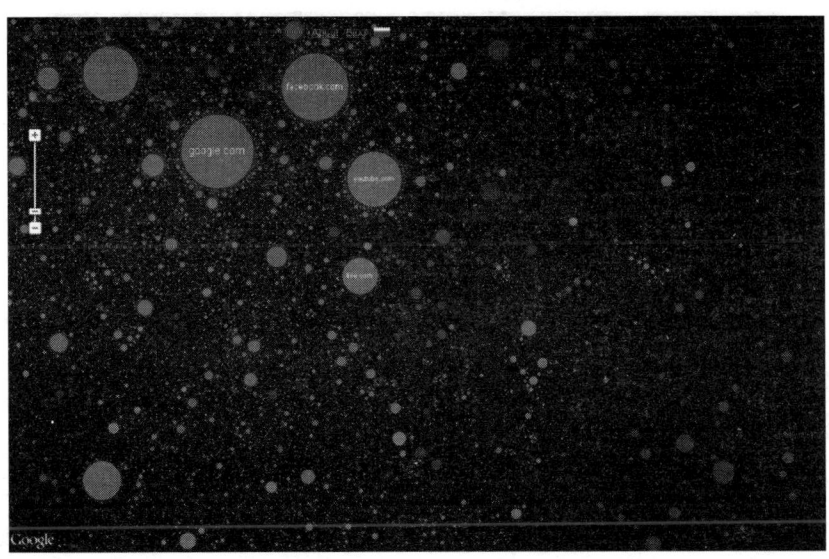

图 11-7　互联网星际图

二、面向大数据主流应用的信息可视化技术和工具

随着大数据的兴起与发展,互联网、社交网络、地理信息系统、企业商业智能、社会公共服务等主流应用领域,逐渐催生了包括文本、网络或图、时空及多维数据等特征鲜明的信息类型,并由此衍生出相应的信息可视化技术和工具。

（一）文本可视化

文本信息是大数据时代非结构化数据类型的典型代表,是互联网中最主要的信息类型,也是物联网各种传感器采集后生成的主要信息类型。例如,人们日常工作和生活中接触最多的电子文档就是以文本形式存在的。文本可视化的意义在于,能够将文本中蕴含的语义特征（如词频与重要度、逻辑结构、主题聚类、动态演化规律等）直观地展示出来。根据可视化对象不同,文本可视化技术和工具有不同的侧重。

1. 基于文档内词汇分布的可视化。基于文档内词汇分布的可视化,主要是对文档内的词汇及其分布情况以各种不同方式进行展现,来体现文档的内容特征。典型的文本可视化技术是标签云(word clouds or tag clouds)。该技术根据词频或其他规则将关键词进行排序,按照一定规律进行布局排列,然后用大小、颜色、字体等图形属性对关键词进行可视化。目前常规操作中通常用字体大小代表该关键词的重要性。如图11-8所示。在互联网应用中,标签云技术多用于快速识别网络媒体的主题热度。ManiWordle,TextArc,TileBars,ProfileSkim 是常用的工具。

图11-8 标签云技术应用示例

2. 基于文档内语义结构的可视化。文本中通常蕴含着逻辑层次结构和一定的叙述模式,为了对结构语义进行可视化,研究者提出了文本的语义结构可视化技术。常用工具包括:NLPWin,Phrase Net,Word Tree,DAViewer,DocuBurst 等。

图11-9所示是两种面向结构语义进行可视化工具的展示。

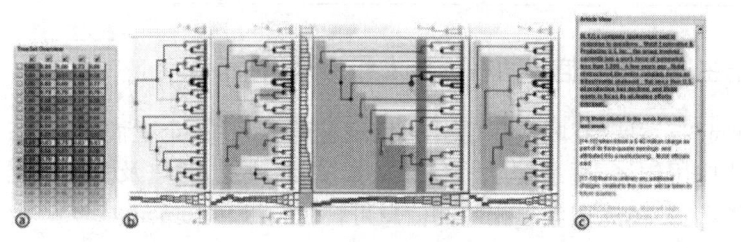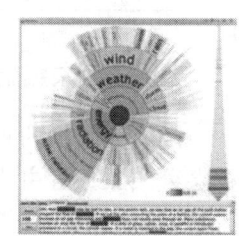

图11-9 文本语义结构树和放射状层次圆环图

(1)DAViewer 将文本的叙述结构语义以树的形式进行可视化,同时展现了相似度统计、修辞结构以及相应的文本内容。

(2)Docu Burst 以放射状层次圆环的形式展示文本结构。

3. 基于文档内主题内容的可视化。相对短文档来说,长文档具有更加复杂的内部结构,通常会涉及多个主题,所以将文档内主题内容以一种合理化的方式进行展示,对于理解文档会有很大的帮助。

(1)TOPIC ISLANDS 是一个把文本叙事和表达的主题连接起来的工具,帮助用户理解长文档中讨论的各种各样的主题,快速评估文档的相关性,从而判断文档是否需要更深入地关注。该工具使用小波转换技术对文档词频进行分析,以多种可视化形式展现了一篇文档的主题在文本叙事流中的变化情况。

（2）Hinata 是通过对文本使用亮色和阴影表示主题相关性的可视化工具。主题由一系列词语组成，文档中和主题相关的句子会以亮色背景显示，并且相关性越大的句子背景颜色会越明亮，和主题不相关的句子会以阴影背景显示，这种方法能够有效地支持用户找到文档中和主题相关的部分，抓住文档句子和主题的关系。

（3）TopicNets 是一个使用统计主题模型对网页中大量文档集或单个长文档进行可视化和交互分析的系统。该系统对于单个长文档分析时，能作为一个编辑或审查工具来突出和文档中心主题相关的文档部分，快速阐明和文档中心主题无关的难懂的文档部分。

（4）Topic hypergraph 是以层次主题超图形形式表现一篇长文档的主题结构的可视化工具。这种方法涉及两种主题实体，一种是 Topic，表示贯穿几个文档片段的主题，每个 Topic 由文档词汇的概率分布表现，多个 Topic 结合在一起就能表现整个文档的主题内容；另外一种是 Theme，是一个文档片段的主题概括，每个 Theme 是 Topic 的比例混合，Theme 集合按照它们在文档中的顺序反映文档的主题演化。

4. 面向动态变化文本的可视化。文本的形成与变化过程与时间属性密切相关，因此，如何将动态变化文本中时间相关的模式与规律进行可视化展示，是文本可视化的重要内容（见图 11-10）。引入时间轴是动态文本可视化的主要解决方法。常见的做法如下：

（1）主题河流（theme river）。主题河流用河流作为隐喻，河流从左至右的流淌代表时间序列，将文本中的主题按照不同的颜色表示，主题的频度以色带的宽窄表示（见图 11-10(a)）。

（2）文本流（text flow）。文本流基于河流隐喻进一步展示了主题的合并和分支关系以及演变（见图 11-10(b)）。

（3）事件流（event river）。事件流将新闻进行了聚类，并以气泡的形式展示出来（见图 11-10(c)）。

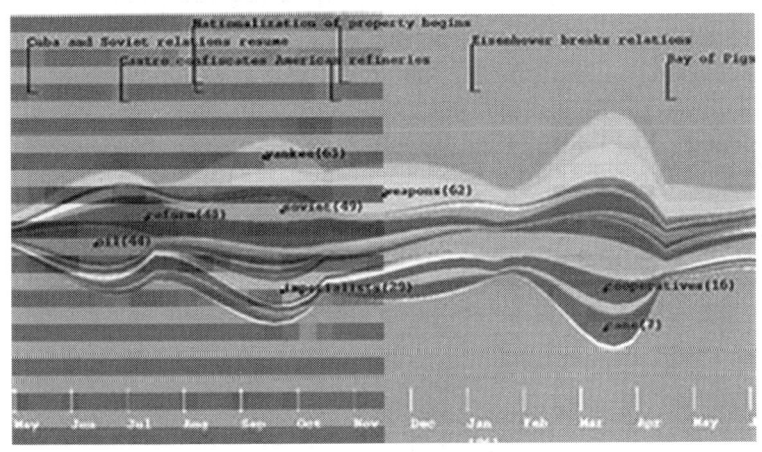

11-10(a) 主题河流

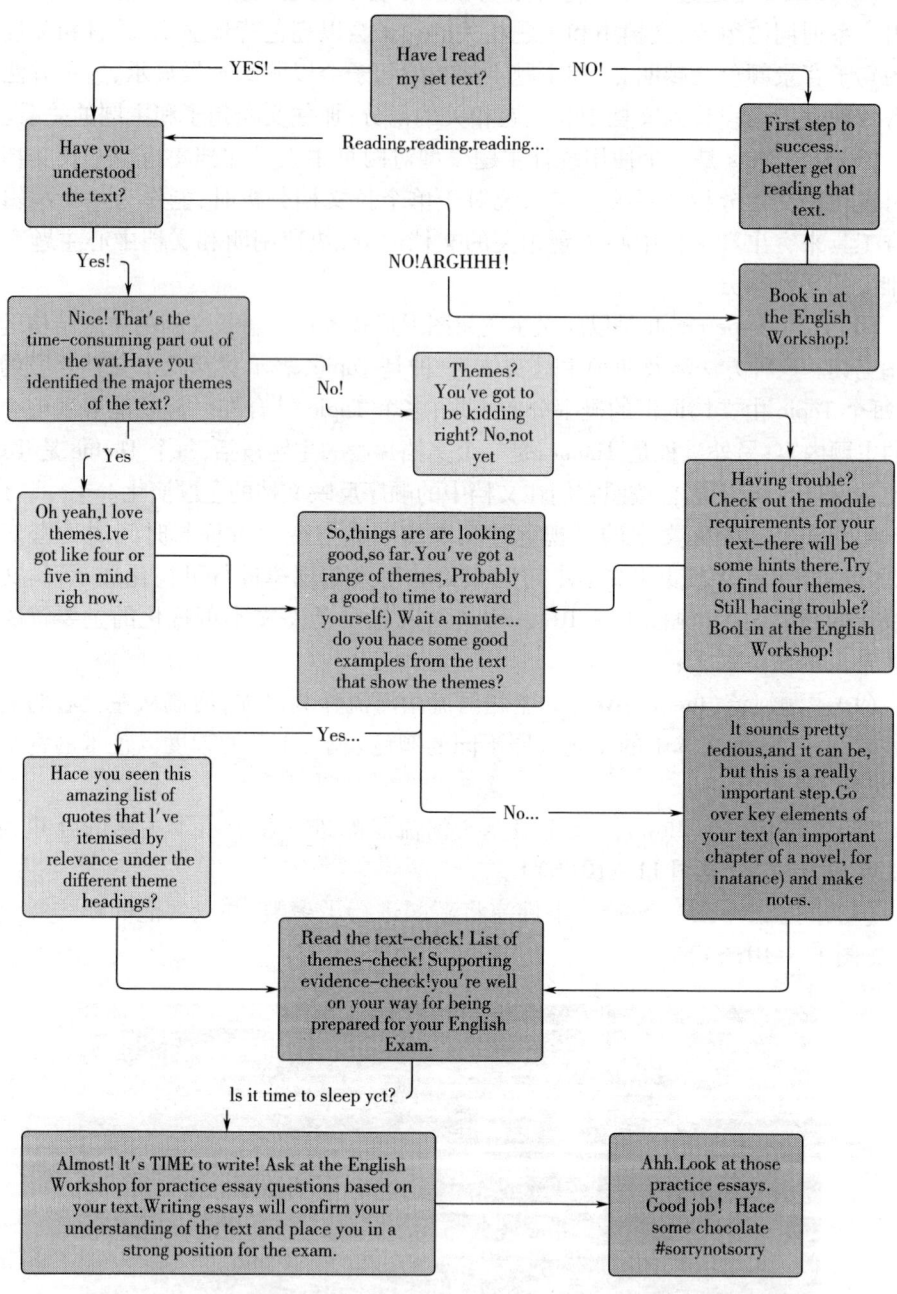

11-10(b) 文本流

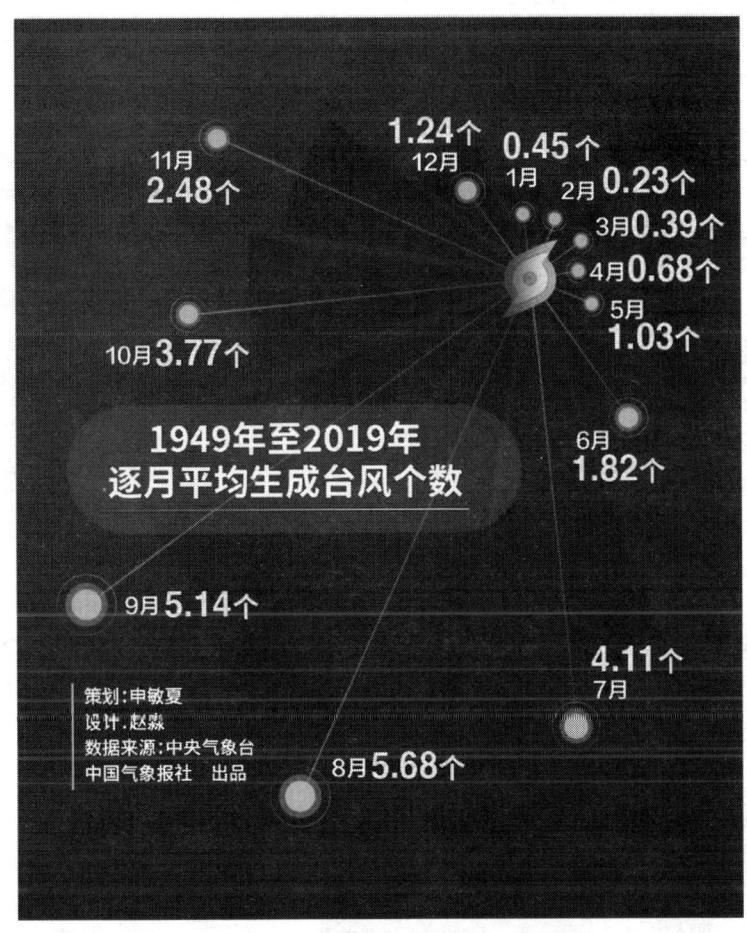

11-10(c) 事件流

图 11-10 Theme River 和 Event River 动态文本可视化示意

4. 社会媒体可视分析原型系统。社会媒体可视分析原型系统是对以上文本可视化技术的集成。该技术在对文本本身语义特征进行展示的同时,结合了文本的空间、时间属性形成综合的可视化界面。该集成技术被应用于社会媒体舆情分析,成为大数据典型应用之一。

三、网络(图)可视化

在大数据分析中最常见的关系就是网络关联,例如,社交网络和互联网。网络关联关系是大数据中最常见的关系,直观地展示网络中潜在的模式关系,是网络可视化的主要内容之一。

经典的关于节点关系的可视化,是网络(图)可视化的主要形式。图 11-11 展示了具有层次特征的图可视化的典型技术,例如 H 状树（H – tree）、圆锥树（cone tree）、气球图（balloon view）、放射图（radial graph）、三维放射图（3D radial）、双曲树（hyperbolic tree）等。

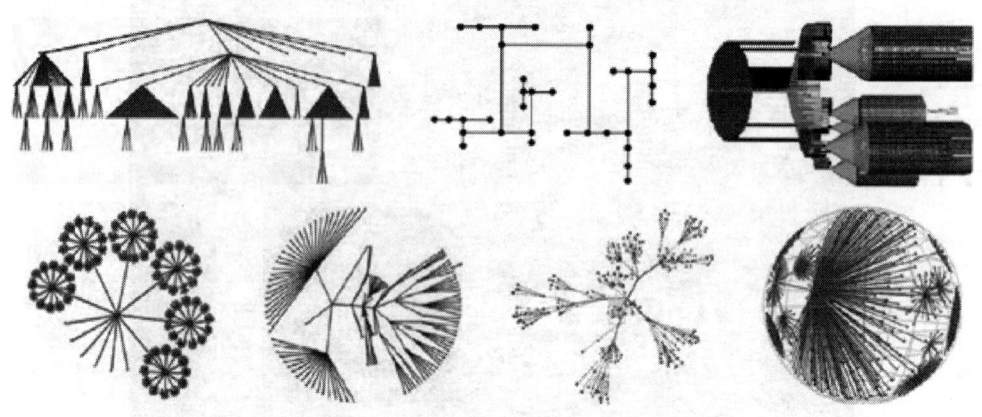

图 11 – 11　基于节点关系的可视化示图意

对于具有层次特征的网络（图），空间填充法也是常采用的可视化方法，例如，树图技术及其改进技术，图 11 – 12 展示的是基于矩形填充、Voronoi 图填充、嵌套圆填充的树可视化技术。

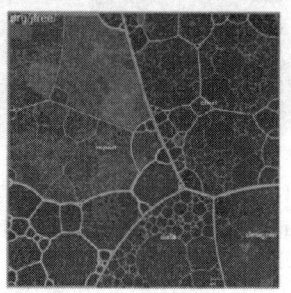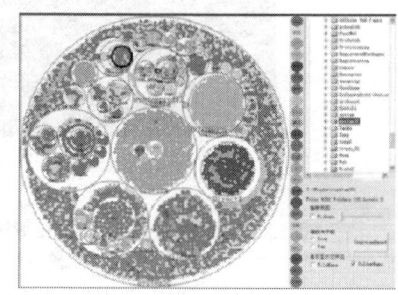

图 11 – 12　基于空间填充的可视化示意

大规模网络中，随着海量节点和边的数目不断增多，规模达到百万以上时，可视化界面中会出现节点和边大量聚集、重叠和覆盖的问题，使得分析者难以辨识可视化效果。图简化（graph simplification）方法是处理此类大规模图可视化的主要手段。常用的图简化技术分为两类：

（1）对边进行聚集处理。例如，基于边捆绑（edge bundling）的方法，该方法使得复杂网络可视化效果更为清晰，图 11 – 13 展示了三种基于边捆绑的大规模密集图可视化技术的可视图。

（2）通过层次聚类与多尺度交互，将大规模图转化为层次化树结构，并通过多

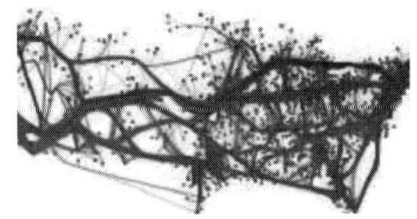 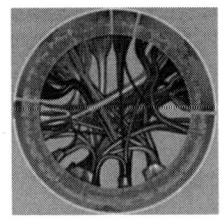 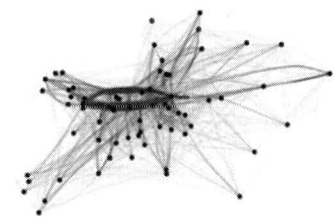

图 11-13　基于边捆绑技术的可视化示意

尺度交互来对不同层次的图进行可视化。如图 11-14 所示的是采用 ASK - Graphview 工具对具有 1 600 万条边的图进行分层可视化的示例。

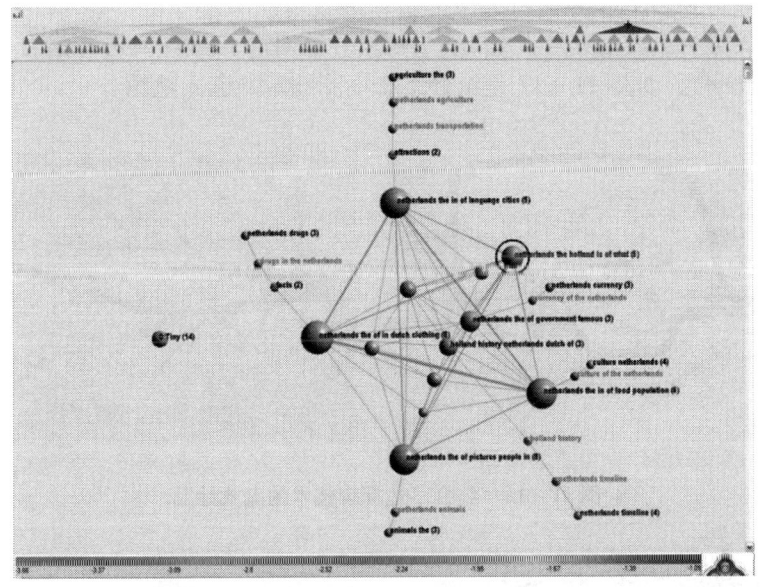

图 11-14　基于层次聚类与多尺度交互技术的大规模图形的可视化示意

四、时空数据可视化

时空数据是指带有地理位置与时间标签的数据。传感器与移动终端的迅速普及使得时空数据成为大数据时代典型的数据类型。为了反映信息对象随时间进展与空间位置所发生的行为变化,需要对信息对象的属性通过可视化展现。

（一）流式地图

流式地图(flow map)是一种典型的数据可视化方法。将时间事件流与地图进行融合,图 11-15 显示了使用流式地图技术分别对 1864 年法国红酒的出口情况以及拿破仑进攻俄罗斯的情况进行了可视化的展示。

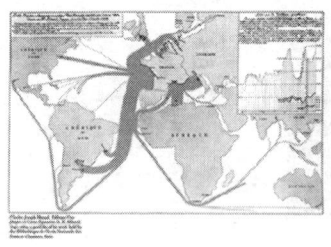 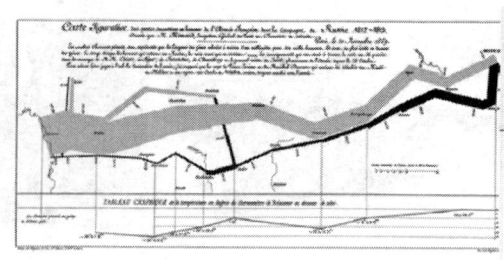

（a）法国1864年红酒出口　　　　　　（b）拿破仑1812年进攻俄罗斯

图11-15　流式地图示意

当数据规模不断增大时，传统流式地图面临大量的图元交叉、覆盖等问题。解决此问题可借鉴网络（图）可视化中的边捆绑方法。图11-16是对时间事件流做了边捆绑处理的流式地图。此外，基于密度计算对时间事件流进行融合处理也能有效解决此问题，如图11-17是结合了密度图技术的流式地图。

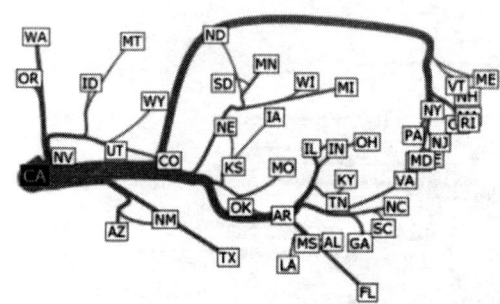 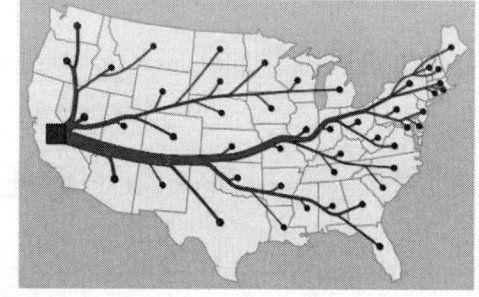

图11-16　结合了边捆绑技术的流式地图

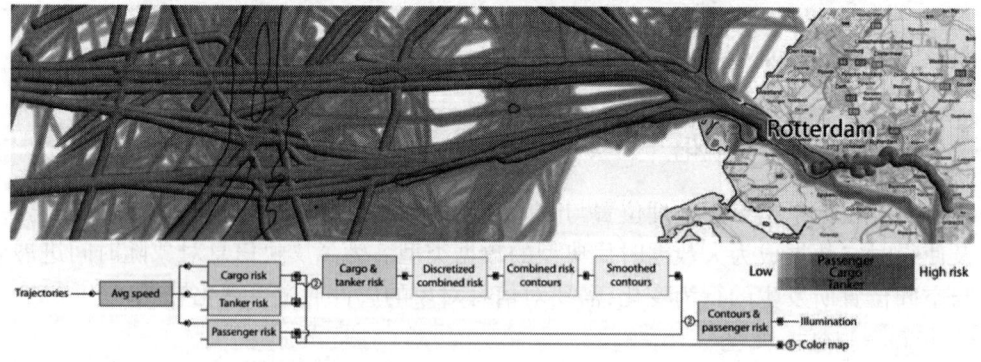

图11-17　结合了密度图技术的流式地图

（二）时空立方体

在时空数据可视化过程中，突破二维平面的局限性，以三维方式对时间、空间及事件直观展现出来的方法被称为时空立方体(space-time cube)。图11-18是采用时空立方体对拿破仑进攻俄罗斯情况进行可视化的例子。该技术能够直观地对拿破仑进攻俄罗斯的整个过程中地理位置变化、时间变化、部队人员变化以及特殊事件进行立体展现。

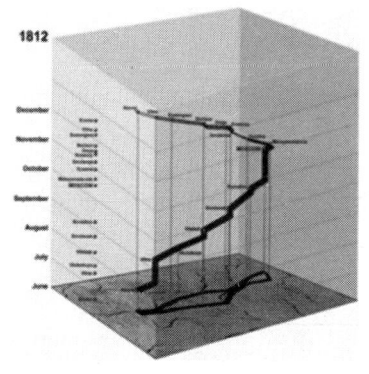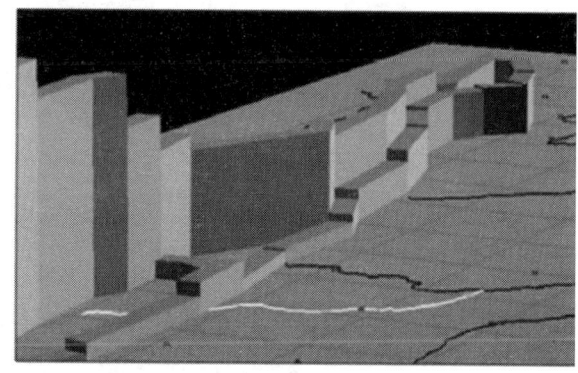

图11-18 时空立方体图

时空立方体同样面临着大规模数据造成的密集杂乱问题。一类解决方法是结合散点图和密度图技术的空立方体进行优化。另一类方式引入了堆积图对二维和三维空间进行融合，在时空立方体中拓展了多维属性显示空间。上述各类时空立方体适合对城市交通 GPS 数据、飓风数据等大规模时空数据进行展现。

五、多维数据可视化

多维数据指的是具有多个维度属性的数据变量，其广泛存在于基于传统关系数据库以及数据仓库的应用中，例如，企业信息系统以及商业智能系统中的数据。多维数据分析的目标是探索多维数据项的分布规律和模式，并揭示不同维度属性之间的隐含关系。多维可视化的基本方法包括：基于几何图形、基于图标、基于像素、基于层次结构、基于图结构的多维可视化方法以及混合多维可视化方法。

（一）散点图

散点图(scatter plot)是最为常用的多维可视化方法。二维散点图将多个维度中的两个维度属性值集合映射至两条轴，在二维轴确定的平面内通过图形标记的不同视觉元素反映其他维度的属性值，例如，可通过不同形状、颜色、尺寸等来代表连续或离散的属性值，如图11-19(a)图所示。二维散点图能够展示的维度十分有限，研究者将其扩展到三维空间，通过可旋转的散点图方块扩展了可映射维度的数目,如 11-19(b)图所示。

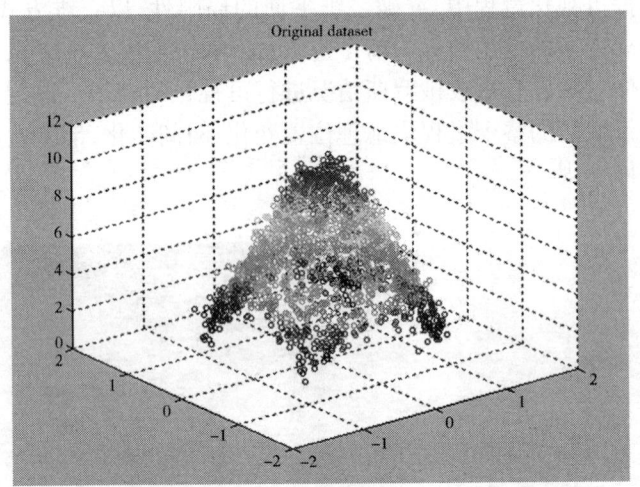

11-19(a) 二维散点图

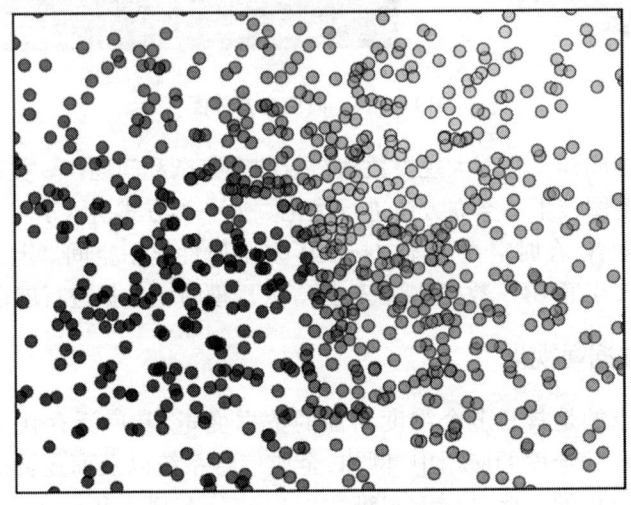

11-19(b) 三维散点图

图 11-19 二维和三维散点图

散点图适合对有限数目的较为重要的维度进行可视化,通常不适于需要对所有维度同时进行展示的情况。

(二)投影

投影(projection)是能够同时展示多维数据的可视化方法之一。如图 11-20 所示,相关技术将各维度属性列集合通过投影函数映射到一个方块形图形标记中,并根据维度之间的关联度对各个小方块进行布局。基于投影的多维可视化方法既反映了维度属性值的分布规律,也直观展示了多维度之间的语义关系。

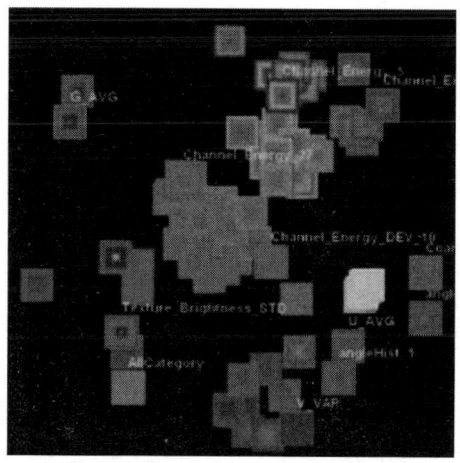

图 11-20 基于投影的多维可视图

(三) 平行坐标

平行坐标(parallel coordinates)是研究和应用最为广泛的一种多维可视化技术,如图 11-21 所示,将维度与坐标轴建立映射,在多个平行轴之间以直线或曲线映射表示多维信息。

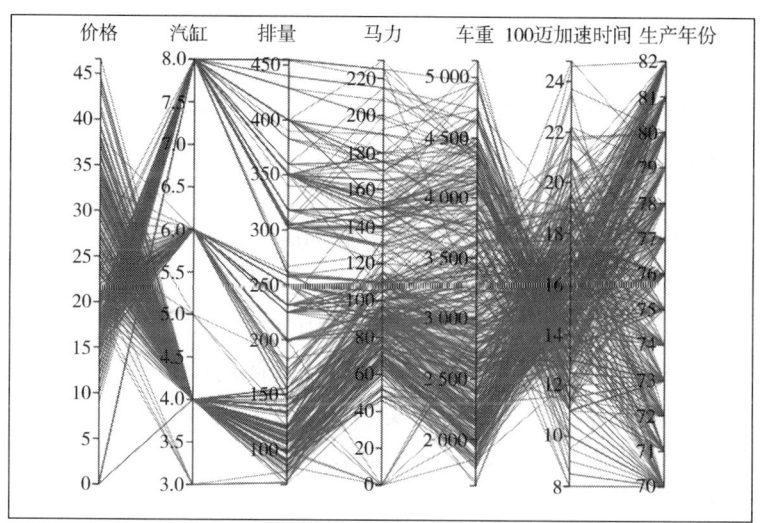

图 11-21 平行坐标多维可视图

(四) 平行坐标散点图

近年来,研究者将平行坐标与散点图等其他可视化技术进行集成,提出了平行坐标散点图(parallel coordinate plots,PCP),如图 11-22 所示。将散点图和柱状图集成在平行坐标中,支持分析者从多个角度同时使用多种可视化技术进行分析。

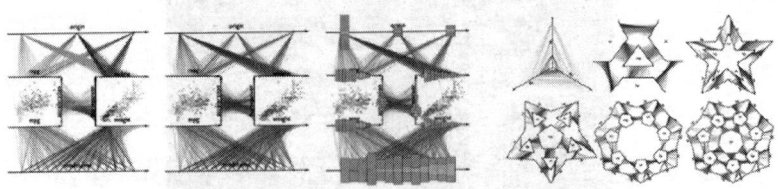

图 11-22 平行坐标散点图

六、典型大数据可视化工具简介

（一）Tableau

Tableau 是大数据可视化的市场领导者之一，在为大数据操作、深度学习算法和多种类型的 AI 应用程序提供交互式数据可视化方面尤为高效。其两种不同的变体是基于云计算的 Tableau Online 和 Tableau Server。Tableau 有五款产品，支持和功能程度不一。Tableau Public 是可视化工具的免费版。

Tableau 可以与 Amazon AWS、MySQL、Hadoop、Teradata、SAP 协作，使之成为一个能够创建详细图形和展示直观数据的多功能工具。

（二）HighCharts

2009 年发布的 HighCharts 使用 JavaScript 编写，所以不需要像 Flash 和 Java 那样需要插件才可以运行，而且运行速度快。另外 HighCharts 还有很好的兼容性，能够完美支持当前大多数浏览器。HighCharts 支持的图表类型包括：曲线图、区域图、柱状图、饼状图、散状点图和综合图表等。HighCharts 不受语言约束，可以在大多数的 Web 开发中使用，并且对个人用户免费，支持在 ASP、PHP、JAVA、NET 等多种语言中使用，但是 HighCharts 不支持历史数据展示。

（三）Datawrapper

Datawrapper 是一款开源工具，可在几分钟内创建嵌入式图形。DataWrapper 提供在线服务，上传数据并快速生成图表后，就可以使用或将其嵌入在自己的站点中。这个服务最初定位于专栏记者，而实际上任何人都可以使用。DataWrapper 在新版本浏览器中可以显示动态图表，而在旧版本浏览器中则显示静态图片。

（四）D3

D3 的全称是 Data - Driven Documents，是一个被数据驱动的文档，本质上是 JavaScript 的一个函数库，用来做数据可视化的工具。它提供了各种简单易用的函数，简化了 JavaScript 操作数据的难度。尤其是在数据可视化方面，D3 已经将生成可视化的复杂步骤精简到了几个简单的函数，操作者只需要输入几个简单的数据，就能够转换为各种绚丽的图形。D3 是一个开源项目，项目的代码托管于 GitHub。作为一个 JavaScript 函数库，并不需要通常所说的"安装"。它只有一个文件，在

HTML 中引用即可。

D3 作为一款网页前端数据可视化工具,其将数据在网页端映射出来,并表现为我们需要的图形,大部分情况下 D3 都能满足我们的需求。但是使用中存在以下一些问题:第一,D3 没有固定的数据图形模板供我们日常参考,不能像操纵 Excel 一样实现制图功能;第二,D3 只支持高版本的浏览器,IE7 和 IE8 的旧式浏览器不能利用 D3 功能。

(五)ECharts

ECharts 是一款由百度前端技术部开发的,基于 Javascript 的数据可视化图表库,提供直观、生动、可交互、可个性化定制的数据可视化图表。

提供大量常用的数据可视化图表,底层基于 ZRender(一个全新的轻量级 canvas 类库),创建了坐标系、图例、提示、工具箱等基础组件,并在此上构建出折线图(区域图)、柱状图(条状图)、散点图(气泡图)、饼图(环形图)、K 线图、地图、力导向布局图以及和弦图,同时支持任意维度的堆积和多图表混合展现。ECharts 入门比较容易、主要是修改配置。

本章首先介绍了大数据及其技术处理体系,重点介绍了大数据分析挖掘的任务、流程,以及典型的跨行业数据挖掘的标准过程(CRISP – DM)的操作,此外对面向大数据主流应用的几种信息可视化技术和工具进行了简要介绍。大数据分析挖掘技术是数字化时代各行业不可或缺的技能。本章的学习,可为后续进一步的学习奠定基础。

大数据助力网易严选商业模式创新

网易严选是从网易邮箱下诞生的一个自营电商平台,2016 年 4 月上线,同时也是国内第一家销售家居生活产品的 ODM 模式的电商台。网易严选以"好生活,没么贵"为品牌理念,致力于为购买力有限、但又追求高品质的中端人群服务。平台以精品为导向,提供高品质、高颜值、少品类、平价的产品,网易严选的价值主张始终贯穿于产品层面。在合作伙伴方面,网易严选通过 ODM 模式与大牌制造商直连,剔除品牌溢价和中间环节,为消费者甄选高品质、高性价比的产品。

网易严选一直优中选优,拓展业务范围。2017年8月,网易严选与亚朵酒店联手打造"亚朵·网易严选酒店",作为集住宿、休闲、体验展示、场景消费为一体的创新产品,酒店总体好评率96%。网易严选酒店在运营上,通过形式多样的运营活动吸引用户,在打通人流、数据流、服务流的同时,重点发展空间内运营的模式创新,为用户提供持续的增值服务。

2017年,网易严选推出壹钱包APP,消费者在壹钱包平台下单时除享有每月不同的让利外,更可通过"积分+现金"甚至全积分直接兑换网易严选商品。

此外,网易严选还推出"网易拉海购+网易严选"的模式,完善了其商业生态系统,实现了利益相关者和谐共生与协同进化的价值网络。网易严选通过一系列的创新,逐步形成了独具特色的新零售商业模式:工厂→自有品牌→消费的ODM模式。

网易严选在商业模式创新中,大数据起到了至关重要的作用。大数据能力的提升是影响网易严选创新的关键。大数据的实时洞察与预测能力可以帮助企业洞察外界环境的变化,及时调整战略计划,实现商业模式完善和创新目标。

网易严选高度重视大数据平台的建设,通过引进大数据人才,建立大数据设施,并借助网易云工业互联网平台网易平台资源,实现资源整合。

通过大数据分析技术,网易严选细分用户群、锁定有潜在需求的消费者,创新了传统的产品定位,实现了"以精品为导向,以提供高品质、高颜值、少品类、平价的产品"的目标。在大数据分析挖掘的基础上,网易严选从数十万款全球进口商品中精选出3 000多个潮流商品上架,覆盖范围广泛。网易严选所有商品售价遵循"成本价+增值税+邮费"的规则,去掉了高昂的品牌溢价,让消费者享受到高品质生活。平台还建立了快速反馈机制,及时记录每种产品自上架以来的销售情况,洞察与重组业内外优质资源和要素,调整其成本结构。

供应商管理方面,网易严选基于大数据平台的存储与分析能力,精选供应商,从源头把控产品质量,降低产品溢价。网易严选将从搜索引擎优化(SEO)、应用市场优化(ASO)和搜索引擎营销(SEM)、新媒体(微博、微信)、社区(知乎、简书)、口碑传播、应用市场等平台获得的数据进行整合后,用于指导优化业务流程结构,缩短了产销环节,建立了"柔性供应链"系统。网易严选以自身大数据的优势帮助供应商更快速地感知市场,精益化生产,提升良品率。

网易严选基于数据的深度分析能力,预测了消费升级背景下的消费者行为和行业趋势,成功实现了在酒店业、金融业的业务扩展。在此基础上,网易严选依托大数据资源和技术,建立了自身的商业生态系统,形成了多层次的价值网络,创造了更高的顾客价值,在一定程度上实现了商业生态系统和业务自身延展式发展的协同进化,增强了企业对外界商业环境变化的适应性。

随着信息技术的发展和大数据的爆炸式增长,数据成为继人、财、物之后新兴的战略资源,大数据的运用对企业的商业模式创新至关重要。在客户价值方面,企业借助大数据资源和技术助力市场细分、分销渠道、客户关系、产品和服务创新,进而驱动企业商业模式创新。在企业资源与能力方面,大数据在核心能力提升、合作伙伴网络建设以及价值配置驱动等企业商业模式创新方面发挥了重要作用。在盈利模式方面,大数据通过影响和优化成本结构和收入模式驱动企业商业模式创新。

资料来源:改编自李文,张珍珍,梅蕾.消费升级背景下大数据能力对商业模式创新的影响机理——基于小米和网易严选的案例研究[J].管理案例研究与评论,2020,13(1):102-117.

思考题

1. 如何深刻理解大数据的特点及其技术体系的构成问题?
2. 数据挖掘的任务有哪些?在实际调查中如何应用?
3. 大数据主流处理框架有哪些?其特点有何不同?
4. 面向大数据主流应用的信息可视化技术和工具有哪些?其应用情况如何?

附表

附表1　相关系数检验表

$n-2$	5%	1%	$n-2$	5%	1%	$n-2$	5%	1%
1	0.997	1.000	16	0.468	0.590	35	0.325	0.418
2	0.950	0.990	17	0.456	0.575	40	0.304	0.393
3	0.878	0.959	18	0.444	0.561	45	0.288	0.372
4	0.811	0.917	19	0.433	0.549	50	0.273	0.354
5	0.754	0.874	20	0.423	0.537	60	0.250	0.325
6	0.707	0.834	21	0.413	0.526	70	0.232	0.302
7	0.666	0.798	22	0.404	0.515	80	0.217	0.283
8	0.632	0.765	23	0.396	0.505	90	0.205	0.267
9	0.602	0.735	24	0.388	0.496	100	0.195	0.254
10	0.576	0.708	25	0.381	0.487	125	0.174	0.228
11	0.553	0.684	26	0.374	0.478	150	0.159	0.208
12	0.532	0.661	27	0.367	0.470	200	0.138	0.181
13	0.514	0.641	28	0.361	0.463	300	0.113	0.148
14	0.497	0.623	29	0.355	0.456	400	0.098	0.128
15	0.482	0.606	30	0.349	0.449	1000	0.062	0.081

附表2 t分布临界值表

n	α=0.10	α=0.05	α=0.01	n	α=0.10	α=0.05	α=0.01
1	6.314	12.706	63.657	18	1.734	2.101	2.878
2	2.920	4.303	9.925	19	1.729	2.093	2.861
3	2.353	3.182	5.841	20	1.725	2.086	2.845
4	2.132	2.776	4.604	21	1.721	2.080	2.831
5	2.015	2.571	4.032	22	1.717	2.074	2.819
6	1.943	2.447	3.707	23	1.714	2.069	2.807
7	1.895	2.365	3.499	24	1.711	2.064	2.797
8	1.860	2.306	3.355	25	1.708	2.060	2.787
9	1.833	2.262	3.250	26	1.706	2.054	2.779
10	1.812	2.228	3.169	27	1.703	2.052	2.771
11	1.796	2.201	3.108	28	1.701	2.048	2.763
12	1.782	2.179	3.055	29	1.699	2.045	2.756
13	1.771	2.160	3.012	30	1.697	2.042	2.750
14	1.761	2.145	2.977	40	1.684	2.021	2.704
15	1.753	2.131	2.947	60	1.671	2.000	2.660
16	1.746	2.120	2.921	120	1.658	1.980	2.617
17	1.740	2.110	2.898	∞	1.645	1.860	2.576

注:n:自由度,λ:临界值,$p\{|t|>\lambda\}=\alpha$。

附表3 F 分布临界值表($\alpha=0.05$)

n_2 \ n_1	1	2	3	4	5	6	7	8	12	24	∞
1	161.4	199.5	215.7	224.6	230.2	234.0	236.8	238.9	243.9	249.1	254.3
2	18.5	19.0	19.2	19.2	19.3	19.3	19.4	19.4	19.4	19.5	19.5
3	10.1	9.55	9.28	9.12	9.01	8.94	8.89	8.85	8.74	8.64	8.53
4	7.71	6.94	6.59	6.39	6.26	6.16	6.09	6.04	5.91	5.77	5.63
5	6.61	5.97	5.41	5.19	5.05	4.95	4.88	4.82	4.68	4.53	4.36
6	5.99	5.14	4.76	4.53	4.39	4.28	4.21	4.15	4.00	3.84	3.67
7	5.59	4.74	4.35	4.12	3.97	3.87	3.79	3.73	3.57	3.41	3.23
8	5.32	4.46	4.07	3.84	3.69	3.58	3.50	3.44	3.28	3.12	3.93
9	5.12	4.26	3.86	3.63	3.48	3.37	3.29	3.23	3.07	2.90	2.71
10	4.96	4.10	3.71	3.48	3.32	3.22	3.14	3.07	2.91	2.74	2.54
11	4.84	3.98	3.59	3.36	3.20	3.09	3.01	2.95	2.79	2.61	2.40
12	4.75	3.89	3.49	3.26	3.11	3.00	2.91	2.85	2.69	2.51	2.30
13	4.67	3.81	3.41	3.18	3.03	2.92	2.83	2.77	2.60	2.42	2.21
14	4.60	3.74	3.34	3.11	2.96	2.85	2.76	2.70	2.53	2.35	2.13
15	4.54	3.68	3.29	3.06	2.90	2.79	2.71	2.64	2.48	2.29	2.07
16	4.49	3.63	3.24	3.01	2.85	2.74	2.66	2.59	2.42	2.24	2.01
17	4.45	3.59	3.20	2.98	2.80	2.70	2.61	2.55	2.38	2.19	1.96
18	4.41	3.55	3.16	2.93	2.77	2.66	2.58	2.51	2.34	2.15	1.92
19	4.38	3.52	3.13	2.90	2.74	2.63	2.54	2.48	2.31	2.11	1.88
20	4.35	3.49	3.10	2.87	2.71	2.60	2.51	2.45	2.28	2.08	1.84
21	4.32	3.47	3.07	2.84	2.68	2.57	2.49	2.42	2.25	2.05	1.81
22	4.30	3.44	3.05	2.82	2.66	2.55	2.46	2.40	2.23	2.03	1.78
23	4.28	3.42	3.03	2.80	2.64	2.53	2.44	2.37	2.20	2.01	1.76
24	4.26	3.40	3.01	2.78	2.62	2.51	2.42	2.36	2.18	1.98	1.73
25	4.24	3.39	2.99	2.76	2.60	2.49	2.40	2.34	2.16	1.96	1.71
26	4.23	3.37	2.98	2.74	2.59	2.47	2.39	2.32	2.15	1.95	1.69
27	4.21	3.35	2.96	2.73	2.57	2.46	2.37	2.31	2.13	1.93	1.67
28	4.20	3.34	2.95	2.71	2.56	2.45	2.36	2.29	2.12	1.91	1.65

续表

n_2 \ n_1	1	2	3	4	5	6	7	8	12	24	∞
29	4.18	3.33	2.93	2.70	2.55	2.43	2.35	2.28	2.10	1.90	1.64
30	4.17	3.32	2.92	2.69	2.53	2.42	2.33	2.27	2.09	1.89	1.62
40	4.08	3.23	2.84	2.61	2.45	2.34	2.25	2.18	2.00	1.79	1.51
60	4.00	3.15	2.76	2.53	2.37	2.25	2.17	2.10	1.92	1.70	1.39
120	3.92	3.07	2.68	2.45	2.29	2.17	2.09	2.02	1.83	1.61	1.25
∞	3.84	3.00	2.60	2.37	2.21	2.10	2.01	1.94	1.75	1.52	1.00

注:表中 n_1 是第一自由度(分子的自由度), n_2 是第二自由度(分母的自由度), λ 是临界值, $P\{F>\lambda\}= \alpha = 0.05$。

参考书目

[1] 德尔·霍金斯,等. 消费者行为学:第12版[M]. 北京:机械工业出版社,2014.

[2] 戴夫·查菲. 网络营销:第五版[M]. 北京:机械工业出版社,2015.

[3] 戴维·阿克,等. 营销调研[M]. 北京:中国财政经济出版社,2004.

[4] 樊志育. 市场调查[M]. 上海:上海人民出版社,1995.

[5] 马连福. 体验营销[M]. 北京:首都经济贸易大学出版社,2005.

[6] 纳雷希·马尔霍特拉. 营销调研基础:第4版[M]. 北京:清华大学出版社,2015.

[7] 小卡尔·麦克丹尼尔,等. 当代市场调研:第8版[M]. 北京:机械工业出版社,2012.

[8] 庄贵军. 市场调查与预测[M]. 北京:北京大学出版社,2011.

高等院校经济与管理核心课经典系列教材

■ **市场营销专业**

现代市场营销学

营销管理

营销战略

国际市场营销学

消费者行为学

现代推销学

服务营销与管理

营销渠道决策与管理

现代市场调查与预测

现代物流概论

电子商务基础教程

品牌营销

销售管理